Stephan Harbort
Das Hannibal-Syndrom

PIPER

Zu diesem Buch

Der berühmteste Serienmörder der 1990er Jahre ist vermutlich
Dr. Hannibal Lecter aus Thomas Harris' Roman »Das Schweigen
der Lämmer« und dem gleichnamigen Film. Seitdem weiß man,
wie auf der Leinwand Serienkiller gejagt werden, denn jeder Täter
hinterläßt am Tatort seine persönliche »Handschrift«. Stephan
Harbort, Kriminalkommissar und ausgewiesener Serienmord-Experte, hat eine empirische Methode der fallorientierten Raster-
fahndung entwickelt: Sie hilft der Polizei anhand einer Checkliste,
solche Mörder zu entlarven. Aufgrund umfangreicher Material-
studien dokumentiert er Fälle, die bereits gelöst wurden, aber
auch solche, bei denen sich der Mörder noch nicht im Raster der
Fahnder verfangen hat. Ausführlich und spannend erzählt der
Kriminalist Harbort und erklärt die abstoßende und zugleich fas-
zinierende Wirkung des Phänomens Serienmord.

Stephan Harbort, geboren 1964, lebt in Düsseldorf, ist erfahrener
Kriminalist, langjähriger Lehrbeauftragter an der Fachhoch-
schule Düsseldorf und führender Serienmord-Experte. Er sorgte
mit seiner sensationellen Entwicklung des empirischen Täterpro-
fils europaweit für Aufsehen und ist ein gefragter Berater für TV-
Dokumentationen und Krimiserien. Zuletzt erschien von ihm
»Wenn Frauen morden«.

Stephan Harbort

DAS HANNIBAL-SYNDROM

Phänomen Serienmord

Mehr über unsere Autoren und Bücher:
www.piper.de

Von Stephan Harbort liegen im Piper Verlag vor:
Das Hannibal-Syndrom
Das Serienmörder-Prinzip
Wenn Frauen morden

MIX
Papier aus verantwor-
tungsvollen Quellen
FSC® C083411

Ungekürzte Taschenbuchausgabe
ISBN 978-3-492-23650-8
Piper Verlag GmbH, München
1. Auflage Februar 2003
15. Auflage Dezember 2019
© Militzke Verlag, Leipzig 2001
Umschlaggestaltung: semper smile, München
Umschlagabbildung: Christian Schmidt/Corbis
Satz: Ralf Thielicke
Gesetzt aus der New Baskerville
Druck und Bindung: CPI books GmbH, Leck
Printed in the EU

Inhalt

Vorwort

Serienmörder sind zum Stoff von Mythen und Legenden geworden. Sie sind die Stützen fiktiver Kriminalgeschichten und schaffen den Sprung auf die Titelseiten, wenn sie tatsächlich aktiv werden. Sie scheinen für die Quintessenz des Bösen zu stehen und symbolisieren die dunkelsten Winkel der menschlichen Seele. Dermaßen überfrachtet, nimmt es nicht wunder, daß die Vorstellungen über jene Menschen, die wieder und wieder töten, gleichsam verzerrt sind, und daß Phantasie und Erfindung häufig verdecken, wer diese gefährlichen Mörder wirklich sind.

Viele jener Erfindungen über Serienmörder, die anstelle von gesicherten Erkenntnissen kursieren, entspringen den vielzitierten, aber schlecht recherchierten Schriften der Verhaltenswissenschaftlichen Arbeitseinheit des Federal Bureau of Investigation (FBI). Die Faszination, die Hollywood für das FBI hegt, weist den Betrachtungen der FBI-Ermittler eine Bedeutsamkeit zu, die in einem krassen Mißverhältnis zu ihrer Gültigkeit steht. Schauspieler halten sich an Drehbücher, die konfuse und sachlich falsche Meinungen ausdrükken, und in der Konsequenz glauben Zuschauer von Alaska bis Sansibar, daß wahr sein muß, was mit so viel Überzeugung und angeblicher Autorität vorgetragen wird.

Aus diesem *Hollywood-Effekt* – subjektiven Eindrücken und deren dramatischer Ausgestaltung wird unangebracht Gültigkeit zugeschrieben – ist eine Vielzahl von Aussagen über Serienmörder hervorgegangen, von denen wenige näherer wissenschaftlicher Betrachtung standhalten. So sollen Serienmörder zum Beispiel deutlich überdurchschnittlich intelligent sein, und es soll sich bei ihnen niemals um Amerikaner afrikanischer Abstammung handeln. Serienmord wird als ein nahezu einzigartiges amerikanisches Phänomen dargestellt, das vor dem letzten Viertel des Zwanzigsten Jahrhunderts kaum existierte. Serienmörder greifen, so wird behauptet, nur solche Opfer an, die dieselbe ethnische Zugehörigkeit haben wie sie selbst, und in ihren Taten glaubt man stets das Vorhandensein einer starken sexuellen Komponente zu erkennen. Am seltsamsten ist jedoch, daß sich die komplexen Prozesse, die seriellen Tötungsdelikten zugrunde liegen, scheinbar auf die simple, wenngleich uneindeutige Formel von den *organisierten* (kontrollierten) und den *nicht organisierten* (unkontrollierten) Tätern reduzieren lassen sollen.

Alle diese Behauptungen können einer systematischen Überprüfung nicht standhalten. Schon die einfache Zeitungslektüre verdeutlicht, daß Serienmord auf der ganzen Welt in vielen verschiedenen Formen auftritt und von den verschiedensten Menschen begangen wird. Die Behauptungen, die sich aus der FBI-»Forschung« ergeben, sind genau deshalb nicht haltbar, weil diese Forschung mit Mängeln behaftet ist. In jedem anderen Kontext wären die Ergebnisse dermaßen schlecht durchgeführter Studien nicht veröffentlicht worden. Doch die Gier der Massenmedien und Hollywoods nach allem, was mit der Bösartigkeit des Serienmordes zu tun hat, haben dazu geführt, daß die oben dargestellten Aussagen und viele ähnliche Behauptungen ein so breites Publikum gefunden haben.

Genau das ist es, was Stephan Harborts Buch so wichtig macht. Er beginnt mit den Fakten. Darüber hinaus stellt seine Betrachtung von ausschließlich deutschen Serienmördern ein lehrreiches Gegengewicht zu der US-amerikanischen Vorherrschaft in der Debatte dar.

In seiner höchst sorgfältigen Auswertung von Falldarstellungen, Gerichtsakten und Interviews mit Serienmördern kann sich Stephan Harbort sowohl auf seine Erfahrung als Kriminalist als auch auf seine Fähigkeiten als Verhaltenswissenschaftler verlassen. Er zeichnet in zuvor nicht dagewesener Weise ein einzigartiges Bild davon, wie Serienmörder wirklich sind. Dieses Bild zeigt, daß Serienmörder auf den ersten Blick keine wesentlichen Unterschiede gegenüber jenen Tätern aufweisen, die nur einmal töten. Was aus Harborts Darstellung ebenfalls deutlich wird, sind die zahlreichen Unterschiede, die zwischen den Tätern bestehen, die er befragt und deren Fälle er ausgewertet hat. Nicht ein oder selbst zwei *Täterprofile* werden jemals der Komplexität jener Menschen, die wieder und wieder töten, in ihrer Gänze gerecht werden können.

Dies ist kein Buch für zaghafte Gemüter. Darin finden sich brutale Rituale, geradezu an Menschenopfer erinnernde Schlachtungen und andere Handlungen, von denen man kaum sprechen kann, und die doch einem Menschen von einem anderen angetan wurden.

Aber es ist wichtig, sich bewußt zu machen, daß es augenscheinlich *normale* Menschen waren, die diese Verbrechen verübt haben. Das zwanzigste Jahrhundert hat uns gelehrt, wie tief gerade gewöhnliche Menschen in einer scheinbar zivilisierten Gesellschaft sinken können. Serienmörder erinnern uns daran, daß solche Formen menschlicher Abscheulichkeit niemals allzu weit von der Oberfläche entfernt sind. Wenn wir ihr Hervortreten verhindern wollen, müssen wir ihre Ursachen verstehen. Dieses Verstehen ist unser bester Schutz gegen die durchdringenden Schwächen in der menschlichen Veranlagung.

Um jedoch ein wirkliches Verständnis der seelischen Untiefen solcher Täter zu erlangen, müssen wir uns gegen eine Faszination aus bloßer Neugier wappnen. Serienmörder fungieren als ein so klares Symbol für Bösartigkeit und Verkommenheit, daß es heutzutage schwierig ist, einen Romanhelden zu entwerfen, dessen Verstand und Aufrichtigkeit nicht erst im Kontrast zu einem Gegenspieler hervortreten, der immer wieder gefühllos und kaltblütig mordet. Jede authentische Darstellung von Serienmördern läuft daher Gefahr, das Thema zum Objekt der Sensationslust zu machen und dem Wunsch der Verfasser und Leser von Kriminalprosa nach einem einfachen Plot nachzugeben. Stephan Harbort vermeidet dieses Klischee und begibt sich hinter dem wohlfeilen Mythos vom Serienmörder auf die Suche. Er liefert eine eingehende und gut durchdachte Exploration der Menschen selbst, die diese Verbrechen begehen, sowie eine adäquate Darstellung der verschiedenen Erklärungsansätze für ihre sehr unterschiedlichen Taten.

Dieses Buch ist daher ein wichtiger Beitrag zum Verständnis einer hervorstechenden Herausforderung unserer Gesellschaft. Es bereitet den Weg für eine neue, hervorragend konzeptionierte Untersuchung der wohl schrecklichsten Erscheinungsform von Gewaltverbrechen, führt uns weg von Fiktion, Mythos und Legende und hin zu überaus fesselnden, wenngleich anspruchsvolleren Wirklichkeiten.

Prof. Dr. David Canter, Liverpool, im Dezember 2000
Direktor des Zentrums für Ermittlungspsychologie an der Universität Liverpool

Dieses Buch ist Ilona Gantzek gewidmet.
Für die Welt bist Du nur irgendjemand,
aber für mich bist Du die Welt.

»Im Grunde ist jeder Mensch zu allem fähig.«
Johann Wolfgang von Goethe

»Jeder Mensch ist ein Mond und hat eine dunkle Seite,
die er niemandem zeigt.«
Mark Twain

Das Vorwort wurde von Andreas Mokros, Schwerte, übersetzt.
Die Namen der *handelnden* Personen sind zum Schutz ihrer Persönlichkeitsrechte geändert worden. Auch die Begleitumstände der
ungeklärten Tötungsdelikte wurden verfremdet, um einen Ermittlungserfolg nicht zu gefährden.

KAPITEL 1

Der Mörder ist immer derselbe

Polizeipräsidium Frankfurt am Main, Vernehmungszimmer der Sonderkommission »Bold«, 28. Juni 1971, 10.45 Uhr (Protokoll)

(...)

Frage: »Sie haben Frauen gewürgt. Warum haben Sie gerade diese Art gewählt und keine andere?«

Antwort: »Soweit mir bekannt, gibt es vier Schlagadern am Hals. Auf beiden Seiten des Halses eine, die anderen zwei kommen von hinten hoch. Durch die beiden vorderen Schlagadern wird das Blut dem Gehirn zugeführt; dies sind die wichtigsten. Die anderen zwei gehen ins Kleinhirn. Ich wußte, daß das Würgen äußerst qualvoll ist. Beim Würgen liegt die Hauptkraft in den Daumen und Zeigefingern. Wenn ich zudrückte, lag meine Hauptkraft im seitlichen Zudrücken und nicht auf dem Kehlkopf. Mir ist bekannt, daß der normale Würgegriff von hinten angelegt wird, und zwar die Daumen im Genick, während die Finger den Hals umfassen. Diesen Griff habe ich jedoch nicht angewandt. Ich habe immer nur von vorne gewürgt, weil ich ein Interesse daran hatte, die Qualen im Gesicht des Opfers zu sehen. Die Opfer werden erst im Gesicht blau, lila, und die Augen treten hervor. Sie zucken dann am ganzen Körper, als ob sie mit elektrischem Strom in Berührung kommen. Sie strampeln noch mit den Füßen, dann sacken sie zusammen. Ich habe mir meine Opfer nicht ausgesucht. Meistens ging ich durch die Stadt und suchte nach einer Gelegenheit. Mir war es völlig egal, wo ich sie umgebracht habe. Nach der ersten Tat merkte ich, jetzt ist es aus. Mir wurde klar, daß dies nicht das letzte Mal gewesen war, daß ich gegen diesen Drang nicht aufkommen konnte. *Wenn man mich rausläßt, bin ich sicher, daß ich wieder eine Frau töten würde.*«

Gerhard Bold wußte nur zu genau, wovon er sprach. Der 24jährige Gelegenheitsarbeiter hatte kurz zuvor binnen neun Wochen vier Frauen zu Tode gewürgt: Am 19. Februar eine 15jährige Schülerin in Offenbach am Main, am 25. März eine 52jährige Mitreisende in einem Abteil des »Italien-Express« kurz vor Darmstadt. Dann eine 24jährige Prostituierte auf einem Parkplatz in unmittelbarer Umgebung der Messehallen in Frankfurt, schließlich nur drei Tage später eine 48jährige Hotelangestellte in Bergen-Enkheim. Wenige Stunden nach seinem letzten Mord war er festgenommen worden.

Landgericht Frankfurt am Main, Sitzungssaal des Schwurgerichts, 16. Februar 1973
Die Staatsanwaltschaft hatte eine Verurteilung wegen vierfachen Mordes gefordert. Das Motiv: »Frauenhaß und sadistische Freude am Töten«. Doch wollte sich das Schwurgericht dieser Auffassung nicht anschließen. Die Begründung: »Gerhard Bold hat nicht schuldhaft gehandelt. Seine Persönlichkeit ist infolge des frühkindlichen Hirnschadens und der fehlgeleiteten Sozialisation hochgradig gestört. Seine charakterliche Abnormität hat in den Belastungssituationen, die jeweils unmittelbar vor den Taten aufgetreten waren, bei ihm zu Zuständen geführt, die einer krankhaften Störung der Geistestätigkeit gleichzusetzen sind. (...) Die aus dem Angeklagten herausbrechende Aggressivität, der Sturm des Vernichtungswillens überrannten gleichsam sein nur rudimentär vorhandenes Gewissen. Er war nicht mehr in der Lage, diese eruptiven Ausbrüche zu kontrollieren. (...) Er mußte deshalb wegen fehlender Schuld freigesprochen werden. (...) Die Unterbringung des Angeklagten in einer Heil- und Pflegeanstalt wird angeordnet.«

Westfälisches Zentrum für Forensische Psychiatrie Lippstadt-Eickelborn, April 1988
Gerhard Bold hatte es geschafft, jedenfalls teilweise. Er hatte 15 Jahre in psychiatrischen Einrichtungen verbracht, 17 Therapeuten hatten mit ihm, an ihm gearbeitet – mit Erfolg. Das jedenfalls nahmen diejenigen an, die sich jahrelang mit ihm befaßt hatten. Der vierfache Frauenmörder galt als »höflich, diszipliniert, kontaktfähig, intelligent«. Mehr noch: »Es hat eine erfolgreiche Therapie stattgefunden mit Stärkung des Selbstwertgefühls, Verbesserung der Impulskontrolle, Fortschritten im Wahrnehmen und Äußern von Gefühlen, Abbau aggressiver Tendenzen gegenüber Frauen, reali-

tätsadäquater Einstellung gegenüber seiner Person und seiner Situation. (...) Weitere Tötungsdelikte durch Herrn Bold können mit an Sicherheit grenzender Wahrscheinlichkeit ausgeschlossen werden. (...) Herr Bold könnte in die Freiheit entlassen werden.« Zu dieser Auffassung war unter anderem eine Psychologie-Professorin gelangt, die ihn im November 1986 begutachtet hatte.

Doch es war anders gekommen. Die Vollstreckungskammer des Landgerichts Paderborn hatte im August 1987 seinen Antrag auf Aussetzung der Unterbringung zur Bewährung – gestützt auf ein weiteres Gutachten – abgeschmettert: »Dem Untergebrachten ist es im Laufe der Zeit gelungen, eine perfekte normative Fassade aufzubauen. Zu dieser Fassade gehört insbesondere seine Fähigkeit zu geradezu lehrbuchhaften Formulierungen seelischer Sachverhalte. Dieser Umstand verstellt psychologischen Untersuchungen weitgehend den Zugang zu der Persönlichkeit des Untergebrachten. Dessen Beteuerungen, Werte zu beachten, sind Lippenbekenntnisse, die an dem eigentlichen Problem seiner Persönlichkeitsstruktur vorbeigehen.«

Dennoch: Gerhard Bold hatte Vollzugslockerungen erreichen können, vom 14. bis zum 19. April 1988 war ihm nun schon zum wiederholten Mal Urlaub bewilligt worden – diesmal ohne Begleitung.

Bahnhofsgaststätte »Ulmenklause« in Soest, 14. April 1988, 6.45 Uhr
Sein erster Urlaubstag war angebrochen. Gerhard Bold wollte seine Eltern in Frankfurt besuchen. Er saß vor einem Glas Bacardi und rauchte, wartete auf den Zug. Zuvor hatte er einige Gläser Bier gekippt. *Endlich frei,* durchfuhr es ihn. Daß ihm eine »völlige Abstinenz hinsichtlich der Einnahme von Drogen, Alkohol und unverordneten Medikamenten« auferlegt worden war, kümmerte ihn nicht. Vorsichtshalber war dies in seinem Therapieplan vermerkt worden. Den hatte er dabei. Egal. Endlich frei!

Wenig später machte er sich auf den Weg, schleppte zwei Reisetaschen Richtung Bahnsteig. In einer der Taschen befand sich auch ein »Bowie-Messer«, 15 Zentimeter lang mit feststehender Klinge. Das wußte nur er. Um 7.08 Uhr bestieg Gerhard Bold den Zug.

Intercity 625 Dortmund–München, zwischen Koblenz und Mainz, etwa in Höhe Trechtinghausen, 11.15 Uhr

Als die 44jährige Johanna Schmihing die Toilette verlassen wollte, drängte Gerhard Bold die völlig verdutzte Frau gewaltsam in den Waschraum zurück. Er hatte sie längere Zeit beobachtet, ihr schließlich aufgelauert. »Halt die Schnauze!« fuhr er sie an. Johanna Schmihing fürchtete eine Vergewaltigung, Gerhard Bold dachte an Mord. Blitzschnell zog er sein Messer, stach mit großer Wucht mehrfach in den Brustkorb der sich heftig wehrenden Frau. Johanna Schmihing schrie um Hilfe, konnte weitere Stiche mit den bloßen Händen abwehren. Sie kämpfte um ihr Leben, trat nach ihrem Peiniger, kniff ihm in die Hoden. Plötzlich wurde die Toilettentür aufgerissen, zwei Mitreisende zerrten die nun stark blutende Frau aus dem Waschraum. Sie hatten ihre verzweifelten Hilferufe gehört. Die Schwerstverletzte wurde in das nächste Zugabteil gebracht, dort wenig später von zwei zufällig anwesenden Ärzten notdürftig versorgt.

Bahnhof Bingerbrück, Bahnsteig 4, 11.25 Uhr

Der Zug wurde umgehend außerplanmäßig gestoppt. Eine alarmierte Ambulanz raste mit Johanna Schmihing in das nächstgelegene Krankenhaus. Sie wurde notoperiert, überlebte.

Gerhard Bold konnte noch auf dem Bahnsteig festgenommen werden, seine blutbesudelte Kleidung hatte ihn verraten. Verraten worden waren auch seine Therapeuten, sich selbst war Gerhard Bold hingegen treu geblieben: *»Wenn man mich rausläßt, bin ich sicher, daß ich wieder eine Frau töten würde.«*

Gerhard Bold zählt nicht zu den Menschen, die aus Eifersucht, verschmähter Liebe, Ärger, Rache, Verzweiflung, Selbstsucht oder verletzter Familienehre töten. Ursachen und Begleitumstände dieser Tragödien sind uns wohlbekannt: Die eigene Frau wird im Affekt erwürgt, weil sie keine Intimitäten mehr will oder untreu wird; ein Freund oder Bekannter wird nach heftigem Streit im Suff erschlagen; der Kioskbesitzer von nebenan wird aus Wut und Frust erstochen, weil er rigoros seine Schulden einfordert; eine Prostituierte wird erdrosselt, weil ihr Freier sich gedemütigt fühlt; der Türsteher einer Diskothek wird erschossen, weil er den Täter zuvor schroff abgewiesen hat. Manchmal werden auch ganze Familien ausgelöscht, weil ein Elternteil keinen Ausweg mehr sieht und durchdreht. Das sind einige der gewöhnlichen Motive, derentwegen Menschen ihr Leben vertun.

Gerhard Bold zählt vielmehr zu der besonderen Spezies Mensch, die einmal tötet, ein zweites Mal, und dann immer wieder: Serienmörder. Normale Menschen schlagen sich durchs Leben, *sie* töten sich hindurch. Mord wird zur Routine, zu einer schlechten Angewohnheit, die sie nicht mehr loswerden *können*, nicht mehr loswerden *wollen*. Ihre Greueltaten erscheinen uns unverständlich, lassen uns schaudern. Mit schier unvorstellbarer Kaltblütigkeit und Brutalität gehen viele von ihnen ans Werk: Es wird gewürgt, gedrosselt, gefoltert, geschnitten, geschlitzt, gesägt, gekocht, gegessen. Serienmörder *scheinen* führerlosen Güterzügen zu gleichen, die über ihre Opfer einfach hinwegdonnern. Es gibt keine Gnade, kein Erbarmen. Und sie morden vielfach heimtückisch, manchmal sogar wahllos. Man könnte es hier mit dem Philosophen Friedrich Nietzsche halten: »Der Mensch ist das grausamste Tier.«

Warum nun dieses Buch? Sollten wir über diese unappetitlichen Trauerspiele nicht besser den Mantel des Schweigens decken? Schließlich gibt es keine Gewinner, nur Verlierer. Wird diesen Menschen, denen wir gerne verächtliche und kapriziöse Attribute wie »Bestie«, »Schlächter« oder »Monster« verpassen, so womöglich ein weiteres Forum geboten? Warum sollen wir die unsäglichen Leiden der Opfer ein weiteres Mal durchleben? Trotz alledem: Wir wissen einfach zu wenig über *diese* Gattung Mörder. Und wir negieren, verdrängen, entschuldigen und beschönigen beharrlich eigene Schwächen und Versäumnisse, die solche menschlichen Katastrophen begünstigen, in nicht wenigen Fällen sogar erst entstehen lassen. Ungläubiges Kopfschütteln oder verkniffenes Vorbeiblinzeln helfen da nicht weiter. Obwohl Serienmörder schon seit Menschengedenken ihren Opfern nachstellen, sind sie – zumindest in unseren Breitengraden – immer noch eine geheimnisumwitterte, angstmachende, aber scheinbar unauslöschbare Bedrohung. Nicht für jedermann, aber jeden könnte es treffen. In Deutschland reicht die Altersspanne der Opfer von drei Monaten bis zu 91 Jahren. Alle Berufsgruppen sind vertreten, von der Prostituierten bis hin zum Arzt.

Das 20. Jahrhundert hat eine Vielzahl dieser Täter generiert. Wieviele es genau waren, weiß niemand. Die Tendenz hierzulande: steigend. Wir werden davon noch hören. Serienmörder sind keine Fiktion, vielmehr ein gesellschaftlicher Alptraum. Ihre Taten haben apokalyptischen Charakter, künden vielfach von der repetitiven Wollust der Gewalt. Die Orgie der Grausamkeit entpuppt sich als wiederkehrendes Drama, an dem niemand teilnehmen möchte – bis auf den Mörder. Er partizipiert am blutigen Delirium des Verbrechens. Serienmörder setzen Zeichen, kommunizieren mit uns über ihre Taten. Sie wollen sich mitteilen. Nicht alle, aber viele von ihnen. Beharrlich schnippeln sie an unseren Moralvorstellungen herum, würgen unser Selbstverständnis, vergewaltigen unsere Glaubwürdigkeit. Und was tun wir? Wir entledigen uns dieser Menschen auf den gesellschaftlichen Müllhalden: Knast, Klapse. Unsere moralische Mitverantwortung schmeißen wir gleich hinterher. Erledigt.

Aber das Kernproblem bleibt uns erhalten. An dem Verlauf einer mörderischen Karriere sind viele Menschen beteiligt, nicht nur der Täter. Viele aus dem sozialen Umfeld der Täter tragen ihren Teil dazu bei – auf die eine oder andere Weise. Serienmörder spiegeln durch ihre Taten also nicht nur ihr eigenes Unvermögen. Auf die moralische Anklagebank gehört auch das soziale Umfeld der Täter. Solange wir Ursache und Wirkung dieses Gewaltphänomens nicht verstehen wollen, wir uns weigern, auf menschliche Unzulänglichkeiten *rechtzeitig* und *folgerichtig* zu reagieren, bringen wir uns in Gefahr – in tödliche Gefahr. Ganz nebenbei begehen wir auch noch moralisches Harakiri. Auch der grausamste Täter hat ein Recht darauf, daß Menschen da sind, die versuchen, ihn zu verstehen. Um solche Verbrechen zu begreifen, müssen wir in die dunkelsten Gefilde der menschlichen Seele vorstoßen. Das bedeutet emotionale Schwerstarbeit. Das *kann* nicht jeder, das *möchte* nicht jeder. Versuchen wir uns dennoch diesen Menschen zu nähern, ihre Taten zu deuten. Blicken wir in den Abgrund, ins Herz der Finsternis.

Ich habe vorsichtig in diesen Schlund hineingelugt, mich diesen Tätern genähert. Vor mehr als sechs Jahren begann ich mit meiner Forschung. Grundlage hierfür waren insbesondere die staatsanwaltschaftlichen Verfahrensakten sämtlicher Serientäter, die von 1945 bis 1995 in der Bundesrepublik abgeurteilt worden waren. Ich sichtete mehrere hunderttausend Seiten Material, beschränkte mich bei der Feinanalyse aber auf die wesentlichen Aktenbestandteile: Tatortbefund- und Obduktionsberichte, Vernehmungsprotokolle, psychologische und psychiatrische Gutachten, Abschlußberichte der Kriminalpolizei, Anklageschriften, Gerichtsurteile. Schlußendlich mußten mehr als 35 000 Seiten Aktenmaterial ausgewertet werden.

Das fiel mir nicht immer leicht. Es war weniger der Arbeitsumfang, der mir zu schaffen machte; vielmehr waren es die Leiden der Opfer. Insbesondere dann, wenn Kinder und Frauen grausam gefoltert, bei lebendigem Leib zerschnitten oder sonstwie malträtiert worden waren. Dann litt ich mit, wurde wütend, später mißmutig. Es war wie auf einer Achterbahn: rauf und runter. Die Täter verwandelten sich tatsächlich in »Ungeheuer«; Zorn und abgrundtiefe Verachtung beherrschten meine Gefühlswelt. Die notwendige kritische Distanz kam mir zuweilen abhanden. Es dauerte immer eine Weile, bis ich weiterarbeiten konnte. Dann wieder überfiel mich das unendliche Leid derer, die den Opfern nahe gewesen waren: Eltern, Geschwister, Verwandte, Freunde. Manchmal wurde es mir zuviel.

Irgendwann begann ich, Kontakt zu den Tätern aufzunehmen. Ich schrieb Briefe, telefonierte mit ihnen, besuchte sie. Im Knast, in psychiatrischen Anstalten. Ich beschränkte mich auf solche Fälle, in denen die Täter kein Geständnis abgelegt hatten oder das Motiv nicht vollständig herausgearbeitet worden war. Kriminalisten, Psychologen, Staatsanwälte und Richter hatten sich die »Zähne ausgebissen«, waren gescheitert. Ich bildete mir nicht ein, es besser machen zu können. Aber inzwischen waren viele Jahre vergangen. Die Täter hatten Abstand gewonnen, waren vielleicht bei ihrer Therapie vorangekommen. Würde es mir gelingen, nun ihren seelischen Panzer zu knacken? Diese Frage trieb mich an.

Als ich mit meinen Forschungen begann, hatte ich zuvor einige Fragen formuliert: Wie definiert man diesen Tätertyp? Woher stammt der Begriff »Serienmörder«? Wieviele Täter hat es nach Ende des Zweiten Weltkriegs in Deutschland gegeben? Wieviele sind es heute? Gibt es bestimmte Prototypen von Serienmördern? Was unterscheidet den *Serientäter* von den übrigen Mördern und Totschlägern? Und vor allem: Warum machen *die* das? Je mehr ich mich in die Thematik vertiefte, desto größer wurde mein Wissensdurst, die Neugier. Schließlich waren es 232 Fragen.

Widmen wir uns zunächst grundsätzlichen Aspekten, um diesem Gewaltphänomen erste Konturen zu verleihen. Der Ex-FBI-Profiler und ausgewiesene Serienmord-Experte Robert K. Ressler reklamiert für sich, in seinem von dem Journalisten Tom Shachtman geschriebenen autobiographischen Werk *Ich jagte Hannibal Lecter* den Terminus »Serienmörder« erfunden zu haben: »Anläßlich einer solchen Konferenz« – es handelte sich dabei um die Jahrestagung der »International Association of Forensic Sciences« in Oxford/England im Jahre 1984 – »prägte ich den heute allgemein gebräuchlichen Begriff Serienmörder. (...) Wenn ich heute an die Zeit zurückdenke, als ich auf den Namen kam, scheint es mir so, als hätte ich den Begriff schon eine Weile im Hinterkopf gehabt.«

Der Schein trügt, Mr. Ressler. Zunächst erkundigte ich mich beim Institut für deutsche Sprache und bei der Sprachberatungsstelle der Dudenredaktion nach dem Ursprung dieses Begriffes. Mir konnte allerdings nicht geholfen werden, die Fachleute zeigten sich ratlos. Schließlich begann ich selbst zu recherchieren, stöberte in verschiedenen Fachbibliotheken – und wurde fündig. Auf die früheste Erwähnung dieses Begriffes stieß ich in einem Fachaufsatz des Berliner Kriminalisten Ernst Gennat. Der Nestor der deutschen Todesermittler und Begründer der ersten Berliner »Mordinspektion« hatte von 1929 bis 1930 die Ermittlungen gegen Peter Kürten, den »Vampir von Düsseldorf«, geleitet. Seine Erfahrungen hatte er niedergeschrieben, im Jahre 1930 in seinem Aufsatz *Die Düsseldorfer Sexualverbrechen* schließlich publiziert. Schon damals bezeichnete Gennat den bis dato noch unbekannten Täter als »Serien-Mörder«. Ob Gennat diesen Fachausdruck tatsächlich geprägt hat, ließ sich jedoch mit letzter Gewißheit nicht klären. Ich vermute, daß dies im Zuge der sogenannten Ripper-Forschung geschehen sein könnte. Eines hingegen ist sicher: Mr. Ressler hat seinen Lesern einen »Bären aufgebunden«.

Insbesondere angloamerikanische Forscher und Autoren haben sich in den vergangenen 15 Jahren darum bemüht, dieses Fachwort zu definieren. Dies erscheint zwingend notwendig, um Forschungsarbeiten national wie international vergleichbar zu machen. Denn geht man von verschiedenen Voraussetzungen aus, gelangt man logischerweise zu unterschiedlichen Ergebnissen. Das stiftet Verwirrung und sorgt für unnötige Diskussionen und Irritationen. Es würde zu weit führen, sämtliche Definitionsversuche zu würdigen. Stellvertretend soll hier lediglich die wohl populärste und gebräuchlichste Begriffsbestimmung focussiert werden. Das Federal Bureau of Investigation (FBI) deklarierte »Serienmord« zunächst als »drei oder mehr voneinander unabhängige Ereignisse, die an unterschiedlichen Orten stattfinden und von einer emotionalen Abkühlung des Täters zwischen den Einzeltaten gekennzeichnet sind«.

Diese Definition fußt auf der irrigen und simplifizierenden Annahme, Serientäter seien ausnahmslos sogenannte Lust- beziehungsweise Sexualmörder. Also solche Täter, die – vereinfacht dargestellt – von dranghaften Spannungszuständen angetrieben werden, die ihre Opfer dehumanisieren und instrumentalisieren, um sexuelle oder emotionale Bedürfnisse ausleben zu können. Auslöser sind häufig bizarre Gewalt- und Tötungsphantasien. Tatsächlich aber wurden in Deutschland nach Ende des Zweiten Weltkriegs lediglich durch 25 Serientäter (40,1 Prozent aller verurteilten Täter) Sexualmorde verübt. Davon entsprachen sogar nur 22,9 Prozent dem stereotypen Persönlichkeits- und Verhaltensprofil des »echten« Triebtäters.

Im übrigen wirft die FBI-Version mehr Fragen auf, als sie zu beantworten vermag: Welche Verbrechenstatbestände werden von dem Begriff »Ereignis« umfaßt? Mord und Totschlag gewiß. Aber auch Raub, Vergewaltigung oder Körperverletzung mit Todesfolge? Oder Tötung auf Verlangen? Würden bereits zwei versuchte und ein vollendetes Tötungsdelikt eine *Mord*serie ergeben? Warum müssen serielle Morde an *unterschiedlichen* Tatorten verübt werden? Wie sind solche Delikte *zeitlich* voneinander abzugrenzen? Was genau ist unter »emotionaler Abkühlung« zu verstehen? Wie läßt sich dieser Zustand verifizieren? Welche Formen der Täterschaft werden erfaßt? Dürfen auch Anstifter oder Mordgehilfen als Serien*täter* bezeichnet werden? Sind schuldunfähige Täter als Serien*mörder* zu klassifizieren? Bei genauerer Betrachtung erweist sich diese Definition schon unter diesen Fragestellungen als wenig hilfreich, erscheint teilweise unpräzise, unverständlich, unfertig – mithin schlichtweg unbrauchbar.

Mittlerweile ist diese Definition modifiziert worden: »Drei oder mehr Morde ohne erkennbare Täter-Opfer-Beziehung, wobei die Tathandlungen durch eine Abkühlungsperiode unterbrochen werden und sadistisch-sexuelle Gewalt beinhalten.« Doch ist man auch mit dieser Version keinen Schritt vorangekommen, die genannten Unwägbarkeiten wurden im wesentlichen konserviert. Aus diesem Grund habe ich vor einiger Zeit folgende Definition vorgeschlagen: *Der voll oder vermindert schuldfähige Täter (i. S. des Paragraphen 21 des Strafgesetzbuches) begeht alleinverantwortlich oder gemeinschaftlich (i. S. des Paragraphen 25 des Strafgesetzbuches) mindestens drei vollendete vorsätzliche Tötungsdelikte (i. S. der Paragraphen 211 [Mord], 212 [Totschlag], 213 [Minder schwerer Fall des Totschlags] des Strafgesetzbuches), die von einem jeweils neuen, feindseligen Tatentschluß gekennzeichnet sind.* Auf diese Weise können Serienmörder zweifelsfrei von anderen Tätertypen abgegrenzt werden.

Der Mord in Serie ist kein Merkmal bestimmter Gesellschaftsformen, sondern ein globales und soziales Menetekel. Überall auf dieser Welt stellt man Serienmördern nach – und sie ihren Opfern. Allein von Anfang 1995 bis Mitte des Jahres 2000 berichteten deutschsprachige Medien über 229 Serientäter, denen 2 836 Morde zugerechnet wurden. Die meisten Täter werden in den USA geschnappt. Obwohl dort so gut wie alles statistisch erfaßt wird, liegen hierzu keine exakten Zahlen vor. Allerdings zählte beispielsweise das National Center of the Analysis of Violent Crime (NCAVC) für den Zeitraum von Januar 1977 bis April 1992 insgesamt 331 Serienmörder. Seriösen Schätzungen zufolge machen aber auch in den Vereinigten Staaten Serienmorde lediglich 1 bis 2 Prozent aller Tötungsdelikte aus.

Auch hierzulande herrschte lange Zeit Unklarheit. Keine Forschungseinrichtung, keine Behörde konnte konkrete Zahlen vorlegen. Der Grund: Serientötungen werden als solche statistisch nicht erfaßt. Eigene Nachforschungen haben unter Zugrundelegung der obengenannten Definition für Deutschland (1945 – 2000) – ausgenommen blieb die DDR – zu folgendem Zahlenwerk geführt: Verurteilt wurden 67 Männer und acht Frauen, die für 421 Tötungsdelikte verantwortlich gemacht werden konnten. Mindestens 22 Mordserien (83 Opfer) blieben ungeklärt, in diesen Fällen konnte kein Tatverdächtiger ermittelt werden oder es erfolgte keine Verurteilung. Darüber hinaus standen 20 Männer unter dem dringenden Tatverdacht, mindestens drei Opfer getötet zu haben, konnten aber lediglich wegen höchstens zweier Morde verurteilt werden. Nicht übersehen werden dürfen weitere 91 Täter, die wegen zweifachen Raub- und/oder Sexualmordes und teilweise weiterer versuchter Tötungsdelikte abgeurteilt wurden und aufgrund ihrer vielfach pathologischen Motivations- und Persönlichkeitsstruktur, ihrer speziellen Opferauswahl (regelmäßig *keine* Vorbeziehung) und der gerichtlicherseits angenommenen »erheblichen Rückfallgefahr« als potentielle beziehungsweise verhinderte Serienmörder einzustufen sind. Zudem ließ das mörderische Credo der Täter keine Zweifel aufkommen: »Ich hätte weitergemacht«, »Das wäre eine Lawine geworden.« Oder: »Laßt mich bloß nicht raus!«

Nach alledem trachteten in den vergangenen 55 Jahren nachweislich mindestens 207 Täter ihren Opfern reihenweise nach dem Leben. Dabei sind allerdings solche Mörder gänzlich unberücksichtigt geblieben, die dem typischen Persönlichkeits- und Verhaltensprofil des Serientäters entsprechen, glücklicherweise aber schon nach ihrer ersten Tat dingfest gemacht werden konnten. Die nackten Zahlen spiegeln insofern nur das wider, was gemeinhin als »Serienmord« definiert wird. Es ist sicher zu kurz gegriffen, wollte man sich in diesem Zusammenhang auf das schlichte Zählen von Leichen beschränken. Vielmehr ist die Gesinnung, die hinter einem Mord steht, maßgebend und zukunftsweisend. Ungezählte Täter hätten zweifellos ihrem ersten Mord weitere folgen lassen – wenn sie nicht rechtzeitig aus dem Verkehr gezogen worden wären. Serielle(s) Tötungsbereitschaft und -verlangen sind unter unseren Mitbürgern also häufiger anzutreffen, als es uns Statistiken weismachen wollen.

Legt man das vorliegende Zahlenmaterial zugrunde, dann dürfte Deutschland zumindest in Europa in diesem Deliktsbereich einen Spitzenplatz belegen. Zudem steigen die Fallzahlen seit 1965 kontinuierlich. Allein im Zeitraum von 1986 bis 1995 ereigneten sich 62,7 Prozent mehr serielle Tötungsdelikte als in der Dekade zuvor. Von den insgesamt 1 855 Sexual- und Raubmorden, die die amtlichen Zahlenkolonnen des Bundeskriminalamts für diesen Zeitraum ausweisen, gingen 8,4 Prozent auf das Konto von Serientätern.

Serienmörder lassen sich in sechs Prototypen unterscheiden. Als *Serien-Sexualmörder* dürfen solche Täter gelten, deren Handlungen vor, während oder nach dem Tötungsakt eine *sexuelle* oder *sexualisierte* Komponente enthalten: Vergewaltigung, sonstiger vitaler oder postmortaler Mißbrauch, Folterung, aber auch beispielsweise das Herausschneiden von Geschlechtsteilen oder ähnliche Scheußlichkeiten. Durchführung und Stellenwert der einzelnen Sexual- oder Gewaltakte können sehr individuell sein, variieren also je nach Täter und werden vielfach von sexuellen oder gewaltbezogenen Visionen und Obsessionen getragen. Die abstrusen Phantasien der Täter übersteigen bisweilen das menschliche Vorstellungsvermögen. Der Industrietischler Martin Wimmer, der in Bremen zwischen Dezember 1987 und Januar 1989 drei Prostituierte förmlich niedermetzelte, lebte in einer solchen Horror-Welt: »Ich habe mir vorgestellt, eine Schwangere zu töten und ihr den Bauch aufzuschlitzen.« So weit kann es gehen.

Den meisten Tätern geht es bei ihren Verbrechen nicht nur um Sexualität im engeren Sinne. Sie gieren vielmehr nach vollkommener Kontrolle über ihre Opfer, ergötzen sich an deren Leiden. Sexuelle Handlungen werden vielfach lediglich instrumentalisiert, sie sind die intimste Form der totalen Bemächtigung. Von solchen Phantasien wurde auch Hans Schnabel, der 1975 in Oldenburg ein 12jähriges Mädchen und nach seiner Entlassung aus der Haft in der Zeit vom 2. Mai bis zum 26. August 1985 in Bonn und Bochum eine 16jährige sowie zwei 18 und 28 Jahre alte Frauen erstach und verstümmelte, beherrscht: »Ein alleinstehendes Haus und ein im Keller gefangengehaltenes Objekt. Das Besitzen eines Objektes steigert die sexuelle Lust. Ich stoße dem Objekt das Messer ins Herz und zerschneide es mit Rasierklingen. Dann das endgültige Besitzen, der Tod.« Ohnmacht des Opfers gleich Allmacht des Täters. Das ist der Kick, der Thrill – darum geht es.

Daneben gibt es aber auch solche Täter, die von psychopathologischen und soziologischen Bedingungsfaktoren geprägt werden. Sie stammen überwiegend aus Familien mit aggressiven Verhaltensmustern und erheblich gestörten Eltern-Kind-Beziehungen: Es wird geschimpft, gedroht, geschlagen, gedemütigt. Auch in diesen Fällen geht es weniger um die Befriedigung sexueller Bedürfnisse. Die Motive sind vielschichtig: Reduktion von aufgestauten Aggressionen, Verzweiflung, Angst sowie Wut- und Haßgefühlen – insbesondere Frauen gegenüber. Das charakteropathische Profil der Täter wird geprägt von Infantilität, emotionaler Labilität, egoistisch-egozentrischen, aber auch narzißtischen Grundhaltungen und Minderwertigkeitsgefühlen. Die Ursachen der eigenen Destruktivität, die sich in allgemeiner Kontaktarmut – insbesondere zum anderen Geschlecht –, innerer Unruhe, fortschreitender Verwahrlosung und dissozialem Verhalten manifestiert, werden verdrängt und münden nach wiederholten sexuellen Versagenserlebnissen, allgemeiner Zurückweisung oder mißglückten Beziehungen in versteckte Feindseligkeit. Tatauslösend ist dann die Aktualisierung eines bereitliegenden und dauerhaften Konfliktpotentials.

Solche Täter ziehen nicht einfach los, um zu morden. Sie geraten in Konfliktsituationen, die sie nicht ertragen *können*, nicht ertragen *wollen*. Die Lösung: brachiale Gewalt, Vernichtung des Opfers. Auch Armin Nischick folgte diesem Handlungsmuster. Der 28jährige Schlachthofarbeiter erdrosselte zwischen 1983 und 1987 in Kiel und Umgebung drei Prostituierte und eine Anhalterin. Seine Erklärung: »Die Frauen tun lieb und schön zu einem, wenn sie von einem Geld erwarten können, hinter dem Rücken wird man dann von ihnen betrogen. (...) Deswegen habe ich oft eine Haßkappe geschoben. (...) Und wenn dann wieder so eine Situation kam, habe ich die Beherrschung verloren und bin ihnen an den Hals gegangen.«

In solchen Fällen ist der Tatablauf weniger ritualisiert, die Opferauswahl erscheint eher beliebig. Die Tat selber ist kein lustvoller Akt, sondern unmittelbare Folge ungebremster aggressiver Impulse. Charakteristisch ist eine fehlende Tatplanung, der Täter glaubt sich vielmehr provoziert und erniedrigt. Der Tötungsakt wird dabei regelmäßig durchdrungen von eruptiver Feindseligkeit und abgrundtiefem Haß: *Es* will raus. So auch bei Armin Nischick: Er explodierte förmlich, inszenierte eine Gewaltorgie. Die Obduktionsbefunde bestätigten dies: »Multiple Schlagverletzungen (...), massive stumpfe Gewalteinwirkung (...), Bißverletzung an der Brust.«

Seltener hingegen werden die Opfer getötet, um sie als »lästige Zeugen« zu beseitigen. Der Tötungsakt wird nicht als erotisierend empfunden, er ist »notwendig«. Bei allen genannten Tätertypen liegen sexuelle Störungen vor, es gibt allerdings kein einheitliches Krankheitsbild. Zu finden sind nahezu sämtliche Formen sexueller Abweichungen: von der Sodomie bis hin zum Sadismus. In den meisten Fällen (40,9 Prozent) liegen jedoch mehrere Anomalien vor, die sich ergänzen und verstärken. Dominant ist hier die Kombination von Sadismus und Fetischismus. Bedeutsam ist auch die Anzahl der sexuellen Beziehungsstörungen (77,3 Prozent). Die Täter sind generell nicht in der Lage, sexuelle Kontakte zu knüpfen (35,3 Prozent) oder innerhalb einer bestehenden Beziehung ihrer speziellen Veranlagung entsprechend sexuelle Befriedigung zu erlangen (64,7 Prozent).

Serien-Raubmörder töten *ausschließlich* aus Habgier. Die Opfer werden umgebracht, weil sie sich wehren, weil sie dem Täter im Wege sind, weil sie ihn später identifizieren könnten. Diese Täter morden pragmatisch, emotionslos, kaltblütig. Ihre Taten sind von grenzenlosem Egoismus geprägt. So hielt beispielsweise Mitte der achtziger Jahre ein Mörder die Bevölkerung im Großraum Stuttgart in Atem, sorgte für lähmendes Entsetzen in der schwäbischen Provinz. Nacheinander wurden drei Männer förmlich hingerichtet – alle auf abgelegenen Waldparkplätzen, jeweils durch Kopfschuß aus Nahdistanz und exakt im Abstand von sieben Monaten. Die Autos der Opfer fand man wenig später an anderen Tatorten, nachdem sie als Fluchtfahrzeuge bei Banküberfällen auf ländliche Filialen benutzt worden waren. Weil der Täter stets mit einem schweren Vorschlaghammer die Sicherheitsverglasung der Bankschalter zertrümmerte, hatte der geheimnisvolle Unbekannte alsbald einen Namen: »Hammermörder«. Schließlich führte die »Spur 3799« zum Täter, einem verheirateten Polizeibeamten aus Backnang-Strümpfelbach, nahe Ludwigsburg. Der 34jährige, als Verdächtiger bereits vernommen, sah keinen Ausweg mehr, löschte seine Familie aus und richtete danach sich selbst.

Im Regelfall handelt es sich bei diesem Tätertyp um berufs- oder arbeitslose Gewohnheitsverbrecher mit dissozialer Persönlichkeitsstruktur. Fehlende Bindungsfähigkeit, geringe Lernfähigkeit, verminderte Frustrationstoleranz, Mißachtung sozialer Normen und Verantwortungslosigkeit sind die hervorstechendsten Charakter- und Verhaltensmerkmale dieser Persönlichkeitsstörung. Ganz überwiegend kennzeichnen die verübten Tötungsdelikte den eskalierenden Endpunkt langjährigen kriminogenen (zu Verbrechen führenden) Verhaltens. Solche Täter werden vordergründig von negativen Erfahrungen im Strafvollzug geprägt; die Angst vor erneuter Bestrafung implementiert sich als negativer Verhaltensverstärker. Die gleichlautenden Selbstaussagen zeugen davon: »Ich wollte auf keinen Fall zurück in den Knast«, »Entweder die (Opfer) oder ich!« Gewissenlosigkeit wird zum Habitus, das Leben der Opfer zählt nicht mehr. Allerdings darf dabei nicht in Vergessenheit geraten, daß solche Taten hintergründig insbesondere von kindlichen Traumatisierungen, sozialer Marginalität und charakteropathischen Anomalien begünstigt werden.

Im Gegensatz zum multiplen Raubmörder tötet der *Serien-Beziehungsmörder*, um sich entweder durch die Taten *mittelbar* zu bereichern (z. B. durch Erschleichen der Lebensversicherungssumme oder einer Erbschaft), oder aus purer Lebensgier, um sich aus bestehenden Beziehungen herauszumorden. Dabei tötet er ausschließlich im Familien-, Freundes- oder Bekanntenkreis. Dieser Typ Serientäter zählt ohne Zweifel zu den gerissensten Mördern überhaupt. Zwei Beispiele: Binnen eines Jahres verschwanden in Reinbek, einem 25 000 Einwohner zählenden Vorort von Hamburg, Ende der 60er Jahre vier Frauen im Alter von 20 bis 76 Jahren spurlos. Alle waren sie mit dem Astrologen Arnold Ibach liiert oder näher bekannt gewesen. Die Kriminalpolizei Celle wurde auf das mysteriöse Verschwinden der Frauen erst aufmerksam, nachdem ein Angestellter der Kreissparkasse in Celle sich geweigert hatte, das Wertpapierdepot des letzten Opfers auf Wunsch von Arnold Ibach an eine andere Bank zu übertragen. Dem wachsamen Bankangestellten kam der Verdacht, die Frau »könne verschwunden sein«, und meldete dies der Polizei. Die Fahnder stießen dann im Dunst-

kreis des 40jährigen auf drei weitere »vermißte« Frauen. Leichenteile von zwei der Opfer konnte man schließlich in der Ludergrube
auf einem Jagdgelände finden, dessen Pächter Arnold Ibach war.
Die Frauen waren erschossen worden. Die übrigen Leichen blieben
unauffindbar – bis heute. Doch in Wohnung und Ferienhaus von
Arnold Ibach stieß man auf Gegenstände, die den Opfern zweifelsfrei zugeordnet werden konnten: Geld, Pelze, Möbel, Kleidung,
Autos, Schmuck. Und was sich nicht bei ihm fand, das hatte er ver-
schenkt, verkauft, verbrannt oder eingelagert.

Der »Blaubart von Reinbek« war äußerst raffiniert vorgegangen,
hatte sich ausschließlich alleinstehende und vermögende Frauen als
Opfer ausgesucht und nach deren Ermordung ihr Verschwinden
durch fingierte Briefe als längeren Auslandsaufenthalt getarnt.
Doch schließlich krachte sein Mord-Haus, in das er so bereitwillig
eingezogen war, in sich zusammen. Am 24. Mai 1973 wurde er
durch das Schwurgericht Lübeck nach einem aufsehenerregenden
Indizienprozeß des vierfachen Mordes für schuldig befunden. Noch
in seinem Schlußwort hatte der nunmehr 43jährige seine Unschuld
beteuert: »Ich habe nicht getötet. Ich habe keine Leiche beseitigt.
Ich habe keine Urkunde gefälscht. An diesen Händen klebt, so wahr
ich Arnold Ibach heiße, kein Blut und keine Tinte.«

Einen ähnlichen Fall habe ich in besonders guter beziehungsweise schlechter Erinnerung, weil ich seinerzeit bei der Duisburger
Mordkommission als junger Kommissar-Anwärter selbst an der Aufklärung dieser häßlichen Tragödie beteiligt war. Am 28. November
1991 erschien im Polizeipräsidium der Gürtler Klaus Kallweis und
meldete seinen Pflegevater Hans Baumann, einen 64jährigen FDP-
Ratsherrn aus Alpen am Niederrhein, als vermißt. Schnell verwickelte der 25jährige sich in Widersprüche. Er erzählte von einem
Blumengebinde, das er am Tag zuvor gegen Mittag bei der Reini-
gung des Wagens seines Stiefvaters gesehen haben wollte. Tatsächlich aber war dieses Blumengebinde erst in den Abendstunden
durch den Vermißten selbst dort abgelegt worden. Klaus Kallweis
hatte sich in der Zeit ein wenig vertan: Mord mit kleinen Fehlern.
Hinzu kam, daß Freunde und Bekannte des Opfers eine Selbst-
mordabsicht für »völlig abwegig« hielten.

Klaus Kallweis packte schließlich aus: Am 27. November bat er seinen Pflegevater, ihn zum Wagen seines Freundes und Komplizen, der angeblich an der Bundesstraße 8 bei Rees liegengeblieben war, zu fahren. Er schützte vor, von dem Tod seiner Pflegemutter, die zwei Tage zuvor einem Krebsleiden erlegen war, derart betroffen zu sein, daß er nicht in der Lage sei, selbst zu fahren. Die beiden Männer wollten den älteren Herrn dann bei einer fingierten Polizeikontrolle aus dem Wagen locken, ihn niederschlagen und auf nahe gelegene Bahngleise legen – es sollte wie ein Selbstmord aussehen. Als das Niederschlagen mißlang, tötete sein Mordkomplize, der ebenfalls 25 Jahre alte Martin Wollberg, das Opfer durch zwei Schüsse aus einem Revolver. Wollberg legte den Toten in den Kofferraum seines Citroen CX und machte sich aus dem Staub. Eine andere Tatversion gab es nicht, Wollberg schwieg nach seiner Festnahme beharrlich. Der Leichnam konnte deshalb bis heute nicht gefunden werden. Tatmotiv: Klaus Kallweis hatte »forciert erben« wollen. Der beträchtliche Nachlaß sollte unter den beiden aufgeteilt werden. Die Familie Wollberg hatte man zunächst auch im Visier gehabt, die Mordpläne dann aber wieder verworfen: zu viele Opfer. Vater, Mutter und vier Geschwister hätten beseitigt werden müssen.

Doch auch die Stiefschwester von Klaus Kallweis, die ebenfalls als Pflegekind bei der Familie Baumann gelebt hatte, war den Meuchelmördern im Weg. Kallweis und Wollberg unterbrachen im November 1990 ihren Portugal-Urlaub, den sie nur angetreten hatten, um ein Alibi vorweisen zu können, fuhren nach Karlsruhe, lockten die 30jährige dort unter einem Vorwand in ihr Auto und erdrosselten sie wenig später mit einem Springseil. Den toten Körper schleppten sie in ein Waldgelände und entkleideten den Leichnam, um einen Sexualmord vorzutäuschen. Schließlich mußte noch die 26jährige Tanja Schüler, eine Ex-Freundin von Kallweis, am 25. November 1991 unter ähnlichen Umständen sterben – Wollberg hielt die arglose Frau für ein »unkalkulierbares Sicherheitsrisiko«. Auch die Leiche der jungen Studentin konnte bis heute nicht gefunden werden. Ich erinnere mich noch sehr genau an den Kommentar meines damaligen Kommissionsleiters, nachdem Kallweis den dritten Mord gestanden hatte: »Das gibt es doch wohl nicht!«

Die Taten von multiplen Beziehungsmördern gleichen mitunter

auch perfiden Befreiungsschlägen. Im September 1984 wurde vor dem Landgericht Krefeld der Fall der 68jährigen Maria Veith verhandelt. Partnerschaftliche und familiäre Probleme waren von ihr auf ganz persönliche Art und Weise gelöst worden: Innerhalb von 20 Jahren hatte sie zwei Ehemänner, ihren Vater, eine Tante und einen Lebensgefährten mit dem Pflanzenschutzgift E-605 – mal im Gemüseeintopf, mal in einem Medikament, meist aber im Blaubeerpudding – umgebracht. Diese Frau gab dem Gericht Rätsel auf. Nicht nur äußerlich wirkte sie mit ihren roten Pausbäckchen im blauen Jackenkleid mit weißer Bluse wie ein Muttchen, wie die nette Oma von nebenan. Ihren sechs Kindern war sie stets eine gute Mutter gewesen, hatte sie und ihre Enkel verwöhnt, ihnen regelmäßig Süßes und Geld zugesteckt. Nur mit dem Rest der Verwandtschaft hatte es nicht recht klappen wollen. Ihr Vater wurde zum Pflegefall, und »alles sollte nach seiner Pfeife tanzen«. Als der alte Mann an einer Lungenentzündung erkrankte und nicht ins Krankenhaus wollte, konnte sie damit »nicht mehr fertig werden«. Schließlich schüttete sie ihm E-605 ins Gemüse und fütterte ihn damit. »Ob sie keine Scheu gehabt habe?« wurde sie vom Vorsitzenden Richter gefragt. »Es war eine schwere Aufgabe. Sicher, wer hat da keine Scheu«, gab sie zur Antwort. Sieben Jahre später nahm sie wieder einen Menschen zu sich. Ihre Tante hatte nicht ins Altenheim gewollt. Nach dem dritten Schlaganfall der alten Dame wurde sie zwangsweise »von ihren Leiden erlöst«. Das paßte ganz und gar zum Persönlichkeitsbild dieser Frau. Einmal hatte sie einer Bekannten gegenüber erwähnt, es sei »ganz gut gewesen, daß bei Hitler die alten Opas und Krüppel vergast wurden«. Aus diesem Holz sind Mörder geschnitzt.

Nachdem sie ihren Ehemann vergiftet hatte, räumte Maria Veith wenig später auch ihren neuen Lebensgefährten aus dem Weg: »Der hatte so viele Fehler, konnte die Finger nicht bei sich halten, wenn er andere Frauen sah. Das war doch kein Leben!« Auch das nächste Opfer hatte sich unbeliebt gemacht: ihr zweiter Ehemann. An ihm störten sie bald »das viele Herumreisen« und seine Gläubigkeit: »Morgens, mittags und abends beten – es war nicht mehr mein Haus, sondern Gottes Haus.« Zwei Tage nach der Rückkehr von einer seiner Reisen gab sie ihm reichlich Tropfen aus der blauen E-605-

Flasche: »Ich war das Herumreisen leid, wollte zu Hause bleiben.«
Vor Gericht versuchte sie ihre mörderische Gesinnung zu rechtfertigen: »Ich hatte immer großes Pech im Leben, mußte viel ein-
stecken. (...) Die sind mir dann lästig geworden, ich wollte doch
meine Ruhe haben!«

Menschen wie Maria Veith begeben sich nicht, sie geraten in
Lebenssituationen, die sie nicht mehr überblicken können, denen
sie sich nicht mehr gewachsen sehen. Wenn der Widersacher allzu
unbequem erscheint, wird nicht diskutiert, sondern eliminiert.
Regelmäßig sind solche Täter sozial gut integriert und bis zum
ersten Mord nicht straffällig geworden. Gleichwohl wird das Persönlichkeitsprofil dominiert von allgemeiner Antriebsschwäche,
episodenhaften morosen (von Verdrießlichkeit geprägten) Verstimmungszuständen, egoistisch-rigider Gefühlshaftigkeit, narzißtischer
Kränkbarkeit und hohem Geltungsbedürfnis. Die ausnahmslos
heimtückischen Taten sind nicht der radikale Endpunkt einer kata-
thymen (affekt- oder wunschbedingten) Selbstwertkrise, sondern
sind eingebettet in kognitive, bisweilen auch schizoid (von seelischer Zerrissenheit gekennzeichnet) eingefärbte Entscheidungs-
prozesse. Sobald der Täter sich in einer Sackgasse wähnt, seine
Lebenssituation unerträglich erscheint, wird die todbringende Not-
bremse gezogen – so oft wie eben nötig.

Kaum nachvollziehbar erscheinen hingegen die Motive von *Serien-
Gesinnungsmördern*, die aus ideologisch verbrämten, wahnhaft-reli-
giösen oder ethisch eingefärbten Gründen töten. Von allen übrigen
Tätertypen unterscheiden sie sich dadurch, daß sie aus ihren Taten
keine Vorteile zu ziehen scheinen: kein Sex, kein Thrill, kein Geld.
Im Oktober 1992 mußte der Krankenpfleger Wolfgang Klein sich
vor dem Landgericht Bielefeld wegen zehnfachen Mordes – begangen zwischen dem 5. Mai und dem 14. Dezember 1990 – verantworten. Angeklagt wurden nur die nachweisbaren Fälle, in denen der
33jährige hochbetagte Patienten der Westfälischen Klinik in Güters-
loh durch Luftinjektionen getötet hatte. Der Kripo hatte er noch 16
Morde gestanden, später aber widerrufen. Die Taten dieses Mannes
waren erst aufgefallen, als sich die Todesfälle während seiner
Dienstzeit häuften. Schnell wurden Wolfgang Klein im Kollegen-

kreis makabre Spitznamen verpaßt: »Todesengel«, »Vollstrecker«. Aber niemand machte sich ernsthaft Gedanken oder schöpfte Verdacht. Eine Mordserie im Krankenhaus? An Patienten? Begangen von einem Krankenpfleger? Unmöglich, undenkbar. Schließlich kam alles raus: unfaßbar.

Weder den Gutachtern noch dem Gericht gelang es, die verschlungenen Beweggründe dieses Mannes zu erhellen. »Aktive Sterbehilfe, Mitleid und zwanghaftes Handeln« konnten ausgeschlossen werden – mehr aber auch nicht. »Heimtücke« als Mordmerkmal wollte das Gericht nicht gelten lassen, weil die Opfer »bewußtlos« oder »bewußtseinsgetrübt« gewesen seien. *Schlafende kann man nicht arglistig täuschen*, urteilte auch schon der Bundesgerichtshof. Juristische Spitzfindigkeiten. So wurde der Mordvorwurf schließlich fallengelassen, die Anklage auf »Totschlag in zehn Fällen« reduziert. Nicht zuletzt deshalb, weil man beim Motiv des Angeklagten im dunkeln tappte. Die Ursache für die Tötung der Patienten wurde schließlich in »einer im Zusammenhang mit reaktiv-depressiven Verstimmungszuständen periodisch akzentuiert aufgetretenen speziellen Gestimmtheit im Sinne einer Tatbereitschaft« gesehen. Das war nicht mehr als ein wohlformulierter Offenbarungseid. Das Motiv dieses Mannes blieb ein Mysterium.

Dieser Umstand hatte mich neugierig gemacht. Ich schrieb Wolfgang Klein einen Brief, bat um seine Unterstützung bei meinen Nachforschungen, ferner um einen Gesprächstermin. Am 24. März 1997 bekam ich Antwort: »*Ihren Brief, sowie die Fallbeschreibung Ihrer Studie habe ich gestern erhalten und aufmerksam gelesen. Trotz Ihrer mehrmaligen Versicherung, alles würde streng anonym und vertraulich behandelt, bin ich nicht bereit, Ihnen die Genehmigung zur Einsicht in meine Verfahrensakten zu geben. Hierbei stimme ich der Staatsanwaltschaft zu, die ausnahmsweise auch mal meiner Meinung ist. Zu Ihrer Information: Vor einiger Zeit ist schon mal ein Arzt mit einer ähnlichen Bitte an mich herangetreten. Auch ihm habe ich die Einsichtnahme in meine Akten nicht gestattet. Dieser Mensch meinte dann, er könne per Gerichtsentscheid eine Einsichtnahme erzwingen. Allerdings stand er da mit seiner Meinung wohl ziemlich alleine da, denn auch das Oberlandesgericht hat seinen Antrag dann zurückgewiesen.*« Wolfgang Klein hatte recht: sich um ihn zu bemühen war sinnlos.

Überwiegend werden serielle Patiententötungen von Krankenschwestern oder -pflegern begangen – selten von Ärzten. In diesen Fällen ist in der Regel von einem heterogenen Tatmotivationsgefüge auszugehen. Das macht es so schwer, Ursache und Wirkung zu erkennen, zu verstehen. Mit Überzeugung und Empfinden des Mörders korrespondierende Tatanreize wie Euthanasiegedanken, Mitleid oder Verlust der emotionalen Distanz, aber in gleichem Maße auch sozio-kulturelle Dispositionen wie widersprüchliche Entwicklungen der modernen Medizin, der Berufs- und Arbeitssituation des Pflegepersonals in Kliniken und Heimen, der gesellschaftlichen Einstellung zu Sterben und Tod sowie der demographischen Alterung in den westlichen Industrienationen sind eng miteinander verflochten, die Übergänge fließend und bei jedem Täter unterschiedlich stark ausgeprägt. Gleichwohl stehen individuelle Arbeitsbedingungen und gesellschaftliche Dogmen im Vordergrund, ohne die solche Tötungsspiralen nicht denkbar erscheinen.

Relativ einfach liegen die Dinge bei *Serien-Auftragsmördern*: Mord gegen Cash. Der »Hit Man« geht besonders kaltblütig zu Werke, das Töten ist reiner Selbstzweck. Es geht nicht um Gefühle, der Preis muß stimmen. Alles andere ist Makulatur, interessiert nicht. In Deutschland scheint es noch keine Menschen zu geben, die Mord als Broterwerb betreiben; es gibt allerdings solche, die sich eindeutigen Angeboten nicht abgeneigt zeigen: Gelegenheit macht Mörder. Mitte der achtziger Jahre führte der berufs- und arbeitslose Werner Panczek nur allzu bereitwillig eine Serie von Mordaufträgen aus: in Kiel, in Hamburg, in München. Mit seinem Revolver schoß der »St. Pauli-Killer« seinen fünf Opfern in den Kopf. Den Befehl hatte der 37jährige im Zuge von Macht- und Positionskämpfen aus dem Sumpf des Rotlicht-Milieus bekommen. Nach seiner Festnahme richtete er ein weiteres Blutbad an: Am 29. Juli 1986 erschoß er während einer Vernehmung im Hamburger Polizeipräsidium den ermittelnden Staatsanwalt und seine eigene Frau, bevor er sich selbst »wegmachte« (Zitat Panczek).

Serielle Auftragsmorde werden hingegen auch von Tätern ausgeführt, die nicht des Geldes wegen, sondern aufgrund eines persönlichen Abhängigkeitsverhältnisses töten. Diese verschlungenen Beziehungsgeflechte entwickeln sich besonders prächtig in professionellen, organisierten Verbrechensstrukturen. So erschoß beispielsweise der 30jährige Volker Morcinek auf Anordnung seines Bandenchefs, Intimus und geistig-moralischen Übervaters am 23. Juni 1995 bei Elz im Kreis Limburg-Weilburg einen Kleindealer, erschlug drei Monate später in Diez eine russische Prostituierte und erstach am 15. Juni 1996 bei Görgeshausen im Westerwaldkreis einen Immobilienmakler. Manchmal genügen eben schon deutliche Worte, um einen »Killer« in Marsch zu setzen.

Während 93,4 Prozent der Serientäter aus ein und demselben Grund töten, liegen die Dinge bei *Serien-Dispositionsmördern* anders. Das Motivspektrum ist breitgefächert, der Tatentschluß wird jeweils dominiert von *unterschiedlichen*, sich aktualisierenden Bedürfnissen. Nach diesem Motto mordete auch der 26jährige Neo-Nazi Dietmar Lindner aus Gladbeck. Der Ewiggestrige erdrosselte am 17. Juli 1995 in einem Waldgelände bei Altena im Sauerland eine 26jährige Frau und metzelte dann am 3. Februar 1996 eine ihm flüchtig bekannte 23jährige in Bergisch-Gladbach mit 91 Messerstichen nieder – beide Opfer hatte er zuvor vergewaltigt. Schließlich erschoß er anderthalb Monate später in Dorsten einen gleichaltrigen Gesinnungsgenossen mit einer »Pump Action«. Das Motiv: Rachsucht.

Die Beliebigkeit, mit der diese Täter andere Menschen töten, belegen ihre erschütternden Selbstbekenntnisse: »Ich nahm mir, was ich wollte«, »Wenn ich ein Problem hatte, habe ich es auf meine Weise gelöst«, »Besser einen umbringen, als selbst zu leiden.« Diese besondere Gattung Mörder ist unberechenbar – und schwer zu fassen. Die Crux dabei: Es gibt keine Verbindung zwischen den Opfern, kein wiederkehrendes Motiv, keine gleichartige Tatausführung. Nichts scheint die Taten zu verbinden. Ein kriminalistischer Alptraum.

Es gibt kein äußerlich erkennbares Merkmal, das auf jeden Serienmörder zutrifft, wohl aber eine Reihe von Persönlichkeits- und Verhaltensmerkmalen, die bei drei von vier Tätern vorliegen: Der typische Serientäter ist demnach Deutscher, männlich, zwischen

18 und 39 Jahren alt, ledig oder geschieden, kinderlos und von unterdurchschnittlicher bis durchschnittlicher Intelligenz (Durchschnitts-IQ: 99,8). Er verfügt über ein geringes Bildungsniveau, hat die Sonder- oder Hauptschule besucht, ist als Arbeiter oder Handwerker berufstätig oder arbeitslos. Darüber hinaus stammt er aus defizitären Familienverhältnissen, gilt als sozialer Außenseiter und ist vorbestraft beziehungsweise polizeibekannt.

Gleichwohl trifft dieses Täterprofil mit größtenteils marginalen Abweichungen auch auf andere Tötungsdelinquenten zu. Dies belegen eine Vielzahl von empirischen Studien, die in Deutschland in den vergangenen Jahrzehnten auf der Grundlage von Gerichtsakten, forensischen Gutachten und Befragungen der Täter durchgeführt wurden. Was unterscheidet nun den Einfach-Mörder vom Serientäter? Ist es also nur die Anzahl der Morde? Steckt vielleicht in jedem Mörder ein potentieller *Serien*täter?

Im wesentlichen sind es zwei Dinge, die den Unterschied ausmachen: Persönlichkeitsstruktur und Motiv. Beide Komponenten sind untrennbar miteinander verbunden, bedingen sich. Nicht weniger als 88,5 Prozent der Täter leiden unter ausgeprägten Persönlichkeitsstörungen im Sinne klinischer Diagnostik. Das charakteropathische Profil ist vielgesichtig, wird aber insbesondere gekennzeichnet von emotionaler Labilität, Gemütsarmut, Verantwortungslosigkeit, egoistisch-egozentrischen Grundeinstellungen, eingeschränkter Impulskontrolle sowie Minderwertigkeitsgefühlen. Dieser mentale Bodensatz ist der fruchtbare Nährboden, auf dem mörderisches Gedankengut prächtig gedeihen kann. Die sich dort langsam entwickelnden abnormen Grundhaltungen und diffusen Bedürfnisse sind von unterschiedlicher Natur, haben eine individuelle Prägung. Der fortwährend er- und gelebte Verzicht produziert schließlich das Motiv.

Der chronische Mörder tötet überwiegend strategisch, mit heißkaltem Herzen – nicht aber wie andere Täter im Affektsturm oder Alkoholrausch. Das abnorme Bewußtsein wird durchdrungen von latenter Tötungsbereitschaft: Mord wird zur Mission, zur Lebens- oder Überlebensphilosophie, für viele von ihnen gar zum Lebensinhalt. Insbesondere aus diesem Grund werden im Gegensatz zu anderen Erscheinungsformen der Tötungsdelinquenz in acht von zehn Fällen Opfer ausgewählt, die dem Täter vollkommen fremd sind. Determiniert wird der mörderische Habitus durch drei Komponenten, die psychopathologischen, emotionalen oder kognitiven Ursprungs sind, den Täter initiativ werden lassen und die Matrix seines deliktischen Handelns darstellen: Wiederholungs-*drang*, Wiederholungs*reiz*, Wiederholungs*notwendigkeit*. Jeder Täter ist auf eine dieser bewußtseinsdominanten Teilkräfte fixiert, ver- innerlicht und akzeptiert sie schließlich als Handlungsmaxime, *kann* oder *will* sich nicht davon lösen. Zu Tatwiederholungen kommt es – nicht so bei gewöhnlichen Tötungsdelikten (insbeson- dere Beziehungstaten) – im Regelfall deshalb, weil die zu den Gewaltakten und -exzessen führende psychische, sexuelle, emotio- nale, finanzielle, soziale oder sonstige Grundproblematik nur vorü- bergehend gemildert wird, letztlich ungelöst bleibt und fort- während neue Tatanreize produziert. Das macht den Unterschied, kennzeichnet den seriellen Mord – in all seinen Erscheinungs- formen.

KAPITEL 2

Begegnung mit einem Untoten

Köln-Ossendorf, Rochusstraße 350. Hochsicherheitstrakt der Justiz-vollzugsanstalt. Laut Duden ein »besonders ausbruchssicherer Teil bestimmter Strafvollzugsanstalten«. Dort fristen Menschen ihr Dasein, die für die Allgemeinheit eine Bedrohung darstell(t)en: früher, heute, künftig. Endstation für solche Schwerstverbrecher, deren Lebensführung und Selbstkontrolle erheblich aus dem Gleis geraten sind, die deshalb ausrangiert, aufs Abstellgleis geschoben werden müssen. Lebensversicherungs- und Lebensversickerungs-anstalt zugleich. Persönliche Bewegungsfreiheit und Intimsphäre werden in Quadratmetern gemessen. Eine künstliche Welt, in der niemand leben möchte. Dort sind bestenfalls die Gedanken frei, der Rest wird vorgegeben: Verhalten, Ernährung, Kleidung. Hier wer-den sogar die seelischen Grundlagen menschlichen Handelns abgetötet: der Glaube, die Hoffnung.

Dort war ich an diesem wolkenverhangenen Morgen des 5. No-vember 1997 mit einem Mann verabredet, der vor mehr als 20 Jah-ren bundesweit für Schlagzeilen gesorgt hatte: Im Juli des Jahres 1977 waren von dem damals 26jährigen Peter Windisch binnen sie-ben Tagen in Wuppertal und Frankfurt am Main drei Menschen ermordet worden, anschließend hatte er sich der Polizei gestellt.

Dieses Treffen war von langer Hand vorbereitet worden. Nach-dem mir durch die zuständige Staatsanwaltschaft zum wiederholten Mal Akteneinsicht verweigert worden war, hatte ich im März 1997 einen Brief an Peter Windisch geschrieben, um sein Einverständnis einzuholen. Nur wenige Tage später hatte ich sein Antwortschreiben erhalten, in dem es zu meiner Überraschung unter anderem hieß: »*Bei Interesse, besuchen Sie mich für ein Gespräch?!*« Da ich die Taten dieses Mannes nur aus älteren Presseveröffentlichungen kannte, setzte ich mich mit Bettina Rode, der zuständigen Sozialarbeiterin, in Verbindung, um mit ihr den organisatorischen Ablauf, aber auch den motivischen Hintergrund der Taten und die derzeitige psychische Verfassung von Peter Windisch zu erörtern. Ich wollte vorbereitet sein. Mit Bettina Rode führte ich dann mehrere längere Gespräche, in denen sie mir mit großem Sachverstand und Einfühlungsvermögen die Persönlichkeit dieses Mannes und sein bisheriges Verhalten im Strafvollzug beschrieb. Einige Hinweise ließen in mir jedoch schon bald recht zwiespältige Gefühle aufkommen.

Peter Windisch hatte während der Haft an Mitgefangenen mit größter Brutalität zwei weitere Mordanschläge verübt, seine Opfer lebensgefährlich verletzt. Deshalb hatte dieser Mann den überwiegenden Teil seiner lebenslangen Freiheitsstrafe in Einzelhaft verbüßen müssen. Ein Aussätziger unter Aussätzigen. Darüber hinaus brütete er beharrlich über Fluchtplänen, wollte endlich raus. Ein Jahr zuvor war sein Gnadengesuch abgelehnt worden. Damit stand felsenfest: Der Zug war abgefahren – ohne ihn. Endstation Knast. Dieser Mann war äußerst gefährlich. Sein Angebot, ihn besuchen zu sollen, hatte nun unverhofft einen schalen Beigeschmack bekommen. Warum sollte gerade *ich* ihn treffen? Auf was mußte ich mich da gefaßt machen?

Dennoch hatte ich mich nach reiflicher Überlegung dazu durchgerungen, die »Bestie von Wuppertal« zu besuchen. Ich hatte mit Bettina Rode vereinbart, daß sie zu Beginn dieses Gesprächs zugegen sein sollte. Ihr war von ihm schon vor geraumer Zeit versichert worden, daß sie nicht »auf seiner Liste« stand. Peter Windisch hatte sich offensichtlich in seine »Königin« verguckt. Ihre Anwesenheit sollte ihn ein wenig beruhigen, Vertrauen schaffen. Schließlich hatte er in den zurückliegenden Jahrzehnten kaum Besuch erhalten. Steht dann mal ein Kontakt mit der Außenwelt ins Haus, ist die Aufregung groß – auf beiden Seiten.

Kurz vor 9 Uhr erreichte ich die Justizvollzugsanstalt. Ich hatte unruhig geschlafen, viele Gedanken waren mir durch den Kopf gegangen. Das triste Wetter spiegelte meine Gefühle: Das Stimmungsbarometer schwankte heftig zwischen gespannt und angespannt. Einen umfangreichen Fragenkatalog hatte ich vorbereitet, ließ ihn jedoch genauso wie mein Diktiergerät im Wagen liegen. Ich hatte mich kurzfristig anders entschieden. Peter Windisch wußte um meinen Beruf. Ich wollte mich deshalb während des Gesprächs auf handschriftliche Notizen beschränken, um sein Vertrauen zu gewinnen und um den Eindruck zu vermeiden, es handele sich um eine Art Vernehmung.

Nach dem üblichen Sicherheitscheck wurde ich durch einen Justizvollzugsbeamten zum Hochsicherheitstrakt geführt. Auf dem Weg dorthin fragte er mich, wen ich besuchen wollte. Ich nannte ihm den Namen. Mein Begleiter runzelte die Stirn und riet mir dann vielmeinend: »Windisch, ja, da seien Sie bloß vorsichtig!« Ich verspürte plötzlich ein prüfungsangstähnliches Kribbeln in der Magengegend, hakte nach: »Gibt es etwas, das ich unbedingt wissen müßte?« Der Beamte, der mich um einen Kopf an Körpergröße überragte, belegte mich mit einem sparsamen Blick, der mich nicht gerade ermutigte. »Nun reden Sie schon«, raunzte ich ihn etwas gereizt an. »Der Mann ist immer noch gefährlich. Setzen Sie sich am besten unmittelbar neben den Alarmknopf. Dann kann eigentlich nicht viel passieren. Meine Kollegen sitzen ja gleich nebenan«, erklärte er. Das klang nicht gerade ermutigend. Mehr war aber nicht zu erfahren. Obwohl ich nach 14 Jahren Polizeidienst einiges gewohnt war und mich nicht unbedingt als ängstlichen Menschen bezeichnen möchte, kamen mir doch Zweifel, ob meine Entscheidung richtig gewesen war. Drohte tatsächlich Gefahr? Bange machen gilt nicht, redete ich mir ein.

Während ich diesem Gedanken nachhing, erreichten wir den Besuchsraum. Der Beamte verabschiedete sich, und ich suchte zunächst nach dem Alarmknopf. Ich fand ihn ohne große Mühe in der Nähe des Eingangsbereichs. Er war knallrot, nicht zu übersehen und problemlos zu erreichen. Dann verschaffte ich mir einen Überblick. Viel gab es allerdings nicht zu sehen: Dieser Raum war vollständig mit Holz verkleidet, vermittelte aber eine typische Knastatmosphäre. In der Mitte stand ein recht großer Tisch, von einer Sitzgarnitur umstellt. Das war aber auch schon alles. Sonst gab es dort nichts, was einer Erwähnung wert gewesen wäre. Fehlende Fenster, das grelle Neonlicht und eine bedrückende Stille wollten einfach kein Gefühl von Gemütlichkeit aufkommen lassen. Diese Umgebung erschien mir irgendwie fremdartig, steril, zeitlos.

Ich kramte meine Unterlagen hervor. Für Peter Windisch hatte ich ein Buch gekauft, zusätzlich einige Dosen Cola sowie Süßigkeiten mitgebracht. Unser Gespräch sollte in einer möglichst angenehmen, entspannten Atmosphäre stattfinden. Einige Blatt Papier und einen Kugelschreiber legte ich auf den Tisch. Ich nahm in Armlänge seitlich zum Alarmknopf Platz. Sicher ist sicher, dachte ich mir. Nun wartete ich gespannt auf meinen Gesprächspartner.

Wenig später erschien er in Begleitung von Bettina Rode. Nach kurzer Begrüßung setzten wir uns. Peter Windisch musterte mich mit seinen tiefliegenden Augen, wirkte auf mich dabei aber eher gehemmt, etwas unsicher. »Ich bin überrascht, einen so jungen Mann zu treffen, der auch mein Sohn sein könnte. Ich hatte mit einem älteren Herrn gerechnet, der kurz vor der Pensionierung steht«, begann er das Gespräch. Ich weiß heute nicht mehr, was ich darauf zur Antwort gab. Vermutlich habe ich nur süßsauer gelächelt. Erinnern kann ich mich aber noch sehr genau an das ungute Gefühl, als er diese imaginäre Vater-Sohn-Beziehung herstellte.

Bettina Rode verließ kurze Zeit später den Besuchsraum, ich saß ihm nun allein gegenüber. Einem Mann in mittleren Jahren, der ein buntkariertes Holzfällerhemd, gürtellose Jeans und Turnschuhe trug. Seine im Stirnbereich nur noch spärlichen, ins Graue übergehenden Haare waren bis auf wenige Zentimeter gestutzt. Sein spitz zulaufendes Kinn und seine kleinen, aber durchdringenden Augen hatten etwas Schelmisches. Er war einen Kopf kleiner als ich, von gedrungener Statur. Kräftige, aber gepflegte Hände und seine breiten Schultern ließen unschwer erkennen, daß er seinen Körper gestählt hatte. Der 47jährige wirkte auf mich jünger, als es sein tatsächliches Alter hätte vermuten lassen. Normalerweise altern Menschen schneller in solchen Anstalten – zumindest äußerlich. Hier schien es anders zu sein: Peter Windisch wirkte frisch, hellwach, dynamisch. Etwas Abstoßendes oder gar Animalisches hatte er nicht an sich. Seine menschenverachtende, mörderische Gesinnung war ihm beim besten Willen nicht anzusehen.

Schnell kamen wir ins Gespräch. Zunächst erklärte er mir, was er nicht war, nicht sein wollte: »Ich bin kein Serienmörder. Ich bringe nur ab und zu einen um!« Ich fixierte ihn, beobachtete sein Mienenspiel. Das fand nicht statt – nur sein Blick flatterte. Diesem ausgeprägten Zynismus, dieser stumpfen Dialektik begegnete ich hier nicht zum ersten Mal. Zuvor schon war ich häufiger auf ähnliche Resonanz gestoßen. So hatte mir beispielsweise Gerhard Bold, der mehrfache Frankfurter Frauenmörder, folgende Zeilen geschrieben: »*Meiner Ansicht nach bin ich keineswegs in die Kategorie der Serientäter einzuordnen. Ganz bestimmt nicht.*« Insbesondere bei diesem Tätertyp haben wir es mit Menschen zu tun, die nichts vergessen haben, aber als »Serienkiller« vergessen werden wollen.

Peter Windisch begann zunächst von seiner Kindheit zu erzählen: »Die Ehe meiner Eltern stand von Anfang an unter keinem guten Stern. Mein Vater war unheimlich jähzornig und ging ständig fremd. Meine Mutter litt sehr darunter. Mir ging es aber auch nicht besser. Er konnte mit mir nicht viel anfangen. Schon bei Kleinigkeiten beschimpfte er mich als Versager oder Nichtsnutz. Meistens setzte es dann zusätzlich noch eine Tracht Prügel. Mit der Zeit bekam ich einen richtigen Haß auf meinen Vater. Meine Mutter hat das dann nicht mehr ausgehalten und ließ sich scheiden, als ich 15 war. In dieser Zeit habe ich dann auch zurückgeschlagen. Danach ließ er mich in Ruhe.« Bei seinen letzten Worten blitzten seine Augen auf, seine Mimik ließ eine unübersehbare Genugtuung, aber auch Entschlossenheit erkennen.

Er machte im übrigen bei seinen Schilderungen keinen geschwätzigen Eindruck, gleichwohl wirkte er redselig. Um seinen Redefluß nicht zu stören, ließ ich ihn zunächst gewähren. Aus Erfahrung wußte ich, daß Menschen dieses Schlages schon auf kleinste Mißstimmungen, vermeintliche Kränkungen oder Zurücksetzungen höchst empfindlich und unversehens mit extremer Verschlossenheit reagieren konnten.

Auch seine Erfahrungen in der Schule und später im Berufsleben waren überwiegend von Unzufriedenheit und Mißerfolg gekennzeichnet: »In der Volksschule war ich immer Klassenbester. Mit elf Jahren mußte ich dann aber auf ein Wirtschaftsgymnasium wechseln. Mein Vater wollte es so. Wahrscheinlich, weil er selbst nur ein kleiner Bulle war. In seiner Uniform kam er sich immer wichtig vor, wenn er sie dann auszog, blieb nicht viel davon übrig. Auf dem Gymnasium kam ich nicht zurecht, meine Noten wurden mies. Nach anderthalb Jahren mußte ich zurück auf die Volksschule. Nach der Schule habe ich dies und das probiert. Lehren als Dekorateur und Werkzeugmacher habe ich nach kurzer Zeit hingeschmissen. Das war mir irgendwie zu langweilig und zu spießig. Dann wollte ich auch noch das Abitur nachholen, hat aber auch nicht geklappt, habe die Schule schnell drangegeben. Mit 16 bin ich nach Bremen auf die Schiffsjungenschule. Nach der Ausbildung bin ich drei Jahre zur See gefahren. Das war insgesamt eine schöne Zeit. Ich hatte mir auch vorgenommen, ein Patent als Kapitän zu machen. Das war mein großes Ziel. Ist aber auch nichts draus geworden.«

Seine Miene begann sich merklich aufzuhellen, als er von seiner Zeit auf der Reeperbahn erzählte: »Irgendwann habe ich dann abgemustert und bin auf St. Pauli gelandet. Reeperbahn, Sie wissen schon. Die erste Zeit als Stricher war hart, nach einiger Zeit hatte ich dann aber ein paar Pferdchen laufen. Das war die wohl schönste Zeit in meinem Leben. Sex und Kohle satt. Am Wochenende bin ich hin und wieder mit ein paar Mädels nach Paris. Wir haben richtig die Puppen tanzen lassen. Schampus ohne Ende. Ich habe mir in dieser Zeit aber auch viel Geld leihen müssen, war wohl ein bißchen zu großkotzig. Irgendwann hatte ich so große Schulden, daß ich nicht mehr wußte, wie es weitergehen sollte. Dann kam der blöde Bankraub, und ich wanderte in den Knast. Als ich wieder rauskam, wurde alles nur noch schlimmer. Hohe Schulden, die Miete konnte ich nicht mehr bezahlen. Meine Mutter wollte mir dann auch kein Geld mehr geben. Ich war völlig abgebrannt, und meine Freundin wollte auf einmal auch nichts mehr von mir wissen. Das war so Mitte 1977.« Seine Taten, die er kurz darauf begangen hatte, wollte er mir hingegen nicht schildern.

Rückblende: Am 19. Juli 1977 spitzte sich die Lebenssituation von Peter Windisch dramatisch zu. An diesem Tag kam alles zusammen: Seine ehemalige Verlobte machte Schluß mit ihm und ließ aus seiner Wohnung Möbel herausräumen. Er war völlig abgebrannt. Ein Radio hatte er in einem Pfandhaus versetzen müssen, um wenigstens eine warme Mahlzeit zu bekommen. Zusätzlich drückten ihn hohe Schulden von mehr als 100 000 Mark. Seine Mutter hatte ihm zudem unmißverständlich erklärt, daß sie ihn finanziell nicht mehr unterstützen wollte. Einen Job hatte er nicht, sein bester Kumpel war mittlerweile auch von ihm abgerückt. Peter Windisch hatte genug, war des Lebens überdrüssig geworden, dachte an Selbstmord. Nichts ging mehr.

Er begann zu trinken, leerte eine Flasche Wein, kippte einige Gläser Cognac und schluckte zwei Tabletten Captagon. Gegen 20 Uhr schellte es, seine ehemalige Freundin Barbara Edelbacher stand vor der Tür. Peter Windisch öffnete, ließ die 26jährige herein. Als die junge Frau auf dem Weg ins Wohnzimmer war, griff er nach der leeren Weinflasche, die neben ihm auf dem Tisch stand, und schlug Barbara Edelbacher damit von hinten wuchtig gegen den Kopf. Die Flasche zersplitterte, sein Opfer sank benommen zu Boden. Er warf sich auf die Frau, kniete mit einem Bein auf ihrem Unterleib, umklammerte mit beiden Händen ihren Hals, drückte zu. Zusätzlich schlang er der leblos Daliegenden seinen Hosengürtel um den Hals und verknotete ihn. Er war sich aber nicht sicher, ob er Barbara Edelbacher auch tatsächlich getötet hatte. Schließlich holte er aus der Küche ein Brotmesser und stieß es seinem Opfer 17 Zentimeter tief unterhalb des linken Brustansatzes in den Oberkörper. Peter Windisch konnte den Anblick der Leiche nicht ertragen, suchte deshalb einige Kleidungsstücke zusammen und bedeckte damit die Tote.

Zwei Stunden später fuhr er mit dem Wagen nach Wuppertal-Unterbarmen, dort wohnte seine Bekannte Bettina Adomeit. Die 23jährige öffnete nichts Böses ahnend, hieß ihren Mörder freundlich willkommen. Er ließ sich ein Glas Apfelkorn einschenken, gleichzeitig schaute er sich nach einem geeigneten Tatwerkzeug um. Als Bettina Adomeit eine Platte auflegte, schlich er zu einem Werkzeugkasten, schnappte sich einen Hammer und schlug seinem Opfer hinterrücks ein tischtennisballgroßes Loch in den Schädel. Aber die junge Frau begann sich mit letzter Kraft zu wehren. Peter Windisch packte nun sein Opfer, schleppte es ins Schlafzimmer, warf es zu Boden, würgte es mit beiden Händen und wickelte ihm zusätzlich die Schnur einer Peitsche mehrfach um den Hals. Dann zog er so heftig zu, daß ihm der Peitschenstiel in der Hand zerbrach. Schließlich nahm er sein Rasiermesser und schlitzte der Frau die Kehle auf. Bettina Adomeit verblutete.

Nachdem er seine blutbesudelten Hände gewaschen hatte, durchsuchte er das Wohnzimmer, fand dort 300 Mark und fuhr zurück in seine Wohnung. Neben die Leiche von Barbara Edelbacher legte er schließlich einen handgeschriebenen Zettel. Danach flüchtete er nach Frankfurt am Main. Dort lernte er am nächsten Morgen in einer Kneipe am Hauptbahnhof den homosexuell veranlagten Bankkaufmann Gerhard Göddeke kennen. Der 28jährige ließ Peter Windisch in seiner Wohnung unterkriechen, ohne zu ahnen, daß er einem gesuchten Mörder Unterschlupf gewährte. Während des gemeinsamen Abendessens dann das böse Erwachen: ein Fahndungsaufruf im Fernsehen, Peter Windisch war aufgeflogen. Doch Gerhard Göddeke ließ dies nahezu unbeeindruckt, er stellte keine Fragen, unternahm nichts. Schließlich hatte sein unheimlicher Gast eine plausible Erklärung: »Ich habe doch nur Frauen umgebracht!« Kein Grund zur Besorgnis – glaubte Gerhard Göddeke.

Einen Tag später fuhr Peter Windisch nach Wuppertal zurück. Er hatte noch eine Rechnung offen, wollte dort einen ihm ebenfalls verhaßten Bekannten umbringen. Als er diesen aber nicht antraf und bemerkte, daß nach ihm intensiv gefahndet wurde, kehrte er nach Frankfurt zurück, fand wieder Aufnahme bei Gerhard Göddeke. In der Wohnung seines Gastgebers fühlte er sich vollkommen sicher.

Nach einigen Tagen plagten ihn dennoch ernsthafte Zweifel. Konnte er Gerhard Göddeke tatsächlich noch trauen? In den frühen Morgenstunden des 25. Juli fiel die Entscheidung: Peter Windisch schlich sich von hinten an seinen Gastgeber heran, der in einem Sessel vor dem Fernseher eingeschlafen war, hielt seinem Opfer mit der linken Hand den Mund zu und schnitt ihm die Kehle durch. Peter Windisch blieb noch einen Tag in der Wohnung, rief dann einen Privatdetektiv an und ließ sich ins Polizeipräsidium fahren. Dort stellte er sich.

»Warum mußten diese Frauen sterben?« fragte ich ihn nun mit leiser Stimme. »Ich weiß es auch nicht genau. Die Morde hatte ich vorher im Kopf. Ich wollte nicht, daß sie lachen. Ich wollte schocken.« Ich hatte das Gefühl, daß er sich ernsthaft darum bemühte, Licht ins Dunkel zu bringen. Peter Windisch wollte einen düsteren Tunnel ausleuchten – und fuchtelte hilflos mit einem Streichholz herum. Um das Unsägliche aussprechen zu können, fehlten ihm die richtigen Worte.

Was hatte Peter Windisch bei seinen Taten angetrieben? Warum hatte er erbarmungslos gemordet? In diesem Fall begegnen wir einer Besonderheit, die bei Serienmorden häufig zu beobachten ist. Das Motiv für solche Taten erscheint auf den ersten Blick unspezifisch, unklar, unverständlich. Niemand vermag ohne weiteres zu erklären, warum jemand *so was* macht, wie er *dazu* fähig ist. Trotzdem: Es gibt immer einen Grund zum Töten, manchmal sogar gleich mehrere. Wenn in diesem Zusammenhang immer wieder über »motivlose Morde« schwadroniert wird, so ist dies nicht mehr als eine trügerische Reflexion einer unangemessen simplen Betrachtungsweise: Das äußere Tatgeschehen soll den Weg weisen, die innere Tatseite erhellen. Ein ganz wesentlicher Aspekt bleibt hierbei jedoch unbeachtet: der Lebenslauf des Täters. Es ist ein langer und beschwerlicher Weg bis zum ersten Mord, danach fällt es leichter. Doch wir können den Trieb, das Verlangen, die Bedürfnisse eines Mörders nur dann verstehen, sein Ritual nur dann richtig deuten, wenn wir seine Biographie nicht nur geringschätzig bestaunen, sondern empfänglich bleiben für die menschlichen Tragödien, die sich hinter diesen scheußlichen Taten verbergen.

Betrachten wir diesen Fall genauer. Erste Hinweise auf ein mögliches Motiv lieferte Peter Windisch, als er neben seinem ersten Opfer eine Nachricht hinterließ, in der er seine Morde in Wuppertal als Druckmittel für die Freilassung eines ehemaligen Mithäftlings deklarierte: »*Barbara Edelbacher und Bettina Adomeit sind nur gestorben, damit Ihr die Sache nicht als Spaß auffaßt. Laßt Hermann Baltrusch, JVA Werl, Langenbiedenweg, bis morgen Mittwoch 14 Uhr frei. Mit einer Geldsumme, die er für angemessen hält. Er soll Mittwoch (morgen) um 12 Uhr im Deutschlandfunk sprechen und einige Dinge sagen, die nur er wissen kann und die am Fenster besprochen wurden. Kommt ein Bild von mir im Fernsehen oder mein Name, bevor Hermann frei ist, stirbt zur Strafe ein Mensch mehr. Erfüllt meinen letzten Wunsch (diese Seite), und ich verspreche, niemand mehr Leid anzutun.*« Also eine Art Erpressung? In dieser Form sicher höchst ungewöhnlich. So mutmaßte auch der *SPIEGEL*, daß es sich um ein neues Phänomen der Gewaltkriminalität handeln könnte: »erst töten und dann erpressen«.

Gänzlich von der Hand zu weisen ist dieses Motiv sicher nicht. Peter Windisch hatte den wesentlich älteren Mithäftling Hermann

Baltrusch, der bei einem versuchten Gefängnisausbruch einen Aufseher erschossen hatte, in der Justizvollzugsanstalt kennen- und schätzengelernt. Ihm imponierte, daß Baltrusch eine Sache von größerem Kaliber auf dem Kerbholz hatte. Bei längeren Gesprächen in der Anstalt von Zellenfenster zu Zellenfenster – diese Formulierung gebrauchte Peter Windisch auch in seinem Erpresserschreiben – entstand bei ihm der nachhaltige Eindruck, Baltrusch sei »ein besonderer Mensch, den es nur einmal gebe«. Auch nach seiner Haftentlassung schwärmte er Bekannten gegenüber von Baltrusch. Dieser Mann verkörperte sämtliche Attribute, nach denen er lechzte: Durchsetzungsvermögen, Willensstärke, Skrupellosigkeit. Läßt man sich bei den ersten Taten dieses Mannes lediglich vom äußeren Tatgeschehen leiten, so entsteht tatsächlich der Eindruck, als seien die Taten verübt worden, um Baltrusch freizupressen.

Gleichwohl müssen Persönlichkeitsstruktur, psychosoziale Entwicklung und Lebensumstände insbesondere zu den Tatzeiten ebenfalls berücksichtigt und hinterfragt werden. Das Psychogramm dieses Mannes liest sich wenig schmeichelhaft: Für Peter Windisch existierte nur ein Mensch, an dem ihm tatsächlich etwas lag – das war er selbst. Er kokettierte gerne mit seiner überdurchschnittlichen Intelligenz (IQ von 119), die er jedoch lediglich in eine erstaunlich hohe kriminelle Energie ummünzte. Er litt unter seinem extremen Geltungsbedürfnis, wollte jemand sein, etwas darstellen. Und doch war er ein Niemand, von dem keiner so recht Notiz nehmen wollte: ein kleiner Zuhälter, der an seinem eigenen überhöhten Anspruch zerbrochen war. So hatte sich ein ausgeprägter Minderwertigkeitskomplex entwickeln können. Probleme schob er geflissentlich beiseite. Er war nicht stabil genug, verdrängte sie so lange, bis ein tödlicher Bumerang daraus wurde. Zusätzlich quälten ihn pure Lebensangst und Gefühle der Einsamkeit.

Diese erheblich von der Norm abweichenden Dispositionen waren emotionaler Zündstoff. Da köchelte, zischte und brodelte es – bis zur Explosion. Erzeugt wurde diese Katastrophe aber auch durch die schwer gestörte, von Haßgefühlen gekennzeichnete Vater-Sohn-Beziehung. Gerade bei Serienmördern stößt man in 80 Prozent der Fälle auf ausgeprägte, die späteren Taten begünstigende Eltern-Kind-Konflikte: mal ist es die lieblose, herrische Mutter; mal der alkoholkranke, prügelnde Vater; mal klappt es mit beiden nicht.

Bei den ersten Opfern von Peter Windisch handelte es sich um seine Ex-Freundinnen, mit denen er zuvor längere Zeit intim gewesen war. Für ihn war das jedoch nicht mehr als ein quälender Beziehungsmoloch, der ihn zu verschlingen drohte und in gleichem Maße bei ihm die entwürdigende Vorstellung wachhielt, »vielleicht selbst nur Sexualobjekt zu sein«. Seine Opfer fanden sich im Leben zurecht, waren anerkannt. Er aber fühlte sich ihnen »unterlegen«, betrachtete diese Frauen schließlich als »Gegner«. Sie führten ihm seine Unzulänglichkeit vor Augen, stempelten ihn zum Versager. Dieser Mann wurde durchdrungen, schließlich beherrscht von unterdrückten, unreflektierten, ungezügelten Emotionen.

Schließlich spitzte sich seine Lebenssituation zu, erschien ausweglos. Peter Windisch hatte seine Taten »im Kopf«, wollte, daß diese Frauen »nicht mehr über ihn lachten«. Er gierte danach, seine Opfer »aus dem Weg zu räumen«, sie »auszulöschen«. Schließlich mußten die Frauen für seine eigene Verstörtheit mit dem Leben bezahlen. Die Entscheidung, seine Opfer zu töten, fiel ihm nicht sonderlich schwer, der Tod dieser Frauen war schließlich »kein Verlust für die Menschheit«.

Seine Erpressungsabsicht erscheint aus diesem Blickwinkel eher fragwürdig. Er kehrte nach Verübung der zweiten Tat in seine Wohnung zurück, um erst dann seine Botschaft neben der Leiche zu plazieren. Hätte die erste Tat den propagierten Hintergrund gehabt, wäre die Nachricht durch ihn sicher unmittelbar nach der Tat geschrieben worden. Denn: zu diesem Zeitpunkt plante er noch keinen weiteren Mord. Das macht Sinn. Hinzu kommt, daß er den Entschluß zur Tötung des zweiten Opfers erst mehr als anderthalb Stunden nach der ersten Tat faßte. Seine Erpressungsabsicht erscheint somit eher inszeniert beziehungsweise nachgeschoben. Vermutlich deshalb, um seinen Morden im nachhinein eine Sinnhaftigkeit, Plausibilität und übergeordnete Bedeutung zu verleihen. Sein Leben hatte er endgültig an die Wand gefahren, aber indem er die Taten als Erpressungsversuch deklarierte, durfte er sicher sein, endlich im Blickpunkt der Öffentlichkeit zu stehen: Der kleine

Zuhälter ist tot, es lebe der Mörder! Möglicherweise unternahm Peter Windisch aber auch den Versuch, seine Taten auf diese Weise vor sich selbst zu rechtfertigen. Auch unter diesem Aspekt ist vielen Serienmördern eines gemein: Sie können ihre Taten lediglich beschreiben, nicht aber erklären.

Während unserer Unterhaltung blühte Peter Windisch mehr und mehr auf. Seine Erzählungen wußte er wortgewandt und strukturiert vorzutragen. Gleichwohl waren sie gekennzeichnet von ständiger Gedankenflucht. Es war nicht einfach, seinem geistigen Froschhüpfen zu folgen. Insofern forderte er meine volle Aufmerksamkeit und Konzentration. Das Stillsitzen fiel ihm sichtlich schwer, er wirkte unruhig und fahrig. Häufig sprang er unvermittelt auf und begann wild zu gestikulieren, beruhigte sich dann aber auch schnell wieder. Es gab keine Gesprächspausen, er hielt mich ständig in Atem.

Nach einiger Zeit fiel mir auf, daß seine Erzählungen sich stets um den Tod beziehungsweise das Töten rankten. Ich fragte ihn danach: »Warum denken Sie ständig über den Tod nach?« Ohne zu zögern flüsterte er: »Was bleibt mir denn anderes? Ich weiß, daß ich im Knast sterben werde. Ich denke ständig darüber nach, wie ich Menschen töten kann. Jeden Menschen, der mich bisher besucht hat, habe ich in Gedanken umgebracht. Die Frauen habe ich danach aufgefressen. Ich bin verliebt in meine Bestie!«

Ich zuckte innerlich zusammen. Damit hatte ich nicht gerechnet, darauf war ich nicht vorbereitet gewesen. Hatte dieser Mensch mich tatsächlich in seine Mordphantasien mit einbezogen? Ich schauderte, bekam eine Gänsehaut. Ich fragte aber nicht nach, sondern tröstete mich mit der Überlegung, daß er sicher auch zur Übertreibung und Phantasterei neigte. Bei manchen Gesprächspassagen hatte ich zudem den Eindruck gewonnen, daß er mir ganz bewußt die »Bestie« vorspielen wollte, um die mir unterstellte, aber auch seine eigene Erwartungshaltung nicht zu enttäuschen. In seiner Horror-Welt war er der Regisseur, drehte einen Gruselfilm nach dem anderen. Gleichzeitig spielte er begierig die Hauptrolle, mir hatte er eine ungeliebte Nebenrolle zugedacht: die des Opfers.

Ohne Zweifel wollte Peter Windisch mich immer wieder schokkieren und beeindrucken, wenn er plötzlich hochfuhr, auf mich zuging und mit funkelnden Augen zischte: »Ich könnte jederzeit töten. Es ist in meinem Kopf. Das ist Wahnsinn!« Da ich zumindest äußerlich den Anschein erweckte, als imponierte mir seine Vorstellung nicht, versuchte er diese auszubauen: »Sie wissen doch selber, wie schnell das geht. Dafür braucht man keine Waffe!« Wieder sprang er unvermittelt von seinem Stuhl auf, schnappte sich meinen Kugelschreiber und demonstrierte nur einen Schritt von mir entfernt, was er meinte: »Den nehme ich und stoß den einfach durch die Augen ins Gehirn!« Ich ekelte mich vor diesem Mann, spielte mit dem Gedanken, das Gespräch zu beenden.

Aber irgend etwas hielt mich zurück. Ich wollte mir keine Blöße geben, diesem Kerl seine absurde Inszenierung vermasseln. Ich hatte den Eindruck gewonnen, als wollte mir dieser seelisch schwer gestörte Mann ein Spiel aufzwingen: perfide, nach seinen Regeln. Das wollte ich ihm aber nicht durchgehen lassen. Ich gab nicht nach. Dieser Rivalität, die sich in diesem Moment aufbaute, die mehr und mehr Eigenleben und -dynamik entwickelte, konnte ich mich nicht entziehen. Ich wollte dagegenhalten. Aber es fiel mir schwer, und ich hätte guten Gewissens auf solche Art Nervenkitzel verzichten können. Schließlich konnte ich nicht zweifelsfrei einschätzen, wie ernst er es meinte. Auf der anderen Seite war mir aber durchaus bewußt, daß mir ein Mann gegenübersaß, der nichts mehr zu verlieren hatte und nicht ohne Grund unter schärfsten Sicherheitsvorkehrungen verwahrt wurde. Zudem war ich vor ihm gewarnt worden. Das hatte ich nicht vergessen. Eine blöde Situation.

Hingegen wußte ich aber auch um seine momentane psychische Verfassung. Auch mir gegenüber hatte er unter dem Deckmantel der Verschwiegenheit eingeräumt, daß er sich in Bettina Rode verknallt hatte und aus dieser platonischen, einseitigen Liebesbeziehung zumindest momentan neuen Lebensmut schöpfte. Ich bemitleidete diese tapfere Frau, die sich wie »Frankensteins Braut« vorkommen mußte. Jeder kleinste Vorfall hätte diese Beziehung gefährdet und somit auch seine Haftbedingungen verschärft. Dessen war er sich wohl bewußt; darauf hoffte ich jedenfalls. Zwischenzeitlich hatte er mir in diesem Zusammenhang auch gesagt, daß es »knallt«, wenn man ihn verlegen würde. Aus diesen Äußerungen schloß ich, daß sein Blick wohl eher in die Zukunft gerichtet schien. Ganz sicher war ich mir dabei jedoch nicht; denn eines war mir bei meinen Studien und im persönlichen Umgang mit diesem speziellen Typ Mörder schnell deutlich geworden: Sie sind unberechenbar, man darf sie keinesfalls unterschätzen – egal wann, egal wo.

Der Hinweis darauf, daß es »knallen« würde, wenn man ihn von seiner »Königin« trennen und in eine andere Anstalt verlegen würde, hatte mich neugierig gemacht. Ich fragte ihn also, was darunter genau zu verstehen sei. Mit einer für seine Verhältnisse ungewöhnlichen Gelassenheit entgegnete er, daß er eine »spektakuläre Abschiedsvorstellung« geben wolle. Ich hakte nach: »Was genau meinen Sie damit?« Wieder sprang er auf und begann zu phantasieren: »Ich schnappe mir einen oder mehrere von den Wärtern. Oder ich warte auf eine günstige Gelegenheit, bis der Anstaltsleiter oder irgendein anderer von denen da oben nahe genug ist. Da sind noch einige Rechnungen offen. Und dann …« In diesem Moment demonstrierte er mir, wie er einem Menschen die Kehle aufschlitzte. »Danach bringe ich mich um. Die Zeitungen werden voll davon sein«, fügte er mit sichtlicher Genugtuung hinzu.

In solchen Momenten wirkte Peter Windisch tatsächlich unheimlich und bedrohlich. Wenn er mit Enthusiasmus und unverkennbarer Freude vorführte, wie er einen Kehlschnitt setzte, dann war das keine Fiktion mehr. Dieser Mann hatte schließlich bereits mehrfach auf diese Weise gemordet und würde es wieder tun. Daran bestand kein Zweifel. Das machte es so real.

Diese zerstörerischen, von unverkennbarer Leidenschaft wachgehaltenen Phantasien wollte ich nicht unwidersprochen lassen. »Warum das alles, das ergibt doch keinen Sinn?« versuchte ich ihn ein wenig aus der Reserve zu locken. »Verstehen Sie denn nicht? Ich bin doch schon lange tot. Und ich weiß, daß ich hier krepieren werde. Da bleibt doch nichts mehr. Da ist nur noch der Tod. *Ich bin tot!*« Dann wurde es still, er schwieg eine Weile. Ich versuchte nicht zu widersprechen, ihm andere Möglichkeiten aufzuzeigen. Mir wäre auch nicht viel eingefallen. Vielmehr mußte ich einsehen, daß der Zeitpunkt schon lange verpaßt worden war, an dem man hätte helfend eingreifen können. Wenig später kamen wir nochmals auf die besondere Beziehung zu seinem Vater zu sprechen: »Wenn ich könnte, würde ich den heute umbringen«, zischte er mit bebender Stimme und haßerfüllten Augen. Ich zweifelte nicht daran.

Es war mir im Verlaufe des Gesprächs zunächst gar nicht aufgefallen, aber Peter Windisch hatte nicht ein einziges Mal gelacht. Als er nach mehreren Stunden erstmals versuchte, sich so etwas wie ein Lächeln abzuringen, wurde mir schlagartig bewußt, daß sein von Depressionen, Selbstzweifeln und Menschenverachtung geprägter Gemütszustand, den ich zu ergründen versucht hatte, keine Fiktion, sondern nicht zu leugnende Realität war. Es war kein Lächeln, das sich da in seinem Gesicht abzeichnete. Es war vielmehr eine Art diabolisches Grinsen, seelenlos, kalt. Eine häßliche Fratze, die tief in die Seele dieses Menschen blicken ließ und menschliche Abgründe offenbarte. Da waren nur noch blanker Haß und ungezähmte Boshaftigkeit. Natürliche Freude konnte dieser Mann offenbar nicht mehr empfinden. Man muß es gesehen haben, um es nachvollziehen zu können.

Ich muß gestehen, daß dieser Anblick mich innerlich zutiefst berührte und gleichermaßen mit Entsetzen erfüllte. Ich mußte an die Opfer von Peter Windisch denken, die im Angesicht dieser Fratze gestorben waren. Eine unerträgliche, angsteinflößende Vorstellung. Hatten die Taten dieses Mannes für mich bis dahin lediglich auf dem Papier Bestand gehabt, so waren sie nun mit einem Mal lebendig geworden.

Stundenlang hatte ich zu ergründen versucht, wie ich diesen Menschen einzuordnen und was ihn zu seinen Taten getrieben hatte. Das war nun Makulatur geworden. Peter Windisch hatte, ohne daß er es wollte, sein Innerstes nach außen gekehrt. Sein unheimliches, grimassengleiches, zynisches Grinsen hatte ihn als einen Menschen entlarvt, dessen Charakter überwiegend von extremer Gemütsarmut und innerer Teilnahmslosigkeit geprägt war. Nun verstand ich, warum Peter Windisch *es* getan hatte. Seine Bemerkung: »Ich hatte mein Leben lang niemanden, dem ich vertrauen konnte«, bekam eine wesentlich tiefergehende Bedeutung. Da saß ein Mann, der glaubte, über viele Jahre hinweg in regelmäßigen Abständen seelisch gedemütigt, verachtet und menschlich enttäuscht worden zu sein. Ein Mensch, der schließlich seinen emotionalen

Super-GAU nicht mehr hatte abwenden wollen. Gleichwohl war er derjenige gewesen, der die Rakete schließlich gezündet hatte. Sehenden Auges hatte er sich in die Katastrophe katapultiert und seine Opfer erbarmungslos mitgerissen.

Seine Beziehung zur Sozialgemeinschaft im allgemeinen und zu Menschen im besonderen hatte stets einen ambivalenten Charakter. Auf der einen Seite bewunderte er »Menschen, die etwas leisten«, auf der anderen Seite vermochte er sich mit diesen Konventionen nicht anzufreunden. Er selbst hielt sich nicht für fähig, »wie andere Leute zur Arbeit zu gehen«. Ein Familienleben einschließlich der Verantwortung für Kinder hielt er zwar für »erstrebenswert«, meinte jedoch von sich, »so was einfach nicht aushalten zu können«. Vermutlich dürfte diese Lebensauffassung wesentlich durch seine freudlose, an Enttäuschungen reiche Kindheit sowie die zerrüttete Ehe seiner Eltern geprägt worden sein.

So erscheint es auch nachvollziehbar, daß seine vielfältigen und häufigen sexuellen Kontakte sowie seine seltenen zwischenmenschlichen Beziehungen nicht von gegenseitiger Achtung und freundschaftlicher Verbundenheit gekennzeichnet waren. Vielmehr glichen sie regelrechten Kampfbeziehungen. Bei seinen Freundinnen handelte es sich stets um gefestigte Persönlichkeiten, die er nicht nur als verstandesmäßig ebenbürtig kennengelernt hatte. In erster Linie imponierte ihm die persönliche Unabhängigkeit und soziale Stellung dieser Frauen, während er sich als »selbstunsicher, ziellos und gescheitert« einstufte.

Die ausgeprägte Zerrissenheit seiner Persönlichkeit, so sein zu wollen wie andere, dies aber nicht erreichen zu können, offenbart auch ein Brief, den er nach seiner Festnahme an Hermann Baltrusch schrieb: »*Für mich bist Du nach wie vor der Zweitgrößte … Dich habe ich immer für einen Ralleverschnitt gehalten, sorry, ist einen Kopf größer wie wir … zockt nur, aber ist wesentlich kälter und intelligenter wie wir. Ralle ist kein Superjonny. Wenn er seinen Rappel hat, ist er banal, aber bei Gott, einiges ist so stark, daß Du glaubst, das komplette Aufgebot der Hölle steckt dahinter.*«

Ein innerer Zwiespalt und unauflöslicher Konflikt war das, in einer akuten Lebenskrise für Peter Windisch Anlaß genug, um seine heimlichen menschlichen Vorbilder zu »Gegnern« zu stilisieren und diese in einer Art zynischen Vergeltungs- und Vernichtungsschlags vornehmlich zum Zwecke der eigenen Selbstwerterhöhung für immer auszulöschen. Er mordete sich bereitwillig aus der Gesellschaft heraus, hinein in seinen »kleinen Horror-Laden«. Eben diese Erlebniswelt ließ Peter Windisch durchblicken, als er sein kaltes Grinsen aufsetzte. Seither beobachte ich Menschen wesentlich genauer, wenn sie lachen, lächeln oder grinsen. Ich bin immer wieder erstaunt, mit welcher Exaktheit diese Gemütsregungen mit den vorher oder später festgestellten Persönlichkeitsmerkmalen übereinstimmen. Nicht nur die Augen eines Menschen lassen tief blicken.

Er schilderte mir auch einen immer wiederkehrenden Traum: »Ich habe in einem Garten Äpfel gestohlen. Man ertappt mich, und ich versuche zunächst wegzulaufen. Der Verfolger kann mich aber einholen. Anstatt zu versuchen, noch mal abzuhauen, erschieße ich den Verfolger einfach.« Dieser Traum spiegelt die Lebensauffassung und Persönlichkeitsstruktur dieses Mannes deutlich wider. Soziale und mitmenschliche Verantwortung erschienen ihm gelegentlich durchaus anerkennenswert, die damit verbundenen Verpflichtungen lehnte er jedoch kategorisch ab. Statt dessen steigerte er sich in Situationen innerer wie äußerer Bedrängnis regelmäßig in Aggressionen, personalisierte diese Empfindungen durch den Aufbau eines »Gegners«, suchte Lösungen und Auswege in der Durchführung kurzfristig geplanter, genau kalkulierter Aktionen – bis hin zum Mord. Eben dieses insbesondere auch tatspezifische Verhaltens- und Handlungsmuster versinnbildlichte sein Traum.

Während des Gesprächs, das sich über sieben Stunden hinzog, verließ ich den Besuchsraum nicht ein einziges Mal. Ich wollte ihn nicht unbeaufsichtigt lassen. Solange ich ihn beobachten konnte, hatte ich das Gefühl der Kontrolle. Sicher wäre die Situation einfacher gewesen, wenn noch jemand anwesend gewesen wäre. Aber ich befürchtete, daß Peter Windisch sich in dieser Konstellation nicht würde öffnen können. Andernfalls hätte er mir wahrscheinlich nichts von seinen sexuellen Phantasien erzählt, von denen er beherrscht schien und die regelmäßig in der imaginären Tötung einer Frau gipfelten. Sicher hätte er einer Therapie bedurft, gleichwohl hatte er sich regelmäßig verweigert. »Ich bin vom Strafvollzug enttäuscht«, erzählte er mir und fügte resignierend hinzu: »Die Leute sind doch nach dem Knast gefährlicher als vorher.« Damit hatte er sicher nicht ganz unrecht.

Nachdem wir das Gespräch gegen 16 Uhr beendet hatten und ich mich auf dem Heimweg befand, löste sich allmählich meine innere Anspannung. Die Begegnung mit Peter Windisch hatte mir eine Vielzahl von Eindrücken vermittelt, die mich zum Nachdenken anregten. Die besonderen Lebensumstände dieses Mannes, der bar jeder Hoffnung war und dessen Gedanken nahezu ausschließlich von Mordphantasien beherrscht wurden, provozierten in mir die Frage, ob und wie er in die Sozialgemeinschaft hätte reintegriert werden können. Die Strafe, die ihm auferlegt worden war, hatte sicher ihre Berechtigung. Schließlich hatte Peter Windisch seine Morde kaltblütig geplant und mit großer Brutalität ausgeführt. Gleichwohl schien mir seine lebenslange Freiheitsstrafe ohne Aussicht auf Begnadigung einer »blutleeren Hinrichtung« gleichzukommen. Ein seelischer Tod auf Raten. Aber nach allem, was ich über ihn und von ihm erfahren hatte, war auch ich überzeugt, daß es für Peter Windisch nur einen Aufenthaltsort geben durfte: den Hochsicherheitstrakt.

Er hatte mir im Laufe unserer Unterredung angeboten, mir das Urteil, das ihm am 21. November 1978 durch die 5. Große Strafkammer des Landgerichts Wuppertal verkündet worden war, zur Fortführung meiner Forschung zur Verfügung zu stellen. Ich nahm dieses Angebot dankend an und erhielt am 6. Dezember 1997 folgendes Schreiben: »*Die Papiere gehen diese Tage zur Post. Bitte bitte nichts zurücksenden! Behalten!!! Ich benötige nix mehr bei meiner kaputten Gesundheit und schlechten Nerven. Bitte auch nicht schreiben! Sie haben genug zu tun. Is was, einfach Königin anrufen. Die besten Wünsche für Sie, alle die Sie mögen und weiterhin gutes Gelingen als Schriftsteller!! Herzlichst, Peter Windisch.*«

Schreibt so eine »Bestie«? Ich habe die Begegnung mit Peter Windisch bewußt an den Anfang dieses Buches gestellt, weil einer der seltenen Fälle eingetreten war, in denen ich ungeschönte, ungefilterte Informationen und Eindrücke erhielt, und dieser Fall exemplarisch für die zwischenmenschliche Beziehungslosigkeit, ausgeprägte Gemütsarmut und innere Zerrissenheit steht, die Serienmörder sehr häufig prägen. Dadurch werden ihre Taten sicher in keiner Weise gerechtfertigt oder entschuldbar. Aber sie erscheinen uns zumindest auf der Basis einer vorurteilsfreien Verstandes- und Bewußtseinsebene nachvollziehbar. Es handelt sich eben oftmals nicht um seelenlose »Zombies«, die mordlüstern und monoton ihr todbringendes Handwerk verrichten. Insofern bin ich Peter Windisch dankbar, daß er die Tür zu seiner kranken Seele zumindest einen Spaltbreit öffnete.

Daß ein solches Verhalten eher die Ausnahme darstellt, und es nicht allzuoft gelingt, diese Täter zu einem Gespräch zu bewegen, belegt unter anderem ein Brief, den ich am 30. Dezember 1997 von einem gewissen Klaus Ludwig erhielt. Die Biographie dieses Mannes liest sich wie eine Chronik des Grauens: Als 17jähriger durchbohrte er am 5. April 1950 den Brustkorb eines zwölf Jahre alten Jungen in der Scheune eines Bauernhofs – mit einem Heurupfer, siebenmal. Er wurde zu acht Jahren Haft verurteilt, kam aber vorzeitig frei. Am 17. Oktober 1956 zertrümmerte er einem Jungen in der Nähe von Hamburg mit einem Stein das Schädeldach. Drei Jahre später erschoß Klaus Ludwig im »Schwetzinger Wald« bei Mannheim ein Liebespaar in dessen Auto: Kopfschüsse – aus Nahdistanz. Damit nicht genug. Am 18. Dezember 1967 schlug er wieder zu, spaltete einem 7jährigen Jungen in der Nähe von Stockstadt den Schädel. Das Opfer wurde durch einen zufällig vorbeikommenden Fernfahrer gefunden und konnte gerettet werden. Im Kreis Pinneberg erschlug er schließlich am 16. Februar 1968 einen 5jährigen – mit einer Eisenstange.

Dieser Brief ist ein schlagender Beweis dafür, mit welch hohem Maß an Mißtrauen und Verschlossenheit Serienmörder auch noch viele Jahre nach ihren Bluttaten reagieren: »*Sie schreiben, daß Sie von der Staatsanwaltschaft meine Strafakten bekommen hätten, und da fiel Ihnen ein, daß wir im April bereits brieflichen Kontakt hatten. Vergessen haben Sie offenbar, daß ich grundsätzlich mein Einverständnis verweigerte, das Ihnen die Akteneinsicht ermöglicht, dasselbe teilte ich auch der Staatsanwaltschaft mit. Daß Sie nun hinter meinem Rücken die Akten doch beschafft haben, läßt mich vermuten, daß Sie nicht einmal die Grundregeln des Anstandes beherrschen. Heute beschwerte ich mich bei der*

Staatsanwaltschaft und verlangte Auskunft darüber, auf Grund welcher Rechtsgrundlage die überhaupt gegen meinen ausdrücklichen Willen Akten abgeben dürfen, und weshalb ich einerseits mein Einverständnis erklären muß, wenn die Staatsanwaltschaft andererseits dann gegen meinen Willen die Akten herausgibt. Sollten Sie sich die Akten unter Vorspiegelung falscher Tatsachen erschlichen haben, werde ich Sie anzeigen, sollte die Staatsanwaltschaft zu Unrecht die Akten herausgegeben haben, werden die von mir zur Verantwortung gezogen. Daß Sie die Akten gegen meinen ausdrücklichen Willen an sich gebracht haben, betrachte ich als Hinterfötzigkeit, ich muß vermuten, daß Sie bei Ihrer Berichterstattung genauso hinterfötzig sind, das jedenfalls ist meine Befürchtung. Erwarten Sie bloß nicht, daß ich Ihnen auch nur eine einzige Frage beantworte oder Ihnen irgendwie behilflich bin. Haben Sie den Beruf gewechselt? Sind Sie gefeuert worden? Letztens waren Sie doch Polizist. Polizisten stehen im übrigen nicht auf meiner Liste der Begünstigten, von denen hält man sich am besten fern. Kommen Sie nur nicht auf die Idee, mich nochmals zu belästigen, dann nämlich bekommen Sie keine Antwort mehr.«

Kehren wir ein letztes Mal zu Peter Windisch zurück. Im Mai 1998 hatte ich dem *SPIEGEL* ein Interview gegeben. Um den Artikel möglichst realitätsnah zu bebildern, sollten Fotos während eines meiner Gespräche mit den Tätern gemacht werden. Spontan dachte ich dabei an Peter Windisch. Ich rief Bettina Rode an, um einen Termin zu vereinbaren. Leider hatte sie keine guten Nachrichten für mich. Er war gegen seinen Willen in eine andere Anstalt verlegt worden, es ging ihm schlecht. Offensichtlich litt er sehr unter der räumlichen Trennung von seiner »Königin«. Ich setzte mich daraufhin mit der Anstaltsleitung in Verbindung, um eine Besuchsgenehmigung zu erhalten. Einige Tage später ließ man mich wissen, daß ein Treffen »aus therapeutischer Sicht derzeit unvertretbar erscheine«. Obwohl ich ihm nochmals schrieb, habe ich bis zum heutigen Tage keine Antwort erhalten. Vermutlich hat er mit seinem Leben endgültig abgeschlossen. Wieder kein Happy-End für Peter Windisch.

Begegnung mit einem Untoten

KAPITEL 3

Das Schlachten der Lämmer

»Sie liegt jetzt vor mir – ganz nackt und gefesselt. Ich habe ihr vorher die Kleider vom Leib geschnitten. Sie gehört jetzt mir, mir ganz allein. Das Messer halte ich ihr ganz nah vor das Gesicht, sie zittert vor Angst am ganzen Körper. Ich spüre ihren schnellen Atem. Ich schneide ihr einige Male in die Wange. Langsam und nicht besonders tief. Sie schreit auf und beginnt wild zu zappeln. Ich gehe etwas tiefer und streiche ihr mit dem Messer über die Kehle. Sie hält den Atem an und starrt mit weit aufgerissenen Augen zu mir hoch. Ich spüre, wie ihr Herz rast. Wieder nur ein kleiner Schnitt. Das Blut läuft ganz allmählich über den Hals und tropft auf den Boden. *Dann stoße ich ihr mein Messer in den Hals.*«

Es könnten fraglos die schrankenlosen Egoismus offenbarenden Phantasien jenes Mannes gewesen sein, der über zwei Jahrhunderte hinweg als »Evangelist des Bösen« verteufelt wurde: Donatien Alphonse François Marquis de Sade (1740 – 1814). Seine ins Orgiastische ausfernden, schwer verdaulichen literarischen Selbstbekenntnisse rechtfertigen Gewalt als eine Lebensform, definieren den »natürlichen Kitzel« der Lust: Vergewaltigung, Folter, Verstümmelung, Bestialität. Kurzum: Sadismus. Seine ruchlosen Protagonisten dienten ihm dabei als Sprachrohr: »Das Vergnügen, eine Frau zu töten, ist nur von kurzer Dauer; sie fühlt nichts mehr, wenn sie tot ist; die Wonne, sie leiden zu lassen, erlischt mit ihrem Leben. (...) Die da wollen wir mit dem glühenden Eisen zeichnen und brandmarken; unter dieser Schmach wird sie leiden bis zum letzten Moment ihres Lebens, und unsere Wollust, unendlich verlängert, wird um so köstlicher sein.«

Robert Siegmann hatte von de Sade noch nie etwas gelesen oder gehört – aber er phantasierte und empfand genauso. Der 16jährige Schreinerlehrling aus Kaltenbrunn bei Coburg gierte nach exzessiver Gewalt, fieberte an diesem 25. Dezember 1959 seinem ersten

Mord entgegen, den er schon unzählige Male ausgekostet hatte – in Gedanken: *Dann stoße ich ihr mein Messer in den Hals.*

Und die Gelegenheit erschien ihm günstig. Als er gegen 22 Uhr aus dem Kino in Untermerzbach kam, sah er, wie die 19jährige Ingrid Faller sich allein auf den Heimweg machte. Sie hatten zuvor dieselbe Vorstellung besucht. Er kannte die junge Frau flüchtig, sie arbeitete mit seinen Schwestern im gleichen Betrieb. Er wußte auch, daß sie in Freiberg wohnte, einer 160-Seelen-Gemeinde fünf Kilometer von Kaltenbrunn entfernt. Er hatte die Tat klar vor Augen: *Ingrid Faller nachgehen, sie überfallen, ausziehen, schlagen, mit dem Messer schneiden, ihr dann die Kehle aufschlitzen.*

Als er ihr folgen wollte, fiel ihm siedend heiß ein, daß er ein wichtiges Utensil gar nicht bei sich hatte – das Messer. Also lief er hastig nach Hause und fand in der Küchenschublade, wonach er suchte. Ein typisches Küchenmesser mit feststehender Klinge, die sicher 20 Zentimeter maß. Dann steckte er noch einen Gummiknüppel ein, mit dem er sie niederschlagen wollte, und machte sich auf den Weg. Er kannte sich in der Gegend bestens aus und benutzte eine Abkürzung, um den Vorsprung von Ingrid Faller aufzuholen. Als er dann schnellen Schrittes durch den schon recht hohen Schnee in Richtung Freiberg stapfte, malte er sich aus, wie er es machen würde. Er hatte sich vorgenommen, sie nicht gleich umzubringen. Nein, er wollte sie vorher quälen, sie leiden sehen. Alles um ihn herum erschien ihm nun völlig nebensächlich, sein Blick war starr nach vorn gerichtet.

Nach etwa zwei Kilometern Fußmarsch erreichte er die Verbindungsstraße von Pülsdorf nach Freiberg und versteckte sich 500 Meter ostwärts von Pülsdorf in einem Graben am Straßenrand. Hier hockte er nun und lauerte auf sein Opfer.

Nur wenige Minuten später sah er Ingrid Faller auf sich zukommen. Als sie sein Versteck erreicht hatte, sprang er auf die Straße und schlug sofort mit dem Gummiknüppel auf die junge Frau ein. Er sprach zunächst kein Wort, schlug ihr mehrfach heftig auf den Kopf. Seine sexuelle Erregung war gewaltig. Ingrid Faller schrie um Hilfe, schlug mit ihrem Regenschirm zurück, leuchtete ihm mit ihrer Taschenlampe ins Gesicht – sie konnte ihn aber nicht genau erkennen. Sofort riß er ihr Schirm und Taschenlampe aus der Hand, warf

Das Schlachten der Lämmer

sich auf sie. Als er mit seinem massigen Körper auf ihr zu liegen kam, schlug er sie weitere Male mit dem Gummiknüppel und zog ihr Mantel und Kleid über den Kopf. »Zieh dir die Unterwäsche aus!« herrschte er sie an.

Die junge Frau wollte sich aber nicht kampflos in ihr Schicksal fügen, wehrte sich, schrie: »Du verdammter Mistkerl, laß mich in Ruhe!« Rasend vor Erregung schlug er wieder und wieder zu. Um sein Opfer einzuschüchtern, log er: »Ich komme von deinem ehemaligen Verlobten und muß dich töten.« Von seinen Schwestern hatte er nämlich erfahren, daß sie sich vor kurzem von ihrem Verlobten getrennt hatte. Die heftigen Schläge und das grimassenhaft verzerrte Gesicht ihres Peinigers zeigten Wirkung: Ingrid Faller geriet vollends in Panik. Sie hatte mit einer Vergewaltigung gerechnet, nun aber war vom Sterben die Rede – unfaßbar. Um ihn zu beruhigen, begann sie sich auszuziehen. »Mach schneller, sonst passiert noch mehr!« drohte er. Er war jetzt in seinem Element, spürte die Macht, genoß es.

Ingrid Faller lag nun vollkommen nackt vor ihm. Plötzlich erhellten die Scheinwerfer eines Autos die nähere Umgebung. Robert Siegmann bekam es mit der Angst zu tun, entschied: »Zieh dir den Mantel an und komm mit!« In ihrer Angst dachte Ingrid Faller gar nicht an Flucht. Ihr Widerstand schien gebrochen. Sie hoffte, so wenigstens mit dem Leben davonzukommen. Den Wagen hatte sie hingegen noch nicht bemerkt. Er führte die junge Frau auf einem Feldweg zu einem nahe gelegenen Wald. Als sie die Scheinwerfer des Wagens sah, schöpfte sie neuen Mut, versuchte sich loszureißen, begann erneut zu schreien. Sofort schlug er wieder unerbittlich mit seinem Gummiknüppel zu. So lange, bis Ingrid Faller vor Schmerzen verstummte.

Schließlich zerrte er sein Opfer auf eine Wiese, stieß es dort zu Boden. »Jetzt bringe ich dich um!« drohte er und fuchtelte mit seinem Messer vor ihrem Gesicht herum. Ingrid Faller begann wieder, sich zu wehren, versuchte den Mann wegzudrücken – ohne Erfolg. Dann schlug sie nach ihm, zerkratzte sein Gesicht. Er aber hatte wieder dieses Kribbeln im Bauch. Er schwitzte, spürte eine Art Fieberschauer. Er wollte sich jetzt nicht mehr aufhalten lassen – so kurz vor dem Ziel. Viele Jahre hatte er nur in seinen düsteren Gedanken morden dürfen, nun war es soweit – endlich. Er schnitt ihr mehrere Male seitlich in den Hals. Nicht sonderlich tief, dafür aber langsam. Er stierte die wehrlose Frau an, wollte sehen, wie sie litt, sich an ihren Qualen weiden.

Ingrid Faller kapitulierte, Widerstand erschien ihr zwecklos. Sie stellte sich tot, hoffte inbrünstig, daß der Mann nun von ihr ablassen würde. Und tatsächlich, Robert Siegmann verharrte plötzlich, sein Blick wurde leer. Das aus den Wunden hervorquellende Blut, der reglose Körper – er hatte sich das immer ganz anders vorgestellt. Dann die Ernüchterung, der Schock: *Mein Gott, ich habe sie umgebracht!* Er verlor nun endgültig die Fassung, ließ sein Opfer im Dreck liegen und rannte so schnell er konnte Richtung Kaltenbrunn.

Instinktiv hatte Ingrid Faller sich richtig verhalten. Sie blieb eine Weile so liegen, weil sie fürchtete, der Messerstecher könnte noch in der Nähe sein. Mit letzter Kraft rappelte sie sich wenig später auf und lief auf der Verbindungsstraße in Richtung Freiberg, wo sie von einem Autofahrer mitgenommen und ins nächste Krankenhaus gebracht wurde. Sie hatte erhebliche Verletzungen davongetragen. Die Narben sollten sie ihr Leben lang an diese Tortur erinnern.

Das zuständige Fachkommissariat der Kripo Bayreuth begann unverzüglich mit den Ermittlungen. Ingrid Faller wurde intensiv befragt, doch konnte sie keine detaillierte Täterbeschreibung abgeben, da es zur Tatzeit stockfinster gewesen war, und sie den Täter, auch als sie ihn mit der Taschenlampe angeleuchtet hatte, nicht deutlich hatte erkennen können. Sie berichtete aber davon, daß sie ihm das Gesicht zerkratzt hatte. Leichtes Spiel für die Mordkommission?

Die Ermittler wandten sich an die Bevölkerung von Pülsdorf und Umgebung: »Wer kann Hinweise auf einen jungen Mann geben, der nach dem 25. Dezember 1959 Kratzspuren im Gesicht aufwies?« Doch niemand rührte sich, das »Narbengesicht« blieb ein Phantom. Es vergingen Wochen und Monate, in denen intensive Ermittlungen geführt wurden – aber keine heiße Spur. Wie war es möglich, daß ein junger Mann aus dem Nachbardorf, der zudem durch verräterische Kratzspuren im Gesicht gezeichnet war, einfach übersehen wurde? Die Antwort liefern wie so häufig in derartigen Fällen die Biographie des Täters und dessen besondere Lebensumstände.

Robert Siegmann stammte aus einer kinderreichen Familie, war das vorletzte von sieben Geschwistern. Er wohnte bis zu seiner späteren Festnahme ausnahmslos in Kaltenbrunn, einer kleinen Gemeinde in einer der bevölkerungsärmsten Gegenden Oberfrankens. Sein Vater schuftete seit 40 Jahren in derselben Molkerei, die Mutter besorgte den Haushalt. Robert Siegmann führte ein ereignisarmes, unscheinbares Leben. Als Kind war er zurückhaltend, anhänglich, ängstlich, still. In der eigenen Familie wurde er isoliert, stand hinter den Geschwistern zurück, die lebhafter und durchsetzungsfähiger waren. Auf der Dorfschule, aber auch später hatte er keine Lernschwierigkeiten, kam gut mit. Soziale Kontakte pflegte er hingegen selten, Freunde hatte er nicht. Ein Einzelgänger, der Auseinandersetzungen vermied, am liebsten für sich blieb. In der Dorfgemeinschaft jedoch wurde er so akzeptiert.

Das Auffälligste an ihm war seine Unauffälligkeit, niemand wollte so recht Notiz von ihm nehmen. In der Freizeit spielte er gern Tischtennis, war zudem Mitglied in der Freiwilligen Feuerwehr. Er blieb aber auch dort isoliert, war nur ein stiller, geduldeter Mitläufer. Wenn er mal nach seiner Meinung gefragt wurde, antwortete er ausweichend oder schwieg. Ungewöhnlich war hingegen, daß er bei jeder Gelegenheit einschlief: im Liegen, im Sitzen, im Stehen.

So unscheinbar und unauffällig er sich nach der Tat auch verhielt, eines konnte er nicht verbergen: die Kratzspuren in seinem Gesicht. Hinter vorgehaltener Hand wurde getuschelt, getratscht, gemutmaßt: »Hast du nicht auch die Kratzer in seinem Gesicht gesehen?«, »Wenn das mal nicht der ist, den sie suchen.« Oder: »Der Robert könnte es wohl gewesen sein!« Aber in einer solch überschaubaren Gemeinde, in der jeder jeden kannte, äußerte man einen derart schrecklichen Verdacht nicht in der Öffentlichkeit – schon gar nicht gegenüber der Polizei. Er war schließlich einer von ihnen. So verstummten diese Gerüchte endgültig, als seine Narben verheilt waren. Alles hatte wieder seine Ordnung. Nur Ingrid Faller litt, wurde von Alpträumen geplagt.

Aber auch Robert Siegmann hatte nichts vergessen, wurde von zwiespältigen Gefühlen beherrscht. Erst tat ihm die Frau leid, dann ergötzte er sich an ihrem Leiden. So ging es hin und her. Die Metamorphose hatte sich endgültig, unwiderruflich vollzogen. Seine morbiden Phantasien waren blutige Realität geworden. Er hatte ausgeträumt, war in einer widersprüchlichen Gegenwart aufgewacht: abstoßend-schockierend, drängend-verlockend. Endlich hatte er schlagen und schneiden, die Todesangst einer Frau hautnah spüren können. Es schien so, als sei etwas von ihm abgefallen. Eine zentnerschwere Last, die seine kranke Seele seit Jahren im Würgegriff gehalten hatte. Auf der anderen Seite war ihm aber auch bewußt geworden, daß seine destruktive Perversion um ein Haar eine junge Frau das Leben gekostet hätte. Nach diesem einschneidenden Erlebnis wurde er wesentlich ruhiger, beschäftigte sich seltener mit seinen sadistischen Vorstellungen. Er machte einen gelösteren Eindruck, auch im Umgang mit anderen Menschen. Diese positive Entwicklung hielt schließlich mehrere Jahre an. Auch beruflich fand er sein Auskommen. Zwar brach er zunächst seine Schreinerlehre ab, weil er Angst vor der Prüfung bekommen hatte, wenig später fand er jedoch eine feste Anstellung bei einer Asphaltmischerei.

Dann ging es wieder los: *Junge Frauen wurden gefangengenommen, geschlagen, gepeitscht, geschnitten, schließlich getötet* – in seiner Phantasie. Vornehmlich dann, wenn er keine Ablenkung hatte, auf sich selbst gestellt war. Während solcher Drangperioden verfolgten ihn diese Vorstellungen bis in seine Träume hinein. Nirgends war er sicher vor ihnen. Und dann begann die Zeit, in der er vor ihnen auch nicht mehr sicher sein *wollte.*

Robert Siegmann war mittlerweile 25, als er damit begann, die nähere Umgebung von Kaltenbrunn gezielt zu erkunden – er suchte nach Opfern. Wochenlang fuhr er mit seinem Wagen sämtliche Bushaltestellen ab. Allein der Gedanke, dort ein Mädchen in seine Gewalt bringen zu können, erregte ihn.

Am 19. Dezember 1968 hatte er in einem Friseurgeschäft, das zugleich Lottoannahmestelle war, gerade seinen Spielschein abgegeben, als er auf dem Heimweg beobachten konnte, wie ein junges Mädchen mit dem Fahrrad davonfuhr. Klara Konzel wohnte in Welsberg, einem etwa sechs Kilometer von Kaltenbrunn entfernten Dorf mit nicht mehr als 170 Einwohnern. Die 15jährige hatte kurz zuvor in Kaltenbrunn eine Lehre als Friseurin begonnen und fuhr nun nach getaner Arbeit nach Hause.

Der Anblick des Mädchens hatte ihn erregt, die Gelegenheit

Das Schlachten der Lämmer

schien günstig. Die Dunkelheit war bereits hereingebrochen, und Klara Konzel war ihm körperlich weit unterlegen. Den Tatablauf hatte er schon im Kopf: *dem Mädchen nachfahren, ihm die Kleider vom Leib reißen, es ausgiebig mit dem Messer schneiden, ihm die Kehle aufschlitzen, den toten Körper anschließend zerstückeln.* Wieder spürte er dieses unangenehm-angenehme Kribbeln im Bauch. Er holte seinen Opel Olympia aus der Garage und fuhr Klara Konzel nach. Ihre Fahrtrichtung hatte er sich gemerkt. Es herrschte leichter Schneefall, er folgte den Spuren des Fahrrades im Schnee. Er hatte die Witterung aufgenommen.

Kurze Zeit später überholte er das Mädchen in der Ortsmitte von Bodelstadt. Er hielt nun an, um sich zu vergewissern, daß sie auch in seine Richtung fuhr. Die eingeschaltete Beleuchtung ihres Fahrrades wies ihm den Weg. Er wußte nun, wo er sein Opfer würde überfallen können. Er fuhr noch 200 Meter weiter und parkte seinen Wagen auf einem von der Straße abgehenden Feldweg, der für den Fahrzeugverkehr gesperrt war. Er schaltete Motor und Beleuchtung aus, um unbemerkt und unerkannt zu bleiben. Aus dem Handschuhfach nahm er eine Taschenlampe und einen »Schneidteufel«, ein Küchenmesser mit 15 Zentimeter langer Klinge und halbrunder Spitze. Dieses Messer hatte er immer dabei – für alle Fälle. Dann ging er zur Straße zurück, um dem Mädchen aufzulauern.

Klara Konzel war inzwischen von ihrem Fahrrad abgestiegen und schob es. Die Straße führte auf eine steile Anhöhe. Er ging ihr entgegen, wollte sie auf einen nahe gelegenen Acker zerren, dort über sie herfallen. Als er nur noch wenige Meter von ihr entfernt war, verließ ihn plötzlich der Mut. Er ging einige Schritte an dem arglosen Mädchen vorbei, unternahm nichts. Aber er hatte auch bemerkt, daß es zu dieser Zeit ringsum totenstill und menschenleer war. So schnell würde sich möglicherweise keine derart günstige Gelegenheit mehr ergeben. Das glaubte er einschätzen zu können, schließlich hatte er aufgrund seiner vorherigen vergeblichen Opfersuche mittlerweile reichlich Erfahrung. Der Gedanke ließ ihn nicht los, er wurde wankelmütig. Plötzlich überfiel es ihn wieder: das Kribbeln. Seine Gefühle fuhren Achterbahn, er begann zu schwitzen, sein Herz raste. In Gedanken war er bereits auf dem Acker, quälte sein Opfer.

Schließlich drehte er um, lief Klara Konzel hinterher. Er sprang das Mädchen von hinten an, packte es mit seinen fleischigen Händen, hielt ihm den Mund zu. Klara Konzel konnte sich jedoch zunächst losreißen, ließ ihr Fahrrad fallen und begann um Hilfe zu schreien. Schnell gelang es ihm aber, sie wieder einzufangen. Er hielt ihr erneut den Mund zu, fauchte: »Wenn du nicht ruhig bist, kannst du was erleben!« Sie fügte sich, begann am ganzen Leib zu zittern. Dann prügelte er das Mädchen in Richtung Acker.

Dort angekommen, drückte er sie auf den Boden, riß ihr die Kleider vom Leib und schnitt seinem Opfer mit dem Messer die Strapse vom Strumpfhaltergürtel ab. Um sicherzugehen, daß sie sich nicht mehr würde wehren können, stopfte er dem Mädchen ihren eigenen Schlüpfer tief in den Rachen. Damit sie den Knebel nicht ausspucken konnte, band er ihr das heruntergerissene Unterhemd darüber, zurrte es im Nacken fest. Dann fesselte er sie mit einem Strumpf. Sie lag nun vor ihm: nackt, wimmernd, wehrlos – so, wie er es sich immer und immer wieder vorgestellt hatte. Sie war ihm ausgeliefert. Er genoß es.

Aber da war noch etwas. Ihn plagte der Gedanke, die Hilferufe könnten in der Stille des Abends gehört worden sein – die Ortschaft Schottenstein lag nur 500 Meter entfernt. Seine Erregung war plötzlich wie weggeblasen. Die Angst fraß die Lust. Jetzt wollte er nur noch weg, überlegte, was er nun mit ihr anstellen sollte. Zurücklassen wollte er sie keinesfalls, sie hätte ihn verraten können. Schließlich hob er das Mädchen auf und schleifte es über den schneebedeckten Acker zu seinem Wagen.

Sie mußte sich auf den Rücksitz legen. Er überlegte nun fieberhaft, wie es weitergehen sollte. Sie starrte ihn an – regungslos, fassungslos. Ohne eine konkrete Vorstellung fuhr er los. Als sie nach zehn Minuten die Mainbrücke vor Breitengüßbach erreichten, hatte er sich entschieden. Er fühlte sich wieder sicher, hatte die Kontrolle. Unmittelbar nach der Brücke bog er in einen Feldweg ab, hielt dort an.

»Los, raus hier!« brüllte er, zog das Mädchen dann in Richtung Main. Wenige Meter vor dem Ufer sackte Klara Konzel plötzlich zusammen, rang verzweifelt nach Luft. Sie sah das Wasser, ahnte, was nun folgen sollte. Ihr Puls raste – Todesangst. Er kniete sich neben sie, schnitt ihr den Hüftgürtel ab und band ihr damit die Füße zusammen. Langsam kam er in Stimmung, war wieder in seinem Element. Sie litt Höllenqualen, als sie das Messer aufblitzen sah, spürte, wie es sich in ihren Hals bohrte. Auge in Auge hockte er auf ihr, das austretende Blut stimulierte ihn. Endlich konnte er sein grausiges Ritual vollenden: ungestört, ungehemmt. Verzweifelt zappelte sie mit Armen und Beinen, weinte, flehte. Er gab keinen Pardon. Dann war es vorbei.

Er zerrte den toten Körper ins Wasser, wo er von der Strömung sofort in Richtung Süden mitgenommen wurde. Als er die Leiche verschwinden sah, triumphierte er: Es war vollbracht. Tief befriedigt ging er zu seinem Wagen und fuhr in Richtung Kaltenbrunn. Unterwegs hielt er kurz an und warf das Messer in den Flußlauf der Itz. Kurz nach 20 Uhr kam er zu Hause an und wechselte seine Schuhe, die beim Hineinzerren des Leichnams in den Main naß geworden waren. Danach ging er in seine Stammkneipe, wollte dort gesehen werden. Er brauchte ein Alibi.

Nachdem Klara Konzel nicht nach Hause zurückgekehrt war, starteten ihre Eltern eine nächtliche Suchaktion. Man stieß jedoch lediglich auf Fußspuren, das Fahrrad und die Kleidungsstücke des Mädchens. Bis zum 10. Februar 1969 galt sie als »vermißt«. An diesem Tag wurde ihre Leiche am Rechen der Mainstaustufe in Viereth bei Bamberg angeschwemmt. Die schlimmsten Befürchtungen ihrer Eltern hatten sich bewahrheitet: tot, ermordet.

Robert Siegmann hatte »Blut geleckt«, war auf den Geschmack gekommen. Er nahm sich zwei weitere Opfer, 16 und 19 Jahre alt, folterte sie ausgiebig, bevor er sie umbrachte. Seine Mordgier wurde größer, die Zeitabstände zwischen den Taten kürzer: 19. Dezember 1968, 28. August 1969, 15. November 1969.
Häufig wird in diesem Zusammenhang behauptet, daß die Rückfallgeschwindigkeit bei Serientötungen sich generell erhöhen soll. Diese Hypothese scheint hingegen nur auf Sexualmörder zuzutreffen, deren Taten von einem sadistischen Erlebnishintergrund dominiert werden. Bei diesen Tätern verkürzt sich der Mordrhythmus tatsächlich. Während zwischen erster und zweiter Tat durchschnittlich 28 Monate liegen, betragen die Tatzwischenräume

bis zur dritten und vierten Tat nur noch sechs beziehungsweise drei Monate.

Warum die Täter in solchen Fällen in immer kürzer werdenden Abständen nach neuen Opfern verlangen, ist erklärbar. Der erste Mord prägt den Täter. Zunächst ist er schockiert und irritiert: War *ich* das wirklich? Wie konnte ich *dazu* fähig sein? Selbstzweifel trüben das mörderische Vergnügen. Daneben verinnerlicht der Täter aber auch zunehmend, einen Weg gefunden zu haben, um seine Begierde, sein Verlangen loszuwerden, sich selbst in der Tat zu erleben – unmittelbar und real. Schließlich siegt die Begierde über die Vernunft. Eine baldige weitere Tat wird zunächst noch dadurch verhindert, daß der Täter den Mord gedanklich nacherleben, viele Male auskosten kann. Um sich zu inspirieren, zu stimulieren, benutzen einige von ihnen Trophäen: Haare, Kleidung, Bilder oder Schmuck des Opfers, manchmal auch Körperteile. Im Laufe der Zeit erscheinen diese Phantasien jedoch ausgereizt, seelische und sexuelle Entspannung lassen nach: Die Erregung verfliegt, die Faszination stumpft ab. Der Tötungsdrang wird stärker. Das Verlangen nach einem neuen Opfer wird zusätzlich gespeist von der Erfahrung, auf bloßes imaginäres Morden nicht mehr angewiesen zu sein. Im Zuge dieser Entwicklung wird die Phantasie nach und nach durch die Realität zurückgedrängt, die Gedankenwelt des Täters verliert sukzessive ihren Erlebnisreiz. Der Mord im Kopf gleicht einem abgefahrenen Reifen: profillos, nutzlos. Je häufiger der Mörder tötet, desto stumpfer werden seine träumerischen Nachempfindungen. Zwangsläufig werden die Phasen der Entspannung kürzer, die Taten häufen sich. Jürgen Bartsch, der zwischen 1962 und 1966 in einer Höhle in Langenberg bei Essen vier Kinder massakrierte, beschrieb diesen Entwicklungszyklus in einem seiner zahlreichen Selbstbekenntnisse: »Nach der ersten Tat kam eine lange Pause. Ich hatte einen echten Schock gekriegt und habe mich redlich bemüht, davon loszukommen, aber nach ein paar Monaten kam es wieder, und ich habe wieder angefangen zu suchen. Ich war an sich jede Woche auf Tour.«

Aber Serienmörder erweisen sich auch immer wieder als lernfähig. Spätestens nach der zweiten Tat, die sie unbehelligt begehen können, werden die Täter wesentlich selbstbewußter. Die Befürchtung, geschnappt zu werden, verblaßt, verliert ihren bedrohlichen, hemmenden Charakter. Erich Habschick, der Mitte der achtziger Jahre in Neubrandenburg fünf Knaben zu Tode folterte, beschrieb seine Empfindungen und Überlegungen so: »Ich war zuerst ganz überrascht, daß mich die Polizei nicht abgeholt hatte. Ich hatte gedacht, daß die gleich am nächsten Tag kommen würden. (...) Und dann habe ich mir überlegt, welche Möglichkeiten die überhaupt hatten. Mit der Zeit wurde ich mir meiner Sache so immer sicherer.« Auch diese Erfahrungswerte tragen dazu bei, daß die Hemmschwelle, eine weitere Tat zu begehen, zunehmend ausgehöhlt, im Endstadium dieser Entwicklung dann vollständig ausgeblendet wird.

Dennoch läßt sich die Annahme, daß die Tatabstände bei sexuell motivierten Serientötungen generell kürzer werden, nicht ohne weiteres aufrechterhalten – bei lediglich jedem zweiten Täter verkürzt sich der Mordrhythmus tatsächlich. Ausschlaggebend ist insbesondere die Motivstruktur. Täter, die situativ, konfliktgebunden und aggressionsgeleitet morden, unterwerfen sich keinem bewußtseinsdominanten Tötungsverlangen. Sie werden von Außenreizen stimuliert, explodieren während der Tat. Solche Täter kreieren keine kriminogene (in Verbrechen mündende) Situation, suchen nicht nach Opfern. Bereitliegende, ungelöste seelische Konflikte treten in den Vordergrund, werden handlungsbestimmend und münden bei latenter Tötungsbereitschaft in eine Tathandlung. Zudem findet ein erotisierendes Nacherleben der Tat nicht statt. Der Mord selber wird rauschhaft erlebt, dient als Ventil für aufgestaute Aggressionen. Zu einer erneuten Tat kommt es aber immer erst dann, wenn sich gleichartige Krisensituationen anbahnen, die eine affektive Entgleisung des Täters zur Folge haben. Insofern läßt sich zwanglos nachvollziehen, warum die Tatabfolge, der Mordrhythmus beliebig ist, keiner Gesetzmäßigkeit unterliegt.

Robert Siegmann hingegen mordete leidenschaftlich. Und er wurde von Mal zu Mal sicherer, routinierter, abgebrühter. So schwadronierte er in aller Öffentlichkeit über den unbekannten Mörder: »Also derjenige, der das gewesen ist, der ist so schlau, den erwischen die nie!« Seine Dreistigkeit spiegelt auch ein Gespräch wider, das er Anfang 1969 mit einem Bekannten in einer Kneipe führte. Der

Mann fragte ihn, was an den Gerüchten »dran« sei, daß er »etwas mit der Sache Faller und den anderen Morden zu tun« habe. Robert Siegmann zeigte sich unbeeindruckt, erwiderte frech: »So etwas traust du mir zu? Ich gehe morgen zur Polizei und zeige dich an!« Der Mann entschuldigte sich postwendend: »Vergessen wir es.« Danach wurde nie wieder darüber gesprochen.

Die mit Beginn des Jahres 1969 gegründete Sonderkommission hatte nach und nach eine Theorie zu dem unbekannten Täter entwickelt: »Einzeltäter, motorisiert und ortskundig. Im Umkreis von 25 bis 30 Kilometern um Kaltenbrunn-Staffelstein wohnhaft, polizeilich noch nicht in Erscheinung getreten, nach außen hin normales und gutbürgerliches Leben – gleichwohl ein geheimes Doppelleben, sexuell abnorm und sadistisch veranlagt.« Da der Täter bei den Morden jeweils ein Auto benutzt hatte, wurden sämtliche Halter eines Wagens überprüft, die in Kaltenbrunn wohnten. Auch Robert Siegmann wurde zu seinen Fahrten und Aufenthalten befragt. Er log – mit Erfolg. Man ließ ihn gehen.

Die intensiven Ermittlungen der Kripo blieben den Bürgern von Kaltenbrunn natürlich nicht verborgen. Die Schwägerin von Robert Siegmann, die ihn wegen der Sache mit Ingrid Faller »immer schon« in Verdacht gehabt hatte, gab der Kripo dann einen »vertraulichen Hinweis«. Beim Abgleich der Aussagen stellte sich heraus, daß er nachweislich falsche Angaben zu seinen Fahrten am 15. November gemacht hatte, jenem Tag, an dem das letzte Opfer verschwunden war. Auch brachte man ihn nun mit dem knapp zehn Jahre zurückliegenden Tötungsversuch an Ingrid Faller in Verbindung, da der Modus operandi (Tatbegehungsweise) dem der übrigen Morde sehr ähnlich war. Deshalb gab man Ingrid Faller Gelegenheit, den nunmehr Tatverdächtigen ungesehen beobachten zu können: einen mittelgroßen, übermäßig dicken, schwerfällig und unbeholfen wirkenden Mann mit einem etwas aufgedunsenen, ausdruckslosen, alterslos erscheinenden Gesicht. Er wirkte mit seiner Körperfülle, seinen kleinen Knopfaugen und seinem schüchternen Blick eher wie ein gutmütiger, tolpatschiger Teddybär, nicht wie ein rastloser mehrfacher Mädchenmörder.

Aber Ingrid Faller ließ sich nicht täuschen. »Ja, er könnte es gewesen sein«, erklärte sie den hocherfreuten Ermittlern. Am 12. Dezember 1969 wurde Robert Siegmann an seinem Arbeitsplatz festgenommen und zur Kriminalaußenstelle nach Coburg gebracht. Dort gab er den Mordversuch zu, leugnete aber zunächst hartnäckig die übrigen Taten. Noch in der darauffolgenden Nacht gestand er schließlich: »Das mit den anderen drei Mädchen bin ich auch gewesen.« Es hatte lange gedauert, aber nach neun Jahren, 11 Monaten und 17 Tagen war er schließlich doch gefaßt worden – der »Killer von Staffelstein«.

Im Verlaufe seiner Vernehmungen zeichneten sich markante Etappen seines Geständnisses ab. Zunächst sollten es ganz gewöhnliche Motive gewesen sein. Er habe »die Mädchen einmal nackt sehen« wollen, »den Geschlechtsverkehr gewünscht«, gab er schüchtern zu Protokoll. Später erklärte er, die Mädchen getötet zu haben, »aus Angst, sie könnten mich verraten«. In einem zweiten Stadium des Geständnisses schilderte er minutiös den Tathergang, ohne dabei aber seine sadistische Mordlust zu offenbaren. In einem weiteren Schritt versuchte er schließlich, sich der Wahrheit zu nähern: »Ich weiß, warum ich es getan habe, aber ich kann es nur einem Arzt sagen.«

Ein solches Aussageverhalten ist charakteristisch für sadistisch geprägte Serienmörder, der Täter nähert sich nur schrittweise dem Unsäglichen. Die Taten zuzugeben fällt vergleichsweise leicht, die tatsächlichen Erlebnishintergründe aber preiszugeben, sich zu bekennen, ist die eigentliche Hürde, vor der viele Täter zurückscheuen.

Trotzdem: Robert Siegmann löste sein Versprechen ein, offenbarte sich. Die sadistischen Phantasien waren bereits in seinen frühesten sexuellen Erinnerungen enthalten – schon bevor er genitale Sexualität überhaupt wahrnahm. Ausgangspunkt war in seiner frühen Kindheit das Zusehen beim Schlachten und Zerlegen von Schweinen. Er erinnerte sich sehr genau an das erste Mal, als er »einen großen Schreck« bekam, »sehr aufgeregt« war. Später fand er jedoch »Freude daran«, auch wenn er sich zu keinem Zeitpunkt aktiv beteiligte, sondern nur zusah. Er war zunehmend davon fasziniert, fieberte den Hausschlachtungen in freudiger Erregung entgegen, beschäftigte sich damit auch in seiner Phantasie. Er war damals gerade sieben Jahre alt.

Mit Beginn der Pubertät vermittelten ihm diese frühen Erinnerungen ein Gefühl sexueller Erregung und Befriedigung. Solche Schlachtszenen wurden zum zentralen Thema seiner sexuellen Obsessionen: *Es wurde geschnitten, es wurde gesägt, es floß Blut.* Bald darauf malte er sich bei solchen Schlachtungen aus, »junge Mädchen würden abgestochen«. In seiner Vorstellung avancierte er zum Täter, der die Opfer zerschnitt, zerhackte. Sexuellen Kontakt zu Mädchen hatte er hingegen nie. Er war äußerst scheu, gehemmt, zurückhaltend. Bei jedem Gespräch errötete er, wußte nicht, was er sagen sollte. Arbeitskollegen gegenüber vermied er jegliche Gespräche über sexuelle Dinge, legte eine übertriebene Schamhaftigkeit an den Tag.

Mord fand für ihn zunächst ausschließlich in seiner Gedankenwelt statt. Obwohl er seine sadistischen Fieberträume im Zustand sexueller Erregung als äußerst »lustvoll« und »befriedigend« empfand, erschienen sie ihm in der Realität »fremdartig« und »unheimlich«, zeitweise auch »bedrohlich«. Er versuchte sich daher auch abzulenken, gleichwohl war ihm eine andere, nicht an zerstörerische Wunschträume gebundene Möglichkeit sexuellen Erlebens von Beginn an versperrt. Er hatte die Tür selbst zugenagelt.

Begünstigt wurde diese sexuelle Fehlentwicklung insbesondere durch seine extreme Beziehungslosigkeit, die sich zunehmend dadurch verstärkte, daß er seine magisch-narzißtischen Vorstellungen von seinen sexuellen Bedürfnissen vollkommen abtrennte. Er empfand für Mädchen wenig, Zuneigung und Sympathie waren gering. Auch kannte er Gefühle wie Wut, Verachtung oder Haß nicht. Jede Möglichkeit, seine mörderischen Vorstellungen durch reale Erfahrungen oder erlebte Leidenschaft zu kompensieren, war ihm somit entzogen. Er empfand sich als »anders«, was seine innere wie äußere Isolierung verstärkte, seine seelischen Spannungen mehrte.

Dies wiederum führte zu einem Ausbau seiner Gedankenwelt, seine Tötungswünsche wurden immer extensiver. Das sexuelle Erleben war ausschließlich nach innen gerichtet, seine sadistischen Phantasien wurden mit der Zeit immer konkreter. Er stellte sich zunächst vor, wie er Mädchen *schlug, fesselte, knebelte und quälte.* Nachdem das Messer als Tatmittel eine dominierende Rolle eingenommen hatte, erweiterten sich seine Träumereien *auf das Stechen, das Abschneiden von Brüsten, das Zerstückeln.* Die Vorstellung von Wehrlosigkeit und Todesangst der Opfer erregte ihn maßlos.

Kurz vor seiner ersten Tat hatte er sich von diesen Phantasien vollkommen einfangen lassen, sie bestimmten sein Innenleben, seinen Tagesablauf. Er kapselte sich in besonderem Maße von seiner Umwelt ab, sprach und unternahm nur noch das Nötigste, vergrub sich fast ausschließlich in seinen bizarren Tagträumereien: Er schlug, stach und verstümmelte seine Opfer, ohne daß er dabei einen klaren Gedanken fassen konnte. Obwohl er sich gelegentlich auch dagegen wehrte, begann er nun häufiger, gezielt nach günstigen Gelegenheiten und geeigneten Opfern Ausschau zu halten. Der Rest ist bekannt.

Diese psychodynamisch geprägte Interpretation vermag hingegen nicht schlüssig zu erklären, warum Robert Siegmann das Szenario einer Hausschlachtung zunächst emotional stimuliert, später sexuell erregt hatte. Doch genau dort hatte diese verhängnisvolle Entwicklung ihren Ursprung.

Aufschlußreich erscheint in diesem Zusammenhang die Tatsache, daß bei ihm ein »Grenzbefund« zu einer sogenannten Mikroventrikulie diagnostiziert werden konnte. In solchen Fällen liegt eine »abnorme Kleinheit der Hirnkammern« *(Roche Lexikon Medizin)* vor. Als Symptome werden in der neurologischen Fachliteratur unter anderem »periodische Affektstörungen« genannt. Hierunter versteht man allgemein, daß es zu von der Norm abweichenden Veränderungen in der Ansprechbarkeit und Äußerung emotionaler Empfindungen kommt. Eben diese veränderte Ansprechbarkeit, also die abnorme gefühlshafte Interpretation beziehungsweise Assoziation eines Erregungszustands, dürfte in diesem Fall mit großer Wahrscheinlichkeit vorgelegen haben, als er das Schlachten und Zerlegen von Schweinen zunächst als diffuse emotionale Stimulation empfand.

Auf eine solche biologisch-psychopathologische Konstellation stieß ich bei meiner Forschungsarbeit des öfteren. Daß vornehmlich – wie bei Robert Siegmann – frühkindlich, also vom sechsten Schwangerschaftsmonat bis zum Ende des ersten Lebensjahres erworbene

Hirnschädigungen das Fundament darstellen können, auf dem sich derart bizarre Fehlentwicklungen vollziehen, legt der Umstand nahe, daß insbesondere bei sadistisch veranlagten Serienmördern in sieben von acht Fällen in neurologischen Gutachten gleichartige »hirnregressive (sich zurückbildende) Anomalien« diagnostiziert wurden. Festgestellt wurden eine Verengung oder Erweiterung der Seitenventrikel, den mit Flüssigkeit gefüllten Gehirnkammern. Ein Patient hatte keine Untersuchung zugelassen. Dieser Befund erscheint auch unter Berücksichtigung der geringen Fallzahl signifikant, da bei den übrigen Sexualmördern lediglich in einem Fall und bei den anderen Tätertypen nur vereinzelt eine vergleichbare Mißbildung festzustellen war. Beachtlich sind in diesem Zusammenhang die Ergebnisse zweier amerikanischer Studien. Der Mediziner Robert Langevin untersuchte in einer vergleichenden Analyse je 13 Lustmörder, Sadisten und einfache Totschläger mit Hilfe eines Computertomographen. Sowohl die multiplen Mörder als auch die Sadisten wiesen dabei zu 30 Prozent eine Abnormität des rechtsseitigen Temporallappens (an der seitlichen Hemisphärenoberfläche befindlicher Schläfenlappen des Großhirns) auf. Bei Einfachmördern hingegen zeigte sich der Schaden in keinem Fall. Zu ähnlichen Ergebnissen kam die Arbeitsgruppe um Dorothy Lewis. Bei allen untersuchten 15 Serienmördern konnten Hirnanomalien festgestellt werden. Auch deutsche Untersuchungen jüngeren Datums belegen eine solche Tendenz, wonach abnorme Hirnveränderungen bei Sexualmördern überproportional häufig diagnostiziert werden. Einen Zusammenhang zwischen frühkindlichen Hirnschädigungen und psychopathologischen Auffälligkeiten belegen zudem eine Vielzahl von Studien an schwer erziehbaren Kindern, die in bis zu 93 Prozent der Fälle positiv verliefen.

Mittlerweile wird in der Wissenschaft einhellig davon ausgegangen, daß die in den neurologischen Gutachten beschriebenen cerebralen Dysfunktionen, die beispielsweise durch Infektionskrankheiten der Mutter, Geburtstraumen oder Hirnhautentzündungen hervorgerufen werden, unter anderem zu psychopathologischen Wesens- und Verhaltensveränderungen wie Störungen der Wahrnehmung, des Gedächtnisses, der Affektivität, des Antriebs, des Sozialverhaltens und der Sexualität führen können. In sämtlichen von mir untersuchten Fällen sadistischer Täter ergaben sich zumindest punktuelle Übereinstimmungen, die diesem klinisch-diagnostischen Leitbild entsprechen.

Obwohl morphologisch (die äußere Gestalt betreffend) oftmals nur geringe Veränderungen durchaus gravierende Ausfälle in klinischer Sicht zur Folge haben können, dürfen diese Hirnschädigungen nicht ohne weiteres als ausschließliche Bedingungsfaktoren für das gezeigte extrem abnorme Verhalten gelten, da die überwiegende Zahl bisher untersuchter Personen keine sadistischen Phantasien entwickelten, geschweige denn zum multiplen Mörder entarteten. Warum diese Defekte mit Serienmordlust einhergehen sollen, war bisher jedoch völlig unklar. Wo ist also die Verbindung?

Wesentliche und einem Initialreiz gleichkommende Bedeutung könnten in diesem Zusammenhang spezifische Schlüsselerlebnisse haben. Drei der Sadisten, deren Greueltaten ich analysierte, berichteten von solchen Prägungserlebnissen: Sie hatten übereinstimmend das Beobachten einer Tierschlachtung beziehungsweise -kastration als Ausgangspunkt ihrer Perversion bezeichnet. Wilhelm Pfeil, selbsternannter »Totmacher a. D.«, der als Kind seinem Schwager beim Kastrieren von Schweinen geholfen hatte, berichtete von solchen Erlebnissen: »Ich hatte Freude daran, wenn das Ferkel gequält wird, und besonders dann, wenn das Gefühl, das ich gar nicht so recht beschreiben kann, über mich kam. Dann krallten sich meine Finger ganz fest in die Hinterbeine, als wollte ich dieselben zerbrechen. Nicht nur daß ich das Schreien hörte, ich konnte ja auch sehen, wie es geschnitten wurde und wie etwas Blut geflossen ist. (...) Ich habe heute irgendwie das Gefühl, als ob da irgendwelche Zusammenhänge mit meinen sexuellen Rauschzuständen vorhanden sind. Denn mein Verlangen nach solchen Erlebnissen damals ist dasselbe Verlangen gewesen, wie ich es hatte, als ich die Taten beging. Ich komme damit nicht zurecht, aber ich weiß, daß da irgendwie ein Zusammenhang ist.« Zehn Jahre später zog Wilhelm Pfeil los, erschlug hinterrücks Frauen, um sie genauso »bearbeiten« (Zitat Pfeil) zu können. Binnen eines Jahres tötete er zehn Opfer: skrupellos, erbarmungslos.

Auch der Waschraumwärter Jürgen Knoll, der von 1955 bis 1976 im Ruhrgebiet mindestens acht Menschenleben auslöschte, wurde von einem solchen Ereignis geprägt. Im Urteil des Landgerichts Duisburg heißt es hierzu: »Im Laufe seiner Tätigkeit in der Landwirtschaft bemerkte der Angeklagte jedoch, daß außer der Selbstbefriedigung und den Geschlechtsakten an Tieren ihn ein anderer Vorgang, an dem sein Körper nicht in geschlechtsbezogener Weise beteiligt war, ihn sexuell aufs höchste stimulierte. Im Alter von 14 oder 15 Jahren war der Angeklagte mehrfach zugegen, wenn auf den Bauernhöfen Tiere geschlachtet wurden. Beim Entdärmen der Kadaver half er gelegentlich. Der Angeklagte verspürte alsbald, wie ihn das Töten und Ausnehmen der Tiere – vor allem von Schweinen – faszinierte. Er bekam Schweißausbrüche und empfand ein ihm bis dahin fremdes eigenartiges Kribbeln im Magen und auf der Brust, das mit einer anfangs schwächeren, später jedoch immer stärkeren sexuellen Erregung mit Gliedversteifung verbunden war. Nach einiger Zeit hatte er die Vorstellung, daß man auf diese Weise auch einen Menschen öffnen und hineinsehen könne. Dieser Gedanke verstärkte seine sexuelle Erregung. Wenn er dann allein war, stellte er sich den gesamten Schlachtvorgang noch einmal vor und onanierte in der Erinnerung daran bis zum Samenerguß. Die geschlechtliche Erregung war am größten und die Erleichterung nach der Ejakulation am stärksten bei dem Gedanken, daß an Stelle des Tieres ein Mensch getötet – ›kaputtgemacht‹ –, geöffnet und ausgenommen werde.« Viele Jahre später wollte Jürgen Knoll sich nicht mehr auf seine bizarren Phantasien beschränken: Er tat es.

Solche Schlüsselerlebnisse sind – bezeichnenderweise ausnahmslos bei sadistischen Mördern – bereits mehrfach in der Fachliteratur dokumentiert worden. Der Psychiater Andreas Marneros berichtet in seinem lesenswerten Werk *Sexualmörder: eine erklärende Erzählung* über »Otto«: »Einige seiner sexuellen Präferenzen entdeckte er nach seinen Angaben zufällig: Als er seine Oma beim Hühnerschlachten beobachtete, wurde er so heftig sexuell erregt, daß er schnell ins Bad laufen mußte, um sich zu befriedigen. Die hohe sexuelle Erregung wurde durch das aus dem Hals der Hühner spritzende Blut erzeugt. Bei der Selbstbefriedigung stellte er sich allerdings Kinderhälse vor.«

In dem 1931 erschienenen Fachaufsatz *Der Sadist* des Psychiaters Karl Berg berichtet Peter Kürten, der kurz zuvor in Düsseldorf

15 Menschen angefallen und neun der Opfer umgebracht hatte, über gleichartige Erlebnisse: »Der Ursprung dieses Gefühls liegt lange zurück. Als wir noch in Köln-Mülheim lebten, wohnte im selben Haus mit uns ein Hundefänger. Früher gab es in jeder Stadt so einen. Die Hunde wurden eingefangen, geschlachtet und verzehrt. (...) Aber ich war geschlechtlich frühreif, und mit 15, 16 Jahren war ich schon so, da stach ich z. B. auf Schafe ein, die draußen in der Grafenberger Gegend weideten. Dabei bemerkte ich ein wohliges Gefühl, aber ohne Samenerguß. Das war der Anfang gewesen, daß ich mir des Zusammenhangs zwischen der Grausamkeit und dem Geschlechtstrieb bewußt geworden bin.« Tatsächlich tötete Peter Kürten Jahre später seine Opfer ausnahmslos durch multiple Schlag- und Stichverletzungen. Er kam immer nur dann zum Höhepunkt, wenn er »das Blut rauschen hörte«. Noch kurz vor seiner Hinrichtung fragte er den ihn begutachtenden Psychiater: »Nachdem mein Kopf abgehackt ist – werde ich dann zumindest noch einen Moment lang in der Lage sein zu hören, wie mein Blut aus dem Hals spritzt? Das wäre das Vergnügen, das das Ende allen Vergnügens wäre.«

Ähnlich abnorm veranlagt war Johann Malchow. Der 35jährige Aufläder tötete von 1915 bis 1920 in Waldgebieten in der Nähe von Plauen, Greiz und Leipzig vier Kinder und eine junge Frau. Seinen Opfern stieß er stets unterhalb des Kehlkopfes ein Messer in den Hals. Das hervorquellende Blut erregte ihn, er weidete sich an dem allmählichen Hinsterben seiner Opfer, ließ sie förmlich *ausbluten*. Auch in diesem Fall berichten die Autoren Schütz und Zetzsche in ihrem Aufsatz *Ein vielfacher Lustmörder und seine Entlarvung durch medizinische Indizienbeweise* über den Täter prägende Kindheitserlebnisse: »Aber schon vor der Militärzeit bestanden derartige Erscheinungen. Wenn Schlachtungen von Vieh vorgenommen wurden, beim Schlachten von Schweinen, von Federvieh, insbesondere Hühnern, bekam M. geschlechtliche Erregungen. Das Federvieh, das seine Mutter in der Weise schlachtete, daß sie ihm mit dem Beile auf dem Hackestock den Kopf abhackte, hat er gewöhnlich mit den Händen festgehalten. Wenn die Tiere zappelten und *ausbluteten*, wurde er regelmäßig geschlechtlich erregt. So darf man wohl mit Recht den Zeitpunkt, in dem diese sadistische Neigung M.s offenbar wurde, in die Pubertätszeit verlegen.«

Die Opfer des 22jährigen Landarbeiters Vinzenz Volkeri fand man mit aufgeschlitztem Bauch und heraushängenden oder entfernten Gedärmen. Zuvor waren die Frauen erwürgt worden. In seinem Standardwerk *Psychopathia sexualis* führt der Mediziner Richard Freiherr von Krafft-Ebing die Ursache für diese »Lustmorde« auf folgende Begebenheiten zurück: »V. war ganz von selbst auf seine perversen Akte gekommen, nachdem er, 12 Jahre alt, bemerkt hatte, daß ihn ein seltsames Lustgefühl überkomme, wenn er Hühner zu erwürgen hatte. Deshalb habe er auch öfters Massen davon getötet und dann vorgegeben, ein Wiesel sei in den Hühnerstall eingedrungen.«

Charakteristische Merkmale dieser einschneidenden Erlebnisse sind deren Zufälligkeit – sie wurden also von den bis dato sexuell unreifen und unerfahrenen Kindern und Jugendlichen nicht bewußt herbeigeführt – und die Tatsache, daß diese Beobachtungen das abnorme sexuelle Bewußtsein und Erleben anstießen und belebten. Die sexuellen Devianzen wurden – unterstellt man die Richtigkeit der Selbstaussagen – sämtlich erst nach der Konfrontation mit dem Initialreiz dargeboten, so daß von einem Einschnitt in der Gesamtentwicklung ausgegangen werden darf. Darüber hinaus wurden die Schlachtungen sexuell umgedeutet und gingen einher mit einer abnormen, für frühkindliche hirnorganische Erkrankungen typischen affektiven Erregung, die an durchweg nicht beherrschbare körperlich-vegetative Begleiterscheinungen gekoppelt war: Herzrasen, Kribbeln auf der Brust, Schwitzen, Atemnot. Dies legt den Schluß nahe, daß die abnorme affektive Ansprechbarkeit hirnorganischen Ursprungs gewesen sein könnte. Zudem gibt es zwei Komponenten, die alle Schlüsselerlebnisse verbinden: Tieren wird Gewalt angetan, es fließt Blut. Auch spiegelten die späteren Tötungsakte exakt das wesentliche Element dieser Schlüsselreize wider: Die Hälse der Opfer wurden wie beim Schlachten von Hühnern aufgeschlitzt, ihre Gliedmaßen wie beim Zerteilen von Rindern abgetrennt, Leichen wie beim Entdärmen von Schweinen ausgeweidet. Die vorherigen Beobachtungen wurden folglich nach gedanklichem Ausbau in der Realität imitiert. Durch diese sehr spezielle Symbiotik (Hirnanomalie in Verbindung mit Schlüsselreiz) würde zudem erklärbar, warum sadistische Morde im allgemeinen und Serientötungen dieser Konditionierung (das Entstehen einer bedingten Reaktion) im besonderen so selten zu beobachten sind.

Dennoch erscheint es aus wissenschaftlicher Sicht nicht angemessen, diese Konstellation zu einer zwingenden, ausschließlichen Bedingung zu machen. Nur drei von acht Tätern schilderten solche triebrelevanten Zusammenhänge. Allerdings lehren die Erfahrungen psychiatrischer Gutachter, daß es hiervon betroffenen Menschen nur selten gelingt, ein solches Schlüsselerlebnis anzugeben: Sie *wollen* oder *können* sich nicht mitteilen, sehen keinen Zusammenhang. Auch sollte darauf hingewiesen werden, daß es sich bei der Koppelung der Schlüsselreize und der Tötungsdelikte eventuell um eine falsche Rückdatierung oder nachgeschobene Konstruktion der befragten Täter gehandelt haben könnte. Doch erscheint diese Annahme angesichts der frappierenden Übereinstimmungen sowie der Spezifität der geschilderten Ereignisse eher zweifelhaft. Denkbar ist auch, daß entsprechende Erlebnisse lediglich zu einer speziellen Erscheinungsform innerhalb der sexuellen Abweichung geführt, ursächlich aber keine eigenständige Bedeutung erlangt haben. Allerdings ließen sich aus den Biographien der Täter keine anderen tatrelevanten Gemeinsamkeiten herleiten. Man kann zu diesem Erklärungsansatz stehen, wie man will, nur eines sollte man nicht tun: ihn ungeprüft verwerfen.

Ein weiteres Phänomen scheint beim sadistischen Tötungsakt das Verhalten der Opfer zu sein. Eine ganze Reihe von Tätern berichteten übereinstimmend, daß die Opfer sich oftmals »passiv« und »widerstandslos« in ihr bitteres Schicksal gefügt hätten. So hatte beispielsweise auch das letzte Opfer von Robert Siegmann kapituliert, seinen Mörder geradezu angefleht: »Mach' schnell, damit ich nicht so viel spüre!« Daß es sich nicht um bloße Wahrnehmungsverzerrungen der Täter gehandelt haben dürfte, belegt die Tatsache, daß in einer Vielzahl von Fällen keine Kampfspuren oder entsprechenden Abwehrverletzungen bei den Tätern festgestellt werden konnten. Auch ließ sich dieses Verhalten nicht durchgängig aus der Persönlichkeit der Opfer herleiten. Was ist es dann?

Eine sexuelle Nötigung oder Vergewaltigung beinhaltet für das Opfer stets die Hoffnung, zumindest mit dem Leben davonzukommen. Der sadistische Tötungsakt hingegen ist ausschließlich auf die Qualen des Opfers gerichtet, der unvermeidlich erscheinende Tod kommt dann einer Erlösung gleich. Es geht dem Mörder dabei ausschließlich um Dominanz, Macht, Kontrolle, Bemächtigung, Entmenschlichung, Vernichtung. Der Philosoph Rüdiger Safranski beschreibt in seinem Buch *Das Böse* dieses unbedingte Degradierungsverlangen: »Man soll die Lust nicht mit der Liebe verwechseln. Die Liebe schafft Verbindlichkeiten, der freie Genuß aber verlangt Abwechslung und Austausch der Objekte. Überhaupt müssen es ›Objekte‹ sein, nicht Personen, oder genauer: es müssen Personen sein, die im Augenblick des Genusses zum Objekt gemacht werden.«

Die entmenschlichende, todbringende Zielrichtung des Täters bleibt dem Opfer nicht verborgen. Schlimmer noch: Sie ist Voraussetzung für sein abartiges Zeremoniell, Ingredienz für sein blutiges Festmahl. Eine extrem hostile Atmosphäre, die durch den Täter bewußt initiiert wird und das Opfer unvorbereitet in eine Horror-Welt katapultiert – fremdartig, bedrohlich, lähmend. Es erscheint schwer vorstellbar, was Kinder und Frauen in solchen Situationen empfinden. Aber der Gedanke, das unmittelbare Erleben, einem fremden Menschen bis zum drohenden, qualvollen Tod bedingungslos ausgeliefert zu sein, dürfte tatsächlich dazu führen, daß das Opfer eine entwaffnende Wehrlosigkeit empfindet, sich wie paralysiert in sein Schicksal fügt.

Gelingt es hingegen dem Opfer, einen personalen oder emotionalen Bezug zum Täter herzustellen, könnte das drohende Unheil abgewendet werden. So berichtete zum Beispiel ein junges Mädchen, das von Robert Siegmann mit eindeutigen Absichten im Auto mitgenommen worden und unbehelligt geblieben war, vor Gericht, sie sei »gar nicht auf die Idee gekommen, vor diesem Mann Angst zu haben«; er habe »so unbeholfen und ängstlich gewirkt«. Sie hatte ihn nämlich während der Fahrt in ein längeres Gespräch verwickelt und somit kein Gefühl der Passivität und Anonymität aufkommen lassen, das im Regelfall zwingende Vorbedingung für die Realisierung sadistischer Phantasien ist.

Es bleibt also ein wenig Hoffnung.

KAPITEL 4

Ein Hund, der alle Fremden beißt

Eigentlich will Kane seinen Marshalstern ablegen, ein ruhiges Leben führen. Doch mitten in die Hochzeit mit der Quäkerin Amy platzt die Nachricht, daß der Bandit Frank Miller, den Kane hinter Gitter gebracht hat, wieder auf freiem Fuß ist und beharrlich auf Rache sinnt. Da ihm die verängstigten und feigen Bürger des Ortes die Unterstützung versagen, tritt der Marshal allein gegen Miller und seine Bande an. Um 12 Uhr mittags kommt es zum Show-down: Marshal Kane erschießt im Alleingang die gesamte Mörderbande.

Diese Kurzfassung des Westernklassikers *12 Uhr mittags* aus dem Jahr 1952, in dem Gary Cooper als furchtloser Marshal Kane, Grace Kelly als liebenswerte Amy und Lee van Cleef als gnadenloser Finsterling Frank Miller ganze Generationen begeisterten, aber auch zu Tränen rührten, weist eine unübersehbare Affinität zu einer mysteriösen Mordserie auf, die sich von 1960 bis 1965 im Großraum Nürnberg ereignete. Auch der sogenannte Mittagsmörder ballerte vornehmlich kurz nach dem traditionellen 12-Uhr-Läuten rücksichtslos auf Menschen: in Sparkassen, in Geschäften, in Wohnungen. Eine makabre Ouvertüre. Dennoch: High noon im »Nürnberger Land«. So empfanden jedenfalls die Bewohner dieses Landkreises, als sie über viele Jahre hinweg von einem erbarmungslosen Serienmörder terrorisiert wurden und tatsächlich insbesondere gegen Mittag um ihr Leben fürchten mußten. Gleichwohl gab es auch einen häßlichen Unterschied: Das Böse siegte über das Gute, der schießwütige Mörder kam immer wieder ungeschoren davon.

Der erste Akt dieses düsteren Dramas wurde in Nürnberg gegeben. Es war der 22. April 1960. Obwohl die Stadt schon im abendlichen Dunkel versunken war, wies die Szenerie vor dem Haus Tuchergartenstraße 3 unmißverständlich auf ein Verbrechen hin. Das rotierende Blaulicht auf dem Dach von zwei Funkstreifenwagen erhellte in Sekundenabständen gespenstisch den vierstöckigen Bau. Eine größere Menschenmenge verharrte tuschelnd im fahlen Schein der Straßenlaternen und mußte von Polizeibeamten zurückgedrängt werden. In den Nachbarhäusern hingen die Leute neugierig in den Fenstern und gafften. Was war geschehen?

Die Tat war durch eine Zeugin beobachtet worden, die dem Todesschützen Auge in Auge gegenübergestanden hatte. Mechthild Ruland, der Wohnungsinhaberin, standen Angst und Schrecken noch deutlich ins Gesicht geschrieben. Die 58jährige zitterte am ganzen Leib, schilderte den Beamten der eiligst aufgestellten Mordkommission dennoch tapfer den Tathergang: »Kurz nach 20 Uhr hat es geschellt. Ich machte die Tür auf, da stand ein junger Mann und fragte: Sind Sie Frau Ruland? Ich sagte ja, kommen Sie doch rein. Ich hielt den Mann für einen Gast meiner Untermieterin. Auf einmal zog er eine Pistole und schrie: Geld oder das Leben! Zuerst dachte ich, er würde einen Spaß machen. Aber er schaute so kalt drein, daß ich schnell ein paar Schritte zurückgegangen bin. Ich riß dann die Zimmertür meiner Untermieterin auf und schrie laut um Hilfe. Herr Heinrich, der Bräutigam meiner Untermieterin, sprang sofort vom Sofa auf und stellte sich zwischen den Mann und mich. Frau Egerer ging auch auf die Tür zu. Und dann passierte es. Als Herr Heinrich versuchte, dem Mann die Pistole aus der Hand zu schlagen, krachte es dreimal. Ich sah, wie Herr Heinrich und Frau Ederer zusammensackten. Überall war plötzlich Blut. Der Mann flüchtete dann Hals über Kopf.«

Martin Heinrich war von zwei Kugeln in Kopf und Bauch niedergestreckt worden, seine Verlobte hatte einen Rückendurchschuß erlitten. Beide waren noch am Tatort verstorben. Die Ausgangslage für die Mordkommission war gar nicht mal übel. Das Motiv erschien eindeutig, und der Mörder konnte durch die Zeugin detailliert beschrieben werden: etwa 25 Jahre alt und 1,75 Meter groß, schlank, blondes Haar, rundes, volles Gesicht, blasse Gesichtsfarbe, helle Augen, süddeutsche Mundart; bekleidet mit sogenannter James-Dean-Jacke, hellem Hemd, dunklem Binder und dunkler Hose.

Unverzüglich wurden sämtliche Polizeidienststellen in Nürnberg und Umgebung alarmiert. Obwohl der Mörder nur einige Minuten Vorsprung hatte, konnte er trotz des engmaschig gestrickten Fahndungsnetzes entkommen. Die übliche Ermittlungsstrategie bei

Ein Hund, der alle Fremden beißt

Mordfällen wurde auch dieses Mal angewandt. Alle Bezugspersonen der Opfer, aber auch ihrer Vermieterin, wurden aufgesucht und befragt. »Wann waren Sie das letzte Mal in der Wohnung?«, »Haben Sie dort jemals einen jungen Mann gesehen?«, »Kennen Sie jemanden, auf den die Beschreibung des Täters paßt?« waren die am häufigsten gestellten Fragen. Doch die Antworten waren niederschmetternd. Niemand hatte den Todesschützen zuvor gesehen, niemand konnte der Kripo einen hilfreichen Hinweis geben.

Schnell wurde ermittelt, daß Martin Heinrich einige Jahre in Argentinien gelebt hatte. Wurde er vielleicht aus politischen Motiven erschossen? Oder war es ein Racheakt? Auch diese Spur wurde verfolgt, Interpol eingeschaltet. Kaum hatten die Zeitungen über den Doppelmord berichtet, gingen insgesamt 329 Hinweise aus der Bevölkerung ein, denen Beachtung geschenkt werden mußte. Die Telefone schrillten, die Fernschreiber tickten. Bei der Nürnberger Mordkommission, die mittlerweile auf 20 Beamte aufgestockt worden war, ging es zu wie in einem Wespennest. Mehr als 2 000 Fotos der Verbrecherkartei wurden gesichtet. Alle Bilder, die eine Ähnlichkeit mit der Täterbeschreibung aufwiesen, wurden der Kronzeugin Mechthild Ruland vorgelegt. »War es der?« Kopfschütteln. Das nächste Foto. Kopfschütteln. Noch ein Bild. Wieder ein Kopfschütteln. Es war zum Verzweifeln. Keine heiße Spur. Und die Presse wollte über Ergebnisse berichten. Doch auf bohrende Fragen wußte Erhard Dalpiaz, der Kommissions-Chef, nur eine stereotype Antwort: »Wir wissen nicht mehr als am ersten Abend!« Das war nicht viel – eigentlich nichts.

Vier Tage nach den Morden dann plötzlich eine heiße Spur. Eine Firma hatte sich gemeldet und mitgeteilt, daß einer ihrer Ausfahrer verschwunden sei. Die Beschreibung dieses Mannes schien auf den Mörder zu passen: 1,75 Meter groß, schlank, blond und trägt eine »James-Dean-Jacke«. Eine Großfahndung lief an. Die Tage vergingen, doch nichts rührte sich. Mittlerweile hatte das Landeskriminalamt mitgeteilt, daß es sich bei der Tatwaffe um eine belgische Selbstladepistole »FN«, Kaliber 7,65 mm, handelte. Zahlreiche Fingerabdrücke wurden verglichen und Mitteilungen des Bundeskriminalamts akribisch auf Hinweise zu ähnlichen Raubüberfällen ausgewertet. Aber auch das brachte nichts ein. Dann keimte wieder

Ein Hund, der alle Fremden beißt

Hoffnung auf, als der gesuchte Ausfahrer in Freiburg festgenommen werden konnte. Der aber hatte ein bombensicheres Alibi. Er war am Abend der Tat von der Polizei an der deutsch-französischen Grenze kontrolliert worden. Kein Zweifel, der Mann konnte es nicht gewesen sein. Wieder trat man auf der Stelle. Enttäuschung reihte sich an Enttäuschung. Vom Mörder keine Spur.

Mechthild Ruland arbeitete für ein Eheanbahnungsinstitut. Deshalb wurden nun insgesamt 1 174 Personen überprüft, die in der Kundenkartei verzeichnet waren. Nicht mehr als ein Strohhalm, an den sich die Ermittler klammerten. So musterte Mechthild Ruland im Dienstzimmer 256 des Nürnberger Präsidiums mehr als 100 Männer durch einen venezianischen Spiegel. Sie konnte die Männer also in aller Ruhe betrachten, ohne selbst gesehen zu werden. Wieder nichts. Nur Kopfschütteln. Monatelang war fieberhaft ermittelt worden. Das Ergebnis: null.

Doch selbst ein Jahr nach der Tat wollte sich die Mordkommission nicht geschlagen geben. Man entschloß sich dazu, sämtliche Männer der Jahrgänge 1930 bis 1940 zu überprüfen, die zur Tatzeit in Nürnberg gewohnt hatten. Das konnte Jahre dauern. In diesem Fall wurde die Presse nicht informiert – der Mörder sollte nicht gewarnt werden. Die Kartei des Wahlamtes lieferte insgesamt 50 366 Namen. Genauso viele Formulare mit Fragen wurden gedruckt, 50 366 Fotos von der mutmaßlichen Jacke hergestellt. Ein gigantischer Aufwand. Eine der größten Fahndungsaktionen in der Geschichte der Bundesrepublik Deutschland war angelaufen. Gesucht wurde: Ein junger Mann, der eine Pistole besaß und eine »James-Dean-Jacke« trug. Eine ungewöhnliche Maßnahme ohne Erfolgsgarantie. Würde sich der enorme Aufwand lohnen? Einige Mitglieder der Mordkommission hatten da ihre Zweifel. Dennoch machten sie sich an die Arbeit. Schon nach kurzer Zeit türmten sich beachtliche Aktenberge auf. Jede Karteikarte mußte ausgewertet werden. Bei dem geringsten Verdachtsmoment wurde eine Gegenüberstellung mit Mechthild Ruland veranlaßt. Wieder und wieder schaute sie kopfschüttelnd durch den venezianischen Spiegel: »Nein, der war es nicht!« So schleppte sich die Fahndung über viele Monate dahin.

Mehr als zwei Jahre später, am 10. September 1962, wurde der Kripo eine neue Bluttat gemeldet. Diesmal aus der Gemeinde

Ochenbruck, etwa 15 Kilometer von Nürnberg entfernt. Kurz nach 12 Uhr war dort der Filialleiter der Kreissparkasse erschossen worden. Walter Borchert hatte durch eine Pistole »Walther PPK« drei Schüsse in Bauch und Kopf erhalten. Der Täter war mit 3 060 Mark Beute entkommen. Wenige Minuten vor der Tat hatten Zeugen jedoch einen jungen Mann beobachtet, der auf einem an der Sparkasse vorbeiführenden Fußweg in Richtung Tatort gegangen war. Dieser Mann hatte dann vor einem Schaufenster des im selben Gebäude liegenden Möbelgeschäftes gestanden und war kurz nach der Tat ein weiteres Mal gesehen worden, als er hastig in Richtung Bahnhof lief. Die Zeugen wußten diesen Mann recht genau zu beschreiben: 20 bis 25 Jahre alt, 1,70 bis 1,75 Meter groß, dunkelblondes bis schwarzes Haar, bekleidet mit brauner Wildleder- oder Velvetonjacke. Es mußte der Mörder gewesen sein.

Man war sich in Reihen der Mordkommission nicht sicher. Hatte man es mit demselben Täter zu tun? Die Beschreibungen ähnelten sich bis auf eine Abweichung. Bei der ersten Tat sollte es ein blonder, bei der zweiten Tat ein Mann mit dunkelblonden bis schwarzen Haaren gewesen sein. Ein Zusammenhang ließ sich jedoch vorerst nicht beweisen, zumal bei den Taten verschiedene Schußwaffen benutzt worden waren. Sämtliche vorbestraften jungen Männer der näheren Umgebung von Ochenbruck wurden überprüft, Verdächtige Mechthild Ruland gegenübergestellt, Hinweisen aus der Bevölkerung nachgegangen. Doch das einzig greifbare Ergebnis blieben drei Hülsen und drei Projektile – mehr nicht. Die Bürger der Region verlangten energisch nach schneller Aufklärung: ohne jeglichen Erfolg.

Es sollte noch schlimmer kommen. Am 30. September, nur zweieinhalb Monate nach dem letzten Mord, ereignete sich ein weiterer Banküberfall – wieder mit tödlichem Ausgang. Diesmal in der Sparkassenzweigstelle des kleinen Örtchens Neuhaus an der Pegnitz, knapp 40 Kilometer von Nürnberg entfernt. Und auch diesmal wurden die Schüsse des Phantoms durch das 12-Uhr-Läuten übertönt. Der Kripo gelang es, den Tathergang zu rekonstruieren: Kurz nach 12 Uhr betrat ein junger Mann die Sparkasse und bedrohte den Schalterbeamten mit einer Pistole. Genau in dem Moment, als dem Täter seine Beute ausgehändigt wurde, trat der Rentner Heinz

Schnitzler an den Schalter heran und griff in seine Brusttasche. Der 62jährige hatte offensichtlich gar nicht mitbekommen, daß ein Bankraub im Gange war. Ohne Vorwarnung feuerte der Täter drei Kugeln auf den älteren Herrn ab, von denen zwei das Opfer durchschlugen. Heinrich Schnitzler verblutete noch am Tatort. Ein Projektil hatte seine Brust, ein weiteres Kinn und Hals durchdrungen. Anschließend flüchtete der Mörder.

Als Tatwaffe konnte wenig später eine Selbstladepistole der Marke »P 38« ermittelt werden. Zeugen hatten den Täter beschreiben können: 28 bis 30 Jahre alt, etwa 1,80 Meter groß, schlank, mittelblondes Haar, blasses Gesicht, bekleidet mit dunkelblauer Lumberjacke und dunkelgrauer Hose. Wieder erörterte man im Nürnberger Präsidium, ob es sich in allen Fällen tatsächlich um den »Mittagsmörder« gehandelt haben könnte, dem die Taten durch Medien und Bevölkerung bedenkenlos zugeschrieben worden waren. Angst machte sich breit – lähmende Angst. Wer würde das nächste Opfer sein?

Auch in diesem Fall war man sich in der Mordkommission nicht sicher und nicht einig darüber, ob man es tatsächlich mit einem Serienmörder zu tun hatte. Es gab Parallelen, aber auch bedeutsame Unterschiede. Das Motiv war jeweils Habgier, alle Opfer waren erschossen worden, die Tatorte lagen sämtlich im Landkreis »Nürnberger Land«. Aber es waren jeweils unterschiedliche Waffen benutzt worden, die Täterbeschreibungen wiesen Unterschiede auf, die Tatorte waren nicht ausschließlich Sparkassenfilialen gewesen. Wo bestand nun die Verbindung?

Analysieren wir das Täterverhalten, betrachten es genauer. Sämtliche Opfer wurden erst erschossen, nachdem sie sich dem Täter in den Weg gestellt hatten oder er das Opferverhalten als gefahrenträchtig beurteilt hatte. Die Tötung der Opfer war durch den Täter demnach nicht von vornherein geplant gewesen, sondern aus seiner Sicht notwendig geworden. Das Verhalten des Täters während der Tat ließ sich demnach auf eine primitive Formel reduzieren: Widerstand gleich Mord. Er hatte es sich offensichtlich zur Maxime gemacht, auf jeden loszuballern, der sich ihm in den Weg stellte, auch um den hohen Preis eines Menschenlebens. Die Möglichkeit, sich einfach zurückzuziehen, die Opfer zu schonen und zu einem späteren Zeitpunkt eine weitere Tat zu versuchen, hatte er hingegen verworfen. Der Mörder hatte sich also immer gleichartig entschieden. Und er würde es wieder tun. Denn er hatte mit seiner Methode Erfolg gehabt, war unbehelligt davongekommen.

Und das wurmte die Nürnberger Todesermittler. Jeder Tag, der verstrich, ohne daß man Vollzug melden konnte, war wie ein Schlag ins Gesicht. Und davon hatte es bisher reichlich gegeben. Aus den diversen Zeugenbeobachtungen kombinierte man eine Beschreibung des »Mittagsmörders« und veröffentlichte ein Phantombild. Es wurden Belohnungen ausgesetzt, doch das Ergebnis blieb unverändert: nichts, keine Spur führte zum Täter.

Am 27. März 1963 lud die Nürnberger Kripo in anderer Sache den 23 Jahre alten Hartmut Morgenthaler vor, der unter dem Verdacht stand, wieder einmal in illegale Waffengeschäfte verstrickt zu sein. Mit seiner 57jährigen Mutter Hermine führte er gemeinsam auf der Allersbergerstraße 14 in Nürnberg einen Waffenladen. Bei seiner Vernehmung machte der junge Mann den Kriminalbeamten einen interessanten Vorschlag: »Wenn Sie mich wieder laufen lassen, werde ich Ihnen einen wichtigen Hinweis geben. Ich muß mich nur noch mit meinem Rechtsanwalt besprechen.« Neugierig geworden, ließ man ihn ziehen. Niemand konnte ahnen, daß er schon zwei Tage später tot sein würde.

Am 29. März wurden um 13.05 Uhr in der Werkstatt des besagten Waffengeschäfts die Leichen von Hartmut und Hermine Morgenthaler gefunden. Die Opfer waren regelrecht exekutiert worden. Bei Hartmut Morgenthaler verlief der Schußkanal steil absteigend vom rechten Stirnhöcker durch Stirnhirn, Augenhöhle, Mundhöhle und Zunge zur linken Halsseite, während das Projektil bei seiner Mutter ebenfalls in die Stirn geschossen worden, aber am inneren linken Augenwinkel wieder ausgetreten war. Es waren offensichtlich »Fangschüsse« gewesen, nachdem sich die Opfer wohl zur Wehr gesetzt und bei diesem Kampf weitere Schußverletzungen erlitten hatten. Das Tatmotiv war zunächst nicht eindeutig zu bestimmen, aufgrund von Zeugenaussagen konnte jedoch die Tatzeit nahezu exakt festgelegt werden: kurz nach 12 Uhr. Hatte der »Mittagsmörder« wieder zugeschlagen?

Am Tatort konnten Hülsen sowie Projektile, die in den Körpern

Ein Hund, der alle Fremden beißt

der Opfer steckten, sichergestellt werden. Das Ergebnis der kriminaltechnischen Untersuchung schlug bei der Mordkommission ein wie eine Bombe. Als Tatwaffen wurden zwei Walther-Pistolen der Kaliber 9 und 7,65 mm ermittelt. Anhand der individuellen Verfeuerungsmerkmale konnte darüber hinaus sicher nachgewiesen werden, daß diese Waffen bereits bei den Morden in Ochenbruck und Neuhaus benutzt worden waren. Den Täter hatte man zwar nicht, aber jetzt stand nahezu zweifelsfrei fest, daß es ihn tatsächlich gab: den »Mittagsmörder«. Mittlerweile war man bei der Nürnberger Mordkommission bescheiden geworden.

Mit neuem Eifer und neuer Hoffnung stürzte man sich in die Ermittlungen. Es wurde eine Sonderkommission gebildet, die mehr als 7 000 Personen überprüfte. Nebenbei wurden eine ganze Reihe von Einbrecherbanden ausgehoben, Hunderte anderer Straftaten aufgeklärt. Inzwischen war man auch zu der Auffassung gelangt, daß Hartmut und Hermine Morgenthaler ihren Mörder gekannt haben mußten. Möglicherweise hatte Hartmut Morgenthaler den entscheidenden Hinweis geben wollen, um den »Mittagsmörder« ans Messer zu liefern und seine eigene Haut zu retten. Das war jedoch gründlich schiefgegangen. Diese Hypothese ließ sich allerdings nicht zwingend belegen. Mitte des Jahres 1964 mußte die Nürnberger Kripo dann endgültig einen Offenbarungseid leisten, als ihr Chef das Ergebnis der Ermittlungen in dürren Worten zusammenfaßte: »Wir haben getan, was wir konnten!«

Resignation machte sich breit, und die Angst in der Bevölkerung nahm zu. Der »Mittagsmörder« war einfach nicht zu fassen. Dann peitschten am 1. Juni 1965 Schüsse durch ein Nürnberger Kaufhaus. Ein junger Mann hatte bei einem Handtaschendiebstahl gestellt werden können und war anschließend Amok gelaufen. Bevor er durch mutige Passanten überwältigt worden war, hatte er auf der Flucht einen seiner Verfolger erschossen, zwei weitere schwer verletzt. Der junge Mann war bis an die Zähne bewaffnet: In einem Halfter am Körper trug er eine Pistole der Marke »Walther PPK«, in seiner Aktenmappe befanden sich neben Patronen ein Totschläger, verschiedene Feuerwerkskörper und eine scharfe Selbstladepistole des Kalibers 7,65 mm. Doch damit nicht genug: In seiner Jackentasche steckte eine weitere Pistole der Marke »Z«, Kaliber 6,35 mm.

Ein Hund, der alle Fremden beißt

Diese ungewöhnliche Bewaffnung paßte nun gar nicht zu einem gewöhnlichen Handtaschendieb. Hatte dieser Mann womöglich wesentlich mehr auf dem Kerbholz?

Antwort auf diese Frage erhoffte sich die Mordkommission von einer ballistischen Untersuchung der sichergestellten Pistolen. War es etwa eben diese »Walther PPK« vom Kaliber 7,65 mm, nach der seit Jahren verzweifelt gesucht worden war, die Martin Borchert sowie Hermine und Hartmut Morgenthaler tödlich verletzt hatte? Nach mehr als fünf Jahren aufopferungsvoller Arbeit wollten die Ermittler der Nürnberger Mordkommission nun endlich einen Volltreffer landen. Ungeduldig wartete man auf das Ergebnis des Landeskriminalamts, das noch am selben Tag eintraf. Und tatsächlich: Die Walther-Pistole war zweifelsfrei diejenige, die bei der Bluttat in Ochenbruck und bei dem Doppelmord im Waffengeschäft Morgenthaler abgefeuert worden war. Tausenden von Spuren war nachgegangen, sogar neue Fahndungsmethoden waren erprobt worden. Aber man hatte bis zuletzt im dunkeln getappt. Endlich kam Licht in diese düstere Geschichte.

Der mutmaßliche »Mittagsmörder« hatte nun einen bürgerlichen Namen, eine Identität: Karl Grohmann, 24, ledig, Student der Volkswirtschaft, wohnhaft in Hersbruck, einer 11 000 Einwohner zählenden Kleinstadt, 15 Kilometer von Nürnberg entfernt. Und das Phantom bekam ein Gesicht. Sein dunkelbraunes Haar trug er akkurat nach links gescheitelt, sein ovales, blasses Gesicht zierten eine längliche Nase sowie recht kleine Ohren. Wenn er lächelte, klafften einige Zahnlücken. Dennoch ein gutaussehender, muskulöser junger Mann, der eigentlich gar nicht bedrohlich wirkte. Vielmehr erweckte sein jungenhaftes, spitzbübisches Äußeres den Eindruck, als könne er kein Wässerchen trüben. Und doch hatte er sieben Menschenleben ausgelöscht.

Dieser Auffassung waren zumindest die Ermittler der Mordkommission. Doch mußte der Beweis erst noch angetreten werden. Karl Grohmann wollte dabei nicht behilflich sein. Er stritt zunächst alle Vorwürfe ab, schwieg beharrlich. Dieser Mann war auch für die erfahrenen Vernehmungsbeamten eine »harte Nuß«, nicht so leicht zu »knacken«. Die Schüsse auf seine Verfolger nach dem versuchten Handtaschendiebstahl räumte er bereitwillig ein: »Ich hatte Angst, daß man mich festhalten würde, und mußte doch in Notwehr schießen!« Mit allen übrigen Taten wollte er aber nichts zu tun haben. Dabei blieb er. Die Jagd nach dem Mörder war zwar beendet, doch nun begann eine neue Jagd: die Jagd nach Indizien.

Auch Margarethe Grohmann, die Mutter des mutmaßlichen »Mittagsmörders«, wollte an eine Schuld ihres »Mustersohnes« nicht glauben. Nachdem sie von der Festnahme und dem »ungeheuerlichen Verdacht« erfahren hatte, stürmte sie in das Büro des Leiters der Mordkommission und knallte ein Bündel Zeitungen mit einschlägigen Berichten auf den Tisch. Erschütterung, aber auch Verärgerung waren in ihren Augen abzulesen. Margarethe Grohmann entrüstete sich: »Er war's nicht! Er war's nicht! Mein Sohn hat es nicht getan. Er stammt aus einer Beamtenfamilie. Sein Vater war Offizier. Verstehen Sie! Nein, für meinen Karl lege ich die Hand ins Feuer!« Für sie war das alles wie ein böser Traum, ihr Sohn konnte nicht der Todesschütze gewesen sein. Sie kannte ihn doch – davon war sie überzeugt.

Mittlerweile war die Wohnung von Karl Grohmann in Hersbruck durch Beamte der Kriminal-Außenstelle in Lauf durchsucht worden. Und man hatte dort überaus interessante Entdeckungen gemacht: Zwei Hülsen vom Kaliber 9 mm, so, wie sie an den Tatorten Borchert und Morgenthaler zurückgeblieben waren. Darüber hinaus Landkarten, in denen die Orte Ochenbruck und Neuhaus sowie die dortigen Polizeireviere besonders gekennzeichnet waren. Die vorgefundenen Kleidungsstücke ähnelten jenen, die der Mörder bei den Taten getragen hatte. Obwohl sich die Indizienkette langsam zu schließen begann, blieb Karl Grohmann sich treu: Er schwieg. Schlimmer noch, er verhöhnte seine Häscher geradezu: »Das ist ein Kreuzworträtsel, das ihr schon selber lösen müßt!« Man griff begierig nach dem Fehdehandschuh, brütete alsbald über neuen Ermittlungsansätzen.

Am nächsten Tag sollte der Verdächtige sämtlichen Zeugen gegenübergestellt werden, die ihn bei den Taten beobachtet hatten. Doch inzwischen waren bis zu fünf Jahre vergangen. Würden sich die Zeugen nach so langer Zeit noch erinnern können? Mit einem Gefühl, das zwischen Hoffen und Bangen hin und her pendelte, erwartete man die Aussagen der Zeugen. Die schlimmsten Befürchtungen schienen sich zu bewahrheiten: Einer nach dem anderen schüttelte den Kopf. Bis auf einen. Hermann Gailer hatte den Täter bei dem Bankraub in Ochenbruck beobachtet. Er war sich zunächst nicht ganz sicher. »Lassen Sie die Person mit der Nummer 3 doch einmal laufen«, bat er die Kriminalbeamten. Erneut fixierte er die nebeneinander stehenden Gestalten. Danach stand für ihn fest: »Der mit der Nummer 3 ist der Mann, der den Borchert erschossen hat!« Man konnte es nicht sehen, auch nicht hören, aber spüren konnte man es ganz deutlich: das Aufatmen der Ermittler. Karl Grohmann war der Mann mit der Nummer 3.

Dieser Erfolg konnte allerdings leicht zu einem Pyrrhussieg geraten. Würde Hermann Gailer sich auch vor Gericht den bohrenden Fragen eines gewieften Verteidigers gewachsen zeigen? Sicher war das keineswegs. Zu viele Zeugen waren bereits bei ähnlichen Anlässen schließlich doch noch »umgefallen«. Auch hatte sich mittlerweile herausgestellt, daß Karl Grohmann einen weiteren Unterschlupf gehabt haben mußte. Diesen hatte man bisher aber noch nicht ausfindig machen können. Und es fehlte immer noch jede Spur von der belgischen »FN«-Pistole, mit der auf der Tuchergartenstraße zwei Menschen niedergeschossen worden waren. Bei Karl Grohmann zeigten die bisherigen Ermittlungen der Mordkommission weiterhin keinerlei Wirkung. Er stierte unverdrossen gegen die Wände des Vernehmungszimmers und schwieg.

Da meldete sich eine ältere Dame bei der Mordkommission und erklärte, daß ihr Untermieter plötzlich verschwunden sei. Martha Bruckmayer hatte die Zeitung aufmerksam gelesen, und ihr war aufgefallen, daß die Beschreibung des »Mittagsmörders« auch auf ihren ominösen Untermieter passen konnte. Ein weiteres Mal mußte der Transparentspiegel bemüht werden. »Ja, das ist er«, rief die 76jährige erfreut und erschrocken zugleich. Eiligst hasteten zwei Kriminalbeamte zur Herrnackerstraße 14 in Nürnberg. Und tatsächlich stieß man dort nicht nur auf das möblierte Zimmer von Karl Grohmann, sondern auch auf ein beträchtliches Waffenarsenal: Man fand reichlich Munition, diverse Gewehre, aber vor allem eine »P 38« und eine belgische Pistole der Marke »FN«, Kaliber 7,65 mm. Wieder wartete man ungeduldig auf das Ergebnis der ballistischen Untersuchung. Am 2. Juni 1965 erreichte das Ergebnis gegen 19 Uhr die Mordkommission. Noch ein Volltreffer. Die wie vom Erdboden verschluckte Mordwaffe, mit der Hildegard Egerer und ihr Verlobter Martin Heinrich am 22. April 1960 erschossen worden waren, lag nun im Polizeipräsidium. Zudem: Jetzt stand auch fest, daß die entdeckte »P 38« bei dem Mord in Neuhaus und bei der Bluttat an Hartmut und Hermine Morgenthaler verwendet worden war. Der Kreis hatte sich doch noch geschlossen.

Wieder war eine Schlacht erfolgreich geschlagen worden. Gleichwohl galt es nunmehr den Nachweis zu führen, daß Karl Grohmann die Mordwaffen zum Zeitpunkt der Taten auch tatsächlich besessen hatte. Durch kriminalistische Feinarbeit konnte in der Folgezeit schließlich nachgewiesen werden, daß er die Waffen bei raffinierten Diebstählen in den Jahren 1959, 1960 und 1962 in Nürnberg, Amberg und Garmisch-Partenkirchen erbeutet hatte. Stück für Stück wurden weitere Beweise zusammengetragen, die Karl Grohmann erheblich belasteten – nicht nur im juristischen Sinne. Am 5. August wollte er nicht mehr länger schweigen. Er war regelrecht »weichgekocht« worden. Den überraschten Vernehmungsbeamten stellte er eine Frage, die ihn zum Mörder stempeln sollte: »Ihr wollt gar nicht wissen, wie ich auf die Tuchergartenstraße gekommen bin?« sprudelte es nun aus ihm heraus. Karl Grohmann legte endlich ein Geständnis ab. Einmal dieses Verbrechen, dann jenes. Er machte sich geradezu einen Spaß daraus, alles besser zu wissen als die Polizei. Letztlich zählte man sieben Morde, dazu zwei vollendete und zwei versuchte Raubüberfälle. 22 weitere kleinere Delikte konnten ihm ebenfalls nachgewiesen werden. Der »Mittagsmörder« war endgültig überführt. Viele Kollegen aus anderen Fachdienststellen in der ganzen Republik riefen im Präsidium an und gratulierten.

Auch das Geheimnis um die mittäglichen Tatzeiten konnte schließlich gelüftet werden. Es stellte sich heraus, daß die Tageszeit bei seinen Verbrechen überhaupt keine Rolle gespielt hatte. »Ich bin kein Frühaufsteher«, erklärte er, »und meine Vorbereitungen haben immer so lange gedauert, daß es kurz vor 12 Uhr war, wenn ich in Aktion trat.«

Knapp 60 000 Spuren waren verfolgt worden. Mehr als fünf Jahre lang hatte Karl Grohmann sich dem Zugriff der Polizei entziehen

Ein Hund, der alle Fremden beißt

können. Nicht zuletzt deshalb, weil er seine Raubüberfälle akribisch geplant hatte. Er suchte sich jeweils aus Telefonbüchern von Mittelfranken und der Oberpfalz verschiedene Orte mit Sparkassen heraus. Danach inspizierte er die möglichen Tatorte, machte sich anschließend Notizen. So markierte er auf einer Landkarte Ortschaften mit einem Punkt und zwei Strichen, wenn sich die Sparkasse am Ortsrand befand, mit nur einem Angestellten besetzt war und ihm deshalb für einen Raubüberfall besonders geeignet erschien. Um das Risiko möglichst gering zu halten, fuhr er nicht mit seinem eigenen Wagen zu den Tatorten, sondern mit zuvor gestohlenen Autos oder Motorrädern. Auch änderte er seine Strategie, sofern ihm dies notwendig erschien. Nachdem ihm Banküberfälle »zu heiß« geworden waren, überfiel er den Waffenladen der Morgenthalers. Er hatte es dort lediglich auf die Ladenkasse abgesehen.

Auch seine erste Bluttat hatte er sorgfältig geplant: »Zuerst dachte ich an einen Diebstahl. Dazu hatte ich aber keine Gelegenheit. Vielleicht war es der 10. April 1960, als ich den Entschluß faßte, in Nürnberg einen Überfall zu machen. Da ich kein bestimmtes Objekt im Auge hatte, habe ich dann aus einer Telefonzelle in Hersbruck einen Teil des Fernsprechbuches herausgerissen und mit nach Hause genommen. Daheim habe ich die Telefonbuchseiten nach geeigneten Opfern und Örtlichkeiten durchgelesen. Ich wollte, daß mir bei diesem Überfall möglichst wenig Widerstand entgegengesetzt wird. Aus dieser Überlegung heraus suchte ich nach alleinstehenden älteren Menschen. Dabei fiel mir der Name Ruland, Tuchergartenstraße in Nürnberg auf. Ich konnte nämlich dem Telefonbuch entnehmen, daß diese Frau Ruland Bankdirektorenwitwe war. Ich nahm deshalb an, daß sie alleinstehend und vermögend war. Dann habe ich mir das Objekt einige Tage vor der Tat angesehen.«

Über den Tatablauf war er sich im klaren. Falls die Opfer Widerstand leisten würden, wollte er sie erschießen. Einfach so. Die Geschehnisse bei seiner ersten Bluttat am 22. April 1960 schilderte er kurz und bündig: »Er kam wie ein Wilder auf mich zugestürzt. Gesagt hat er dabei nichts. Er stand kurz vor mir, ich war ziemlich bestürzt, und dann habe ich abgedrückt. (...) Das alles habe ich nur blitzartig wahrgenommen, es hat sich in Sekundenschnelle abgespielt, und ich habe in diesem Augenblick noch einmal abgedrückt. (...) Da ich diesen Angriff unbedingt abwehren wollte, habe ich deshalb noch ein drittes Mal auf den Mann gefeuert.« Reue hingegen empfand er nicht: »Ich war natürlich aufgrund der von mir begangenen größeren Straftaten schon seelisch belastet. Inzwischen war ja auch die Sache in Neuhaus geschehen. Auf der anderen Seite machte ich mir aber nicht besonders viele Gedanken darüber.« Nur ein einziges Mal zeigte er sich erschüttert. Die Vernehmungsbeamten hatten ihm nämlich erzählt, daß er bei einem Raubüberfall in einem offenen Geldschrank 20 000 Mark übersehen hatte. Karl Grohmann schlug zornig die Hände vor den Kopf – er konnte es nicht fassen.

Das Motiv für sein Morden war offensichtlich. »Ich brauchte unbedingt Geld für meine Autos«, erklärte er. An einem Geschenk zu seinem 16. Geburtstag hatte sich seine verhängnisvolle Leidenschaft entzündet: einem Moped. Zunächst noch gab er sich damit zufrieden, später aber mußten es größere Maschinen und schnellere Autos sein. Für sein kostspieliges Steckenpferd brauchte er Geld: möglichst einfach, möglichst gleich, möglichst viel. Aber wie hatte sich dieser Mann zu einem erbarmungslosen Mörder entwickeln können, der beim geringsten Anzeichen von Gefahr auf wehrlose Menschen abdrückte? Lebensweg und Persönlichkeit dieses Mannes versprechen Aufklärung.

Karl Grohmann wurde 1940 in Frankfurt an der Oder geboren. Das Verhältnis zu seiner Mutter und seinem älteren Bruder war unangestrengt, von gegenseitiger Zuneigung geprägt. Abgesehen von den üblichen Streitigkeiten mit seinem Bruder ließ er im familiären Kreis keine Auffälligkeiten erkennen. Seinen Vater kannte er kaum. Er war Berufsoffizier gewesen, wurde seit Februar 1945 in Rußland vermißt. Nach fünf Jahren Volksschule wechselte Karl Grohmann 1951 auf die Oberrealschule in Hersbruck. Nach zunächst durchschnittlichen Leistungen ließ sein Eifer bald nach. Er mußte eine Klasse wiederholen, fiel auch später bei der Reifeprüfung durch. Er wiederholte auf Anraten seiner Mutter die 9. Klasse an der Oberschule in Ingolstadt und machte dort im Juli 1962 sein Abitur. Im Herbst desselben Jahres begann er an der Wirtschaftshochschule in Nürnberg mit dem Studium der Volkswirtschaft, das er jedoch abbrach. Im Sommer 1964 meldete er sich freiwillig als Offiziersbewerber, rückte noch im Oktober ein. Nach seiner Ausbildung bei verschiedenen Pioniereinheiten in Koblenz und München bemühte er sich wiederholt um seine Entlassung – vergeblich. Er hatte »General werden« wollen – Pustekuchen. Schließlich desertierte er im April 1965, lebte fortan als »Karl Saalmann« oder »Karl Saubmann« in Nürnberg und Umgebung. Seinen Lebensunterhalt bestritt er im wesentlichen durch Diebstahl, Raub, Mord.

Er zeigte jedoch schon in der Schule und später als junger Mann Verhaltensauffälligkeiten. Er kümmerte sich nicht um andere, sie interessierten ihn nicht. Die anderen kümmerten sich aber auch nicht um ihn, er war ihnen ebenso gleichgültig. Sein eigenartiges Sozialverhalten beschrieb und begründete er so: »Ich suchte niemals eine engere Freundschaft mit anderen und ging meine eigenen Wege. Es war meist so, daß mich das, was die anderen bewegte und interessierte, mehr oder weniger gleichgültig ließ. Ich war eben stets lieber allein. (...) Ich hatte niemals einen richtigen Freund. Ich wollte das, was mich bewegte, anderen einfach nicht mitteilen.«

In der Schule präsentierte er sich als Mitläufer, der gelegentlich gehänselt wurde. Seinen Mitschülern war aufgefallen, daß er ohne äußeren Anlaß plötzlich Grimassen schnitt: ein eigenartiges Lächeln, Zucken oder Blinzeln. Seine Gesichtszüge verformten sich zu einer grotesk anmutenden Fratze. Seine Klassenkameraden wußten nicht, warum er das tat. Er wußte es auch nicht. Niemand wußte es. Doch alle lachten, amüsierten sich – bis auf Karl Grohmann. Der verstand sich zu wehren, prügelte heftig auf seine Klassenkameraden ein. Er war ein kräftiger junger Bursche, konnte sich das erlauben. Er diskutierte nicht, hatte dafür aber handfeste Argumente, ließ seine Fäuste sprechen.

Auch zeigte er zwanghafte Verhaltensweisen. Regelmäßig wusch er sich, häufig mehrmals am Tag. Anlaß dazu bestand nicht, aber er hatte das »dringende Bedürfnis«, sich säubern zu müssen. Türen öffnete er nicht wie andere mit den Händen, sondern mit dem Ellenbogen. Bekannten seiner Mutter gab er grundsätzlich nicht die Hand, er hatte eine diffuse Angst vor Infektionen. Ferner vergewisserte er sich stets, ob das, was er zuvor getan hatte, auch tatsächlich passiert war. So sah er mehrfach nach dem bereits abgedrehten Gashahn, überprüfte, ob die Wohnungstür tatsächlich abgeschlossen war, vergewisserte sich, ob das Licht in der Toilette nicht eventuell doch noch brannte.

Er war mißtrauisch gegenüber jedermann. Fühlte er sich ungerecht behandelt, waren alle schuld. Die Existenz seiner Mitmenschen konnte er nicht leugnen, aber für ihn waren das »keine Lebewesen«. Er verachtete sie, ohne sich einzugestehen, warum. Für ihn waren es eher »Gegenstände«: langweilig, lästig, leblos. Er fand einfach keine Einstellung, hatte kein gutes Bild von seinen Mitmenschen. Er fühlte sich irgendwie »bedroht«. Er fürchtete die Menschen, weil er nicht zu ihnen fand. Und eben dies warf er ihnen vor. Sie waren für ihn bloß eine »graue Masse«. Er kam nur einmal in die Nähe eines Mädchens: Monika, seine »Jugendfreundin«. Ein Jahr lang verbrachte er mit ihr »hin und wieder« Nachmittage und auch Abende. Zu intimen Beziehungen aber »kam es nicht«. Die Menschen waren ihm »unheimlich« und schienen seinen Wünschen im Weg zu sein; so wie bei seinen Taten, als er seine Opfer kaltblütig niederschoß. Den Vernehmungsbeamten offenbarte er seine extreme Gleichgültigkeit den Opfern gegenüber: »Wenn ich in die Sparkasse kam und die Pistole zückte, dann hatten sie alle die Pfoten hochzunehmen. Wenn sie das nicht taten, waren sie doch selbst schuld, wenn ich sie erschießen mußte!«

Auch vor dem Nürnberger Landgericht bekannte er sich zu seiner menschenverachtenden Einstellung: »Ich habe fremde Menschen gar nicht als Menschen aufgefaßt. (...) Obwohl das komisch klingt, fremde Menschen waren für mich wie Sachen. (...) Es war vielleicht irgendwie schlecht, daß ich Menschen mit Schüssen getötet habe. Wenn ich gemerkt hätte, dem passiert was. Wenn ich gewürgt hätte … Das Schießen, das geht zu schnell. Im nächsten Moment, da geht der Schuß los. Das war nicht mehr rückgängig zu machen.« Wenig später wurde er noch deutlicher: »Ich bin ein empfindsamer Mensch. Die Menschen haben mich nur gekränkt und verletzt. Deswegen bin ich in eine Gegnerschaft zu allen Menschen geraten. *Wie ein Hund, der alle Fremden beißt.*«

Und doch hatte Karl Grohmann Leidenschaften entwickeln können – insbesondere für Waffen. Schon mit 14 besaß er ein Luftgewehr, später ein ganzes Arsenal von Pistolen und Gewehren. Bei seinen einsamen Spaziergängen in der Umgebung von Hersbruck hatte er sie stets dabei, veranstaltete regelmäßig Schießübungen. Über die Wirkung der einzelnen Munitionsarten machte er sich Notizen. Er verschlang einschlägige Kataloge, kennzeichnete diejenigen Waffen, die ihm besonders gefielen, die er gerne besessen hätte. An den Waffen faszinierte ihn, daß sie ihm »über seinen Radius hinaus Wirkung verschafften«. Das Gefühl der Macht inspirierte und befriedigte ihn. Macht zu haben über diejenigen, die »es wagten«, sich ihm in den Weg zu stellen. Worte wurden somit überflüssig. Karl Grohmann teilte sich unmißverständlich mit, ließ seine »Knarren« sprechen: Kugel für Kugel.

Seine ihm eigene Sicht der Dinge, seine angsterfüllte und menschenscheue Grundhaltung, läßt auch ein Brief erkennen, den Karl Grohmann mir am 2. September 1998 aus dem Gefängnis schrieb: *»Auf Ihren Brief vom 30. 8. 1998 möchte ich kurz antworten. Wie mir erinnerlich, hatte ich zuvor ein Schreiben von Ihnen erhalten, in welchem Sie kundtaten, daß Sie als Kriminalbeamter sich intensiv mit der Problematik und den Schicksalen von Serienmördern und Mehrfachtätern befassen. Vielleicht können Sie verstehen, daß ich in meiner Lage nicht viel Verständnis für Leute aufbringen kann, die solche Fälle untersuchen. Es geht letztlich immer um die Öffentlichkeit, und da schweigt man lieber und ist froh, wenn in der Presse nichts über einen berichtet wird. Es ist ja immer zum eigenen Schaden! Einem Besuch von Ihnen mit einem wie Sie sich ausdrücken ›zwanglosen Gespräch‹ möchte ich lieber nicht zustimmen. Einmal bin ich nicht da, um irgendwelche Neugierde zu befriedigen, und zum anderen könnte sich ja irgendeine Veröffentlichung daran anschließen, worauf ich auch keinen Wert lege.«* Nach Auffassung der ihn seinerzeit vernehmenden Kriminalbeamten hätte ich sowieso nicht viel zu erwarten gehabt: »Der war so furchtbar durchschnittlich, so langweilig, ohne jedes Format und völlig uninteressant.«

Karl Grohmann war aber auch Opfer – Opfer seines überhöhten Anspruchsniveaus und extremen Geltungsbedürfnisses. Häufig flüchtete er sich in Tagträumereien, phantasierte von einer »Flucht ins Ausland«, wo er sich »in der Wüste eine Festung bauen« und »Mädchen mit Flugzeugen rauben« wollte. So hatte er an die Entführung der Schauspielerin Elke Sommer gedacht: »Ermorden wollte ich die nicht. Was hätte das gebracht? Ich wollte sie entführen. Ich hätte Joe Hyames (ihren damaligen Ehemann) ganz schön blechen lassen!« In der Realität hingegen fand er sich nicht zurecht: »Alles legte sich wie ein Zwang auf mich. Ich konnte nicht mehr richtig atmen, mußte jeden Tag einige Stunden allein sein, um neue Kraft zu schöpfen.« Offensichtlich konnte oder wollte er Traum und Realität nicht trennen. Was andere in Gedanken taten, tat er in Wirklichkeit – ohne Rücksicht auf Verluste.

Auch bei Karl Grohmann wurde eine »frühkindlich erworbene Hirnanomalie« diagnostiziert. Nach Durchführung eines Luftencephalogramms – hierbei erfolgt die Darstellung der Liquorräume des Gehirns durch Einbringen von Luft – wurde eine sogenannte Ventrikeldifferenz festgestellt. Das linke Vorderhorn war gegenüber rechts deutlich erweitert. Zurückgeführt werden konnte dieser Befund auf eine Hirnhautentzündung, die er im Alter von drei Jahren durchgemacht hatte. Diese abnorme Veränderung des Gehirns war nach Auffassung des psychiatrischen Sachverständigen ursächlich für die eigenartigen Grimassen, die ihn Zeit seines Lebens unfreiwillig zum Clown abgestempelt hatten. Auch sein Gang wirkte eigentümlich. Schon seinen Kameraden beim Militär war aufgefallen, daß er seinen Oberkörper immer eigenartig zurückgeneigt, den Bauch vorgestreckt, die rechte Schulter hochgezogen und den rechten Arm seitlich vom Körper abgestreckt hielt. Seine merkwürdige Körperhaltung und sein schlurfender Gang ließen ihn irgendwie tolpatschig erscheinen. Niemand hätte im Traum daran gedacht, daß da ein gewissenloser Mörder vorbeischlurfte. Nicht nur die körperlichen Auffälligkeiten, sondern auch sein grotesker Egoismus, seine ausgesprochene Gemütsarmut, seine ungewöhnlich hohe Aggressionsbereitschaft und seine mangelnde soziale Anpassungsfähigkeit waren – folgt man der Einschätzung des Gutachters – letztlich unmittelbare Folge dieser »hirnorganischen Psychopathie«.

Dennoch war er weder schwachsinnig noch schizophren. Mit durchschnittlich ausgeprägter intellektueller Potenz (IQ von 101) war es ihm immer wieder gelungen, seine Taten planvoll und konsequent auszuführen. Dabei hatte er jeweils alle Eventualitäten bedacht. Nur hatte er sich in seiner geistigen Verirrung ein abstruses Weltbild zusammengezimmert, in dem es nur einen Mittelpunkt gab: Karl Grohmann. Auch wenn er sich dabei von den »Übermen-schen-Gedanken« eines Friedrich Nietzsche inspirieren und leiten ließ, gebärdete und fühlte er sich doch eher wie Rumpelstilzchen. Ein emotionales Pulverfaß, an dem ständig eine Lunte zischte, das schließlich siebenmal hochging.

Karl Grohmann ist ein Paradebeispiel. 89 Prozent der multiplen Mörder sind ausgesprochene Einzelgänger. Sie leben wie unter einer Dunstglocke, lassen sich von ihren häßlichen Visionen bene-beln. Die bestehenden sozialen Kontakte hingegen sind oberfläch-lich, blaß, stumpf. Obwohl der überwiegende Teil der Täter sich nach Geborgenheit und Zuwendung innerhalb einer sozialen Grup-pe sehnt, bleibt es dennoch in den meisten Fällen lediglich bei zag-haften Annäherungsversuchen. Ausschlaggebend für diesen sozia-len Rückzug sind in erster Linie vorherige Kränkungen, Mißerfolge oder Versagenserlebnisse: in der Familie, in der Schule, im Berufs-leben. Meistens kommt beides zusammen. Fast durchgängig werden diese Negativerlebnisse so oder in sehr ähnlicher Form geschildert: »Es soll niemand sagen, daß ich mich nicht um Freunde bemüht hät-te. Ich sehnte mich mit ganzem Herzen danach und konnte nie jemanden finden. Hatte ich mal jemanden, wurde ich nur ausge-nutzt. Ich suchte immer Liebe, Wärme und fand sie nicht.«

Diese Form der sozialen Dysempathie (Unsicherheit des Sich-Bewegens in sozialen Dialogabläufen) wird insbesondere durch eine stetig ausufernde Bindungsangst begünstigt, die schließlich in chro-nische Bindungsunfähigkeit mündet. Depressive Verstimmungen, überzogenes Mißtrauen, anhaltende Unzufriedenheit und eine negative Lebenseinstellung beherrschen das seelische Empfinden. Auch Martin Wimmer, der »Ripper von Bremen«, empfand so: »Ich muß mich selbst als Einzelgänger bezeichnen. Ich bin sehr kontakt-arm und gehe von mir selbst auf keinen Menschen zu. Ich fühle mich sehr schnell von anderen Menschen ungerecht behandelt. Wenn ich mich beispielsweise von jemandem vernachlässigt fühle, wende ich mich ganz schnell von ihm ab und kapsele mich ein. Schon zu Hause als Kind hatte ich das Gefühl, daß ich gegenüber meinen Geschwi-stern benachteiligt wurde. (...) Richtige Freunde hatte ich eigentlich nicht. Ich war im Grunde immer nur ein Mitläufer.«

Diese Menschen hadern ständig mit ihrem Schicksal, fühlen sich zurückgesetzt, manövrieren sich in eine emotionale Zwangsjacke. Nur gelegentlich werden sie tatsächlich sozial geächtet und ausgegrenzt. Subjektive Außenseiterpositionen sind wesentlich häufiger zu beobachten. Sie empfinden sich als anders, minderwertig, nicht dazugehörig. Die mitunter schizoid eingefärbte Selbstdiagnose der Anders- oder Abartigkeit produziert das Verlangen, sich nicht von der Masse abzuheben, sondern mit ihr zu verschmelzen. So wie ein Chamäleon durch das Anpassen der Hautfarbe an die jeweilige Umgebung seine Jäger zu täuschen sucht, so wird die Farbe des jeweiligen sozialen Hintergrundes angenommen, um der andernfalls drohenden Stigmatisierung zu entgehen. Ziel dieser bisweilen vollständigen sozialen Mimikry sind Komplettierung und Kompensation der deformierten Persönlichkeit, das Bestreben, eigene Stigmata durch das Ähnlichwerden mit dem sozialen Umfeld abzuschwächen, zu kaschieren. Dieser Akt der sozialen Angleichung bleibt hingegen formal, blutleer, inhaltslos. Selbstbeschreibungen wie »Manchmal bin ich mir vorgekommen wie ein Einsiedlerkrebs« oder »Ich habe mich gefühlt wie ein Flugzeug ohne Benzin« spiegeln diesen Friedhof der Gefühle wider. Lebendig begraben, unfähig, den Deckel zu heben. Die Gitter dieses emotionalen Kerkers bleiben unsichtbar – und unüberwindbar. Dem Selbsterleben fehlt die rechte Lebendigkeit, das Selbstkonzept gleicht eher einem flächigen Bild ohne Risse und Reliefs. Die soziale Interaktion erscheint narzißtisch-frustriert, die vorhandenen sozialen Grundbedürfnisse können nur unzureichend umgesetzt werden. Es fehlt an entsprechender Kompetenz und Durchsetzungsfähigkeit. Obwohl im Regelfall durchschnittlich, manchmal sogar hochintelligent, findet man unter Serienmördern vielfach Schul- und Berufsversager. Mißerfolg wird zum ständigen Wegbegleiter, verstärkt das Gefühl der eigenen Unfähigkeit und Schwäche.

Fehlendes Selbstvertrauen, übertriebene Schüchternheit und quälende Selbstzweifel dominieren die Erlebniswelt, obwohl soziale Anerkennung und Bestätigung grundsätzlich erstrebenswert erscheinen. In Belastungssituationen neigen chronische Mörder zu übertriebenen Reaktionen, die allgemeine Lebenseinstellung erscheint realitätsfern und infantil. Die Fähigkeit, Emotionen und

Empfindungen zu offenbaren und auszuleben, versandet mit der Zeit wie ein ausgedörrter Wüstenboden, der nach Wasser lechzt. Sie verkümmern in einem schleichenden Prozeß zu Gefühls-Analphabeten, die mehr und mehr auf impulsive, aggressive und verantwortungslose Handlungsmuster setzen. Partnerschaftliche Gefühle oder Sympathien werden aus übertriebener Angst vor Enttäuschung und Zurücksetzung nicht mehr zugelassen. Nichts geht mehr. Das seelische Epizentrum beginnt zu brodeln und zu köcheln, kurzfristige Bedürfnisse wollen dann nicht mehr aufgeschoben oder zurückgehalten werden.

Diese emotionale und soziale Verpuppung erscheint jedoch nur bedingt tatrelevant, sie ist vielmehr der Nährboden, auf dem sich Tötungswünsche und Mordverlangen prächtig entwickeln können. Der bestenfalls fragmentarisch ausgebildete Gemeinschaftsbezug wird schließlich von extremen egoistisch-egozentrischen Gefühlen determiniert. Das Leben der Opfer zählt dann nicht mehr viel: »Da kann ich nur sagen, daß mir das Leben dieser Frauen weniger wert war, als daß ich später durch sie wiedererkannt worden und so mein Leben zu Ende gewesen wäre.« Im Endstadium dieser Entwicklung wird die Umwelt durch die dunkle Brille des Soziopathen beäugt, radikale Verhaltensmuster werden als Lebensmaxime akzeptiert. So, wie Karl Grohmann es formulierte: »*Ein Hund, der alle Fremden beißt.*«

KAPITEL 5

Das Ritual

Verlangen macht erfinderisch. Mörderisches Verlangen macht krank: »Ich will *immer* Kerzen mitnehmen, z. B. keine Taschenlampe. Das ist bei mir wie bei manchen Eheleuten, die brauchen rotes Licht, das gibt es. (...) Außerdem sieht jemand, der ausgezogen ist, bei Taschenlampenlicht verhältnismäßig unappetitlicher aus als bei Kerzen. Ich würde das Kind ausziehen, mit Gewalt wieder. (...) Wenn ich es dann geschlagen hätte, würde ich es hinlegen, schon eher hinschmeißen. Es *müßte* schon schreien. (...) Es *wäre mir lieb*, wenn das Kind noch nicht so weit entwickelt ist. (...) Ich *würde* auch mal brutal sein, bis es wimmert. Das *gehört dazu*. (...) Dann *möchte* ich, daß das Kind zappelt. Dann *würde* ich anfangen zu schneiden ...«

Jürgen Bachmann, der »Kinderschlächter« aus Langenberg, hatte seine Morde im Kopf, metzelte nach Fahrplan. Das Ergebnis: Ein Blutbad glich dem anderen. Solche Täter töten nicht einfach, sie zelebrieren die Gewalt, arrangieren ihre Morde. Sie töten dranghaft, selbstverliebt, rauschhaft. Frei nach dem Prinzip: Alles ist gut, wenn es maßlos ist. In der Masse der Menschen kann man sie nicht ausmachen – sie leben zurückgezogen, sind angepaßt. Nur ihr mörderisches Treiben kennzeichnet sie. Jene starre Gewaltabfolge, jenes stereotype Dahinschlachten, dessen Einhaltung diffuses Lustempfinden verheißt: das Ritual.

Die Phantasie ist das Ritual, und das Ritual ist die Phantasie. Das eine ist ohne das andere nicht denkbar, nicht lebensfähig. Die morbiden Vorstellungen speisen die Lust am Morden, zentrieren das Bewußtsein, formen den Tötungsakt. Nur die Durchführung des Rituals ermöglicht und garantiert den Genuß. Alles andere ist lediglich Vorspeise, macht nicht wirklich satt. Die Phantasie wird gegen das Ritual eingetauscht, verschmilzt mit ihm, ermöglicht das Selbsterleben: Ich töte, also bin ich. Nur dort findet der Mörder zu sich selbst.

Das Ritual ist regelgebunden, verpflichtend. Während manche Täter auf bestimmte Mordwerkzeuge oder gleichartige Verletzungshandlungen fixiert sind, gibt es auch solche, die bestimmte Opfertypen favorisieren. Jürgen Bachmann zum Beispiel. Am 22. Januar 1967 schrieb er seinem Gutachter Dr. Bohnenkamp: »Es gab für mich überhaupt kein Halten mehr, wenn ich einen Jungen sah, auf den meine Neigung ansprach. Worauf es mir bei dem Äußeren ankam? Ich will es Ihnen kurz sagen: Ungefähr 8-13 oder 14 Jahre, schlank, möglichst dunkle Hautfarbe, dunkle Haare und, was ja in dem Alter immer zutrifft, vor allem: die Haut. Die zarte, weiche Haut!« Es war also kein Zufall, daß sämtliche Opfer diesem Profil entsprochen hatten. Ähnliches gilt für Hans Schnabel, einen vierfachen Mädchen- und Frauenmörder. »Sie mußten lange blonde Haare haben«, erklärte er, »dann haben sie mich wie magnetisch angezogen. Ich hatte dann einfach keine Ruhe mehr.« Die Opfer mußten zum inneren Drehbuch passen. Tatsächlich hatte man in seiner Wohnung auch ein ganzes Adressenarsenal junger Frauen gefunden. Haarfarbe und -länge: blond, bis zu den Schultern oder länger.

Ein solch spezielles und immer wiederkehrendes Verhaltensmuster erleichtert natürlich das Erkennen einer Mordserie. So bereitete es beispielsweise der Münchener Kripo keine Schwierigkeiten, die von 1931 bis 1938 im Westen der Landeshauptstadt verübten fünf Morde an jungen Frauen einem Täter zuzuschreiben: Der 32jährige Rangiergehilfe Friedrich Eichkorn hatte unter anderem seinen Opfern in der Mehrzahl der Fälle die Vagina herausgeschnitten und daran herumgekaut. Das ritualisierte Töten ist jedoch nicht so weit verbreitet, wie immer wieder kolportiert wird. Für lediglich 40,9 Prozent der multiplen Sexualmörder war das zunächst phantasierte Ritual auch tatsächlich und durchgängig Ausgangs- und Endpunkt ihrer realen Verbrechen.

Regelmäßig wird im Zusammenhang mit seriellen Sexualmorden vorschnell und in populistischer Manier von einem »Jahrhundertverbrechen« fabuliert. In dem nun folgenden Fall eines Mannes aus München jedoch dürfte dieses Prädikat zutreffen. Es ist einer der ausgesprochen seltenen Fälle, in denen ein Mensch tatsächlich von schierer Tötungsgier angetrieben wurde. In der trockenen Fachsprache des Juristen definiert man »Mordlust« im Sinne des Paragraphen 211 des Strafgesetzbuches als »unnatürliche Freude an der Vernichtung eines Menschenlebens«. Ihm war es also vollkommen gleichgültig, wen, wann und wo er tötete. Er wollte einfach nur Menschen umbringen – so oft wie eben möglich. Einzigartig erscheinen die obskuren und tragischen Begleitumstände, die seine Mordlust aktivierten, seine perfiden Verbrechen ermöglichten. Sie verdienen es, von Beginn an geschildert zu werden.

Max Hoßfeld wurde 1940 geboren und wuchs mit seinen beiden älteren Brüdern bei seinen Eltern in München auf. Während sein Vater einen gutgehenden Möbelhandel betrieb, kümmerte seine Mutter sich um die Erziehung der Kinder und den Haushalt. Die Familie bewohnte ein eigenes Haus, war finanziell gutgestellt. Die Kinder genossen eine liebevolle Erziehung, wuchsen in soliden, harmonischen Verhältnissen auf.

Waren seine schulischen Leistungen in der Volksschule noch durchweg passabel gewesen, so blieb der Erfolg aber schon in der ersten Klasse der Oberrealschule aus. Er schwänzte häufig die Schule, zeigte sich insgesamt lernunwillig – und blieb sitzen. Um eine Wiederholung des Schuljahres zu vermeiden, steckte sein Vater ihn in ein privates Schülerheim. Seine Leistungen besserten sich, er konnte schließlich auf die Oberrealschule zurückkehren. Dort kam er zunächst auch besser zurecht, verfiel aber bald wieder in sein altes Phlegma. Nachdem er nur mit Mühe das Klassenziel erreicht hatte und seine Leistungen sich nicht besserten, nahm sein Vater ihn im November 1955 von der Schule und brachte ihn als Lehrling in seinem eigenen Betrieb unter. Dort zeigte er sich interessiert und fleißig, arbeitete alsbald zur vollsten Zufriedenheit seines Vaters.

Zu Klassenkameraden oder anderen Gleichaltrigen hatte er wenig Kontakt. Er blieb am liebsten zu Hause, half seiner Mutter in Haus und Garten. Erst nach einiger Zeit schloß er sich einem Fußballverein an. Dort konnte er sich aber nicht durchsetzen, wurde schnell zum Gespött seiner Mitspieler und verließ den Verein schon nach wenigen Monaten. Nur zu seinem in der Ostzone lebenden Vetter hatte er freundschaftlichen Kontakt: Man sah sich zwar selten, schrieb dafür häufiger. Größtenteils lebte er für sich allein – in seiner eigenen Welt.

Sexuelle Erregung verspürte er erstmals als 12jähriger – beim Lesen von Groschenromanen und Wildwest-Geschichten; insbesondere dann, wenn geschildert wurde, wie Menschen erschossen wurden. Dabei wurde ihm heiß und kalt. Er war bis dahin weder durch seine Eltern noch in der Schule aufgeklärt worden. Sexualität fand einfach nicht statt – weder in Gedanken noch sonstwo. Einige Monate später bemerkte er dann eher zufällig, daß ihn Pistolen und Gewehre innerlich erregten. Schon ihr Anblick genügte. Er konnte sich das nicht erklären, spürte aber instinktiv, daß seine spezielle Vorliebe nicht normal war. Diese diffuse Erregung packte ihn beispielsweise immer dann, wenn seine feuchten Augen an der Pistole eines Polizisten klebten. Dieser ekstatische Zustand dauerte jedoch nur so lange an, wie er die Waffe fest in seinem Blick hatte. Danach war der Spuk vorbei.

Nach einiger Zeit befriedigte ihn das bloße Gaffen nicht mehr. Eine Waffe mußte her – unbedingt. Fast jeden Tag lungerte er vor dem Schaufenster eines Waffengeschäfts herum, die dort ausgelegten Schußwaffen zogen ihn wie magisch an. Am liebsten hätte er auf der Stelle den ganzen Laden leergeräumt. Über diese eigenartige Veranlagung sprach er hingegen mit niemandem. Er schwieg, wollte seine sexuelle Verirrung nicht preisgeben. Er genierte sich.

In seiner obskuren Gedankenwelt drehte sich alles um Karabiner, Kugeln, Kaliber. Er wollte eine Waffe nicht nur einfach besitzen, er wollte sie jederzeit anfassen, streicheln, liebkosen. Der Besitz allein aber »brachte es nicht«, zu einer vollständigen Waffe gehörte nach seiner Vorstellung auch reichlich Munition, die er dann »verballern« wollte. Seinem Vetter gegenüber schwärmte er davon in zahlreichen Briefen. Aber er verschwieg den sexuellen Hintergrund. Wenn sein Vetter dann zu Besuch war, lenkte er die Unterhaltung bewußt auf die »Knarren«, das »Herumballern«. Allein darüber zu sprechen erregte ihn.

Schließlich entschloß er sich, seinem drängenden Verlangen abzuhelfen. Im November 1956 unterschlug er die Anzahlung eines Kunden im elterlichen Geschäft. Mit diesen 1 000 Mark wollte er sich ein Gewehr besorgen, um endlich »losballern« zu können. So erschien er dann in dem besagten Waffengeschäft, legte als Nachweis seiner Volljährigkeit den Reisepaß seines ältesten Bruders vor und erstand eine sogenannte Meisterbüchse – ein Kleinkalibergewehr der Marke »Walther«. Zusätzlich kaufte er 200 Patronen Munition und ließ sich die Handhabung des Gewehrs erklären. Anschließend fuhr er mit einem Taxi zum Flughafen Riem, er wollte *es* dort auf einem Ruinengelände endlich tun.

Er hatte sich das Gewehr so verpacken lassen, daß es nicht auf den ersten Blick als solches zu erkennen war. Als er einen günstigen Platz gefunden hatte, packte er das Gewehr hastig aus, ließ seine Hände behutsam und liebevoll über den Lauf der Waffe gleiten. Er begann leicht zu schwitzen, ein Fieberschauer schüttelte ihn. Übergangslos war dieses Gewehr zu seiner »Geliebten« geworden. Er drückte das Gewehr ganz dicht an seinen Körper, begann es zu liebkosen. Das kalte Eisen und die Vorstellung, in Kürze endlich selbst schießen zu können, erregten ihn. Er fummelte einige Patronen aus der Verpackung, führte sie mit zittrigen Fingern in das Magazin ein. Er hatte »Schmetterlinge im Bauch« – für ihn war es das »erste Mal«. Er zielte etwa 30 Meter entfernt auf einen Sandhügel und drückte hastig mehrere Male ab. Begierig beobachtete er, wie der Sand nach jedem Knall hochspritzte. Das Geballere befriedigte ihn nicht nur seelisch.

In der Folgezeit holte er jeden Abend sein Gewehr aus dem Schrank und legte sich damit nackt ins Bett. Er lag auf der Seite und hatte »seinen Schatz« mit der linken Hand in der Nähe des Schlosses fest umklammert. Er drehte sich dann auf den Bauch, rieb sich an dem Gewehr. So kam er zum Höhepunkt.

Eine verhängnisvolle Wende nahm diese Entwicklung, nachdem er im Kino den Wildwest-Film *Panik am roten Fluß* gesehen hatte. Eine Szene hatte es ihm besonders angetan: Ein junger Bursche im Alter von 15 oder 16 Jahren bekam von einem Cowboy zu Unrecht eine gehörige Tracht Prügel. Der junge Mann entriß daraufhin seinem Widersacher blitzartig dessen Colt und schoß ihm eine Kugel in den Unterleib. Der Getroffene warf die Hände in die Höhe, preßte sie anschließend an den Bauch und sackte mit schmerzverzerrtem Gesicht in sich zusammen.

Diesen Film sah er sich dann immer wieder an – mit wachsender Begeisterung. Bei der Schießszene konnte er seine Erregung nur mit Mühe unterdrücken. Es faszinierte ihn, wenn er sah, wie der Junge seinem Widersacher »eine Kugel in den Körper jagte«. Fortan stellte er sich abends leicht bekleidet oder nackt vor seinen großen Wandspiegel und zielte mit dem Gewehr, das er immer in der Hüfte hielt, auf sein Konterfei. Er lud die Waffe mehrmals durch und phantasierte, daß er auf einen Menschen anlegen und diesen »abknallen« würde. Mord im Spiegel.

Am 24. November 1956 verließ Max Hoßfeld gegen 15 Uhr die elterliche Wohnung, um »zum Friseur zu gehen«. Tatsächlich aber lief der 16jährige in Richtung des mit Bombentrichtern durchsetzten Buschgeländes am Vogelweideplatz. Auf dem Weg dorthin holte er sein auf einem nahe gelegenen Geschäftsgrundstück in einem Erdloch verstecktes Gewehr, das er dort deponiert hatte. Am Tag zuvor schon hatte er Schießübungen gemacht, das Gewehr dort jedoch verstecken müssen, weil er Angst hatte, seine Eltern könnten bei seiner Rückkehr auf die Waffe aufmerksam werden.

Im Buschgelände angekommen, stellte er sich in einen Bombentrichter und begann auf herumliegende Gegenstände zu schießen. Nachdem er einige Schüsse abgefeuert hatte, bemerkte er, daß ihm sich ein fremder Junge näherte. Sofort versteckte er sein Gewehr im hohen Gras. Er wollte nicht, daß der Junge etwas mitbekam. Der 11jährige Franz Stössinger fragte dennoch keck: »Hey, hast du da eben geschossen?« Max Hoßfeld schüttelte den Kopf und versuchte zu erklären: »Quatsch, ich habe nur ein paar Kracher abgebrannt!« »Das glaube ich dir nicht«, stellte ihn der Kleine weiter zur Rede, »ich habe hier schon mit meinem Freund rumgeballert. Das hab ich schon richtig gehört.« Um seine Vermutung zu unterstreichen, zog Franz Stössinger eine Kleinkalibergeschoßhülse aus seiner Hosentasche. »Okay, du kannst mitschießen, wenn du willst«, lenkte Max Hoßfeld schließlich ein.

Er holte das Gewehr aus dem Gras und ließ den Jungen mehrmals schießen, wobei er das Laden der Waffe selbst übernahm. »Wir könnten doch mal auf ein brennendes Ziel schießen«, schlug Franz Stössinger dann vor. Er hatte eine Fahrradklingel dabei und meinte: »Wir nehmen ein paar Teerbrocken und zünden sie in der Klingel an.« Max Hoßfeld nickte dem Kleinen kurz zu. Beide machten sich gleich auf die Suche nach Teerbrocken und kehrten wenig später mit vollen Händen in den Bombentrichter zurück. Als Franz Stössinger sich hinhockte und zu zündeln begann, stand Max Hoßfeld nur wenige Meter hinter ihm. Als er den Jungen so betrachtete, verschwammen Fiktion und Wirklichkeit: *Er war der junge Mann, musterte seinen Gegner* – wie im Film.

Ihm wurde heiß und kalt, sein Herzschlag glich einem Trommelfeuer. Mit starrem Blick füllte er das Magazin mit fünf Patronen, lud durch. Das erste Projektil durchschlug den Brustkorb von Franz Stössinger in Höhe des 8. Brustwirbelkörpers, das zweite trat an der linken Seite der Brustkorbvorderwand wieder aus. Der Junge sackte zur Seite weg, stöhnte vor Schmerzen. Max Hoßfeld stand jetzt dicht neben ihm, richtete sein Gewehr gegen den Kopf des Kleinen und feuerte aus nächster Nähe noch dreimal. Franz Stössinger war sofort tot. Max Hoßfeld hatte sich aus seiner zerstörerischen Gedankenwelt herausgemordet, hinein in die Realität. Seine Gier war gestillt. Mitleid für den kleinen Jungen empfand er nicht. Er ließ den Leichnam einfach liegen und machte sich davon.

Noch am selben Tag schrieb er seinem Vetter begeistert: *»Lieber M.! Ich habe mir gestern (= Freitag) einen KK-Karabiner gekauft. Für 340 Mark West (Auf meinen Bruder seinen Ausweis). 200 Schuß Muni habe ich mir auch zugelegt. Am gleichen Tage habe ich noch 15 Schuß verballert. Eine wahre Wucht, sage ich Dir. Heute nachmittag schoß ich zur Übung gegenüber von uns, da bei dem Prellbock, als jemand aufkreuzte. Er hatte es knallen gehört, obwohl ich in einer Grube war! Er war mit von der Partie, als ich zu ihm sagte, er könne mitmachen! Ich ließ ihn dann 2mal knallen. Was meinst Du wohl, was jetzt geschah? Ich hatte noch 7 Patronen. 5 im Magazin und 2 in der Tasche. Ich lud heimlich durch und jagte ihm aus 3 m Entfernung eine Kugel in den Rücken. Der Kerl, er war übrigens 13 Jahre alt und ungefähr 1.70 m groß, kippte ohne einen Laut zur Seite um. Ich lud sofort wieder durch und knallte ihm noch eine Kugel in den Rücken. Du kannst Dir gar nicht vorstellen, wie der Kerl geblutet hat. Aus seinen Ohren schoß das Blut nur so heraus! Ich habe ihn dann mit dem Fuß zur Seite geworfen und da hörte ich, daß er noch stöhnte. Es hat dann noch 5mal gekracht! Eine Kugel in den Kopf, 2 in das Genick und die restlichen in den Rücken, wo schon von den ersten Treffern alles rot war. Ich deckte ihn dann mit Gras und Steinen zu, sodaß man nichts mehr von ihm sah! Die Taschen habe ich ihm nicht durchsucht, weil alles nur so vor Blut* tropfte! Wenn das, lb. M., kein perfekter Mord war, rühre ich keine Knarre mehr an, das kannst Du mir glauben. Ich will verdammt sein, wenn das mein einziger bleiben würde!! Weißt Du noch damals in M., wo Du sagtest, Du könntest es gar nicht übers Herz bringen …? Ich habe meinen 1. erschossen! Hast Du vielleicht auch schon einen?

PS.: das KK hat Kaliber 5,65 mm, wiegt 3 kg und ist 1.15 m lang. Ich hoffe bald auf Deine Antwort! Dein Max. PS.: Falls er gefunden wird, hebe ich Zeitungsausschnitte auf. Wenn er nicht gefunden wird, können wir ihn uns noch mal ansehen! Man hat ihn am Sonntag Nachmittag gefunden! Die Zeitungen waren ganz voll davon. Unter jedem Bericht steht: Täter unbekannt.« Dieser Brief erreichte auch seinen Adressaten, der aber unternahm nichts, schwieg.

Als mutmaßlicher Täter wurde zunächst jedoch ein anderer junger Mann festgenommen und über zehn Wochen lang in Untersuchungshaft gehalten. Der Verdächtige konnte erst entlastet werden, nachdem man das Kleinkalibergewehr in einem Gehölz in der Nähe des Vogelweideplatzes gefunden hatte. Schließlich gelang es der Münchener Mordkommission nach zähen Ermittlungen, Max Hoßfeld im November 1957 festzunehmen, nachdem man ihm den Kauf der Tatwaffe hatte nachweisen können. In seiner Vernehmung am 18. November schilderte er den Tathergang: »Ich wollte den Jungen doch nicht erschießen. Der Lauf des Gewehrs, das ich eingeklemmt unter dem rechten Arm hielt, zeigte direkt auf den Jungen. Als ich mit der rechten Hand den Handschuh über die linke Hand zog, berührte ich versehentlich mit dem Ärmel meines Mantels den Abzugsbügel. Der Schuß löste sich und traf den Jungen in den Rücken. (...) Wenn ich gefragt werde, warum ich auf den am Boden liegenden Jungen weiter geschossen habe, so kann ich nur sagen, daß es panische Angst war, die mir jede Überlegung raubte.«

Die Jugendkammer des Landgerichts München I ließ sich von seiner Tatversion täuschen und führte den ersten Schuß auf die »unvorsichtige Handhabung« des Gewehrs zurück. Die weiteren Schüsse seien abgegeben worden, »um einen lästigen Zeugen zu beseitigen, nachdem der Angeklagte realisiert habe, daß die Unterschlagung des Geldes für den Waffenkauf und der erste Schuß strafbare Handlungen darstellten«. Demzufolge verhängte das Gericht eine vierjährige Haftstrafe wegen »fahrlässiger Körperverletzung mit Todesfolge und versuchten Mordes«. Das Gericht ging davon aus, daß der erste Schuß aus Versehen gefallen war und das Opfer getötet hatte. Die folgenden vier Schüsse seien »zwar in Tötungsabsicht abgegeben worden«, doch erkannte man hierin lediglich einen versuchten Mord, da das Opfer schon tot war. Daß es sich bei dieser Tat um einen Sexualmord gehandelt hatte, war dem Gericht gänzlich verborgen geblieben. Ein klassisches Fehlurteil. Aber war es auch ein *vorwerfbares* Fehlurteil? Hätte das Gericht die sexuelle Verirrung dieses Jungen nicht erkennen können, vielleicht sogar erkennen müssen?

Nicht unbedingt. Seine Persönlichkeit und die äußeren Tatumstände ließen dies nicht zwingend vermuten. Alles sprach für einen Unglücksfall und eine sich daran anschließende Verzweiflungstat eines Jugendlichen. Zudem hatte er das Tatgeschehen und sein Motiv für die Tötung des Jungen plausibel und glaubhaft erklären können. Nur hatte er den tatsächlichen Erlebnishintergrund seiner Tat und seinen krankhaften Waffenfetischismus vermutlich aus Schamhaftigkeit verschwiegen. Hinweise auf einen sexuellen Hintergrund dieser Tat ließen sich weder aus der Tatbegehung noch aus der Biographie dieses jungen Mannes schlußfolgern. Die Verwendung einer Schußwaffe im Zusammenhang mit einem Sexualmord stellt(e) zudem ein höchst seltenes, untypisches und zum damaligen Zeitpunkt wohl auch weitestgehend unbekanntes Phänomen dar. Hinzu kam, daß der Angeklagte als »Junge aus gutem Hause« galt und wegen sexueller Verfehlungen bis dahin nicht aufgefallen war. Dennoch: Eine Fehlbeurteilung mit fatalen Folgen.

Max Hoßfeld nahm das Urteil der Jugendkammer an und wurde am 18. Januar 1958 in die Jugendstrafanstalt Niederschönenfeld überstellt. Schon nach einem Jahr und 26 Tagen wurde er mit einer ausgezeichneten Beurteilung vorzeitig zur Bewährung entlassen. Nach einem kurzen Erholungsurlaub, den er zusammen mit seiner Mutter verbrachte, bekam er als Lehrling in einer Möbelgroßhandlung im März 1959 eine neue Anstellung. Sein Arbeitgeber war mit seinen Eltern gut bekannt, er fand dort Familienanschluß und wohnte in einem Dachzimmer in Inning am Ammersee, wenige Kilometer von

München entfernt. Sein Lehrherr war mit seinen Leistungen sehr zufrieden, Max Hoßfeld erwies sich als fleißig und geschickt. Zu seinem Bewährungshelfer hielt er engen Kontakt. In seiner Freizeit half er in der Pfarrbücherei in München aus, lernte auch Orgelspielen auf einer elektrischen Hausorgel und war eifriges Mitglied des Kirchenchors von Sankt Capistran. Sein Verhalten glich dem eines Musterknaben: zuvorkommend, fleißig, höflich, bescheiden.

Doch seine bis dahin unerkannte, unbehandelte Perversion hatte er im Gefängnis konservieren können. Während er nach außen den Anschein eines geläuterten jungen Mannes erweckte, der sich nach Auffassung des Gerichts »auf einem guten Weg befand«, bedrängten ihn seine bizarren Tötungsphantasien, zerrten an seiner Seele. Er mußte sich also wieder eine Waffe besorgen. Zwei Monate nach seiner Haftentlassung unterschlug er in seiner Firma den Kaufpreis für ein Küchenbüfett und kaufte sich davon wenige Tage später in einem Waffengeschäft in München ein Kleinkalibergewehr: Marke »Walther«, Fabrikationsnummer 33851; dazu ein Leinenfutteral und 200 Schuß Munition. Beim Kauf verkleidete er sich, trug eine Baskenmütze und eine Brille. Er hatte aus den Fehlern bei seinem ersten Waffenkauf gelernt, wollte nicht wiedererkannt werden. Und noch ein Ziel hatte er klar vor Augen: Er wollte wieder Menschen »kaltmachen«.

Max Hoßfeld brachte die Waffe noch am gleichen Tag mit dem Bus nach Inning, versteckte sie dort auf seinem Zimmer. An den darauffolgenden Wochenenden fuhr er mit seinem Moped, das er von seinem Vater geschenkt bekommen hatte, nach München in den Perlacher Forst und ballerte dort wahllos in den Boden, auf Bäume oder auf Verbotsschilder. Aber das befriedigte ihn nicht restlos, in seinem Kopf spielten sich ganz andere Dinge ab: *der Junge, das Gewehr, der Gegner – dann fielen Schüsse.*

Am 17. Mai, Pfingstsonntag, hatte er sich an der Bahnlinie nach Deisenhofen hinter einem Baum verschanzt, gierte dort nach einem Opfer. Als ein Radfahrer sich näherte, war es wieder ganz stark: das drängende Verlangen, den Ahnungslosen »abzuknallen«. Doch wie in zwei späteren ähnlich gelagerten Fällen konnte er seine Begierde zähmen, befriedigte sich anschließend auf andere Art. Dabei stellte er sich vor, er hätte es doch getan. Aber seine Mordgier ließ sich dadurch nicht besänftigen – das war weder Fisch noch Fleisch. Er wollte mehr: irgendjemandem »eine Kugel in den Kopf jagen«.

Am darauffolgenden Samstag fuhr er mit seinem Moped wieder in den Perlacher Forst. Seinen Eltern hatte er vorgelogen, er wolle »nur eine Spritztour machen«. Nachdem er sein Gewehr aus dem Versteck geholt hatte, fuhr er kreuz und quer durch das Waldgebiet. Er wollte morden. Als er auf der Utzschneiderstraße in Richtung München fuhr, sah er gegen 14.30 Uhr auf einer Lichtung einen Mann zeitunglesend auf einer Matratze liegen. *Den mache ich kalt*, fieberte er, hielt sein Moped 50 Meter weiter an und stellte es dort ab. Dann nahm er sein Gewehr schußbereit in die Hand und ging durch den dichten Jungwald den Weg zurück.

An der Lichtung angekommen, sprang er mit einem Satz aus dem Unterholz und marschierte mit dem Gewehr im Hüftanschlag auf den ahnungslosen Klaus Habermehl zu. Der 55jährige bemerkte Max Hoßfeld erst, als der sich bis auf zwei Meter herangepirscht hatte. Klaus Habermehl kam dies nicht ganz geheuer vor, er sprang auf. In diesem Moment traf ihn eine Kugel in die Brust. Gleich nach dem ersten Schuß wollte Max Hoßfeld wieder abdrücken, seinem Opfer »den Rest geben«. Das klappte nicht: Ladehemmung. Klaus Habermehl hatte sich mittlerweile wieder aufgerappelt, begann von Schmerzen geschüttelt um sein Leben zu rennen. Zehn Meter weit kam er, als ihn das nächste Projektil traf. Er brach zusammen, blieb regungslos liegen. Max Hoßfeld spurtete nun zu seinem Opfer, stellte sich seitlich neben den Wehrlosen und feuerte ihm ein weiteres Mal in die Brust. Dann packte er den Regungslosen, zerrte ihn zur gegenüberliegenden Seite der Waldschneise. Er wollte ihm dort den »Fangschuß« geben. Er ließ den Körper fallen und schoß Klaus Habermehl aus nächster Nähe in den Kopf. Endlich hatte er wieder »einen abgeknallt«.

Anschließend lief er tief befriedigt zu seinem Moped, fuhr zunächst ziellos durch den Wald, vergrub das Gewehr dann samt Hülle an einer geeigneten Stelle im Waldboden. Als er wenig später nach Hause kam, erklärte er ohne jede erkennbare Gemütsregung seine Verspätung: »Tut mir leid, ich hatte unterwegs einen Platten.« Man glaubte ihm. Als er in den Zeitungen von seiner Bluttat las, verspürte er Genugtuung, jubilierte innerlich. »Vom Täter fehlt immer noch jede Spur«, hieß es. Nachdem die Tatwaffe dann zufällig gefunden worden war, kaufte Max Hoßfeld in demselben Geschäft – nunmehr jedoch unverkleidet – 50 Schuß Pistolenmunition. Er wollte damit erreichen, daß der Verkäufer ihn bei einer eventuellen Gegenüberstellung von dem Kauf der Munition her kannte, um so nicht als Käufer der Tatwaffe identifiziert zu werden. Und tatsächlich: Sein Plan ging auf.

In den Folgemonaten begnügte er sich damit, das letzte Opfer in seiner Gedankenwelt zu erschießen. Auch fuhr er mit seinem Moped immer wieder in die Nähe des Tatorts. Je näher er diesem kam, desto stärker wurde seine Erregung. »Jeder Verbrecher kehrt an den Tatort zurück.« So lautet ein althergebrachter kriminalistischer Erfahrungssatz, der in dieser verallgemeinerten Form sicher nicht zutrifft. Allerdings kehrte nahezu jeder zweite vielfache Sexualmörder (45,5 Prozent) tatsächlich vereinzelt an jenen Ort zurück, an dem er Stunden, Tage, Wochen oder Monate zuvor einen Menschen umgebracht hatte. Warum?

Das Motivspektrum ist vielschichtig. Einigen Tätern – so auch Max Hoßfeld – genügt schon die räumliche Nähe, um sich durch die gedankliche Reflexion des Verbrechens erneut zu stimulieren. Der Tatort selber, aber auch seine nähere Umgebung inspirieren, lassen die Erinnerungen aufflammen, geben der Phantasie neue Nahrung. Auch Peter Kürten kehrte nach fast jedem seiner neun Morde an den Tatort zurück. In einem Fall vergrub er die Leiche sogar, markierte die Grabstelle. Später zog es ihn immer wieder dorthin, er schwelgte in Erinnerungen. Gelegentlich mischt der Mörder sich auch unter die Gaffer, beobachtet den Abtransport der Leiche, beäugt die polizeilichen Ermittlungen. Dieses Verhalten fußt in erster Linie auf dem Verlangen, weiterhin Kontrolle auszuüben, die Häscher sehenden Auges und innerlich triumphierend zu distanzieren, zu düpieren. Heinrich Pollok, der Anfang der 60er Jahre in Süddeutschland vier Frauen umbrachte und weitere 12 Mordversuche beging, verhielt sich so. Seine Erklärung: »Ich wollte die Macht spüren, fühlte mich unbesiegbar.«

Gelegentlich geben aber auch ganz pragmatische Überlegungen den Ausschlag. Nämlich dann, wenn am Tatort vergessene oder in Eile vergrabene Beweismittel nachträglich beiseite geschafft werden sollen. Es müssen also nicht immer sexuelle oder emotionale Bedürfnisse sein, die ein solches Verhalten initiieren.

Max Hoßfeld hatte schließlich genug, wollte sich nicht mehr mit seiner Phantasie begnügen. Er verlangte nach seinem Ritual: *Gewehr im Hüftanschlag, Schüsse in die Brust, dann das Finale – Kopfschuß.* Nur das konnte seine Gier vollauf befriedigen. Es mußte also erneut eine Waffe beschafft werden. Im April 1960 kaufte er von einem Bekannten eine Pistole der Marke »Walther PPK« vom Kaliber 7,65 mm. Er ging regelmäßig in den Perlacher Forst, schoß dort ein Magazin nach dem anderen leer. Dabei kamen zwei Männer nur deswegen mit dem Leben davon, weil er in »keine günstige Schußposition« gekommen war. Doch das sollte sich schon bald ändern.

Am 25. Juni fuhr er in den Ottendichler Wald. Er hatte in dieser Gegend zuvor schon einen Platz ausfindig gemacht, der ihm besonders geeignet erschien. Gegen 14 Uhr bezog er am Wegrand der von Ottendichl nach Vaterstetten führenden Verbindungsstraße Stellung, hockte sich dort mit seiner schußbereiten Pistole hinter einen Baum. Sein Moped hatte er vorher etwas abseits in einem Gebüsch versteckt.

Nachdem er bereits mehr als eine Stunde gewartet hatte und sich schon enttäuscht davonmachen wollte, hörte er plötzlich ein Pfeifen und sah, wie sich ihm ein junger Mann auf einem Fahrrad näherte. Es war der Hilfsarbeiter Günther Zabel, der sich nach getaner Arbeit auf dem Heimweg befand. Als der 19jährige bis auf wenige Meter herangekommen war, stürmte Max Hoßfeld mit der Pistole im Hüftanschlag auf die Straße. Günther Zabel, der die drohende Gefahr gar nicht erkannte, hielt an, stellte einen Fuß auf die Erde. Noch bevor er ein Wort sagen konnte, traf ihn der erste Schuß in den Unterbauch. Völlig konsterniert und mit weit aufgerissenen Augen hielt er sich zunächst an seinem Fahrrad fest. »Warum, was soll das?« waren die einzigen Worte, die er noch herausbringen konnte. Der zweite Schuß traf Günther Zabel in den Hals, er fiel nach rechts auf den Boden. Max Hoßfeld trat nun an den regungslos Daliegenden heran und schoß ihm aus nächster Nähe in den Kopf.

Er zog den Toten von der Straße, legte ihn in ein Gebüsch und machte sich mit seinem Moped davon. Danach vergrub er seine

Waffe und fuhr weiter zum Feldkirchner Baggersee. Dort tauchte er seine Badehose kurz ins Wasser, um zu Hause seinen Eltern vortäuschen zu können, er sei wie angekündigt »beim Baden gewesen«. Anschließend fuhr er nach Hause. Auch diesmal war ihm nichts anzumerken: keine Aufgeregtheit, keine Unsicherheit.

Die geschilderten Taten waren Bestandteil einer mysteriösen Serie von Morden und Mordversuchen, die die Mordkommission der Kripo München zu dieser Zeit in Atem hielt. Knapp drei Wochen nach dem Mord an Klaus Habermehl wurden nachts insgesamt sieben Schüsse auf ein Liebespaar abgegeben, das sich auf der Wiese an der Frauenchiemseestraße nähergekommen war. Die Schüsse verfehlten ihr Ziel.

Am Samstag, dem 1. August 1959, trat auf der Autobahnstrecke München-Salzburg ein Mann bei Kilometerstein 9,5 auf die Fahrbahn und schoß mit einer Pistole auf den Wagen eines Ehepaars. Die Projektile durchschlugen die Schwenkfenster des Wagens, das Paar blieb unverletzt.

In der Nacht auf den 11. September parkte gegen 2 Uhr ein junges Liebespärchen seinen Wagen in einem Wäldchen nördlich von München. Plötzlich klopfte ein Mann an das Wagenfenster und forderte: »Los, mach die Tür auf!« Dem Fahrer kam dies jedoch nicht geheuer vor, er startete den Wagen und raste los. Im gleichen Augenblick durchschlug ein Geschoß das rechte und das linke Fenster, verfehlte die Köpfe des Pärchens nur um Haaresbreite.

Neun Tage später kehrten der 19jährige kaufmännische Angestellte Martin Haselberger und seine 17jährige Verlobte Edelgard Walter von einem Spaziergang in Schließheim nicht zurück. Sieben Tage später fand man sie im »Berglwald«: erschossen. Sichergestellte Projektile und Hülsen ließen als Tatwaffe auf eine Pistole der Marke »Walther PPK« des Kalibers 7,65 mm schließen. Den Opfern war nichts geraubt worden. Motiv: unbekannt.

Vier vollendete Morde und sechs Mordversuche hatten sich binnen eines Jahres ereignet. Obwohl es sich bei den Tatorten um weit auseinander liegende Örtlichkeiten handelte, glaubte man bei der Mordkommission, es mit nur einem Täter zu tun zu haben. Dafür gab es gute Gründe: Motive wie Bereicherungs- und Verdeckungsabsicht konnten mit größter Wahrscheinlichkeit ausgeschlossen werden, für Beziehungstaten sprach hingegen nichts. Bei einer vergleichenden Analyse der Taten zeigten sich zudem verblüffend ähnliche, wiederkehrende Tatumstände: Es wurde immer geschossen, es wurde nichts geraubt, die Opferauswahl erschien beliebig, das Motiv blieb mysteriös. Offensichtlich schlug ein Serienmörder seine Blutschneise durch die Landeshauptstadt. Angst und Entsetzen machten sich breit.

Dann begann man damit, die Kriminalakten solcher Männer zu überprüfen, die bereits wegen Waffendelikten aufgefallen waren. Schnell türmten sich im Polizeipräsidium enorme Aktenberge auf. Schließlich stieß man auf Max Hoßfeld, seine erste Bluttat war noch aktenkundig. Obwohl es den Ermittlern unwahrscheinlich erschien, daß Max Hoßfeld schon drei Monate nach seiner Haftentlassung erneut getötet haben sollte, befaßte man sich dennoch mit den Gerichtsakten, studierte sie genau.

Bestimmte Passagen der Vernehmungsprotokolle ließen die Ermittler dann stutzig werden. Max Hoßfeld hatte dort unter anderem seine Verbindung zu seinem Vetter geschildert: »In der Folgezeit entwickelte sich zwischen meinem Vetter und mir ein Briefwechsel; mein Vetter schilderte mir geplante Raubüberfälle, Banküberfälle und ähnliche Verbrechen, und ich muß gestehen, daß mich bei der Lektüre dieser Briefe eine starke Erregung befiel, die auch sexueller Art war. Ich habe die Briefe meines Vetters in gleicher Weise erwidert, mir ähnliche Straftaten ausgedacht und sie meinem Vetter brieflich geschildert und dabei stets die gleiche Erregung empfunden, wie bei der Lektüre der Briefe meines Vetters.« Zu seiner abnormen Veranlagung hatte er sich hingegen nur verschwommen geäußert: »*Daneben war noch etwas da, was ich aber nicht beschreiben kann.*«

Immer wieder wurden diese seltsam anmutenden Aussagen gelesen, gedeutet, analysiert, zu erklären versucht. An ihrem Wahrheitsgehalt bestand kein Zweifel. Also stellte man folgende Hypothese auf: »Es könnte sich um einen sexuell abartigen und fehlgeleiteten jungen Mann handeln, der seine geschlechtliche Befriedigung in der Erschießung von Menschen findet.« Noch ahnten die Beamten der Mordkommission nicht, wie richtig sie lagen. Schließlich hatte man lediglich einen vagen Verdacht – mehr nicht.

Man entschloß sich daher, den Verdächtigen zu verschiedenen Zeiten zu observieren. Dabei zeigte sich bald, daß dieser junge Mann ein wahres Doppelleben führte. Von seinen Eltern und Angehörigen wegen der ersten Verurteilung und der bestehenden Bewährungsauflagen bei fast allen Unternehmungen begleitet und auch sonst streng überwacht, hatte er kaum Gelegenheit, sich dieser Aufsicht zu entziehen. Gelang ihm dies jedoch, tauchte er jedesmal vor den Auslagen eines großen Waffengeschäfts im Zentrum von München auf. Fasziniert und gebannt starrte er minutenlang auf die im Schaufenster ausgelegten Kurz- und Langwaffen. Es entstand der Eindruck, als ob er in diesen Momenten alles um sich herum zu vergessen schien. Wenn er nach einiger Zeit seinen Weg fortsetzte, konnten die Observationskräfte mit Sicherheit davon ausgehen, daß es ihn noch mehrmals zu den Auslagen zurückziehen würde.

Auch war zu beobachten, daß er in regelmäßigen Abständen aus unerfindlichen Gründen in den Perlacher Forst oder andere Waldgebiete Münchens fuhr. An einem seiner bevorzugten Aufenthaltsorte stieß man schließlich in einem Erddepot auf ein Gewehr. Es gelang der Mordkommission auch, den Käufer zu ermitteln: Max Hoßfeld. Dummerweise stellte sich heraus, daß die Waffe bei keinem der Verbrechen benutzt worden war. Dennoch steckte man nicht auf, blieb ihm auf den Fersen.

Dann schnappte die Falle zu. Während einer am 14. Januar 1961 durchgeführten Observation konnten zwei Kriminalbeamte beobachten, wie er offenbar versuchte, einem anderen jungen Mann eine Pistole zu verkaufen. Als er unmittelbar danach um 13.45 Uhr mit einem Taxi vom Karlsplatz in München nach Hause fahren wollte, griffen die Beamten zu. Die Gelegenheit schien günstig, jedoch hatte man nicht exakt sehen können, ob es tatsächlich zu einer Übergabe gekommen war. Eine sofortige Durchsuchung seiner Kleidung blieb ergebnislos. Trotzdem nahm man ihn mit zur Vernehmung auf die Kriminalaußenstelle in München-Pasing.

Dort leugnete er, wollte keine Waffe zum Verkauf angeboten haben. Er schützte vor, »vom Friseur gekommen« zu sein, habe »hiernach heimfahren« wollen. Nach Beendigung der ersten Vernehmung wurde Max Hoßfeld ein weiteres Mal durchsucht. Diesmal gründlicher – und mit Erfolg. Unter seinem Pullover steckte im

Bund seiner engen Nietenhose eine Pistole: Marke »Walther«, Kaliber 7,65 mm.

Unverzüglich wurde die Waffe dem Landeskriminalamt vorgelegt, dort untersucht. Volltreffer: Zweifelsfrei war der 19jährige Günther Zabel mit dieser Pistole erschossen worden. Als man Max Hoßfeld mit diesem Untersuchungsergebnis konfrontierte, war sein Widerstand gebrochen. Er kapitulierte, heulte los, vergrub sein Gesicht in den Händen. Dann gestand er: »Ich will alles sagen, es ist furchtbar, aber ich sage es, ich schäme mich, ich will jetzt sühnen. Es ist keine Lust, es war Zwang. Mit 14 Jahren habe ich es schon gespürt.« Unmittelbar vor den Taten wollte er von einem unbedingten Tötungszwang beherrscht worden sein: »Ich wollte gerade heimfahren. Auf einmal ist das Entsetzliche in mir aufgekommen. Der Zwang. Er war so stark wie nie zuvor.«

Entarten diese Täter unter der Kuratel ihrer morbiden Begierde tatsächlich zu fremdgesteuerten, willenlosen Robotern? Sind sie bloße Marionetten ihrer zügellosen Leidenschaft? Folgt man ihren Aussagen und Tatschilderungen, so ergeben sich verblüffende Parallelen. Der »Kirmesmörder« Jürgen Bachmann beschrieb seine Perversion ähnlich: »Hatte mich meine Veranlagung so richtig in ihren Fängen, war eben alles aus, da gab es kein Entgegenstehen oder gar einen eigenen Willen. (...) Ich hatte eben keine Gewalt über diesen verdammten Trieb, der auch nicht nur einer war, sondern aus mehreren bestand. (...) Doch in dem Stadium konnte mich nichts mehr halten, nichts mehr erbarmen. Man konnte mich nur noch mit einem Raubtier vergleichen, das sein Opfer schon in den Fängen hat. Solch ein Raubtier stirbt eher, als daß es seine Beute freigibt. Auch ich wäre in der Zeit eher gestorben, als auch nur einen Schritt zurück zu tun!«

Gleichartige Empfindungen und Selbsteinschätzungen lassen eine Vielzahl weiterer Aussagen anderer multipler Sexualmörder erkennen: »Wenn ich von dem Drang befallen wurde, dann ging es nicht mehr darum, was ich wollte, sondern was ich mußte«, »Ich glaube, auch wenn er gebettelt hätte, ich hätte da nicht zurückziehen können«, »Ich war so erregt und mußte sie jetzt einfach kaputtmachen.«

Auch wenn solche Äußerungen den Anschein erwecken, als müßten die Täter einem inneren Zwang folgen, so darf hierbei nicht übersehen werden, daß stets der Versuch unternommen wird, die eigenen Taten zu erklären, vor sich selbst zu rechtfertigen, zu entschuldigen. Dabei wird jedoch ganz bewußt ausgeblendet, daß nahezu jedem Mord eine Vielzahl vergeblicher Anläufe vorauseilen. Gekennzeichnet sind diese »Fehlversuche« jeweils durch den eigenen Entschluß, das Opfer zu schonen, *es* nicht zu tun. Die Gründe für diese innere Zurücknahme sind vielschichtig. Häufig ergibt sich einfach keine günstige Tatgelegenheit, die Täter fühlen sich beobachtet oder durch Verhalten und Erscheinungsbild des potentiellen Opfers verunsichert. In vielen Fällen gelingt ihnen aber auch der innere Rückzug, sie können sich beherrschen – trotz sich bietender Gelegenheit. Im Umkehrschluß bedeutet dies, daß das abnorme Verlangen grundsätzlich beherrschbar erscheint. Die Täter werden also nicht von einem unbedingten Tötungs*zwang*, vielmehr von einem Tötungs*drang* angetrieben. Während zwanghaftes, vom Willen des Täters unabhängiges Handeln zumindest juristisch in den meisten Fällen entschuldbar erscheint, impliziert dranghaftes, jedoch vom Willen des Täters beeinflußbares Handeln jederzeit das Merkmal der Vorwerfbarkeit. Die Taten werden hierdurch unentschuldbar.

Auch Jürgen Bachmann fügte sich schließlich allzu bereitwillig in seine mörderische Passion: »Schließlich kam es darauf an, daß es irgendwann weitergehen mußte. Das war immer mein hauptsächlicher Gedanke. Und wenn es noch viele Jahre weitergehen kann, dann muß man natürlich ein paar Wochen Pause machen können. Diese Sache ist ja nicht so, als ob das eine Art unbedingter, unmittelbarer Zwang sei. Das ist natürlich völlig falsch. Aber es ist auch völlig falsch zu sagen, daß es überhaupt kein Zwang sei. Das ist genauso falsch! Ein Zwang ist es trotzdem, nur verschieden stark kann er sein. Das ist etwas, womit man sich fast Tag für Tag beschäftigt und davon bedrängt fühlt. Ein Drang ist es wirklich. Das ist eben so ein Gefühl, das einen dahin treibt, und auf lange Sicht kannst du dieses Gefühl nicht sein lassen.«

Die extreme Ich-Bezogenheit der Täter führt dazu, daß die eigenen Empfindungen und Bedürfnisse überbewertet werden, in letzter Konsequenz ungebremst ausgelebt werden wollen. Der beschriebene, nicht zu leugnende Tötungsdrang bleibt dabei jedoch vom Willen des Täters umfaßt. Er *will* sich ihm nur nicht mehr auf Dauer entziehen, kapituliert schließlich. Dennoch trifft der Täter diese Entscheidung aus freien Stücken. Der lockende Drang wird später lediglich umgedeutet und im nachhinein als zwanghaft deklariert. Das macht den Unterschied.

Mündet das lockende Verlangen aber in eine unmittelbare Täter-Opfer-Interaktion, kann dem Tatanreiz erheblich weniger Widerstand entgegengesetzt werden. Der Sturm des Vernichtungswillens bricht los, das Hemmungsvermögen versagt. Im Fachjargon der Juristen wird dieses Kontrollversagen als »erhebliche Verminderung der Steuerungsfähigkeit« bezeichnet. Während eines solchen Tatstadiums erlebt der Täter seinen Tötungsdrang tatsächlich zwanghaft: Es gibt kein Halten, kein Zurück. Dennoch bleibt die Fähigkeit, das moralische und tatbestandliche Unrecht seines Handelns einzusehen, im Regelfall unangetastet. Die Konsequenz: Der Täter kann auch in solchen Fällen strafrechtlich zur Verantwortung gezogen werden.

Auch Max Hoßfeld war diesem Handlungsmuster gefolgt, als er eine ganze Reihe potentieller Opfer verschont, andererseits drei Menschen heimtückisch ermordet hatte. Bei der Münchener Mordkommission packte er nun aus, bekannte sich auch zu seinem Waffenfetischismus: »Ich war immer gleich erregt, wenn ich das Gewehr in die Hand genommen habe. Ich habe den Drang gehabt, das Gewehr herauszuholen, habe das Zimmer immer abgesperrt und habe das Gewehr in der Hand gehalten. Dabei kam die Erregung. Ich habe mich auch vor den Spiegel gestellt und wollte mich mit dem Gewehr sehen. Ich war dann oft so erregt, daß ich dabei einen Geschlechtserguß hatte.« Auch sein abnormes Verlangen unmittelbar vor den Taten schilderte er ohne Umschweife: »Als ich im Wald die Waffe in die Hand genommen habe, war die Erregung schon da. Ich meine damit, daß ich ein steifes Glied bekommen habe. Dabei habe ich auch oft ein helles Singen in den Ohren bekommen.«

Die Zwangsvorstellung, seine Opfer »kaltzumachen«, sie »abzuknallen«, versuchte er ebenfalls zu erklären: »Ich habe nicht mit dem Messer auf jemanden eingestochen, ich hatte auch nicht das Verlangen, jemanden zu würgen. Es ging mir in erster Linie darum, mit einer Waffe auf einen Menschen zu schießen, weil damit mein Drang beseitigt wurde. Ich glaube, es genügte bei mir schon das Schießen auf einen Menschen, ich mußte aber so lange schießen, bis die geschlechtliche Erregung vorbei war, und diese Erregung dauerte meist so lange, bis ich mehrere Schüsse abgegeben hatte. Ich ging bis an die nächste Nähe bei Abgabe meiner Schüsse an die Opfer heran, weil ein Schießen aus größerer Entfernung nicht meinem Drang entsprochen hat. (...) Ich habe die Opfer wahllos, so wie sie daherkamen, beschossen. Es hätte ebenso eine Frau unter den Opfern sein können. Ich habe bei meinen Opfern nicht auf Alter oder Geschlecht geachtet.«

Beim Tötungsakt selber hingegen hielt er sich penibel und detailversessen an sein inneres Mord-Drehbuch. Im Gespräch mit einem psychiatrischen Gerichtsgutachter offenbarte er sich:

Frage: »Wohin ging der erste Schuß bei Zabel?«

Antwort: »Er ging in den Unterleib.«

Frage: »Warum in den Unterleib? Warum nicht in den Kopf?«

Antwort: »Wie ich die Spiegelszenen hatte, oder wenn ich mit der Waffe vorher onaniert habe, da hab ich's immer in Hüfthöhe gehabt, so habe ich's da auch gehalten, deshalb ist es so gewesen.«

Frage: »War die Geste des Sich-an-den-Bauch-Fassens des Getroffenen für Sie von Bedeutung?«

Antwort: »Ja. Das habe ich mir in der Onaniephantasie so vorgestellt, als wenn ich selbst getroffen worden wäre.«

Frage: »Es wäre doch viel ungefährlicher für Sie gewesen, sich möglichst leise und dicht an Ihre Opfer heranzuschleichen und dann hinter einem Baum stehend zu schießen?«

Antwort: »Ich hab's so gemacht, wie ich es mir immer vorgestellt hatte vorher.«

Angeklagt wurde Max Hoßfeld nur wegen der Morde an Klaus Habermehl und Günther Zabel. Die übrigen gleichartigen Morde und Mordversuche der vergangenen Jahre im Raum München konnten ihm jedoch nicht mit der nötigen Sicherheit nachgewiesen werden – obwohl mehr für seine Täterschaft sprach als dagegen. Er leugnete diese Taten, die zweifelsohne seine »Handschrift« trugen, hartnäckig. Bis zum heutigen Tage konnten sie keinem anderen Täter zugeordnet werden.

Sein Verteidiger versuchte im Juli 1962, mit einem schmierig-pathetischen Plädoyer die Jugendkammer des Landgerichts München I gnädig zu stimmen: »Als der graue Morgen des 10. Juli 1940 am Horizont zu dämmern begann, hatten Eheglück und Freude im Hause Hoßfeld Einzug gehalten. Die Sonne warf ihre ersten Strahlen durch das Fenster in eine kleine Wiege und verkündete mit ihrem Glanz dem Neugeborenen, den sie Max nannten, eine verheißungsvolle Zukunft. Die gute Fee, das Licht, war an die Seite des kleinen Bettes getreten und brachte dem neuen Menschen die guten Tugenden, die da heißen: Fleiß, Strebsamkeit, Intelligenz, Liebenswürdigkeit und Demut. Verwende diese Eigenschaften zu deinem Nutzen und werde ein tüchtiger brauchbarer Mensch unter deinen Artgenossen. Doch leise und unsichtbar hinter der guten Fee hatte sich auch die böse Fee eingeschlichen. Sie legte dem jungen Erdenbürger die schlechten Gaben in die Wiege. Unheil war ihre Kunde: Du sollst ein Gezeichneter sein; ich werde dich zeichnen mit dem Zeichen des Kain; Hinterhältigkeit, Falschheit, Zügellosigkeit und Unbeherrschtheit, Haß und Mordgier sollen dich zu einem Scheusal unter den Menschen auf Erden machen. Diese meine Mitgift soll über das Gute in dir die Überhand bekommen, und am Ende deines Lebens wirst du verdammt mir wieder zufallen.«

Nüchtern hielt das Gericht dem nach nur drei Sitzungstagen entgegen, daß Max Hoßfeld zwei Menschen »aus Mordlust und heimtückisch« hingerichtet hatte. Folgerichtig verurteilte die Kammer ihn zu 15 Jahren Zuchthaus und ordnete seine Unterbringung in einer Heil- und Pflegeanstalt an.

Er verbüßte seine Strafe in der Justizvollzugsanstalt Straubing. Dort gab er sich viele Jahre fleißig, ruhig, bescheiden. So wie die meisten Serienmörder, die sich problemlos in den Strafvollzug eingliedern ließen und häufig von ihren Betreuern und Wächtern als »Vorzeigehäftlinge« charakterisiert wurden. Im Oktober 1973 beteiligte er sich dann aber an einem Ausbruchsversuch, der ihm durch das Landgericht Regensburg einen »Nachschlag« von einem Jahr und neun Monaten einbrachte. Nach mehr als 19 Jahren Haft wurde der nun 41jährige im Dezember 1981 schließlich aus dem

Bezirkskrankenhaus Haar entlassen. Die Gutachter waren zu dem Ergebnis gekommen, »eine bedingte Entlassung sei zu verantworten«. Die Vollstreckungskammer des Landgerichts München ließ sich davon überzeugen, weil auch der Eindruck vermittelt worden war, er sei »nicht mehr die Persönlichkeit, der drei Menschen zum Opfer gefallen waren«.

Kaum in Freiheit, hatten ihn die dunklen Schatten seiner düsteren Vergangenheit eingeholt, drängte *es* ihn: Er wollte endlich wieder jemandem »eine Knarre an den Kopf halten und abdrücken«.

Unterschlupf fand er zunächst bei seinen Eltern. Anfang des Jahres lernte er bei Renovierungsarbeiten den Studenten Oliver Danscheid kennen. Der 22jährige begeisterte sich ebenfalls für Waffen, besaß einige Gasrevolver. Max Hoßfeld fragte den jungen Mann, ob er ihm nicht »eine Knarre besorgen« könne. Mit dieser Waffe wollte er angeblich »einen alten Kumpel aus dem Knast holen«. Konkrete Vorstellungen hatte er auch: ein Schnellfeuergewehr mit Schalldämpfer, Nachtzielfernrohr und mindestens 1 000 Schuß Munition. Die Waffe sollte aber nur so groß sein, um sie »unter einem Mantel versteckt« tragen zu können. Er verpflichtete seinen Bekannten zum Stillschweigen: »Du darfst niemand etwas davon erzählen, sonst bin ich fällig.« Dann schlug er ihm vor, mit ihm an die Isar zu kommen. Max Hoßfeld hatte herausgefunden, daß an einer bestimmten Stelle des Ufers regelmäßig ein Streifenwagen mit nur einem Mann Besatzung hielt. Oliver Danscheid sollte dem Polizisten den »Fangschuß« geben, während er »von den Büschen aus« zusehen wollte. Auf diese Weise sollte zwischen beiden eine »Blutsbrüderschaft« besiegelt werden. Der 22jährige lachte aber nur, dachte an einen makabren Scherz. Max Hoßfeld jedoch blieb hartnäckig, beschwor ihn: »Ich habe selbst schon jemand erschossen, das ist halb so schlimm!« Oliver Danscheid wurde es jetzt zuviel: »Du bist doch bekloppt!« Die Diskussion war beendet.

Zwei Monate später kam Max Hoßfeld den entscheidenden Schritt voran, als er seinem Freund für kleines Geld zwei Schußwaffen abschwatzte: einen Revolver der Marke »Western Six Shooter«, Kaliber 44 mm, und eine Pistole »Walther PPK« vom Kaliber 7,65 mm.

Am 18. Juli 1982 trieb es Max Hoßfeld spätabends wieder ins

»Daxet-Wäldchen« in der Nähe von Ismaning, einem Vorort von München. Er hatte seine Waffen dort in einem Erddepot versteckt. Zur gleichen Zeit unternahm das Ehepaar Manfred und Isolde Olbing einen Spaziergang – ganz in der Nähe des Waffendepots. Manfred Olbing schmachtete nach einer Zigarette, die er eigentlich gar nicht rauchen durfte – schon gar nicht in Gegenwart seiner Frau. Er flunkerte: »Ich muß mal. Geh doch schon vor, ich komme gleich nach.« Auch Max Hoßfeld bemerkte, wie Manfred Olbing sich in die Büsche schlug. Hastig fingerte er seine Pistole aus dem Versteck und marschierte auf Manfred Olbing zu. Der hielt ihn zunächst für einen Pilzsammler. Als der Mann dann aber wenige Meter vor ihm stand, wurde ihm angst und bange. Der durchdringende, finstere Blick des Fremden hatte etwas Furchterregendes. Er ließ Max Hoßfeld wortlos stehen und lief schnellen Schrittes seiner Frau entgegen. Manfred Olbing hatte Glück gehabt. Max Hoßfeld hatte ihn nur deswegen nicht »kaltgemacht«, weil er befürchtete, von Isolde Olbing im nachhinein wiedererkannt zu werden. Er war mittlerweile äußerst vorsichtig geworden, plante den »perfekten Mord«.

Knapp sechs Wochen später, am 26. August, wollte er diesen teuflischen Plan in die Tat umsetzen. Die Gelegenheit erschien ihm günstig, da die Eigentümer des Hauses Montgelasstraße 6, in dem er Renovierungsarbeiten durchführte, das Haus verlassen hatten, um in der Stadt Besorgungen zu machen. Er war nun unbeaufsichtigt. Für diesen Mord mußte er sich jedoch ein Alibi verschaffen. Deshalb rief er bei seinen Eltern an: »Das Wetter ist so schön. Ich mache jetzt Feierabend, fahre raus zum Chinesischen Turm.« Er schnappte sich gegen 13.45 Uhr sein Fahrrad und radelte los. Allerdings nicht zum »Chinesischen Turm«, sondern in Richtung »Oberes Moos«, eines Wald- und Forstgebietes in der Gemarkung Ismaning. Unterwegs holte er seine Pistole, die er in einem Erddepot vergraben hatte. 25 Minuten später erreichte er nach hastiger Fahrt sein Ziel. Am Rand eines Feldwegs versteckte er sich hinter einem Baum und wartete ungeduldig.

Um 13 Uhr hatte der Schüler Franz Stäuber die Wohnung seiner Eltern in Ismaning verlassen und war mit dem Fahrrad seines Vaters zum »Oberen Moos« gefahren, um dort Maiskolben zu sammeln, die er am nächsten Tag bei einem Besuch des Wildparks in Poing verfüttern wollte. Nachdem der 15jährige reichlich Maiskolben zusammengesucht hatte, machte er sich zufrieden auf den Heimweg. Gegen 14.35 Uhr erreichte er den Feldweg, an dem Max Hoßfeld bereits lauerte.

Bevor der Junge sein Versteck passieren konnte, stürzte er wortlos auf den Feldweg und versperrte Franz Stäuber den Weg. Verdutzt musterte dieser den Fremden: einen hageren, hochaufgeschossenen Mann mit Halbglatze, dessen verbliebenes dunkelblondes Haar akkurat nach links gescheitelt war. Auffallend waren seine große Knollennase, die etwas abstehenden Ohren und seine schmalen Lippen. Ein gewisses Unbehagen bereiteten dem Jungen die lauernden und stechenden Augen dieses Mannes. Der Fremde kam ihm irgendwie unheimlich vor. »Was wollen Sie?« fragte er schüchtern. Max Hoßfeld antwortete nicht, sondern schaute sich nochmals sichernd um, zog dann seine Pistole aus der Jackentasche und drückte ab. Zwei schnell hintereinander abgegebene Schüsse trafen Franz Stäuber in Bauch und Brust. Schwer verwundet ließ er sein Fahrrad fallen und versuchte wegzulaufen. Da traf ihn ein weiteres Projektil in den Rücken. Tödlich verletzt sackte der Junge auf dem Feldweg zusammen. Max Hoßfeld aber hatte noch nicht genug, wollte sein Ritual vollenden. Wieder durchfuhr ihn das »Singen in den Ohren«. Er hielt dem Jungen die Pistole hinter das rechte Ohr, feuerte ein letztes Mal.

Er schleifte die Leiche etwa drei Meter weiter in eine Böschung. Die Sandalen, die der Junge bei seinem Fluchtversuch verloren hatte, legte er neben den Leichnam. Das Fahrrad schob er in ein nahe gelegenes Maisfeld und ließ es dort liegen. Anschließend suchte er nach den Patronenhülsen, konnte jedoch nur drei Geschoßkapseln finden. Hastig schnappte er sich sein Fahrrad und warf nach 200 Metern Fahrt die Pistole samt Zubehör und Hülsen in den Kernbach. Gegen 15.15 Uhr erreichte er das Haus seiner Eltern und berichtete freudestrahlend: »Ich komme gerade vom Chinesischen Turm. Es war toll!«

Am nächsten Morgen wurde der Leichnam des vermißten Jungen gefunden – von seinem Vater. Eine scheußliche Tragödie. Unverzüglich wurde durch die Kripo München eine Mordkommission eingerichtet. Die Bluttat erinnerte stark an die Morde aus den Jahren 1956, 1959 und 1960. Sie war Max Hoßfeld »wie auf den Leib geschneidert«. Da den Ermittlern bekannt war, daß er sich auf freiem Fuß befand, wurde er sofort in den Kreis der möglichen Tatverdächtigen einbezogen. Zwei Tage später erschienen zwei Kriminalbeamte in seiner Wohnung, stellten unbequeme Fragen. Dreist entrüstete er sich: »Ich habe mit der Sache nichts zu tun!« Dann schilderte er seinen Tagesablauf am Tattag so, wie er ihn sich zurechtgelegt hatte. Er mimte die personifizierte Unschuld. Auch bei einer weiteren Vernehmung im Polizeipräsidium blieb er dabei, las allerdings lediglich das vor, was auf einem Notizzettel geschrieben stand. Er wollte sich nicht in Widersprüche verwickeln. Die Tat war ihm zunächst auch nicht nachzuweisen.

Am 2. Oktober fanden Bauarbeiter bei einer Bachauskehr die Tatwaffe und übergaben sie der Polizei. Schon wenige Tage später konnte die Mordkommission ermitteln, daß die Pistole Max Hoßfeld gehört hatte. Sein Bekannter Oliver Danscheid hatte ihn verpfiffen. Am 9. Oktober wurde er festgenommen und zur Vernehmung ins Polizeipräsidium gebracht. Dort leugnete er hartnäckig: »Ich kann überhaupt nicht der Täter sein. Ich habe doch ein Alibi. Der Oliver Danscheid ist doch völlig unglaubwürdig, das weiß doch jeder. Seit meiner Entlassung habe ich keine Waffe mehr besessen. Sie müssen nach einem anderen Täter suchen!« Doch die Indizien belasteten ihn schwer, zumal auf dem Grundstück seiner Eltern in einem Baum versteckt eine weitere Pistole gefunden worden war. Noch am selben Tag wurde er einem Richter vorgeführt, anschließend in Untersuchungshaft genommen.

Noch zu Beginn der Hauptverhandlung vor dem Schwurgericht des Landgerichts München I leugnete er: »Ich habe nichts mit dem Mord an Franz Stäuber in Ismaning zu tun. Am 26. August 1982 bin ich nicht einen einzigen Schritt außerhalb von München gewesen, weder in Ismaning noch sonstwo.« Auch mir schrieb er in einem Brief vom 2. April 1997: »(...) *Tatsache ist aber, daß ich seit nunmehr 15 Jahren für einen Mord inhaftiert bin, den ich nicht begangen habe. (...) Es dürfte wenig sinnvoll sein, wenn Sie Ihre Arbeiten mit einem echten Fehlurteil (= »passender« aber falscher Täter) verfälschen. Fast möchte ich meinen, die Ursachenforschung eines krassen Fehlurteils wäre auch ein*

Thema. « Das Gericht aber hatte die Indizienkette für »geschlossen« gehalten, am 5. August 1983 »Lebenslänglich« verhängt.

Das Tragische und Unverständliche an diesem Fall ist, daß einem wegen gleichartiger Greueltaten vorbestraften Mann Gelegenheit gegeben wurde, erneut zu töten: Persilschein für einen Mörder. Und das nicht nur einmal. Max Hoßfeld konnte seine Opfer hinrichten, obwohl er seine Gefährlichkeit im Übermaß bewiesen hatte. Schon zu seiner zweiten und dritten Tat hätte es nicht mehr kommen dürfen. Im übrigen kein Einzelfall. 27,3 Prozent der nach dem Zweiten Weltkrieg abgeurteilten multiplen Sexualmörder waren vorbestraft: wegen Mordes …

KAPITEL 6

Der Tag X

Thorsten Rupp war »geladen«, hatte die Nase mal wieder gestrichen voll, als er nachmittags von der Arbeit nach Hause kam. Der 34jährige hatte, wie jeden Samstag, noch die Einkäufe erledigt und mehr als 30 Liter Milch geschleppt; für die drei Kinder und Ricarda, seine Lebensgefährtin, mit der er seit fünf Jahren zusammen war. Er hatte erstmals in seinem Leben Verantwortung übernommen, die Pflichten als Familienvater nahm er ernst. Aber die Beziehung war brüchig geworden. Ricarda Malchow hatte es nicht so mit der Ordnung, das ständige Durcheinander in der Wohnung ging ihm mehr und mehr auf die Nerven. Alkohol war auch ein Streitpunkt. Er hatte sich regelmäßig vollaufen lassen, das hatte Ricarda verärgert. Mit den besten Vorsätzen hatte er ihr versprochen, damit aufzuhören. Das war ihm auch gelungen – für einige Tage oder Wochen; dann der Rückfall – immer wieder. Und schließlich waren da noch die ständigen Intrigen in der Familie, die ihn belasteten. Insbesondere sein Stiefbruder Eberhard Malchow, der Vater von Ricarda, mischte sich ständig in die Erziehung der Kinder ein, wußte alles besser. Das hatte Thorsten Rupp schon immer mächtig gewurmt. Zoff gab es auch dauernd um das Auto, das man sich mit ihm teilte.

So hatte sich an diesem 25. Februar 1995 eine Menge Wut aufgestaut. Thorsten Rupp versuchte, wie immer, wenn er so mies drauf war, seinen Ärger in reichlich Bier und Schnaps zu ertränken. Das mißlang. Ärger und Wut ließen sich diesmal nicht in Alkohol auflösen. Am späten Abend entschloß er sich, Eberhard Malchow zu besuchen, wollte ihm mal richtig die Meinung sagen, Klartext reden. Er machte sich auf den Weg zur Cottbusser Straße 61 in Berlin-Hellersdorf, nur einige Plattenbau-Blocks entfernt. Dort wohnte sein Stiefbruder, der ihn schon seit Jahren »richtig ankotzte«. Für ihn war dieser Mann »eine Tratsche, die sich ungefragt in seine Angelegenheiten einmischte«.

Eberhard Malchow hockte im Wohnzimmer vor dem Fernseher, als es gegen 19.45 Uhr schellte. Auch der 53jährige hatte bereits den ganzen Tag über kräftig gebechert. Die Männer setzten sich ins Wohnzimmer. »Ich hole mir jetzt erst mal ein Bier«, beschied Thorsten Rupp seinen Gastgeber und machte sich auf den Weg in die Küche. Das paßte Eberhard Malchow nun gar nicht, schließlich wußte er nur zu genau um die Alkoholprobleme seines Stiefbruders. »Du spinnst wohl«, fuhr er ihn an. Thorsten Rupp platzte der Kragen: »Du kannst mich mal!« Als er aus der Küche zurückkam, donnerte er die Flasche Bier wutentbrannt auf den Tisch – die Glasplatte zersplitterte. Er hatte es einfach satt, sich ständig bevormunden zu lassen.

Sein Stiefbruder wurde grantig: »Was soll das? Du hast doch wohl 'ne Macke!« Der Streit eskalierte, ein Wort gab das andere. Thorsten Rupp war nun endgültig bedient: »Dich mach' ich alle!« Wütend stürzte er sich auf seinen Gastgeber, der, völlig perplex, keine ernsthafte Gegenwehr leistete. Thorsten Rupp rammte ihm mehrfach sein Knie in Brust und Bauch: Er hörte es knirschen und knacken. Brustbein und Rippen seines Stiefbruders waren vielfach gebrochen. Blitzschnell griff er nach seinem Hals und würgte den Mann bis zur Bewußtlosigkeit.

Dann überlegte er kurz, ging ins Badezimmer und ließ Wasser in die Wanne laufen, bis diese etwa halb gefüllt war. Anschließend packte er den schmächtigen Mann am Hosenbund, schleifte ihn ins Badezimmer, legte den immer noch Bewußtlosen in die Wanne. Er drückte seinen Kopf unter Wasser, ertränkte ihn.

Nachdem er sicher war, daß Eberhard Malchow nicht mehr lebte, ging er zurück ins Wohnzimmer und begann dort nach Mitnehmenswertem zu stöbern. Aus einer Geldkassette nahm er einen Tausend-Mark-Schein, aus einer Schachtel in der Schrankwand weitere 800 Mark. Dann machte er sich davon, ging nach Hause. Seine Freundin schlief bereits. Er traute sich nicht in ihr Zimmer, zu oft schon hatte es Ärger gegeben, wenn er spätabends betrunken nach Hause gekommen war. Er schlief noch auf dem Küchenstuhl ein.

Gegen 5 Uhr wurde er wach, duschte kurz. Eigentlich hätte er auch an diesem Sonntag auf der Arbeit erscheinen müssen – er malochte als Anstreicher sieben Tage die Woche. Nun hatte er es sich aber anders überlegt, verließ die Wohnung und hielt wenig später ein Taxi an. Dem Fahrer machte er unmißverständlich klar, wohin er wollte: »Ich brauche jetzt eine Frau!« Am Stuttgarter Platz, wo rund um die Uhr »angeschafft« wurde, ließ er sich absetzen. Dort nahm er sich von dem geraubten Geld gleich mehrere Frauen.

Gegen 12 Uhr erschien er dann doch auf seiner Arbeitsstelle in Hellersdorf. Sein Chef und die Kollegen wunderten sich. Sie kannten ihn bis dahin nur als pünktlichen und fleißigen Arbeiter, man schätzte ihn als »guten Kumpel«, mit dem man auch über private Probleme reden konnte. Der Malermeister aber schickte den Betrunkenen nach Hause, in diesem Zustand war an Arbeiten nicht zu denken. An den beiden nächsten Tagen erschien er ebenfalls nicht, entschuldigte sich aber telefonisch: Zuerst ließ er die Schwiegermutter sterben, dann den Schwiegervater. Im Kollegenkreis amüsierte man sich darüber: »Der rottet wohl seine ganze Sippschaft aus, nur um nicht arbeiten zu müssen.«

In der Nacht zum 28. Februar zog er mit einem Kumpel durch verschiedene Bars und Kneipen – er hatte wieder einen Grund gefunden, sich vollaufen zu lassen. Thorsten Rupp vermutete, daß sich seine Freundin von ihm trennen wollte. Ricarda Malchow war bereits mit den Kindern aus der Wohnung ausgezogen. Während die Polizei den Tod ihres Vaters noch als »Badeunfall« einstufte, hatte sie womöglich »Lunte gerochen«. Besonders belastete ihn aber, daß er seinen vierjährigen Sohn Michael nicht mehr sehen konnte; die beiden anderen Kinder waren nicht von ihm. Der Junge hatte seinem Leben endlich »einen Sinn« gegeben, für ihn hätte er »alles getan«. Er wollte aus dem Kleinen einen »ordentlichen Menschen« machen. Daß jetzt alles vorbei sein sollte, schmerzte ihn. Dagegen gab es nur ein Betäubungsmittel: Schnaps.

Am frühen Morgen trennte man sich. Thorsten Rupp aber fürchtete die leere Wohnung, hatte irgendwie ein »mieses Gefühl«. Er wollte sich seinen Frust von der Seele reden. Martina Podelski erschien ihm dafür besonders geeignet. Sie war die beste Freundin von Ricarda Malchow und hatte des öfteren auf die Kinder aufgepaßt. Kurz vor 8 Uhr schellte es im Mietshaus in der Weißenfelser Straße 2.

Martina Podelski drückte auf. Sie war allein, ihr Mann und die zwei Kinder hatten die Wohnung bereits verlassen. Noch im Bademantel empfing sie Thorsten Rupp, der sie schon im Treppenhaus mit einem freundlichen »Hallo« begrüßte. Als er die 34jährige nur mit dem Bademantel bekleidet in der Tür stehen sah, waren ihm seine Probleme mit einem Mal egal geworden. Er hatte sich plötzlich für etwas ganz anderes entschieden: *vergewaltigen, töten.* »Ich muß mit dir über Ricarda reden«, heuchelte der 1,90-Meter-Hüne, als er sich durch die Tür schob. »Wir können drüben quatschen«, schlug sie vor und ging ins Wohnzimmer. Noch im Flur entledigte er sich seiner Jacke, der Jeans und seiner Unterhose.

Martina Podelski war völlig verdutzt, als sie der Riese nur noch halbbekleidet mit den Worten »Halt dein Maul, wir machen es jetzt!« in die Sitzgarnitur drückte. Um einer Vergewaltigung zu entgehen, schlug die verängstigte Frau Oralverkehr vor. Ihr Peiniger ließ sich zunächst darauf ein, brach diesen aber nach kurzer Zeit ab, vollzog dann den Vaginalverkehr. Danach fragte er nach ihrer Postcard, dem Kontostand und der Geheimnummer. Anschließend umklammerte er mit seinen Pranken ihren Hals, drückte zu. Nach wenigen Minuten sackte Martina Podelski, die sich nun verzweifelt zu wehren versuchte, leblos zusammen. Den beachtlichen Körperkräften des 100-Kilo-Manns hatte sie letztlich nichts entgegensetzen können.

Nachdem er die Postcard eingesteckt hatte, legte er in der gesamten Wohnung Feuer. Spuren mußten beseitigt werden. Dann zog er die Tür hinter sich zu. Als er die U-Bahnstation »Lewinstraße« erreichte, hörte er schon das Sirenengeheul von Feuerwehr und Polizei. Hastig blickte er noch einmal zurück: Rauchschwaden drangen bereits aus dem Wohnzimmerfenster. Das hatte bestens geklappt. Er lief zum nächsten Postamt, hob dort mit der Postcard seines Opfers 1 000 Mark ab und fuhr anschließend mit einem Taxi in seine Lieblingskneipe. Im »Ku'damm-Carree« blieb er einige Stunden, kippte reichlich Kümmerling und Bacardi.

Die 5. Mordkommission war in der Zwischenzeit nicht untätig geblieben. Schnell war der Verdacht auf Thorsten Rupp gefallen, der durch Hausbewohner beim Verlassen des Tatorts beobachtet worden war. Eine Großfahndung lief. Schon um 14.35 Uhr klickten dann im Eingangsbereich der Karl-Bonhoeffer-Nervenklinik die

Handschellen. Thorsten Rupp schlief dort, der Alkohol hatte ihn übermannt.

Erst am nächsten Tag war er wieder ansprechbar. Um 8.35 Uhr wurde er aus dem Zellentrakt ins Vernehmungszimmer der Mordkommission geholt. Ihm wurde vorgehalten, Martina Podelski getötet und deren Wohnung in Brand gesteckt zu haben. Anschließend wurde er über seine Rechte aufgeklärt. Sonderlich gesprächig zeigte er sich jedoch nicht. Seinen Familiennamen teilte er den Vernehmungsbeamten noch mit, dann schwieg er. Selbst seinen Vornamen wollte er nicht mehr nennen.

Er saß gebeugt auf seinem Stuhl, zeigte keinerlei Gemütsregung, stierte unverdrossen auf den Boden. Minutenlanges Schweigen. Erich Bukowski, seit 16 Jahren bei der Berliner Mordkommission, fragte dann in die beklemmende Stille hinein: »Herr Rupp, haben Sie alles verstanden?« Der 48jährige erntete lediglich ein angedeutetes Kopfnicken – mehr nicht. Dieser hünenhafte Mann hockte da wie ein Häufchen Elend: die Gesichtszüge starr, der Blick leer. Und doch konnte man den Eindruck gewinnen, daß er nachdachte, mit sich rang. Klaus Ruckriegel, der jüngere der beiden Vernehmungsbeamten, startete einen neuen Versuch: »Herr Rupp, dann erzählen Sie uns doch erst mal, warum Sie gestern morgen zu Frau Podelski gegangen sind.« Nichts, keine Antwort. »Haben Sie verstanden, was ich gesagt habe?« hakte Klaus Ruckriegel nach. Wieder nur ein zögerliches Kopfnicken.

Die Ermittler sahen sich an und verständigten sich wortlos darauf, ebenfalls zu schweigen. Sie waren ein eingespieltes Team. Zehn Minuten lang passierte dann gar nichts. Einträchtig schwieg man sich an. Doch das brachte auch nichts ein. Um mit Thorsten Rupp wenigstens ins Gespräch zu kommen, wurde er schließlich gefragt, ob er in letzter Zeit Kontakt zu Ärzten der Station 15 der Karl-Bonhoeffer-Klinik gehabt habe. Dort war er mehrfach wegen seiner Alkoholprobleme therapiert worden. Er hob den Kopf, blickte kurz zu Erich Bukowski herüber und flüsterte: »Frau Mager.« Die Frage nach dem Grund der Kontaktaufnahme ließ er hingegen unbeantwortet. Er stemmte dann wie ein kleiner bockiger Junge seine Ellenbogen in die Hüfte und starrte wieder unentwegt auf den grauen Linoleumboden. Thorsten Rupp machte aber auch keine Anstalten, die Vernehmung abzubrechen. Er wollte etwas loswerden, war aber noch nicht soweit, verschanzte sich hinter seinem Schweigen. Trotzdem: Das Eis wurde dünner.

Erich Bukowski begann schließlich beschwörend auf ihn einzureden, philosophierte über »die Verantwortung, die jeder Mensch für sein Tun übernehmen müsse«, hielt ihm vor, daß »er sich nicht länger hinter seiner Tat und dem Alkohol verstecken solle«, und riet ihm, »sich zu sehen, wie er wirklich sei, nicht länger nach Ausflüchten zu suchen«. Erich Bukowski hatte schon viele Mörder »in die Mangel genommen«, die meisten von ihnen hatte er auf die eine oder andere Weise schließlich »weichgekocht«. Er versuchte, ihm das Unrecht und die Folgen seiner Tat vor Augen zu führen: »Sie haben einem Mann seine Frau und zwei unschuldigen Kindern die Mutter genommen, eine Katastrophe angerichtet. Sie haben gebrandschatzt und gemordet. Die Familie steht nun vor dem finanziellen Ruin. Nur wenn Sie sich für diese Tat verantworten, können Sie an einen wirklichen Neuanfang denken!«

Das hatte gesessen. Während dieses Monologs hatte Thorsten Rupp immer wieder mit dem Kopf genickt. Urplötzlich aber richtete er sich auf und forderte: »Herr Bukowski, bitte bringen Sie mich in mein Loch, ich will mich umbringen!« »Hat dieser Entschluß etwas mit dem Mord an Martina Podelski zu tun?« fragte Erich Bukowski neugierig. Keine Reaktion, wieder nur Schweigen. Klaus Ruckriegel setzte noch eins drauf: »Das sieht Ihnen ähnlich. Wollen Sie sich wieder der Verantwortung entziehen?«

Es vergingen einige Minuten, aber Thorsten Rupp hatte sich festgelegt: »Ich bringe mich um, auf jeden Fall!«

Er veränderte nun seine Körperhaltung, ließ seine Schultern hängen, machte einen Katzenbuckel und vergrub das Gesicht hinter seinen Pranken. Erich Bukowski lenkte ein: »Ist Ihnen nicht gut? Wollen Sie in Ihre Zelle zurückgebracht werden?« Thorsten Rupp blieb stumm, sprach nun kein Wort mehr, schloß die Augen. In diesem Zustand verharrte er regungslos. Mehr als eine Stunde lang. Die beiden Ermittler nutzten die Zeit, um die Zeitungsberichte zu den Mordfällen zu studieren. Für den Fall, daß es doch noch zu einem Geständnis kommen würde, wollten sie ausschließen, daß er ihnen ein »Zeitungsgeständnis« auftischte. Gelegentlich zeigen Ver-

dächtige sich solchen mit harten Bandagen geführten Vernehmungen psychisch nicht gewachsen und gestehen schließlich einen
Mord, den sie gar nicht begangen haben – indem sie aus der Zeitung
zitieren.

Nachdem Thorsten Rupp die Augen wieder geöffnet hatte, wur-
den die Fragen von Erich Bukowski direkter: »Hatten Sie von vorn-
herein vor, Frau Podelski zu vergewaltigen?« Erst auf wiederholtes
Nachfragen reagierte Thorsten Rupp, schüttelte mit dem Kopf.
Urplötzlich war er dann aber doch bereit, Fragen zu beantworten.
Er schilderte den Beamten seine Tatversion: »Ich war mit Martina
Podelski schon längere Zeit intim. Mit Hans Wolters, einem Bekannten aus der Therapie, bin ich gestern zu ihrer Wohnung gegangen.
Während ich dann mit Martina geschlafen habe, hat der Hans unten
vor einem Kiosk gewartet. Schließlich habe ich ihn heimlich in die
Wohnung reingelassen, wir haben dann zu dritt im Wohnzimmer
gesessen. Der Hans hatte wohl Lust bekommen und wollte auch mit
der Martina schlafen. Sie weigerte sich aber. Hans hat sie aufs Bett
geworfen, sich auf sie gelegt und mit ihr gerungen. Plötzlich war sie
tot. Wir haben dann Feuer gemacht, weil keiner erfahren sollte, was
wirklich passiert war.«

Hans Wolters wurde daraufhin am nächsten Tag festgenommen
und mit der belastenden Aussage konfrontiert. Glaubhaft versicherte er: »Der Thorsten muß nicht ganz dicht sein, wenn er hier bei
der Polizei ausgesagt hat, daß ich eine Frau umgebracht haben soll,
um mit ihr Geschlechtsverkehr zu haben. Ich kenne eine Frau dieses Namens überhaupt nicht, und ich war an diesem Morgen in keiner fremden Wohnung. Ich verstehe überhaupt nicht, wie er dazu
kommt, so etwas zu behaupten. Ich kann mir nur vorstellen, daß
Thorsten die Frau umgebracht hat, aber mir ihren Tod in die
Schuhe schieben will. Eine andere Erklärung gibt es dafür nicht. Ich
könnte hier fast verrückt werden wegen dieses Vorwurfs. Ich habe
keine Frau getötet!«

Dennoch konnten sie ihn nicht gehen lassen, Hans Wolters war
schließlich vorbestraft: wegen versuchter Vergewaltigung. Man mußte der Sache nachgehen.

Eine direkte Konfrontation der beiden Verdächtigen sollte Klarheit schaffen. Wenig später saßen Thorsten Rupp und Hans Wolters

sich gegenüber: Auge in Auge. Erich Bukowski begann das Gespräch: »Herr Rupp, schildern Sie bitte noch einmal den Ablauf des Dienstagmorgens.«

Thorsten Rupp stellte sich stur: »Ich möchte einen Anwalt haben.«

Erich Bukowski blieb hartnäckig: »Sie haben Herrn Wolters bezichtigt, die Martina in der Wohnung getötet zu haben, weil sie keinen Geschlechtsverkehr mit ihm haben wollte. Wiederholen Sie heute hier diese Beschuldigung?«

Thorsten Rupp aber zeigte sich unbeeindruckt: »Ich habe eben schon gesagt, ich möchte einen Anwalt haben.«

Erneut stellte Erich Bukowski seine Frage: »Wir fragen Sie hier noch einmal, hat Herr Wolters die Frau getötet oder nicht?«

Thorsten Rupp versuchte dieser Frage auszuweichen: »Laßt ihn raus.«

Das war Erich Bukowski noch zuwenig: »Das können wir nicht. Wir fragen Sie noch einmal, hat Herr Wolters die Frau getötet?«

»Ja«, murmelte Thorsten Rupp, während er wieder auf den Boden starrte.

Hans Wolters platzte nun der Kragen: »Bist du denn total bescheuert? Ich bin doch gar nicht in der Wohnung gewesen!«

Klaus Ruckriegel schaltete sich nun in das Gespräch ein: »Herr Rupp, Sie haben gehört, was Herr Wolters gesagt hat. Was sagen Sie dazu?«

Aber Thorsten Rupp blieb sich treu: »Ich lüge nicht.«

Die beiden Ermittler erkannten, daß man auf diese Weise nicht weiterkam. Sie schickten Hans Wolters hinaus und machten Thorsten Rupp anschließend minutenlang Vorhaltungen. Wieder war von »Verantwortung« die Rede. Dann nickte er. Hans Wolters wurde wieder hereingeholt.

Mit leiser Stimme, die grundsätzlich keine Höhen oder Tiefen kannte, gab Thorsten Rupp schließlich zu Protokoll: »Entschuldige, Hans. Du hast damit nichts zu tun. Ich habe dich angeschissen, weil du mich vom Alkohol nicht zurückgehalten hast. Ich habe die Tat alleine gemacht!« Mehr wollte er zunächst nicht sagen und verlangte wieder nach einem Anwalt.

Doch nur wenige Minuten später, nachdem Hans Wolters das

Vernehmungszimmer verlassen hatte, entschloß Thorsten Rupp sich überraschend zu einem weiteren Geständnis: »Ich bin kein Mensch, ich bin ein Ungeheuer. Vier andere Frauen habe ich auch noch umgebracht. Diese Geständnisse werde ich auch noch machen. Es muß nicht heute sein, ich muß erst noch mit meinem Rechtsanwalt sprechen. Ich muß das Finanzielle mit ihm regeln. Über die Geständnisse will ich an Geld kommen, weil ich zur Zeit pleite bin. Das Geld soll für meinen Sohn sein.«

Erich Bukowski und Klaus Ruckriegel staunten nicht schlecht. Erst wollte dieser Mann keinen Mord begangen haben, dann sollten es gleich fünf gewesen sein. Thorsten Rupp zeigte nun ein völlig verändertes Verhalten: Er sprach in längeren Sätzen, hielt den Augenkontakt. Er wirkte gelöst, aber auch energisch, schien auf ein Ziel hinarbeiten zu wollen. Erich Bukowski wurde neugierig: »Wann soll das denn gewesen sein? Wen haben Sie getötet?«

Thorsten Rupp beharrte auf seiner Forderung: »Dazu sage ich erst etwas, wenn ich mit meinem Anwalt gesprochen habe.«

Klaus Ruckriegel formulierte dennoch eine Frage, die gestellt werden mußte: »Eine letzte Frage noch, Herr Rupp. Haben Sie auch etwas mit dem Tod von Eberhard Malchow zu tun?«

Treuherzig versicherte er: »Das schwöre ich Ihnen, damit habe ich nichts zu tun. Wäre es der Fall, würde ich das über meinen Rechtsanwalt auch gestehen. Ich habe wirklich nichts mit dem Tod von Eberhard Malchow zu tun!«

Man benachrichtigte einen Rechtsanwalt, der wenig später im Polizeipräsidium erschien. Nachdem das Nötigste besprochen worden war, gestand Thorsten Rupp zunächst den Mord an Martina Podelski: »In böser Absicht bin ich in erster Linie nicht hingegangen, sondern wollte sie besuchen, mit ihr quatschen. Aber sie kam mir im Morgenmantel entgegen, da habe ich auf einmal Lust bekommen. Noch im Korridor habe ich mich ausgezogen und bin ins Wohnzimmer rein. Da hat sie sich ganz schön erschrocken. Sie ließ die Vergewaltigung ohne Widerstand über sich ergehen und sagte, daß sie noch mit ihrer Mutter verabredet war und zum Arbeitsamt wollte. Aber weil die mich sowieso verpfiffen hätte, habe ich sie dann umgebracht. Ich wollte dadurch ein bißchen Zeit gewinnen.«

Anschließend bemühte man sich, zunächst zu erfahren, warum er nicht nur die Tat an Martina Podelski, sondern auch noch vier weitere Frauenmorde gestehen wollte. Thorsten Rupp erklärte sich: »Hier war mir erzählt worden, daß ich mich offensichtlich bisher immer der Verantwortung entzogen habe. Darüber habe ich nachgedacht, und mir ist klar geworden, daß das wirklich immer der Fall war. Außerdem bin ich darauf gekommen, daß ich nach Absitzen meiner Strafe mit Gewißheit weiter solche Taten gemacht hätte. Ich meine damit, Frauen zu töten. Das will ich aber selbst nicht mehr. Ich wollte deshalb einen Abschluß machen, indem ich alles, was ich bisher getan habe, erzähle, und damit natürlich auch klar ist, daß ich nie wieder rauskomme. Es würde jetzt sowieso nie mehr so werden, wie es mal war. Ich habe eine Beziehung und ein gemeinsames Kind gehabt, aber das wäre nicht mehr zu halten gewesen.«

Am Nachmittag durfte er seine Freundin anrufen. Ricarda Malchow sollte für ihn Kleidung bereitlegen, die wenig später von Kriminalbeamten abgeholt werden würde. Nach diesem fünfminütigen Gespräch überraschte er die Ermittler mit einem weiteren Geständnis: »Den Eberhard Malchow habe ich auch umgebracht. Und dann war da noch meine Vermieterin, die Frau Schlagheck. Ich werde dazu aber erst etwas sagen, wenn ich mit der Presse ins Gespräch gekommen bin.«

Nachdem Thorsten Rupp sich gewinnbringend an den *STERN* und *RTL* verkauft hatte, legte er in den folgenden Tagen eine Lebensbeichte ab. Auf 284 Seiten Vernehmungsprotokoll waren seine Bluttaten schließlich nachzulesen. Eine Chronik des Grauens: Am 13. Oktober 1983 erwürgte er seine Vermieterin. Er war pleite, hatte in der Wohnung der vermögenden 77jährigen größere Bargeldbeträge vermutet. Dabei war er mit äußerster Brutalität vorgegangen: Bei der Obduktion wurden unter anderem ein Bruch des Brustbeins sowie Rippenserienfrakturen festgestellt. Am 24. November 1983 der nächste Mord: Thorsten Rupp erstickte eine 22jährige Studentin, nachdem er sie vergewaltigt hatte. Nur eine Woche später stieß er eine 85jährige Spaziergängerin zu Boden, um ihre Handtasche zu rauben. Er steckte einen 100-Mark-Schein ein und ließ das schwer verletzte Opfer liegen, das wenig später an Unterkühlung und massiven Kopfverletzungen verstarb. Er machte weiter. Eine 62jährige Frau vergewaltigte er in den Morgenstunden des 24. Dezember 1983 und ertränkte sie anschließend in einem nahe gelegenen Kanal.

Im April 1985 wurde Thorsten Rupp wegen Vergewaltigung, räuberischen Diebstahls und Körperverletzung für fünf Jahre ins Gefängnis gesteckt. Das Morden hatte ein Ende – vorerst. Doch schon wenige Wochen nach seiner vorzeitigen Entlassung wegen »guter Führung« vergewaltigte er im Oktober 1990 eine 58jährige Rentnerin in deren Wohnung und ertränkte die Frau in der Badewanne. Kurz vor seiner Festnahme dann die Morde an Eberhard Malchow und Martina Podelski.

Knapp zwölf Jahre lang hatte Thorsten Rupp unbehelligt und erbarmungslos getötet. Der gefährlichste Serientäter der Berliner Nachkriegsgeschichte hatte in der gesamten Stadt immer wieder gemordet – und niemand hatte es gemerkt. Hätte man nicht schon viel früher auf Tatzusammenhänge stoßen können, vielleicht sogar stoßen müssen?

Thorsten Rupp tötete zunächst ausschließlich ihm völlig fremde Frauen auf ganz unterschiedliche Art und Weise: durch Erwürgen, Ersticken, Ertränken. Auch ließ diese Mordserie kein einheitliches Motiv erkennen: Mal trieb ihn die Gier nach Sex, mal brauchte er Bares. Sehr ungewöhnlich für einen Serienmörder. Ferner wurde der Mord vom 24. Dezember 1984 als solcher gar nicht erkannt: Der Fall der 58jährigen Renate Vogel, deren Leiche nach drei Wochen im Zustand der fortgeschrittenen Verwesung gefunden worden war, wurde als »Badewannen-Unfall« zu den Akten gelegt. Zudem wiesen die Opfer keine übereinstimmenden Merkmale auf, waren zwischen 22 und 85 Jahren alt. Ein Zusammenhang war einfach nicht herzustellen. Typisch für einen *Serien-Dispositionsmörder*.

Und doch hätte diese Mordserie gar nicht stattfinden dürfen, wäre zu verhindern gewesen. Denn: Schon nach dem ersten Mord an der 77jährigen Erika Schlagheck hatte die Berliner Mordkommission einen Verdächtigen vernommen. Es war Thorsten Rupp. Er hätte einer der Hauptverdächtigen sein können, da er reichlich vorbestraft und bei dem Opfer mit einigen Monatsmieten in Rückstand geraten war. Doch er hatte alles abgestritten und war wieder nach

Hause geschickt worden. Schließlich hatte man bereits einen Tatverdächtigen, der sich gefügiger zeigte: den damals 20jährigen Markus Dünnebier, der wie das Opfer in der Silbersteinstraße 71 in Berlin-Neukölln gewohnt und dessen Fingerspuren man am Tatort gefunden hatte. Das Motiv erklärte ein Brief, den man in der Wohnung des Opfers sichergestellt hatte. Der Adressat: Markus Dünnebier. Ihm war darin unmißverständlich mitgeteilt worden: »Ich fordere Sie auf, die Miete für den Monat August zu bezahlen (...) und das geliehene Geld. (...) Wenn Sie nicht zahlen können, geben Sie sofort die Wohnungsschlüssel ab. Ich habe mich in Sie getäuscht.«

Markus Dünnebier zeigte sich den Vernehmungen nicht gewachsen, gestand schließlich einen Mord, den ein anderer begangen hatte. Dann widerrief er. Obwohl der Tatablauf im Detail nicht hatte geklärt werden können, glaubte ihm das Landgericht Berlin nicht, sondern hielt ihn für den Mörder: »Nach Überzeugung der Kammer hat der Angeklagte sich nicht fälschlich dieser Tat bezichtigt, da hierfür keine Anhaltspunkte ersichtlich sind.« Man schickte ihn am 14. März 1984 hinter Gitter, erst nach sechs Jahren kam er wieder auf freien Fuß. Ein Justizskandal? Es gab sicher gute Gründe, diesen Mann zu verurteilen; nicht nur wegen seines Geständnisses. Aber man hatte sich zu schnell von diesem »Erfolg« blenden lassen, die schwache Persönlichkeit dieses Mannes falsch eingeschätzt. Leider kein Einzelfall. Im Rahmen meiner Forschungsarbeit stieß ich auf drei weitere Fälle, in denen Unschuldige verurteilt worden waren und viele Jahre im Gefängnis hatten zubringen müssen – bis man auf den tatsächlichen Mörder stieß. Damit nicht genug. Zwei weitere Verdächtige waren fälschlicherweise unter Mordanklage gestellt worden, die Verfahren endeten gottlob mit einem Freispruch.

Überwiegend trostlos, freudlos, aber ereignisreich verlief das Leben von Thorsten Rupp. Er wurde 1961 in Berlin als sechstes von insgesamt sieben Kindern geboren. Seinen Vater, der als Motorenschlosser für das finanzielle Auskommen der Großfamilie schuftete, erlebte er als »fleißigen, ordentlichen und ehrgeizigen« Mann. Seine Mutter hingegen kannte er nur vom Hörensagen: Sein Vater schimpfte sie bei jeder sich bietenden Gelegenheit eine »Drecksau«; als Thorsten Rupp gerade mal zwei Jahre alt war, hatte sie sich einfach davongemacht. Der Kontakt brach danach völlig ab. Nach der Scheidung fand sein Vater schnell eine neue Lebensgefährtin, die bald bei ihm einzog. 1973 wurde geheiratet.

Mit der Stiefmutter wußten aber weder er noch seine Geschwister etwas anzufangen. Schlimmer noch. Sie erwies sich als strenge und unnachgiebige Erzieherin, die »wie auf einem Thron saß«. Spätabends, wenn sein Vater nach der üblichen Kneipentour betrunken nach Hause kam, erzählte sie ihm von den Ungezogenheiten der Kinder. Wie ein »dunkles Tribunal« sei das gewesen: »Er kam oft besoffen zurück von der Arbeit, meckerte und nörgelte viel rum, war sehr aggressiv. Wenn wir was ausgefressen hatten, gab es in der Regel massive Schläge. (...) Die Erziehung war hart. Mein Vater behauptete auch von sich, er sei hart. Manchmal stellte er uns auch die Frage: Was ist euer Vater? Darauf mußten wir dann antworten: hart.« Das Verhältnis zu seinem Vater war geprägt von Haß und Zorn: »Ich wollte meinen Vater erschießen, das hätte ich auch mal tun sollen, da hätte es wenigstens den Richtigen getroffen.«

Als 7jähriger wurde Thorsten Rupp nach »entwicklungsbedingter Zurückstellung« eingeschult, mußte während der Grundschulzeit eine Klasse wiederholen, wurde anschließend in die Sonderschule gegeben. Schon in dieser Zeit entwickelte er erhebliche kriminelle Energie: »Als ich damals von der Grundschule in die Sonderschule kam, fing gleichzeitig mein Hang zur Kriminalität an. Ich fand einfach keinen Spaß an schulischer Leistung, war mehr auf Abenteuer aus. Auch hatte ich mit dem Lernen Schwierigkeiten. Ich hörte zu und hörte zu, konnte es aber nicht im Kopf abspeichern. Das hat mich unheimlich geärgert. Ich denke mir, daß ich deshalb meine Stärke in der Kriminalität aufgebaut habe. Mit einem Klassenkameraden habe ich dann angefangen, in leerstehende, aber auch bewohnte Lauben und Häuser einzubrechen. Die haben wir einfach leergeräumt.«

Thorsten Rupp war nicht der Typ, der Freundschaften pflegte, weder in der Schule noch sonstwo: »Ich bin eigentlich immer gegen den Strom geschwommen. Richtige Freunde hatte ich nie.«

Die Sonderschule verließ er nach der 8. Klasse. Im Juli 1975 verübte er, gerade mal 14, seine erste Gewalttat: Er provozierte grundlos eine Gruppe jüngerer Kinder und verfolgte schließlich einen flüchtenden Jungen. Er stieß ihn dann vom Fahrrad, verlangte Geld. Wegen »versuchter räuberischer Erpressung in Tateinheit mit gefährlicher Körperverletzung« wurde er erstmals verurteilt. Nicht der verhängte Arrest, sondern die Schläge seines Vaters »beeindruckten« ihn.

Dennoch entschloß er sich frühzeitig, seinen Lebensunterhalt nicht durch »ordentliche Arbeit«, sondern durch Einbrüche und Raubüberfälle zu bestreiten: »Nur arbeiten, Verpflichtungen, essen, trinken und schlafen, dazu sich vielleicht auch noch einen Buckel von der Arbeit holen, das konnte das Leben einfach nicht sein. Ich wollte ein abenteuerliches Leben führen, mich nicht verpflichten. Einfach das tun, wozu ich gerade Lust hatte.«

So zerschlug er »aus Wut« die Fensterscheiben seiner Vermieterin mit einer Bratpfanne, drosch auf jeden ein, der ihm »krumm kam«, stieg in Wohnungen ein, in denen es »etwas zu holen gab«, und überfiel auf offener Straße »alte Omis«, raubte deren Handtasche. Es folgten Einbrüche in einen Zigarettenladen, eine Kneipe, eine Detektei. Immer wieder wanderte er in die Jugendstrafanstalt Plötzensee. 1983, im Alter von 22, hatte er bereits vier Jahre und acht Monate Knast hinter sich. Sein Kommentar: »So ging es eigentlich immer rein und raus.« Der typische Lebenslauf eines Gewohnheitsverbrechers.

Mehrfach wurde er verurteilt, konsequent ins Gefängnis geschickt, und doch wurde er immer wieder straffällig. Die vielen Jahre hinter Gittern ließen ihn nach und nach moralisch abstumpfen, innerlich verrohen. Seine Begründung: »Erst nach einiger Zeit habe ich gemerkt, daß das wehgetan hat. Man wird da richtig gefühlskalt, mir war schließlich alles scheißegal. Die Gesetze kennen keine Gefühle, man wird regelrecht auf die Menschheit losgelassen, bei der Entlassung. Was mich unheimlich stört, ist, wenn mir jemand meine Selbständigkeit nehmen will. Als ich 1984 entlassen worden bin, wollte ich auf keinen Fall dahin zurück. Besser einen umbringen, als wieder in diese Hölle. Die gefährlichsten Verbrecher sind doch die, die über Jahre im Knast sitzen und keine Beziehung, vor allem Liebesbeziehungen, nach draußen haben. Jeder Mensch braucht seine Streicheleinheiten, andernfalls kommt man als Raubtier aus dem Vollzug. Wenn mich im Knast einer anmacht, könnte ich den totmachen. Zu verlieren hätte ich sowieso nichts mehr. Ich bin einfach nur ein sensibler Mensch. Wenn mich jemand kränkt, kann ich mich tierisch lange darüber ärgern, und es kann bei mir zu entsprechenden Situationen kommen.«

Thorsten Rupp sah sich also mehr als Opfer denn als Täter. Diese Auffassung vertrat er auch in einem Brief, den er mir am 24. März 1997 aus der Justizvollzugsanstalt Berlin-Tegel schrieb: »(...) *Außerdem möchte ich Sie darauf hinweisen, daß in meinen Fällen (Tötungen) die negative Entwicklung im Strafvollzug ihren Lauf nahm.*« Er lernte das Leben von Jugend an auf der dunklen Seite kennen, dort, wo Gewalt die Zuneigung, Stärke die Hilfe ersetzt. Er pendelte benommen zwischen zwei Welten. Geborgenheit, Zufriedenheit und Wohlstand, die Ingredienzen der bürgerlichen Welt, versuchte er durch die drastischen Mittel der Gegenwelt zu erhaschen: Egoismus, Gewalt, Mord.

Nach Auffassung des psychiatrischen Sachverständigen bestand bei ihm zudem eine »ungelöste Sexualproblematik«. Bevor er 1991 seine Freundin Ricarda Malchow kennenlernte, war er nicht in der Lage gewesen, tragfähige Beziehungen oder auch nur Kontakte zu Frauen aufzubauen.

Dies war in erster Linie auf seine unterentwickelte, unreife und über viele Jahre hinweg unterdrückte Sexualität zurückzuführen: »Zum ersten Orgasmus kam es in der Badewanne«, erklärte er der Kripo gegenüber, »da war ich so 13 Jahre alt. Ich schraubte die Brause ab und hielt mir den Schlauch an mein Glied. Zuerst wußte ich überhaupt nicht, was jetzt in mir vorgegangen war. Es war so ein gewisses Kribbeln. So kam es dann auch, daß ich es ab und zu wiederholte. Gesprochen habe ich mit niemandem darüber. Ich kann mich nicht daran erinnern, daß meine Eltern jemals über Sexualität gesprochen haben. (...) Als mir richtig klar wurde, was das für ein Erlebnis war, da war ich bereits 16 Jahre alt. Irgendwo und auch bewußt habe ich das zum Tabuthema gemacht. (...) Als ich dann zum ersten Mal inhaftiert wurde und überall die nackten Frauen rumhingen, ging das Onanieren richtig los. Es kam auch schon mal früher dazu, daß ich nach Schulschluß meine Schulkameradinnen von hinten an die Brüste gefaßt habe. Ich möchte aber mal behaupten, mehr aus Neugier und nicht zum Aufgeilen. Dann habe ich mich in eine Schulkameradin verliebt. Für mich brach eine unbeschreibliche Gefühlswelt aus, ich habe mich gleich in sie verknallt und träumte von einer gemeinsamen Zukunft. Allerdings gab mir das Mädchen einen Korb.«

Schon als Jugendlicher war er konsequent dazu übergegangen, Frauen mit Gewalt gefügig zu machen: »Im Jahr 1979 muß das gewesen sein. Da habe ich in der Seestraße in einer Kneipe gesessen, in der meine Schwester hinter dem Tresen stand. Es kam eine Frau herein, die sich irgendwie merkwürdig benommen hat; außerdem war sie betrunken. Ich weiß zwar heute nicht mehr, was mich an ihr reizte, irgend etwas reizte mich aber an ihr. Beim Verlassen der Kneipe hatten sich meine Schwestern noch einen kleinen Schabernack mit der Frau erlaubt, indem sie die Frau mit Schneebällen bewarfen und sie schubsten. Das hatte ich dann auch ausgenutzt und faßte der Frau von hinten unter den Rock, in ihren Slip und hatte zwei Finger in ihrer Scheide. Auf dem Weg nach Hause verfolgte ich sie dann auch noch ein Stück und versuchte sie dazu zu bewegen, mit mir zu schlafen. Sie hat aber völlig verängstigt reagiert und später eine Anzeige bei der Polizei gemacht. Mit den Scheißweibern hat das nie richtig geklappt!«

Frauen wurden für ihn schließlich zu beliebigen Gewalt- und Sexualobjekten, zu »Freiwild«. Hatte er nicht genügend Geld, um sich in einem Bordell schadlos zu halten, nahm er sich mit Gewalt, wonach ihn verlangte: »Die nimmst du dir jetzt!«

Er war einfach nicht in der Lage, sein sexuelles Verlangen, wie auch sein Bedürfnis nach Zuwendung und Geborgenheit, offen auszudrücken und partnerschaftlich auszuleben: »Durch meine ewigen Inhaftierungen hatte ich nie eine Beziehung zu Mädels gehabt. Allerdings steckt man durch die ganzen Abbildungen der Mädels in den Zeitschriften voller Geilheit. Die Tür vom Vollzug geht hinter einem zu, und mit einem Mal sieht man die ganzen geilen Mädels vor sich. Ein Mädel zu bekommen, ist ja nicht einfach, Geld für eine Nutte hat man nicht. Geil ist man, von Brutalität ist man auch schon geprägt. Also nahm ich mir das, was ich wollte. (...) Ich bezeichne mich als Mann, der sich seine Sehnsüchte und Lustgefühle auf brutalste Art einfach holte, weil ich anders meine Gefühle gar nicht hätte befriedigen können.«

Verzweifelt versuchte er, durch seine sexuell motivierten Verbrechen eine imaginäre Brücke zu schlagen, die doch immer wieder zusammenkrachte: »Vergewaltigung ist etwas anderes als Raub oder Raubmord. Mir hat es auch nicht gefallen, jemanden zu verletzen oder umzubringen, weil ich ja auch den Wunsch nach Zärtlichkeit hatte.«

Seine außergewöhnliche Brutalität offenbart insbesondere der Mord an der Pfarrerstochter Sabine Majak im November 1983: Nachdem er in der Kneipe »Silberstein-Eck« in Berlin-Neukölln ordentlich gezecht hatte, machte er sich gegen 2 Uhr auf den Heimweg; seine Wohnung war keine 500 Meter entfernt. Kurz vor seiner Wohnung bemerkte er die 22jährige auf der anderen Straßenseite. Schnell stand sein Entschluß fest: »vergewaltigen und totmachen«. Er wechselte auf den rechten Bürgersteig, ging etwas schneller und holte die junge Frau wenig später ein. Dann drängte er sie in eine Auffahrt. Als Sabine Majak sich zu wehren begann und um Hilfe schrie, schlug er ihr mit der Faust ins Gesicht. Blut quoll ihr aus Mund und Nase. Er packte die völlig verängstigte Frau, schlang ihr seinen rechten Arm um den Hals und schleppte sein Opfer so auf einen schräg gegenüberliegenden Kinderspielplatz.

Hier mußte die junge Frau sich neben einer Rutsche auf den Rücken legen. Er riß Sabine Majak die Kleider vom Leib, öffnete seinen Hosenschlitz und versuchte den Geschlechtsverkehr. Das klappte nicht: zuviel Alkohol, zuviel Aufregung. Anschließend zwang er sie, ihn mit der Hand zu befriedigen. Danach setzte er sich rittlings auf die immer noch auf dem Rücken liegende Frau, legte seine kräftigen Hände um ihren Hals und drückte zu. Er wollte sie töten, »um nicht gekriegt zu werden«. Er würgte die junge Frau, die verzweifelt um ihr Leben bettelte, bis sie das Bewußtsein verlor. Dann sprang er auf und trat der Bewußtlosen mehrmals kräftig gegen die Schläfe, um »den Tod sicher zu machen«. Da Sabine Majak kein Lebenszeichen mehr von sich gab, hielt er sie für tot. Er zog die Frau nun einige Meter tiefer auf das Gelände des Spielplatzes, damit der Körper von der Straße her nicht so leicht entdeckt werden konnte. Zusätzlich begann er, ihn mit Sand zu bedecken. Da ihm dies jedoch »zu mühselig« wurde, begnügte er sich damit, Sand auf den Kopf und den Schambereich der Frau zu werfen. Was er nicht wußte:

Sabine Majak lebte zu diesem Zeitpunkt noch. So wurde sie lebendig begraben, erstickte später qualvoll an dem eingeatmeten Sand. Seine Gemütsverfassung zum damaligen Zeitpunkt faßte er in einem Satz zusammen: »Da war ich so brutal wie nie in meinem Leben.«

Fall für Fall wurden während der Hauptverhandlung durch Gerichtsmediziner die Ergebnisse der Obduktionen vorgetragen. Unappetitliche Details, die die Brutalität dieses Mannes ahnen lassen: Brüche der Kehlkopfhörner, Serienrippenbrüche, Frakturen des Brustbeins, Brillenhämatome, Blutungen zwischen den Gehirnhäuten und Blutungen in der Magenschleimhaut.

Die Taten dieses Mannes beruhten nicht auf einem Affektstau, wie sie etwa im Rahmen einer bestehenden Partnerbeziehung typisch sind. In keinem Fall hatte sich zuvor eine erhebliche Spannung aufgebaut, die sich in der Tat entlud. Vielmehr war der Tod der Opfer zumindest unmittelbar vor den Taten, teilweise sogar längere Zeit zuvor beschlossene Sache: »Ich wußte, daß die Frau Schlagheck die Hausbesitzerin war, und vermutete Geld bei ihr. Ich vermutete keine bestimmte Summe, aber eben Geld. Ich habe mich dann entschlossen, zu ihr hinzugehen, unter dem Vorwand, Miete bezahlen zu wollen. Das sollte aber nur ein Vorwand sein, um in die Wohnung reinzukommen. Ich hatte da aber schon die Absicht, sie auszurauben und sie umzubringen. Ich wollte damit die Möglichkeit geringhalten, gekriegt zu werden.«

Thorsten Rupp war sicher kein »Lustmörder«. Das innere Erleben, die sexuelle Befriedigung waren nicht an die angewendete Gewalt gekoppelt; seine Taten waren auch nicht von sadistischen Merkmalen geprägt. Er mordete, weil er es für »notwendig« hielt: »Erst mal bin ich ja regelrecht meinem Trieb gefolgt, ich meine meinem Sexualtrieb. (...) Das Töten war dann eine Notwendigkeit, weil sie mich ja vorher gesehen hatten.« Eine Notwendigkeit, an die er sich schnell gewöhnt hatte: »Wenn ich so zurückdenke, dann sehe ich das so, daß dieser Tag mit Frau Schlagheck *der Tag X* gewesen ist, mit dem ich ins Wackeln gekommen bin. So folgte dann ein Schritt nach dem anderen. Der erste Schritt war mit Frau Schlagheck getan, dann kam die Geilheit. Dann habe ich die Sabine gesehen, und dann kam es zu diesem Fall. Die späteren Taten habe ich dann aus Kaltblütigkeit begangen. (...) Ich ging dann viel sicherer an die Sache ran. Ich hatte überhaupt oder richtiger gesagt, fast gar keine Hemmungen mehr. Das hat mich hinterher auch gar nicht mehr so groß bewegt.«

Ein Menschenleben zählte nicht mehr, Mord war für diesen Mann zur Routine geworden: »Bei der alten Frau in Reinickendorf ging gar nichts in mir vor, das war so nebenbei ein schneller Biß gewesen, um an Geld zu kommen. Bei der Frau im Kanal bin ich nur meinem Trieb gefolgt. Ich kann heute gar nicht mehr sagen, ob die Sache geplant war oder sich aus der Situation ergeben hat. Als ich sie dann aber auf der Straße gesehen habe, war klar: vergewaltigen und totmachen.«

Thorsten Rupp sah sich als »Menschenjäger«, der bedingungslos seinem Trieb folgte, aber auch selber »gehetzt«, zum »Gejagten« wurde: »Als ich der Sabine gefolgt bin, da war eine innerliche Erregung, gemischt mit Angst. Die Erregung ist eine sexuelle, die Angst ist, gekriegt zu werden oder daß es nicht klappt. (...) Ich kam mir vor wie ein Gejagter. Erst der Fall mit Frau Schlagheck und dann der mit der Sabine, beides in der Silbersteinstraße. Das hätte man zusammenführen können. Und auch meine Schwester hätte einen Verdacht haben können. Erst meine Hausvermieterin und dann in meiner Straße eine junge Frau.«

Dieser Mann hatte die Tür zu seiner Seele fest verrammelt, kannte kein Erbarmen. Das Flehen seiner Opfer, die verzweifelt um ihr nacktes Leben bettelten, ignorierte er: »Aus heutiger Sicht kann ich mir manches vorstellen, aber aus damaliger Sicht habe ich mich überhaupt mit keinem Gedanken getragen. Ich hatte nur an mich selbst gedacht. (...) Ich hatte zu viele eigene Probleme, um auch noch über die Leiden anderer nachzudenken. Ich empfand nichts für meine Opfer, außer vielleicht ein bißchen für die kleine Martina.« Eine Mimose aus Stahl. Ein Mann mit zwei Gesichtern: Narziß und Schmollmund. Thorsten Rupp ließ sich bei seinen scheußlichen Taten nur von einem einzigen Gedanken leiten: »Vergewaltigen, töten und dann nachsehen, ob etwas zu holen ist.« Und seine Gier war noch lange nicht gestillt: »Ich hätte weitergemacht!«

Die Staatsanwaltschaft warf Thorsten Rupp »Menschenverachtung und Gefühlskälte« sowie »grausame Mißhandlungen« der Opfer vor.

Der psychiatrische Gutachter hingegen attestierte ihm eine »niedrige Frustrationsgrenze« und »emotionale Instabilität«. Keinesfalls habe er einen hochabnormen Täter, sondern einen erstaunlich normalen, manchmal sogar liebenswürdigen Mann mit »Teddybär-Charme« angetroffen. Thorsten Rupp sei trotz seines niedrigen Intelligenzquotienten von 72 keinesfalls doof, sondern durchaus in der Lage, nachzudenken und über sein Leben zu reflektieren. Er sei nie gefördert worden, habe keine Erziehung genossen, sondern sei in einem Klima von Härte, Strenge und Mißhandlung aufgewachsen. Soziale Ausgrenzung in der Schule, fehlende Zärtlichkeit und Schwierigkeiten mit dem anderen Geschlecht hätten den einst lebensfrohen jungen Mann auf die schiefe Bahn gebracht. Thorsten Rupp sei ein »asozialer Notzüchter«, bilanzierte er. Der Gerichtsgutachter kritisierte aber auch ein früheres Gutachten, in dem lediglich auf Thorsten Rupps Alkoholprobleme eingegangen worden war. »Es ging nur ums Saufen«, scholt er seine Kollegen. Kein Wort zu seinen sexuellen Problemen, keine Therapie, die ihm wirklich half, dafür aber eine »wunderbare Entlassungsbescheinigung«. Thorsten Rupp schien diese Charakterisierung durchaus gefallen zu haben, er hatte dem Gutachter aufmerksam zugehört, nur hin und wieder mit dem Kopf geschüttelt.

Nach nur sieben Verhandlungstagen verkündete der Vorsitzende Richter der 36. Großen Strafkammer des Berliner Landgerichts »im Namen des Volkes« die Entscheidung: »Zweimal lebenslänglich und anschließende Sicherungsverwahrung wegen fünffachen Mordes, Totschlags, Raubes mit Todesfolge, mehrfacher Vergewaltigung und Brandstiftung«. Das war sicher die einzig mögliche Antwort des Gesetzes auf das Morden dieses Mannes. Es waren grauenhafte Taten, Thorsten Rupp hatte mit mörderischer Konsequenz gehandelt und jeden Menschen, der ihn hätte belasten können, einfach umgebracht. Frühestens nach 25 Jahren könnte er entlassen werden. Noch kurz vor seiner Verurteilung stellte er eine düstere Prognose: »Im Grunde genommen schlummert in mir eine Gefahr, das ist mir bewußt, ich kann auch nicht sagen, wenn ihr mich rauslaßt, wird es nicht mehr passieren, im Gegenteil.«

Möge man sich diese Drohung rechtzeitig in Erinnerung rufen.

KAPITEL 7

Drachen und Drachentöter

Der Begriff »Chiffre« ist unter anderem als Synonym für geheime Schriftzeichen gebräuchlich. Es werden Mitteilungen so verschlüsselt, daß sie den tatsächlichen Inhalt einer Nachricht nicht erkennen lassen. Bei »chiffrierten« Tötungen verhält es sich ähnlich: Der Mörder tötet symbolisch, codiert sein Handlungsmuster, sein Motiv. Manchmal bewußt, manchmal unbewußt. Er teilt sich mit, ohne daß man seine Botschaft dechiffrieren, deuten oder verstehen könnte. Solche Taten erscheinen zunächst motivlos, rätselhaft, dunkel.

Manfred Gerlach tötete nach diesem Prinzip, erwürgte und erdrosselte drei Frauen: am 5. Oktober 1988 in der Nähe von Amöneburg-Roßdorf, einer kleinen Gemeinde bei Marburg, eine Anhalterin; am 8. September 1989 und knapp vier Wochen später zwei Prostituierte, jeweils in Frankfurt am Main. Die Opfer waren von dem Zwei-Meter-Hünen weder vergewaltigt noch sonst sexuell mißbraucht worden. Der 21jährige Postassistent konnte bei seinen polizeilichen Vernehmungen zunächst kein plausibles Motiv angeben, beschrieb aber seine Empfindungen unmittelbar vor den Tötungsakten: »Das kam eigentlich von innen raus, da war so ein Kribbeln. Das war kein rationaler Entschluß, *irgendwie aus dem Unterbewußtsein heraus.* Dieses Kribbeln im Bauch war eher unangenehm, weil es eigentlich nicht meinem Typ entspricht, daß ich mich nicht beherrschen kann. Ich kann diesem Drang nicht entgegenwirken, habe dabei eine Ohnmacht gegenüber mir selbst gespürt.«

Erst einige Zeit später, bei der sogenannten psychiatrischen Exploration, kam Licht ins Dunkel: »Den Drang zu würgen habe ich dann als absoluten Zwang empfunden. Im Moment des Würgens haben mir die Opfer nicht leid getan, hinterher aber schon. Für mich waren die Opfer quasi Ersatzobjekte.« Die Opfer standen stellvertretend für seine Freundin, die ihn zuvor über einen längeren

Zeitraum hinweg betrogen und gedemütigt hatte. Darüber war zwischen den beiden auch gesprochen worden, aber er hatte Enttäuschung und Erniedrigung nicht verwinden können: »Ich war in ständiger Spannung, konnte das nicht verdrängen.« Schließlich wollte er seine ungezügelten Aggressionen nicht länger zurückhalten, begann zu töten. »Ich habe dabei eine ungeheure Wut verspürt«, erklärte er, »auf meine Freundin.«

Gelegentlich münden solche Beziehungsdramen in die Tötung des Intimpartners. Hier war es anders. Manfred Gerlach nahm sich Opfer, die ihn nicht kannten, die er nicht kannte. Sie »erinnerten« ihn lediglich an seine Freundin. Das genügte. Dann wurde »der Drang zu würgen« so gewaltig, daß er diesem nicht mehr viel entgegenzusetzen hatte; sicher auch begünstigt durch ein »hirnorganisches Psychosyndrom«, das bei ihm diagnostiziert wurde. Seine Freundin, die Ursprung allen Übels gewesen sein sollte, verschonte er indes. Seine Erklärung: »Ja, aber ich habe sie gleichzeitig auch sehr geliebt, ich hätte ihr nie etwas tun können. (...) Das hängt mit der starken gefühlsmäßigen Bindung zusammen, mit dem Zugehörigkeitsgefühl zu ihr!«

Wir begegnen hier einem Phänomen, das bei seriellen Tötungen selten zu beobachten ist. Beim »chiffrierten Mord« findet ein psychodynamisch brisanter Verschiebungsprozeß statt; unbewältigte feindselige Gefühle des Täters werden bewußt oder unbewußt auf andere Personen projiziert. Die Opfer haben dabei lediglich eine Sündenbock-Funktion, symbolisieren und aktualisieren ein beim Angreifer bereitliegendes Konfliktpotential: durch bestimmte Verhaltensweisen, durch ihr Aussehen, durch unbedachte Äußerungen. Häufig resultieren Wut und Haß des Täters aus langjährigen Beziehungen, die er als erniedrigend, kränkend oder demütigend empfindet, aber aufgrund seiner abnormen Persönlichkeitsstruktur nicht ausagieren kann. Probleme werden hinuntergeschluckt, aber nicht verdaut. Zudem verhindern extreme Verlassenheitsängste und eine tiefe emotionale Bindung an den Aggressor ein Ausbrechen aus dieser symbiotischen, mitunter auch fatalistisch gedeuteten Beziehung. Die herrische Mutter wird dennoch geliebt, der prügelnde Vater besitzt zuviel Autorität, an der untreuen Partnerin wird unverdrossen festgehalten. Konflikte werden nicht ausgelebt, sondern speisen ein stetig wachsendes Aggressionspotential, münden in versteckte Feindseligkeit.

Chiffrierte Tötungen sind im wesentlichen auf ein episodenhaftes Versagen der Impulskontrolle zurückzuführen und werden vielfach von destruktiv-sadistischen Tatelementen durchdrungen. Voraussetzungen sind tatzeitnahe Versagenserlebnisse, Zurückweisungen oder depressive Verstimmungszustände. Belegbar ist dieses Handlungsmuster auch durch spezifische Opferdispositionen, also durchgängig vorliegende bestimmte Verhaltensweisen oder Eigenschaften der Leidtragenden. Diese trifft es dann völlig unvermittelt, ein äußerer oder innerer Tatanlaß ist zunächst nicht erkennbar. So erstach beispielsweise der 24jährige Markus Richter Ende der 80er Jahre in Bochum und Hattingen zwei junge Frauen, zwei weitere Opfer überlebten seine Messerattacken. Als ich ihn vor einiger Zeit im Westfälischen Zentrum für Forensische Psychiatrie in Lippstadt-Eickelborn besuchte, erklärte er mir, warum er immer wieder losgezogen war, um Frauen »abzustechen«: »Meine Familie hat mir alles bedeutet. Und dann hat mein Vater diese Schlampe kennengelernt, hat sich wegen ihr von meiner Mutter getrennt. Ich war wie vor den Kopf gestoßen, konnte es nicht fassen. Gehaßt habe ich sie. Aber ich konnte meine Gefühle nicht loswerden. Meinem Vater wollte ich es nicht, ihr durfte ich es nicht sagen. Als es dann überhaupt nicht mehr ging, bin ich losgegangen und habe auf junge Frauen eingestochen, die *ihr* ähnlich sahen.«

Tatsächlich ähnelte das äußere Erscheinungsbild der Opfer dem des eigentlichen Aggressors, der Freundin seines Vaters. Markus Richter erlebte die Taten rauschhaft, mechanisch stach er immer wieder auf seine Opfer ein: »An die Taten selber kann ich mich eigentlich nicht erinnern. Da war nur diese Wut. Mir war es auch egal, ob da Leute in der Gegend waren. Das konnte mich auch nicht davon abhalten. Irgendwann bin ich dann wieder zu mir gekommen, sah das Blut an meinem Messer.« Den unbedingten Tötungswunsch hatte er nicht mehr länger verdrängen wollen, ihm freien Lauf gelassen. Wie Manfred Gerlach: ... *irgendwie aus dem Unterbewußtsein heraus.* Typisch für solche situativ-aggressiven Handlungsmuster ist auch die Fassungslosigkeit, die emotionale Erschütterung der Täter nach dem Tötungsakt. Dieses rauschhafte Erleben der Tat kann sogar sogenannte amnestische Episoden hervorrufen, häufig können die Täter sich deshalb nicht an das unmittelbare Tatgeschehen erinnern. Zu Tatwiederholungen kommt es in solchen Fällen immer dann, wenn der eigentliche innere Konflikt fortbesteht, ungelöst bleibt. Mord wird dann zur Sisyphusarbeit.

Auch Hans Dahm, ein Mann in den mittleren Jahren aus Hainsacker bei Regensburg, erkannte in seinen Opfern den »Drachen«, als er ihnen seine kräftigen Hände um den Hals schlang, sie zu Tode würgte oder mit einem Kissen erstickte. Das behauptet(e) er jedenfalls: bei der Polizei, einem Psychologen gegenüber, vor Gericht, heute. Das Motiv eines Serienmörders zu ergründen, gleicht nicht selten einem Puzzlespiel. Stück für Stück will es zusammengesetzt werden, bevor es sein häßliches Gesicht offenbart. Dabei erscheinen nicht nur die Tatumstände relevant, vielmehr ist auch der Täter in seinen sozialen Bezügen zu betrachten, sein Lebensweg zu berücksichtigen. So auch hier, in einem der düstersten Kapitel der jüngeren deutschen Kriminalgeschichte.

Hans Dahm wurde 1938 in Kostenblut, einem kleinen Ort in der Nähe von Breslau, geboren. Seine Mutter schuftete als Landarbeiterin auf verschiedenen Gütern der Region. Sie konnte sich kaum um ihren Sohn kümmern. Er wuchs ohne Vater auf, der als vermißt galt, vermutlich im Krieg gefallen war. Seine ersten Lebensjahre verbrachte er an den Arbeitsstellen seiner Mutter, wo er hauptsächlich mit anderen Landarbeiterkindern zusammen war.

In den Kriegswirren des Jahres 1944 floh seine Mutter mit dem damals 5jährigen nach Bayern, wo er schließlich auf dem Bahnhof in Hof alleine aufgegriffen wurde. Ihm war lediglich ein Pappschild mit Namen und Geburtsdatum um den Hals gehängt worden – von seiner Mutter. Die hatte sich einfach davongemacht. Er wurde in einem Waisenhaus untergebracht. Die Jahre von 1947 bis 1953 verbrachte er im Kinderheim »Castell-Windsor«, wo er auch die Volksschule bis zur achten Klasse besuchte. Weder im Heim noch in der Schule hatte er besondere Schwierigkeiten, kam mit den anderen Kindern sowie seinen Erziehern und Lehrern gut aus.

Nach der Schulzeit begann er auf eigenen Wunsch eine Maler-

und Anstreicherlehre. Während dieser Zeit wohnte er in einem Lehrlingsheim in Regensburg. Die Arbeit machte ihm Freude, so daß er schließlich 1957 die Gesellenprüfung mit gutem Erfolg ablegte. Hiernach fand er in einem Regensburger Unternehmen als Anstreicher für drei Jahre eine feste Anstellung. Um etwas mehr verdienen zu können, verdingte er sich danach für ein Jahr als Knecht in der Landwirtschaft. Er malochte bei einem Bauern in Hainsacker, einem Dorf in der Nähe von Regensburg.

Wenig später lernte er die 16jährige Marianne Beckmann kennen, die er im Mai 1963 heiratete. Für seine Frau war es eine ausgesprochene Liebesheirat; sie bewunderte den gutaussehenden Mann, der sich zu benehmen wußte, ruhig, freundlich und zuvorkommend war, sogar Klavier spielen konnte, und der, anders als die übrigen Dorfburschen, Hochdeutsch sprach. Er selbst jedoch empfand anders: Für ihn war es mehr eine Flucht in die Ehe, getragen von dem Wunsch, endlich ein Zuhause mit Familienanschluß zu finden.

In den Jahren 1966 und 1969 wurden zwei Söhne geboren. Er kümmerte sich selten um die Erziehung der Kinder, war seinen Söhnen insgesamt aber ein freundlicher, gutmütiger und warmherziger Vater. Seiner Frau überließ er auch die übrigen Dinge des Familienalltags, insbesondere Verwaltung und Einteilung der Finanzen. In der Dorfgemeinschaft war er ein durchaus angesehener Mann. Nicht zuletzt deshalb, weil er für seinen Fußballverein so manches spielentscheidende Tor erzielt hatte. Obwohl er gemeinsam mit seiner Frau regelmäßig an Kegelabenden teilnahm und bei geselligen Abenden selbstverfaßte Gedichte zum besten gab, war Hans Dahm doch mehr der introvertierte Einzelgänger. Selten zeigte er Gefühle oder ging aus sich heraus, beteiligte sich kaum aktiv an Gesprächen. Nur gelegentlich gab er seine freundliche, ruhige Zurückhaltung auf, konnte dann urplötzlich aggressiv werden. Wenn er sich ungerecht behandelt fühlte, ließ er es aber grundsätzlich bei einem kurzen Wutausbruch bewenden und zog sich alsbald wieder in sein Schneckenhaus zurück. In der Sozialgemeinschaft schätzte man ihn als freundlich-zuvorkommenden und ordnungsliebenden Familienvater. Er versuchte in aller Regel bei seinen Mitmenschen nicht »anzuecken«, sondern diese vielmehr durch sein gewinnendes Wesen für sich einzunehmen. So galt er durchweg als zurückhaltender, aber sympathischer Typ.

Bereits nach der Geburt des ersten Sohnes und verstärkt nach dem zweiten Kind begann es in der Ehe zu kriseln. Die Ursache für die wohl schon von Beginn an vorhandenen, aber im Laufe der Jahre immer häufiger auftretenden familiären Dissonanzen war in erster Linie finanzieller Natur. Er empfand es als demütigende Bevormundung, daß er während der ersten Ehejahre von seiner Frau lediglich ein knapp bemessenes wöchentliches Taschengeld zugeteilt bekam, fühlte sich schlecht behandelt und zurückgesetzt; etwa wenn er wegen seiner Hobbys wie Briefmarken- und Münzensammeln kritisiert oder die Anschaffung einer Heimorgel untersagt wurde – zu teuer. Aus diesem Grund verdiente er sich durch schwarze Maler- und Tapezierarbeiten etwas Geld dazu. Um eine gewisse finanzielle Selbständigkeit und Unabhängigkeit zu erreichen, behielt er jeweils einen Teil dieses Geldes für sich, ohne seiner Frau davon etwas zu sagen. In der Folgezeit beging er einige kleinere Diebstähle und verfälschte auch einen Gehaltsscheck seines Arbeitgebers: Aus 400 Mark wurden 14 000 Mark. Die Sache flog auf, er wurde zu einer Geldstrafe vergattert.

Während der gesamten Zeit seiner Ehe zeigte dieser Mann sehr ungewöhnliche Verhaltensweisen. Ohne jede Ankündigung verschwand er einfach für kürzere oder längere Zeit. Er verließ morgens wie üblich das Haus, kehrte schließlich pünktlich gegen Feierabend nach Hause zurück oder blieb gleich mehrere Tage verschwunden. Seiner Frau oder seinem Arbeitgeber blieb er indes eine Erklärung dafür schuldig. Er sprach einfach nicht darüber.

Bei diesen Ausflügen fuhr er meistens mit der Bahn in verschiedene Großstädte wie München, Nürnberg, Augsburg oder Hamburg, stieg dort in Hotels oder Pensionen ab, trieb sich in einschlägigen Bars und Lokalen herum und amüsierte sich bestens. Hatte er sein Geld, an das er zuvor auch durch kleinere Diebstähle oder andere krumme Touren gelangt war, verpraßt, kehrte er nach Tagen oder Wochen reumütig zu seiner Familie zurück. Dann gab er sich zerknirscht, weinte gelegentlich, wenn seine Frau ihm die üblichen Vorhaltungen machte. Er tat dies aber mit einem Achselzucken ab, kümmerte sich nicht weiter darum. Hatte seine Frau bei seinem ersten »Abtauchen« noch eine Vermißtenanzeige erstattet, so verzichtete sie in der Folgezeit darauf. Sie wußte zwar nicht, wo er sich aufhielt, Grund zur Sorge bestand hingegen nicht – das glaubte sie jedenfalls.

Doch auf die Dauer hielt seine Frau seine Eskapaden und die ständigen, mit den Jahren an Heftigkeit zunehmenden Streitereien nicht mehr aus und ließ sich 1986 scheiden. Hans Dahm zog nach Regensburg. Den Kontakt zu seiner Familie brach er gänzlich ab. Seinen finanziellen Verpflichtungen kam er ebenfalls nicht nach, so daß er 1988 durch das Amtsgericht Regensburg wegen Verletzung der Unterhaltspflicht verurteilt wurde. In Regensburg ging er keiner geregelten Arbeit mehr nach, bestritt seinen Unterhalt vielmehr durch Schwarzarbeiten als Maler und Tapezierer, zeitweise auch als Hausmeister. Mit Beginn der 90er Jahre lebte er im wesentlichen nur noch von Sozialhilfe. In Regensburg lernte er seine neue Lebensgefährtin Maria Schaller kennen, die aber aufgrund ihrer langjährigen Alkoholabhängigkeit nur über sehr begrenzte finanzielle Mittel verfügte. Hans Dahm war ständig »klamm«, mußte in verschiedenen Geschäften anschreiben lassen und lieh sich bei Bekannten und Nachbarn kleinere Geldbeträge, um überhaupt über die Runden zu kommen. So manches Mal mußte er in unterwürfiger und entwürdigender Weise um Geld geradezu betteln. Bis hierhin sicher kein gewöhnlicher, aber auch kein sehr ungewöhnlicher Lebenslauf. Irgendwo dazwischen.

Am 26. März 1997 erhielt ich einen Brief, der folgenden Absender trug: Hans Dahm, Äußere-Passauer-Straße 90, 94315 Straubing. Bei dieser Adresse handelt es sich um die Justizvollzugsanstalt Straubing. Dort sitzen »schwere Jungs« ihre langen Haftstrafen ab. Er hatte mir unter anderem folgende Zeilen geschrieben: *»Mein Gewissen war es und der ständige Druck, die Belastung der siebenfachen Schuld, die mich fast erdrückten. (...) Deshalb, nur deshalb habe ich reinen Tisch gemacht und habe alles aus freien Stücken gebeichtet! Ich kann Ihnen offen und ehrlich sagen, daß ich es auch heute noch nicht bereue, daß ich mein Gewissen durch diese Geständnisse erleichtert und somit den Druck von mir genommen habe. Die Schuld an den sieben Tötungsdelikten, die bleibt und kann mir auch keiner abnehmen, denn ich weiß ja, daß ich getötet habe und mich somit schuldig machte. Selbstverständlich bereue ich dies* *alles, all die sieben Opfer, denn ich begreife es bis zum heutigen Tage noch nicht richtig, warum ich dazu fähig war.«*

Hans Dahm war also nicht nur ein Gelegenheitsgauner, sondern offensichtlich auch ein gefährlicher Schwerverbrecher gewesen. Dies war mehr als 19 Jahre lang niemandem aufgefallen: seiner Frau nicht, seinen Kindern nicht, seinen Verwandten und Bekannten nicht, der Polizei auch nicht. Dort galt er als »kleiner Fisch«. Wie war man dem »Würger von Regensburg« schließlich auf die Schliche gekommen?

Im September 1993 hatte man die 85jährige Rentnerin Hildegard Steiner in ihrer Regensburger Wohnung tot aufgefunden. Sie war erwürgt worden. Hans Dahm rückte zwangsläufig in den Kreis der Verdächtigen, da in die Wohnung des Opfers nicht gewaltsam eingedrungen worden war, und er im selben Haus gewohnt hatte. Zunächst konnte man ihm jedoch nichts nachweisen, dennoch hatte man ihn »erkennungsdienstlich behandelt«, also Fotos von ihm gemacht und seine Fingerabdrücke genommen.

Einige Monate später wurden seine Fingerabdrücke in das automatische Fingerabdruck-Identifizierungs-System (AFIS) des Bundeskriminalamts eingegeben, das erst zu Beginn des Jahres 1994 in Betrieb genommen worden war und nunmehr eine bundesweite Recherche ermöglichte. Durch das computerunterstützte AFIS war es erstmals möglich geworden, die Fingerabdrücke eines Verdächtigen wesentlich schneller und auch flächendeckend mit sogenannten kalten Spuren zu vergleichen, also solchen Fingerspuren, die schon viele Jahre zuvor an den verschiedensten Tatorten gesichert worden waren, aber keiner Person hatten zugeordnet werden können. Und man wurde fündig: Die Fingerabdrücke von Hans Dahm stimmten mit den Fingerspuren auf einem Whisky-Glas überein, die der mutmaßliche Mörder der 24jährigen Prostituierten Tanja Michelberger dort hinterlassen hatte. Die junge Frau war am 22. August 1975 in ihrem Appartment auf der Winzererstraße 49a in München erdrosselt worden. Nun war man dem Mörder endlich auf der Spur.

Weitere Ermittlungen der Münchener Mordkommission erhärteten den Tatverdacht gegen Hans Dahm, der schließlich am 7. Juni 1994 festgenommen wurde. Nach und nach gestand er, insgesamt sieben Frauen getötet zu haben: Im August 1975 binnen drei Tagen die 24jährigen Prostituierten Tanja Michelberger und Fatima Böger in München; 1981 die 59jährige Helga Fröhlich, deren Wohnung er tapezieren sollte; 1983 die 67 Jahre alte Rentnerin Maria Huber, mit der er unmittelbar vor der Tat Geschlechtsverkehr hatte; im Jahr darauf die 70jährige Martha Ganghofer, für die er Malerarbeiten zu erledigen hatte; 1992 seine frühere Vermieterin Karla Thoben und schließlich ein Jahr später Hildegard Steiner. Die letzten fünf Opfer ereilte ihr bitteres Schicksal jeweils in Regensburg.

Warum hatte Hans Dahm wieder und wieder Frauen erwürgt, erdrosselt und erstickt? Das Landgericht München erkannte in ihm einen »skrupellosen« Raubmörder: »In allen sieben Fällen handelte der Angeklagte aus Habgier, also einem noch über die Gewinnsucht gesteigerten, abstoßenden Gewinnstreben um jeden Preis, wobei es ihm ohne jede Rücksicht um die dem jeweiligen Opfer gehörenden Barmittel oder sonstige ihm geeignet erscheinende Wertgegenstände ging, welche er sich auf Kosten eines Menschenlebens zueignen wollte. Dieses übersteigerte Gewinnstreben war das unmittelbar tatbeherrschende und bewußtseinsdominante Motiv des Angeklagten für seine Tötungshandlungen, wobei nicht ausgeschlossen ist, daß im Hintergrund noch weitere, mittelbare Antriebe wirksam wurden.«

Das äußere Tatgeschehen stützt diese Auffassung; jedenfalls dann, wenn man es in eine bestimmte Richtung interpretiert. Hans Dahm bot sich seinen Opfern in Regensburg als Maler, Tapezierer oder Teppichverleger an. Er soll seine Opfer zunächst »ausgeforscht« haben, um in Erfahrung zu bringen, wo etwas »zu holen« war. Bei sich ihm bietender Gelegenheit soll er seine Opfer dann »überraschend und unvermittelt« angegriffen haben. In sämtlichen Fällen soll er die Wohnungen der Opfer anschließend durchsucht und mit einer Ausnahme neben Bargeld auch Münzen oder Antiquitäten geraubt haben, die er später zum Teil versetzte. So gesehen ein klarer Fall: Raubmord.

Und doch wollte Hans Dahm kein *Mörder* gewesen sein, wie er mir in vielen Briefen immer wieder versicherte. So schrieb er mir: »*Ich weiß, daß auch Sie Zweifel hegen, genauso wie viele andere auch, wenn ich sage, daß ich mich keinesfalls als Mörder sehe, nein, niemals! Daß ich getötet habe und das gleich siebenmal im Verlauf von 19 Jahren, das ist mir klar, und dafür mußte ich auch verurteilt werden, das sehe ich ein. Doch gemordet habe ich nicht! (...) Und nun frage ich Sie, glauben Sie nicht auch, daß ein Mensch, der sieben Tötungsdelikte aus freien Stücken beichtet, dann nicht auch die Raubabsichten oder den Vorsatz zum Töten gebeichtet hätte, wenn dem so gewesen wäre? Ich kann das nicht, weil ich tatsächlich nicht geraubt und auch nicht mit Vorsatz getötet habe!«* Vielmehr bezeichnete er die Ursache für die Tötung der Opfer als »unglückselige Umstände«.

Es mutet schon ein wenig seltsam an. Da gesteht ein Mann insgesamt sieben schwerste Verbrechen, von denen sogar drei als Tötungsdelikte überhaupt nicht erkannt worden waren: Hans Dahm hatte die Tatorte nämlich so geschickt arrangiert, daß durch den Hausarzt jeweils »natürlicher Tod« bescheinigt worden war. Hätte er zu diesen Taten geschwiegen, wären sie ihm mit größter Wahrscheinlichkeit auch nicht gerichtsfest nachzuweisen gewesen. Und dennoch »beichtete« er. An seiner Täterschaft ließ er dabei nicht den geringsten Zweifel aufkommen, und doch begehrte er beharrlich gegen das ihm »unterstellte« Motiv auf: Tötung ja, Mord nein. Die Bezeichnung »Raubmörder« wurmte ihn derart, daß er die Urteilsschrift Zeile für Zeile durcharbeitete und insgesamt 205 Randbemerkungen setzte, in denen er auf vermeintliche Versäumnisse und Fehleinschätzungen von Polizei, Staatsanwaltschaft, Gutachtern und Gericht hinwies. Er hatte mir diese 207 Seiten umfassende Urteilsschrift zu Forschungszwecken zukommen lassen; ich konnte mich also selbst davon überzeugen. Nicht weniger als 78 dieser Marginalien setzten sich mit dem Motiv für seine Taten auseinander. Die Feststellungen des Gerichts kommentierte er bissig als »gemeine« oder »unwahre Unterstellung«, »Lüge« oder einfach als »Schwachsinn«. Bei jeder sich bietenden Gelegenheit wies er darauf hin, daß er »niemals den Entschluß hatte, die Frauen aus Habgier zu töten«. An dieser Auffassung hielt er auch noch Jahre nach seiner Verurteilung unverdrossen fest.

Warum nur? Hans Dahm hatte seine »lebenslange Freiheitsstrafe« zu Recht erhalten; ob nun Mord oder Totschlag vorgelegen hatte, war hinsichtlich der zu verhängenden Strafe bei sieben Taten unwesentlich – so oder so. Wollte dieser Mann seine Taten im nachhinein vielmehr rechtfertigen, den unbequemen Makel des »Mörders« loswerden? Was meinte er damit, als er schrieb, daß er »auch Opfer dieser sieben Opfer« geworden war? Oder fühlte er sich einfach nur »ungerecht« behandelt? Und was hatte diesen Mann bei seinen Taten nun tatsächlich angetrieben, wenn es keine Raubmorde gewesen sein sollten? Warum hatte Hans Dahm dann getötet? Er selbst gab dazu einen wichtigen Hinweis, als er schrieb: »*Das ist nicht wahr, es lief ganz anders ab, dazu muß man die Vorgeschichte kennen.*« Versuchen wir also, uns den Motiven dieses Mannes auf diese Weise zu nähern.

Schon in jungen Jahren hatte er das Gefühl, das Leben sei ihm »etwas schuldig geblieben«. Nach seiner Vorstellung konnte er seinem schwankenden Selbstwertgefühl nur dann genügen, wenn er ausreichend Geld besaß. Dann konnte er »jemand sein« und »in der Welt etwas darstellen«. Doch meistens besaß er wenig bis nichts; hatte er dann mal Geld, wurde er von seiner Frau so »knapp gehalten«, daß es in seinen Augen letztlich wieder nur »wenig bis nichts war«. Auch aus diesem Grund verschwand er tage- und wochenlang, trieb sich im Rotlicht-Milieu und in Tanzlokalen herum, zeigte sich insbesondere Frauen gegenüber großzügig und spendabel. Großmannssucht trieb ihn – mehr Schein als Sein. Auch beging er eine ganze Reihe von Gaunereien, um seinen finanziellen Hunger zu stillen. So zeigte Hans Dahm Zeit seines Lebens neben einer soliden, ordentlichen und sozial angepaßten Lebensführung immer wieder weniger rationale und egoistische Verhaltensmuster.

Daß Habgier bei den Taten eine Rolle gespielt hatte, steht sicher außer Zweifel. Vielmehr gilt es jedoch zu fragen, welchen Stellenwert dieses Motiv hatte. Und wann hatte er sich dazu entschieden, seine Opfer zu berauben? *Vor* oder *nach* den Tötungsakten? Auffällig erscheint, daß Hans Dahm zumindest vor seinen Regensburger Taten finanziell äußerst schlechtgestellt war. Er verfügte über kein geregeltes Einkommen, hatte ständig Schulden; zudem drückten die Unterhaltsverpflichtungen seiner Frau und seinen Kindern gegenüber. Berücksichtigt man den Umstand, daß Geld für ihn einen enormen Stellenwert genoß, so erscheint Habgier als Motiv durchaus plausibel.

Aber trugen seine Taten auch tatsächlich die unverwechselbare »Handschrift« eines »skrupellosen« Raubmörders? Allen Taten ist gemein, daß entweder geringe Geldbeträge oder sonstige nicht sonderlich profitable Wertgegenstände geraubt wurden: Bei den ersten beiden Taten ein Geldbetrag in unbekannter Höhe, dann 250 Mark und ein Münzalbum, bei seiner vierten Tat 1 000 Mark, danach eine Schmuckschatulle und drei holzgeschnitzte Heiligenfiguren, hiernach vermutlich nichts und bei seiner letzten Tat etwa 70 Mark. Für einen versierten Raubmörder eine kümmerliche Ausbeute.

Eine weitere Besonderheit erscheint erwähnenswert. In einigen Fällen verschmähte er Schmuck und andere Wertgegenstände, offen auf dem Küchentisch liegendes Geld oder Bares, das sich in einem Portemonnaie befand. Das Gericht ging davon aus, daß auf eine Mitnahme verzichtet worden war, »um das Motiv für die Taten zu verschleiern«. Dieser Gedanke erscheint auf den ersten Blick abwegig. Warum sollte der von Habgier getriebene Mörder bestimmte Gegenstände verschmähen, während er andere hingegen mitnahm?

Diese Hypothese mag dennoch auf jene Fälle zutreffen, in denen Hans Dahm nicht nur das Motiv, sondern auch den Mord als solchen zu verschleiern versuchte. So entkleidete er ein Opfer bis auf die Unterwäsche, legte es ins Bett, deckte es zu und faltete die Hände der Frau, um einen natürlichen Tod vorzutäuschen. Es gelang. Einem weiteren Opfer legte er einen Staublappen in die Hand, um den Eindruck zu erwecken, die Frau sei bei der Hausarbeit einem Herzinfarkt oder Schlaganfall erlegen. Dies gelang ebenfalls. In einem anderen Fall drückte er dem Leichnam einen Werbeprospekt in die Hand. Auch hier blieb die tatsächliche Todesursache zunächst unentdeckt. Bei seinem letzten Opfer hingegen täuschte er einen Sexualmord vor, indem er den Unterleib der Frau entblößte und mit den Händen an der Scheide manipulierte. Wenn seine Opfer eines natürlichen Todes gestorben sein sollten, dann durfte natürlich auch das Fehlen bestimmter Gegenstände nicht auffallen. Aus diesem Grund hätte er sich notgedrungen nur auf solche Wertsachen beschränken dürfen, deren Verlust nicht zwingend auffallen würde. Das macht Sinn. Hans Dahm wurde zum Regisseur, die Tatorte zur Kulisse, Opfer und Polizei zu Komparsen. Aufgeführt wurde das Stück des perfekten Verbrechens.

Ein perfider Plan; aber auch nur dann, wenn der Tatablauf von vornherein so beabsichtigt war. Doch gerade in diesem Punkt erscheint das Verhalten dieses Mannes widersprüchlich, bisweilen inkonsequent. Wenn er Raubmorde hatte begehen wollen, warum hatte er nicht solche Opfer ausgewählt, bei denen vermutlich wesentlich mehr »zu holen« gewesen wäre? So wie bei den Callgirl-Morden in München. Und warum hatte er in Regensburg nur solche Opfer ausgewählt, die ihm persönlich bekannt waren? Er hatte hierdurch das Entdeckungsrisiko doch wesentlich gesteigert. Zudem durfte er nicht sicher davon ausgehen, daß ihm die Tötung der Opfer auch so gelingen würde, ohne tatsächlich keine offensichtlichen und auf Fremdeinwirkung hinweisenden Spuren an den Leichen und am Tatort zu hinterlassen. Und warum sollte er sieben Morde riskiert haben, wenn er doch in der Vergangenheit schon auf andere Art und Weise wesentlich einfacher zu Geld gekommen war? Beispielsweise durch Diebstähle oder Betrügereien, bei denen er häufig wesentlich mehr Beute als bei seinen Morden gemacht hatte und die größtenteils gar nicht aufgefallen waren. Das macht keinen Sinn.

Hinzu kommt, daß seine Vorgehensweise für einen multiplen Raubmörder höchst ungewöhnlich ist: erst morden, die Taten dann vertuschen. Einen solchen Modus operandi hat es bei Serien-Raubmördern in den vergangenen 55 Jahren nur ein einziges Mal gegeben: bei Hans Dahm. Dennoch: Er hatte aus den Wohnungen größtenteils Wertsachen geraubt. Das ist unbestreitbar. Aber hätte es nicht auch so gewesen sein können, daß er die Opfer aus einem ganz anderen Grund getötet hatte und erst anschließend der Versuchung erlegen war?

Das Nachtatverhalten dieses Mannes trug zudem nicht nur Züge der Überlegung, sondern war in gleichem Maße, jedoch ausschließlich nach der Tötung der Opfer von »Hast und Hektik« geprägt; so urteilte jedenfalls das Gericht. Hierdurch ergibt sich eine weitere Ungereimtheit. In zwei Fällen verkehrte Hans Dahm vor der Tat sexuell mit seinen Opfern, in einem weiteren Fall stand dies unmittelbar bevor. Erscheint es lebensnah anzunehmen, daß der Mörder in aller Seelenruhe mit seinem Opfer zunächst den Geschlechtsverkehr vollzieht, es schließlich wenig später ermordet, um es anschließend zu berauben? Auch dieses Verhalten war bei Serien-Raubmördern bisher nicht zu beobachten, ist aber dennoch durchaus denkbar. Dann aber müßte das gesamte Tatgeschehen von Überlegung und Planmäßigkeit geprägt gewesen sein: Verhalten spiegelt Persönlichkeit. Wenn Hans Dahm sich planmäßig hätte bereichern wollen, dann wären nach der Tötung der Opfer deren Wohnungen sicher gründlichst nach Mitnehmenswertem zu durchsuchen gewesen. Und er hätte sich danach nicht ohne Not voreilig und überstürzt davongemacht; jedenfalls so lange nicht, wie die äußeren Umstände eine unbehelligte und ungestörte Tatvollendung erlaubten. Das war der Fall.

Und was hatte er getan? Er war mit einigen Opfern intim, tötete sie und verfiel anschließend jeweils in eine diffuse Hektik, obwohl dazu gar kein äußerer Anlaß bestand. Warum aber hatte er nach den Tötungsakten plötzlich ein solch verändertes Verhalten gezeigt? Mag man dies im ersten und aufgrund der zeitlichen Nähe auch noch im zweiten Fall berechtigterweise auf fehlende Routine und extreme Aufgeregtheit zurückführen, so erscheint diese Erklärung doch bei den weiteren Taten eher fragwürdig. Gerade Serienmörder entwickeln bei ihren Taten zunehmend Routine, die sich erfahrungsgemäß schon nach der zweiten Tat einstellt. Nichts von alledem bei Hans Dahm. Vielmehr erscheint es durchaus denkbar, daß die Taten auch für ihn eher überraschend passierten und die Tötung der Opfer nicht von vornherein geplant war. Dies würde auch sein abrupt sich veränderndes Verhalten schlüssig erklären. Er hatte die Tötung der Opfer nicht von vornherein gewollt, und doch war es so passiert. Möglich erscheint dies schon. Aber warum hatte er dann gemordet?

Einer der Gutachter leitete aus Hans Dahms »tiefer Enttäuschung und Verbitterung« über die als »unzulänglich und unzuverlässig« erlebte Mutter die Überlegung ab, daß es sich bei den Taten womöglich um einen »chiffrierten Muttermord« gehandelt haben könnte. Hatte er also in Wirklichkeit seine Mutter vor Augen, als er seinen Opfern das Leben nahm?

Für diese Hypothese gibt es tatsächlich Indizien, die sich wiederum aus der Biographie dieses Mannes herleiten lassen. Er ging in den ersten Jahren nach der Trennung von seiner Mutter davon aus, er sei ein Waisenkind. Erst 1948 konnte durch den Suchdienst des Roten Kreuzes seine Mutter in Cuxhaven ermittelt werden. Sie war in Norddeutschland verheiratet und hatte aus dieser Ehe einen weiteren Sohn. Hans Dahm war glücklich und erleichtert: »Da war die Freude groß, auch bei den Kindern um mich herum. Von da an habe ich meiner Mutter geschrieben.« Seine Mutter antwortete auf die wöchentlichen Briefe allerdings nur unregelmäßig und selten. Dennoch hoffte er, daß seine Mutter ihn zu sich holen würde. Wenn nicht sofort, dann aber in absehbarer Zukunft. Doch sein sehnlichster Wunsch blieb unerfüllt, zerplatzte wie eine Seifenblase.

Auch hatte ihm seine Mutter nie die drängende Frage beantwortet, *warum* sie ihn damals am Bahnhof wie ein lästig gewordenes Haustier ausgesetzt und sich einfach davongemacht hatte. Er wurde von seiner Mutter nicht ein einziges Mal besucht. Anrufe von ihr erhielt er auch nicht. Er hatte nicht einmal ein Foto von ihr. Dann meldete sie sich urplötzlich. Er sollte ihr eine Wohnung besorgen, sie wolle zu ihm ziehen. Das war das letzte Lebenszeichen, das er von seiner Mutter erhielt. Als er 1963 heiratete – nichts. Kein Anruf, keine Blumen, kein Telegramm, nicht einmal eine Glückwunschkarte bekam er. Zur Geburt seiner Söhne wiederholte sich dieses Trauerspiel – wieder nichts.

Und doch wollte er seiner Mutter, die er nicht hatte kennenlernen dürfen, sondern die ihn verstoßen und damals einfach hatte stehen lassen, keinen Vorwurf machen. Vielmehr reagierte er auf die Hypothese, daß die Tötung der als unzugänglich, unpersönlich und unzuverlässig erlebten Mutter zumindest mittelbar wirksames Tatmotiv gewesen sein könnte, in einer seiner Marginalien zur Urteilsschrift mit unverhohlener Empörung: »Dieser Narr, bringt da meine Mutter ins Spiel, die ich ja gar nicht kannte. Wie kann man denn einen Menschen hassen, den man nicht kennt, der einem vollkommen fremd ist? Das ist lauter Schwachsinn, was der Psychologe da formuliert!«

Die »Muttermord-Hypothese« erscheint tatsächlich auf den zweiten Blick eher fragwürdig. Nicht etwa, weil Hans Dahm sie als »schwachsinnig« abqualifizierte, sondern aus einem ganz anderen Grund. Prägendes und wesentliches Merkmal dieser »chiffrierten

Tötungen« ist, daß auch tatsächlich eine konfliktbesetzte Beziehung mit dem eigentlichen Aggressor über einen längeren Zeitraum unmittelbar unterhalten und durchlebt wird. Es sind durchgängig Personen, mit denen die Täter sich emotional verbunden fühlen und zudem regelmäßigen Umgang pflegen. Infolge dieses intensiven, allgegenwärtigen und destruktiven symbiotischen Klammereffekts können sich Gefühle wie Enttäuschung, Wut und Haß aufstauen. Und eben an dieser zwingenden Voraussetzung fehlt es hier. Hans Dahm kannte seine Mutter kaum, hatte sie als 5jähriger das letzte Mal gesehen; nicht einmal ein Bild von ihr besaß er. So erscheint seine Frage durchaus berechtigt: »Kann man jemanden hassen, den man gar nicht kennt?« Mit letzter Gewißheit wird Hans Dahm sich diese Frage aber wohl nur selbst beantworten können.

Aufschlußreich erscheint in diesem Zusammenhang seine 147 eng beschriebene Seiten umfassende Autobiographie, die er im Sommer 1997 niederschrieb und mir überließ. Dieses mit dem Titel »Seit jenen Tagen …!« versehene Manuskript enthält auch sämtliche Tatschilderungen. Besonders wichtig erschien ihm, darauf hinweisen zu müssen, daß es sich um »einen der Wahrheit entsprechenden Tatsachenbericht handelt«. So heißt es in seinem »Prolog«: »Alles, was ich in diesem Lebensbild niederschreibe, entspricht der vollen Wahrheit. Ich habe keinen Anlaß, dem Leser dieser Geschichte irgend etwas vorzutäuschen oder mich in ein besseres Licht zu setzen; nein, ich will allen nur ganz konkret und bis ins kleinste Detail aufzeichnen, wieso und wodurch ich dazu getrieben wurde, daß ich heute mit der Gewißheit leben muß, ein Verbrecher zu sein!«

Lassen wir ihn selbst zu Wort kommen. Den Ablauf seiner ersten Tat, als er am 22. August 1975 die 24jährige Tanja Michelberger in München erdrosselte, schilderte und erklärte er so: »An diesem besagten Tag rief ich das Callgirl Tanja Michelberger in ihrem Appartment an und verabredete ein Treffen mit ihr. Ich fuhr mit einem Taxi nach der mir nun bekannten Adresse und traf dort um etwa 18.15 Uhr ein. Als sie mich im ersten Stock empfing und eingelassen hatte, tranken wir zuerst in ihrer Hausbar jeder ein Glas Whiskey mit Cola, rauchten eine Zigarette dazu und plauderten etwas, aber nicht länger als 20 Minuten. Danach gingen wir sogleich in ihr Schlafgemach, welches äußerst großzügig ausgestattet war. Ich bezahlte den vereinbarten Liebeslohn von 100 Mark, und wir führten den Geschlechtsakt aus.

Wir hatten unseren Verkehr nun beendet, ich war gerade im Begriff, mich wieder anzukleiden, und stand mit dem Rücken zu ihr, denn sie lag ja noch erschöpft und nackt auf dem Bett. Und ganz plötzlich, aus heiterem Himmel, da sagte sie zu mir: Schatz, ich bekomme von dir noch 200 Mark. Ich dachte, ich höre nicht recht, sagte ihr über meinen Rücken hinweg: Nein, Mädel, mit mir nicht, für etwa 15 Minuten körperliche Liebe, da habe ich doch schon bezahlt, kommt nicht in Frage! Ganz, ganz leise kam in mir die Enttäuschung auf. Hast du dich so in dem Mädel geirrt? Nein, ich wollte mich endlich fertig anziehen, da sprang sie plötzlich heftig schreiend in die Höhe und schlug mir alle zehn Fingernägel in den Rücken. Dabei schrie sie in einem fort, beschimpfte mich mit unschönen Worten, die ich ja zur Genüge von *meiner Frau* her kannte! Ich drehte mich um, gab ihr einen heftigen Stoß, so daß sie rücklings wieder auf das Bett zurückfiel.

Bevor ich mich wieder meiner Kleidung zuwenden konnte, sprang sie wieder vom Bett, drehte mich an der Schulter packend herum, und bums, da hatte ich zwei richtige Watschen im Gesicht. Das wäre noch nicht das Allerschlimmste für mich gewesen, nein! Jedoch als sie mir dabei auch noch ins Gesicht spuckte und dabei auch noch heftig schrie, daß sie die Polizei holen werde, wenn ich nicht bezahlte. Plötzlich, ungewollt, hatte ich beide Hände um ihren Hals. Ich drückte einfach zu, und ob Sie es glauben oder nicht, mir war so, als hätte ich *meine eigene Frau vor mir*. Haß, ich verspürte eine Unmenge an Haß, der sich *unweigerlich auf meine Frau bezog*. Als ich zudrückte, glaubte ich sie vor mir zu sehen. Ich hörte nicht auf, ich drückte nur fest zu. Ich war wie in einem Rauschzustand, dieses Haßgefühl, das ich dabei empfand, war furchtbar.

Neben ihr am Fußende sah ich plötzlich ihren Hosenanzug, den nahm ich und wickelte ihn ihr um den Hals, zog zu und verknotete ihn. Zu diesem Zeitpunkt merkte ich dann, daß sie tot sein mußte, ihre Augen, die sahen mich gebrochen an. In diesem Moment, da kam ich wieder zu mir selbst, sah, was ich angerichtet hatte, und geriet in Panik! Ich zog mich schnell an, wie noch nie in meinem

Leben, nahm außerdem rein mechanisch auch dabei noch die 100 Mark vom Nachttisch, löschte das Licht, zog die Schlafzimmertür hinter mir zu und verließ fluchtartig ihre Wohnung.«

Ausschließlich führte Hans Dahm seine Taten auf den Umstand zurück, daß er jeweils im Vorfeld durch verbale, zum Teil auch tätliche Angriffe der Frauen an seine eigene häusliche Situation erinnert worden sei: »Wenn ich meine Frau umgebracht hätte, dann würden die anderen Frauen heute noch leben!« Auch die Opfer seien nicht ganz schuldlos gewesen: »Es waren ausschließlich solche Momente, in denen ich von diesen Frauen auf das tiefste und gemeinste verletzt und gedemütigt, vor allem aber enttäuscht wurde. Und aus diesen Situationen heraus entstanden immer wieder diese Ausraster!«

Für ihn war die Sache klar: Er hatte gleich mehrere Sündenböcke parat, sah sich als »Drachentöter«, der hintergründig mit dem »Drachen«, seiner Frau, »abgerechnet« hatte, letztlich vordergründig aber erst durch das »entwürdigende« Verhalten der Opfer zur Tötung provoziert worden sein wollte. Unbeabsichtigte, fremdbestimmte und schicksalhafte Geschehnisse sollten es gewesen sein. Kurzum: »unglückselige Umstände«. Und das Ganze gleich siebenmal. Ist diesem Mann zu trauen, darf man ihm Glauben schenken? Jemandem, der die meiste Zeit seines Lebens gelogen, gestohlen, betrogen und schließlich gemordet hat?

Darüber läßt sich trefflich streiten; schließlich hatte er Jahre nach seiner Verurteilung nichts mehr zu verlieren, aber auch nichts mehr zu gewinnen. Oder vielleicht doch? War die Gefängniszelle womöglich mit der Zeit so klein, das Verlangen nach innerer Rechtfertigung der Taten aber so groß geworden, daß er die Dinge zumindest auf dem Papier »geraderücken« wollte? An der Tatsache, daß er getötet hatte, kam er nun nicht mehr vorbei; aber die Darstellung des Motivs könnte ihm durchaus geeignet erschienen sein, die quälenden Schuldgefühle und Selbstzweifel zu mindern. Vielleicht war es aber auch ganz anders. Nachdem ihn die unbequemen Feststellungen der Gutachter und des Gerichts nicht hatten überzeugen können, wollte er sich seine Taten nunmehr selbst erklären – offen und ehrlich. Doch war er dabei zu schonungsloser Objektivität fähig? Auch diese Frage wird Hans Dahm sich in letzter Konsequenz wohl nur selbst beantworten können. Aber eines scheint dennoch sicher: Man erweist sich einen »Bärendienst«, wollte man diese Überlegungen zur Glaubenssache erheben. Glaube macht stark – gelegentlich auch blind. Solange es an unwiderlegbaren Tatsachen mangelt, wird man sich der Wahrheit also bestenfalls nähern, Gewißheit hingegen nicht erlangen können. Zweifel bleiben. Bemühen wir besser weitere Fakten.

Die psychiatrischen und psychologischen Untersuchungen ergaben keine Hinweise auf eine schwere seelische Erkrankung, weder zum Zeitpunkt der Untersuchung noch in der Zeit der vorgeworfenen Taten. Der Befund zeigte insbesondere keinerlei Anzeichen für das Vorliegen einer psychotischen Erkrankung, einer erheblichen intellektuellen Einschränkung oder einer gravierenden affektiven Auslenkung. Hans Dahm war also insgesamt organisch und psychisch weitestgehend gesund. Vielmehr erkannten die Sachverständigen in ihm »einen im kognitiven Bereich durchaus vorstellungsreichen, belesenen und sprachlich gut ausdrucksfähigen Mann, der über soziale Intelligenz, ausreichend praktische Urteilsfähigkeit und zwischenmenschliche Kompetenz verfügte«. Dennoch offenbarte er in »ärgerlichen Alltagssituationen« trotz gut entwickelter Frustrationstoleranz ein hohes Aggressionspotential. Sein Verhalten war insbesondere geprägt von einem Bedürfnis nach innerer Freiheit, Abgrenzung, Distanz und Selbsterfahrung. Er selbst bezeichnete sich zutreffend als »Einzelgänger« und als »einsamer Wolf«.

Er zeigte aber auch zwanghafte Züge, indem er stark an Ordnung und Normen orientiert war, deren Erfüllung er »mit Stolz« erlebte. Sein eigenbrötlerischer Rückzug, seine gelegentlichen Verstimmungszustände und sein egozentrisches Verhalten offenbarten zudem schizoide Charaktermerkmale. Hans Dahm litt ferner unter Minderwertigkeitsgefühlen, war deswegen äußerst empfindlich gegenüber Kritik und reagierte darauf mit gesteigerter Kränkbarkeit. Zuweilen heftige und unangemessene Reaktionen bei Konflikten waren die unmittelbare Folge. Dann ging er hoch wie eine Rakete. Dennoch erreichten diese auffälligen Wesensmerkmale nicht das Ausmaß einer Persönlichkeitsstörung. Für einen siebenfachen Mörder ein erstaunlich normaler Mann.

War Hans Dahm womöglich ein Sexualmörder? Auch in dieser Hinsicht ergaben sich aus psychiatrischer Sicht keine Anhaltspunkte für das Vorliegen einer gravierenden, in der Persönlichkeit fest verankerten sexuellen Erlebens- und Verhaltensstörung. Fraglos hatte der sexuelle Bereich in der zunehmend gescheiterten Beziehung zu seiner Frau eine Rolle gespielt, es ergaben sich hingegen keine psychopathologischen Anhaltspunkte für die Annahme, daß befriedigende Sexualität für ihn notwendigerweise an aggressives oder gar gewaltsames Erleben und Handeln geknüpft war.

Hatte er sich durch die zwar lediglich behaupteten, aber letztlich auch nicht zu widerlegenden verbalen Provokationen und körperlichen Angriffe der Opfer vielmehr zu seinen Taten hinreißen lassen? Dies behauptete er jedenfalls. Fraglich erscheint in diesem Zusammenhang zunächst, ob es tatsächlich bei sämtlichen Taten zu einem solchen Szenario hatte kommen können. Daß Prostituierte gelegentlich nachkobern, also schließlich mehr »Liebeslohn« verlangen, als ursprünglich vereinbart, ist eine alte Geschichte. Es könnte also bei den Taten in München so gewesen sein. Von den übrigen Opfern hatte er sich zum wiederholten Mal Geld borgen wollen. Daß dies durch die Opfer aufgrund der Häufigkeit und der nicht selten verzögerten Rückzahlung schließlich abgelehnt wurde, erscheint auch plausibel. Grundsätzlich könnte demnach der Tötung der Opfer jeweils ein Streit beziehungsweise eine Kränkung vorausgegangen sein.

Zudem tötete Hans Dahm ausschließlich Frauen, die er größtenteils persönlich kannte und mit denen er teilweise sogar intim war. Dabei bevorzugte er eine sehr »persönliche« Tötungsart, indem er seine Opfer fünf bis sieben Minuten lang würgte, drosselte oder ihnen mit einem Kissen die Atemwege verlegte. Eine bei seriellen, aber auch sonstigen Raubmorden eher selten zu beobachtende Vorgehensweise. Überwiegend greifen solche Täter zu Pistole, Messer oder Knüppel.

Dennoch sind Zweifel erlaubt. Auffällig erscheint, daß Hans Dahm in der Lage war, noch viele Jahre später sämtliche Vorgänge vor, während und unmittelbar nach den Taten detailreich und präzise zu schildern. Häufig ist es bei solchen Affekttaten hingegen so, daß die Täter Einzelheiten der Tat nicht mehr erinnern können. Sie töten spontan, rauschhaft, zügellos. Typisch sind ebenfalls multiple Schlag- und/oder Stichverletzungen, die den Opfern zugefügt werden. Keine Spur davon bei Hans Dahm. Auch das jeweilige unmittelbare Nachtatverhalten wies Züge von Überlegung auf. Dieses Verhalten ist hingegen ganz untypisch für einen bestehenden oder gerade abklingenden schweren affektiven Erregungszustand. Auch deswegen erscheint die Mord-Version dieses Mannes eher fragwürdig.

Doch wird das Motiv der Habgier dadurch zwingend zu einem bewußtseinsdominanten Tatbestandsmerkmal? Schließlich ist auch seine persönlichkeitsimmanente Tendenz zu berücksichtigen, sich nicht einer offenen, selbstkritischen Prüfung eigenen Erlebens und Handelns zu stellen, sondern insbesondere bei dauernder Kränkung und Demütigung die Schuld für kleinere und größere Katastrophen zunächst seinem sozialen Umfeld und nicht zuletzt seiner Frau zuzuschreiben. Könnte es nicht auch so gewesen sein, daß er unter den von ihm beschriebenen Umständen tatsächlich »seine Frau vor sich gesehen hatte«? Demnach vornehmlich eine affektbedingte seelische Entgleisung?

Aber auch unter diesem Aspekt fehlte es bei Hans Dahm an der üblicherweise in solchen Fällen zu beobachtenden affektiven fassungslosen Erschütterung nach der Tat. So suchte er beispielsweise schon am nächsten Abend nach seinem ersten Mord Tanzlokale auf; nur drei Tage später verabredete er sich erneut mit einer Prostituierten, tötete schließlich auch diese Frau. Ein solches Verhalten ist unter diesen Umständen sicher höchst ungewöhnlich und will nicht recht zu einem Mann passen, der im Affekt, aus seelischer Verzweiflung getötet haben und nach der ersten Tat von »enormen Schuldgefühlen« gequält worden sein will. Für Hans Dahm ergab sich daraus jedoch kein Widerspruch, wie er mir in einem seiner Briefe versicherte: »*Ob Sie es glauben oder nicht, ich habe die erste Tat einfach verdrängt.*« Eine fadenscheinige Erklärung? Eine Schutzbehauptung?

Als das Landgericht München ihn als »Raubmörder« einstufte und zu lebenslanger Haft verurteilte, verkannte es nicht die Möglichkeit, daß die Taten auch durch seine »besondere seelische Befindlichkeit« hervorgerufen worden sein könnten. Aber es verwarf diese Hypothese mit dem Argument, daß »dieser Hintergrund« Hans Dahm die Tatbegehung »lediglich erleichtert und begünstigt« habe, »für so wenig Geld auf so körperlich und psychisch aufwendige Weise Frauen zu töten, nach der jeweiligen Tat emotional nicht oder jedenfalls kaum bewegt zu sein«. Hans Dahm hatte demnach seine Opfer mit dem Vorsatz aufgesucht, sie zu töten und anschließend zu berauben. Der beschriebene »seelische Hintergrund« hingegen habe lediglich »die Tötungshemmung gemindert«. Eine sicher vertretbare Entscheidung; zudem hatte das Gericht sich zwangsläufig zwischen zwei Möglichkeiten entscheiden müssen. Aber war diese Entscheidung richtig? Wurde sie diesem Mann *gerecht?*

Könnte es nicht vielmehr auch so gewesen sein, daß Hans Dahm seine Opfer aufgesucht hatte, um lediglich ein weiteres Mal um Geld zu betteln, ohne dabei zunächst eine Tötung der Frauen konkret in Betracht gezogen zu haben? Bei den vielen Malen zuvor hatte er seine späteren Opfer verschont. Er hätte sie doch schon wesentlich früher töten können. Möglicherweise hatte er sich aber erst dann zur Tötung entschlossen, nachdem ihm ein weiteres Darlehen verweigert worden war. Dabei könnte es nur eine untergeordnete Rolle gespielt haben, ob er auch tatsächlich beleidigt oder körperlich angegriffen wurde. Schon die als persönliche Erniedrigung und Demütigung empfundene einfache Zurückweisung könnte affektiv ausreichend wirksam gewesen sein, um ein Tötungsverlangen wachzurufen, das dann jedoch in erster Linie aufgrund der besonderen seelischen Empfindlichkeit dieses Mannes durchbrechen und sich schließlich durchsetzen konnte. Vielleicht war es so. In jedem Fall aber wäre die Frage der Schuldfähigkeit zu den Tatzeiten auch unter diesen Gesichtspunkten zu würdigen gewesen. Ist dieser Mann womöglich ein Fall für die Psychiatrie? Möge sich jeder sein eigenes Bild davon machen.

KAPITEL 8

Befehl von Jack the Ripper

»Das Gesicht war kreuz und quer mit klaffenden Wunden bedeckt, Nase, Wangen, Augenbrauen und Ohren waren teilweise abgetrennt. Die Lippen waren weiß und wiesen mehrere Schnitte auf, die schräg zum Kinn verliefen. Zusätzlich gab es zahlreiche Schnitte, die unregelmäßig über sämtliche Gesichtszüge verliefen. Der Nacken war durch die Haut und das übrige Gewebe bis auf die Wirbel durchschnitten, und der fünfte und sechste Wirbel wiesen tiefe Kerben auf. Die Luftröhre war am unteren Teil der Larynx durch die Ringknorpel durchschnitten. Beide Brüste waren vermittels mehr oder weniger kreisförmiger Einschnitte entfernt, wobei das Muskelgewebe bis hinunter zu den Rippen an den Brüsten hing. Die Zwischenrippenmuskeln zwischen den vierten, fünften und sechsten Rippen waren durchtrennt, und durch die Öffnung war der Thoraxinhalt sichtbar.«

Dieser Auszug eines Autopsieberichtes beschreibt den grausigen Zustand einer Leiche, die im Hinterzimmer einer Pension in der Dorset Street am 9. November 1888 im Londoner Armenviertel Whitechappel gefunden wurde. Jack the Ripper, dessen Gesicht nur jene Huren kannten, die ihm ins Messer liefen, hatte von Mary Kelly, seinem vermutlich letzten Opfer, nicht viel übriggelassen: ein paar blutige Stücke Menschenfleisch und -knochen. Ein ähnliches Drama sollte sich 82 Jahre später wiederholen, diesmal im Land der Dichter und Denker: in Hamburg, Anfang Dezember 1970.

Bitterkalt war es an diesem Sonnabend. Paul Hopp schlug den Kragen seiner blauen Uniform hoch, zog die Dienstmütze tief in die Stirn und machte sich nach Schichtende auf den Heimweg. Seit zwei Jahren arbeitete der 35jährige bei einem Sicherheitsunternehmen, bewachte Fabrikgelände und Bürohäuser. Der Job machte ihm Spaß. Er hatte endlich einen Beruf gefunden, in dem er Verantwortung übernehmen konnte. Paul Hopp freute sich jetzt aber auch auf den wohlverdienten Feierabend.

Bis zu seiner Wohnung in der Zeißstraße 74, die kurz hinter dem Altonaer Bahnhof in einem Sanierungsviertel lag, hatte er es nicht weit. In der »Mottenburg«, so die volkstümliche Bezeichnung für diese Wohngegend, lebten vornehmlich Heruntergekommene, Verlassene und Gastarbeiterfamilien. In seiner Zwei-Zimmer-Wohnung im vierten Stock, direkt unter dem Dach, fühlte er sich aber wohl.

Kurz vor 20 Uhr schloß er die Wohnungstür auf. Die Szenerie, die er dort vorfand, überraschte ihn nicht. Veronika Mommsen, seine 49jährige Freundin, und ihre Bekannte Gertrud Breuer hockten nur mit Slip und Büstenhalter bekleidet angeduselt vor einer fast leeren Flasche Korn. Paul Hopp ärgerte sich, weil die Frauen während seiner Abwesenheit wieder mal seine Hausbar geplündert hatten. Das schmeckte ihm überhaupt nicht. »Ihr verdammten Huren, laßt eure dreckigen Finger von meinem Schnaps!« fluchte er. Seine Gäste, die regelmäßig auf dem Straßenstrich von St. Pauli »anschaffen« gingen, zeigten sich aber wenig beeindruckt. Veronika Mommsen versuchte ihren Lebensgefährten schließlich zu besänftigen: »Mensch Paul, blas dich nicht so auf, hock dich zu uns und sauf einen mit.« Er beruhigte sich langsam, griff nach einer neuen Flasche Schnaps und genehmigte sich einige Gläser Brause-Korn. Auf ex – das war seine Spezialität. Stunde um Stunde verging, Glas um Glas wurde geleert. Die Heizung bullerte, ein dichter Nebel, genährt von reichlich Zigarettenqualm, waberte durch das Wohnzimmer. Der penetrante und strenge Geruch von Körperschweiß und aufgestoßenem Alkohol störte hier niemanden; man war unter sich, fühlte sich sauwohl und faselte über alles Mögliche und Unmögliche.

In den frühen Morgenstunden sackte Veronika Mommsen schließlich volltrunken zusammen, rutschte behäbig, aber unaufhaltsam vom Stuhl. Sie lag da wie eine umgedrehte Schildkröte, konnte sich nicht mehr rühren. Paul Hopp hob sie auf und schleppte das Häufchen Elend ins Schlafzimmer. Als er zurückgeschlurft kam, hatte er nur noch eins im Kopf: Sex. Er versuchte seinen Gast zu verführen – auf seine Art: »Komm, wir machen es jetzt, ich bin geil.« Aber Gertrud Breuer wollte nur Korn und keine schnelle Nummer auf dem Sofa. »Laß uns lieber noch einen picheln«, versuchte die 42jährige ihn auf andere Gedanken zu bringen. Paul Hopp wollte sich aber nicht mehr bremsen lassen, war richtig in Fahrt gekommen. Er fummelte mit seinen Fingern an der Scheide von Gertrud Breuer herum, die sich dies auch einen Moment gefallen ließ. Doch so richtig wollte sie nicht. »Paul, laß sein, ich hab' meine Tage«, wehrte sie ihn ab. Gertrud Breuer konnte nicht ahnen, daß sie damit gerade ihr Todesurteil gesprochen hatte. Für Paul Hopp gab es jetzt kein Zurück mehr. Er wollte Sex – um jeden Preis. Er packte die Frau, knallte sie auf den Fußboden, riß ihr den Tampon aus der Scheide und versuchte sie zu vergewaltigen. Gertrud Breuer wehrte sich mit Händen und Füßen, begann zu schreien: »Mistsau, Drecksack!« Das machte ihn nur noch wütender. Er sah sich um, wollte die Frau zum Schweigen bringen. Ein Blick, ein Griff, und schon schlang er seinem Opfer die Gardine um den Hals, die auf dem Sessel gelegen hatte. Er strangulierte Gertrud Breuer so heftig und so lange, bis ihr Körper erschlaffte. Sie war tot. Nun machte er sich über den Leichnam her, vollzog den Geschlechtsverkehr. Danach bedeckte er den toten Körper mit der Gardine, kippte noch ein letztes Glas Korn und legte sich schlafen.

Am nächsten Morgen trug er die Leiche in den Wasch- und Abstellraum, wickelte sie in Zeitungspapier und verstaute sie in einer Abseite. Anschließend wischte er im Wohnzimmer mit den Kleidungsstücken seines Opfers das Blut auf und warf sie in den Mülleimer. Seiner Freundin, die wenig später aufstand und immer noch nicht ganz nüchtern war, erklärte er, daß ihre Freundin schon gegangen sei, etwas erledigen wolle. Nachdem Veronika Mommsen die Wohnung verlassen hatte, zerrte er die Leiche aus der Abseite und zersägte sie mit einem Fuchsschwanz. Kopf, Beine und Brüste verpackte er in Zeitungspapier und steckte sie in einen blauen Plastiksack, den er gemeinsam mit dem Torso wieder im Nebenraum verstaute. Wenige Tage später machte er sich erneut über den Leichnam her, hackte beide Arme ab, sägte das Geschlechtsteil heraus. Auch diese Leichenteile wickelte er in Zeitungspapier und stopfte sie zu den anderen in den blauen Müllsack. Den packte er in einen großen Karton und legte eine Decke darüber. Nachdem er den Torso wieder in die Gardine eingewickelt und in die Abseite geschoben hatte, brachte er den Karton noch in derselben Nacht zu einem etwa 200 Meter entfernten Grundstück, wo er die Leichenteile in der Nähe eines alten Weinfasses versteckte. Um den strengen, durchdringenden Gestank zu kaschieren, legte er Duftsteine auf das, was von Gertrud Breuer übriggeblieben war.

Paul Hopp hatte seinen ersten Mord begangen – und erfolgreich vertuscht. Auftakt zu einer gruseligen Mordserie, die sich jedoch unter Ausschluß der Öffentlichkeit ereignete. Knapp vier Jahre später, von Oktober 1974 bis Januar 1975, erdrosselte Paul Hopp in seiner Wohnung weitere drei Frauen; immer schlang er seinen Opfern ein Handtuch um den Hals, zog zu. In zwei Fällen zerstückelte er die Leichen nach bewährtem Muster. Die zerfledderten Körper und Leichenteile ließ er in seiner Abstellkammer verrotten. Das Motiv: Wieder hatten die Frauen sich sexuell verweigert. Seine Opfer: Verwahrloste und wohnungslose Gelegenheitsprostituierte im Alter von 51 bis 57 Jahren, die er in düsteren Kaschemmen auf dem »Kiez« aufgelesen hatte.

Wie war man dem »Blaubart von Mottenburg« schließlich auf die Schliche gekommen? Wie häufig bei seriellen Morden mußte der Kripo ein altgedienter und äußerst erfolgreicher Kollege zur Hand gehen: Kommissar Zufall. Weil man einem säumigen Nachbarn den Strom abgedreht hatte, war dieser notgedrungen dazu übergegangen, seine Wohnung mit Kerzen auszuleuchten. Dabei brach am 17. Juli 1975 ein Feuer aus, das den Dachstuhl des Hauses völlig zerstörte und auch die Wohnung von Paul Hopp in Mitleidenschaft zog. Als das Feuer gelöscht war, fiel den Feuerwehrleuten bei Aufräumarbeiten auf dem Dachboden ein blauer Müllsack entgegen: gefüllt mit verwesten Armen, Beinen und Brüsten. Schnell geriet Paul Hopp in Verdacht, bei der Durchsuchung seiner Wohnung wurden schließlich die Überreste der anderen Opfer gefunden.

Hätte man diesen Mann nicht früher überführen können, ja müssen? Die Antwort ist zugleich Spiegelbild einer menschlichen und gesellschaftlichen Tragödie: Paul Hopp hatte die Leichen von Frauen beseitigt, die kaum ein Mensch kannte, die keiner vermißte. Diese Frauen hatten ihren ausgezehrten und geschundenen Körper für wenig Geld feilgeboten, ein bißchen Schnaps und ein Zuhause gesucht – und den Tod gefunden. Eine soziale Randfigur hatte das Leben von sozial Geächteten ausgelöscht. Einfach so – so einfach.

Das unbemerkte, unerkannte Morden dieses Mannes ist leider kein Einzelfall im vermeintlich perfekten deutschen Ermittlungssystem. Von 1945 bis 1995 verübten verurteilte Serienmörder hierzulande 374 Tötungsdelikte, von denen 91 als solche zunächst nicht erkannt oder bekannt wurden. Das sind nicht weniger als 24,3 Prozent. Die Ursachen: In 77 Fällen wurde durch den ärztlichen Leichenbeschauer ein »natürlicher Tod« bescheinigt, die übrigen Opfer verschwanden spurlos – und unbemerkt. Bei 67,8 Prozent aller Mordserien gelang es der Kripo nicht, während der Ermittlungen Tatzusammenhänge herzustellen. Man ging von Einzeltaten und -tätern aus. Begünstigt wurde der dann unverhoffte Aufklärungserfolg im wesentlichen durch einen ausgeprägten Offenbarungsdrang der Verdächtigen: 19 Serientäter gestanden Morde, die ihnen gar nicht vorgehalten worden waren. Geht man aufgrund dieser Erkenntnisse von der vertretbaren Hypothese aus, daß bei den sechs Serienmord-Gattungen, die in Kapitel 1 beschrieben worden sind, nur jeweils zwei Tötungsspiralen als solche nicht erkannt wurden, und legt man die durchschnittliche Fallzahl von 6,1 Delikten bei verurteilten Tätern zugrunde, dürften mindestens zwölf Mordserien (= 73 Einzeltaten) seit Ende des Zweiten Weltkriegs unerkannt geblieben sein. Auch wenn dieser Erfahrungsschätzung nur eine bedingte Aussagekraft beigemessen werden darf, so nährt sie doch die allgemein geäußerte Vermutung, daß auch bei Serientötungen von einer Dunkelziffer ausgegangen werden muß.

Auch Paul Hopp hatte Morde begangen, von denen niemand etwas wissen wollte, von denen kaum jemand etwas wissen konnte. Zufällig hatte die Dusseligkeit eines Hausbewohners ihn auffliegen lassen. Nachdem sein Leichenfriedhof ausgehoben worden war, begannen im Zimmer 717 des Polizeipräsidiums zähe Vernehmungen. Den Ermittlern saß ein kauziger und verschrobener Mann gegenüber: keine 1,70 Meter groß, hagere Statur, dunkelblondes zerzaustes Haar, fliehende Stirn, ausgeprägter Silberblick, verbogene Knollennase, Menjoubärtchen, dazu ein Backenbart bis zum Halsansatz, schmale Lippen.

Paul Hopp leugnete, obwohl es nichts mehr zu leugnen gab. Die

Indizien waren bereits Anklage genug: vier Leichen beziehungsweise das, was davon übriggeblieben war, ein blutdurchtränktes Dielenbrett, ein Küchenmesser, Klingenlänge 14,5 Zentimeter, blutige Kleidung, ein Fuchsschwanz, Handschuhe, Fichtennadel-Duftspray und jede Menge Geruchsvertilger. Die Vernehmungsbeamten verbrachten mehr als 60 Stunden mit dem Kettenraucher. Er wollte nichts sagen und auch nichts essen, trank aber reichlich schwarzen Kaffee, qualmte eine »Sheffield« nach der anderen und knetete sich beherzt die Nasenwurzel. Mehr als »weiß nicht«, »schon möglich« war aus dem Mann nicht herauszukitzeln. Dreizehn Tage lang schwitzte er, rieb sich ständig die Hände, trommelte mit seinen verwachsenen Fingernägeln auf den blanken Holztisch und schwieg.

Doch schließlich zahlte sich die Geduld der Ermittler aus. »Ich glaub', mir fällt da noch was ein«, begann er plötzlich sein Geständnis. Als erstes wollte er sich an seinen letzten Mord erinnern: »In der Nacht, als ich sie umbrachte, war ich wieder unheimlich geil. Ich wollte ficken, sie wollte blasen. Sie saß auf der Schlafcouch im Schlafzimmer, ich stand davor. Ich habe sie erst an die ›Flasche‹ rangelassen. Sie hat geblasen, und ich habe gespielt, mit dem Finger an der ›Musch‹. Da hat sie mich plötzlich in den Schwanz gebissen, genau hinter den Nillenkopf. Sie ließ gar nicht wieder los. Ich habe jetzt das Handtuch genommen, das hinter ihr lag, und habe ihr das von hinten nach vorn um den Hals gelegt und ganz schnell richtig zugezogen, bis ich meinen Schwanz wieder rauskriegte. Ihre Hände, die vorher an meinem Gesäß lagen beziehungsweise festgekrallt waren, fielen ganz schlapp runter. Sie fiel dann zur Seite ins Bett. Ich habe jetzt den Befehl gekriegt, sie zu zerschneiden und wegzubringen. Ich habe sie auf den Boden gebracht, da wo sie auch gefunden wurde, und habe sie da zerstückelt. Die Brüste habe ich auch abgeschnitten, wie schon gesagt, die Beine und den Kopf, und es stimmt auch, daß ich Ohren, Nase und Zunge abgeschnitten habe. Auch die ›Musch‹ habe ich rausgeschnitten. Das alles geschah unter Zwang.«

Auf Nachfrage beschrieb er seinen vermeintlichen Auftraggeber genauer: »Und da kam wieder dieses Dröhnen. Ich sollte sie umbringen und zerstückeln – nein, ich sollte sie gleich zerstückeln. (...) Ich habe dann ihren Kopf geschnappt und ihn mehrmals gegen den Nachttisch geknallt. Sie war dann ruhig. Ich bekam den Befehl, sie umzubringen und zu zerstückeln. Als sie da ruhig lag, war ich nicht mehr geil, hatte aber immer noch das eigenartige Kribbeln. Ich lief in die Küche, holte das Messer, also die große Brotsäge, und schnitt ihr den Hals durch. Ich wollte ihr den Kopf abschneiden, habe ihn ihr aber nur halb abgeschnitten. (...) Wie soll ich das sagen? Ich habe die Serien über Jack the Ripper in verschiedenen Zeitungen vor 1970 gelesen. Es war jedenfalls vor der ersten Tat. Gelesen habe ich die Serie in den St. Pauli-Nachrichten, in der Bild-Zeitung und in irgendeiner Illustrierten. Als ich die Berichte gelesen hatte, war ich unheimlich erregt. Ich hatte in mir ein eigenartiges Gefühl, das ich vorher noch nie hatte. Daß ich bisher meine Verfolgung durch Jack the Ripper nicht gesagt habe, liegt daran, daß ich Angst hatte, ich werde ausgelacht.«

Paul Hopp war offenbar nicht in der Lage, seine Gefühlswelt, die zum Zeitpunkt der Taten von einem hochexplosiven Gefühlsmix aus Lust, Frust, Wut und Haß beherrscht worden war, zu erklären. Er fand keine Worte, jedenfalls nicht die richtigen. »Wie soll ich das irgendwie ausdrücken?« stammelte er in seiner Hilflosigkeit. Er konnte die unbequeme Zwangsjacke, in die er geraten war, nicht mehr ablegen, war nicht fähig zu begreifen, warum er immer wieder wie eine Handgranate hochgegangen war. Und doch empfand dieser Mann noch etwas. »Jack the Ripper« war das nachgeschobene Hilfsmittel, das er benötigte, um auszudrücken, was unsäglich war. Und er konnte auf diese Weise die scheußlichen Taten sich selbst gegenüber verfremden, sich der eigenen Verantwortung entziehen. Er sah sich als Handlanger des Todes, der immer wieder gegen seinen Willen Gräber auszuheben hatte.

Es war ein langer und erlebnisarmer, aber enttäuschungs- und entbehrungsreicher Lebensweg, der diesen Mann zum mehrfachen Mörder werden ließ. Als drittältestes von insgesamt neun Geschwistern wurde er 1935 in Leipzig geboren. Seine Mutter war außerstande, mit dieser großen Kinderschar zurechtzukommen. Die Erinnerung an seinen Vater, der 1946 starb, verband er mit einem »Schreckenserlebnis«: »Als ich fünf Jahre alt war, wollte er mich totschlagen und hat mich gegen die Decke geworfen. Meine Mutter hat aber eingegriffen und Schlimmeres verhütet.« Die ersten acht

Lebensjahre verbrachte er bei seinen Eltern, 1943 steckte man ihn in ein Heim in Bernburg an der Saale. Er wähnte sich dort in einem »Jugendkonzentrationslager«, menschliche Wärme und Zuneigung blieben ihm versagt. Gleichaltrige machten sich einen Jux daraus, ihn zu verhöhnen, zu verprügeln. Nach Kriegsende lebte er bis Juli 1946 bei seiner Familie. Anschließend kam er wieder in eine Zwangsverwaltung seiner Entwicklung. Ein Heim bei Saalfeld in Thüringen wurde sein neues, aber ungeliebtes Zuhause. Dort blieb er bis Anfang 1949 und besuchte während dieser Zeit die Volksschule mit mäßigem Erfolg. Das hatte einen Grund. Paul Hopp war minderbegabt, mit einem Intelligenzquotienten von lediglich 82 war einfach nicht mehr drin. Er begann dann in Leipzig eine Maurerlehre, die er mehr oder weniger unfreiwillig antrat; er hatte eigentlich Autoschlosser werden wollen. Dafür reichte seine Schulbildung jedoch nicht aus. Nach anderthalb Jahren mußte er seine Maurerlehre schmeißen, da er Zementkrätze bekam. In dieser Zeit versuchte er sich zu erhängen, weil er »keine Familie hatte« und das »Lehrlingsheim nicht verlassen durfte«. Der Polier konnte ihn noch rechtzeitig abschneiden.

Nach einem mißglückten Fluchtversuch in den Westen arbeitete er in der Nähe von Leipzig bis 1951 bei einem Bauern. Dort bekam er mehr Schläge als Lohn. Schließlich gelang ihm über Helmstedt doch die Flucht; er kam zunächst bei einer seiner Schwestern in Hamburg unter. Wenige Wochen später verdingte er sich wieder in der Landwirtschaft. Auch dort bekam er regelmäßig die Mistforke zu spüren. Als er sich mit dem Fahrrad davonmachen wollte, wurde er bei einem Verkehrsunfall schwer verletzt. Sein Gesicht wurde entstellt, er trug einen leichten Hirnschaden davon. Nach seiner Entlassung aus dem Krankenhaus war er bis 1956 bei verschiedenen Bauern in Niedersachsen beschäftigt. In dieser Zeit will er auch zweimal sexuell mißbraucht worden sein, erstaunlicherweise in beiden Fällen »von mehreren älteren Frauen gleichzeitig«. Er bekam infolge der schweren Arbeit ein Nierenleiden und Gelenkrheuma, mußte ein Jahr lang im Krankenhaus verbringen.

1957 lernte er seine Frau kennen und heiratete noch im selben Jahr. Sie brachte vier Kinder mit in die Ehe, die sämtlich von verschiedenen Männern stammten. Ein Jahr später wurde sein Sohn

Paul geboren. 1963 ging die Ehe auseinander, weil seine Frau »ständig besoffen« war und sich »nicht um den Haushalt kümmerte«. Paul Hopp hatte mit dem Trinken angefangen, im Suff zurückgeschlagen und seiner Frau gedroht: »Dich mach' ich platt!« Dann war Schluß. Man versöhnte sich wieder und heiratete zwei Jahre später erneut – und ließ sich wiederum zwei Jahre darauf ein weiteres Mal scheiden. Die Gründe sind bekannt. Während seiner Ehen arbeitete Paul Hopp mal als Transportarbeiter, zeitweilig als Schauermann im Hamburger Hafen, dann wieder als Montagearbeiter. Schließlich wurde er bei einer Wach- und Schließgesellschaft angestellt. Er blühte innerlich auf, dieser Job war für ihn eine »echte Aufgabe«, nachdem er »ein Leben lang nur getreten worden war«.

Nach seiner zweiten Scheidung suchte er Anschluß: »Daheim wäre mir die Decke auf den Kopf gefallen.« Die schummrigen Kneipen am Hamburger Berg wurden sein neues Zuhause. Dort traf sich, wer nichts mehr hatte. Menschen, für die es nur noch bergab ging. Mit den »Fünf-Mark-Huren« konnte er »quatschen«, seine Probleme »rauslassen«. Hier war die Gefahr am geringsten, abgewiesen und ausgegrenzt zu werden. Davor hatte er am meisten Angst: Daß Menschen ihn spüren ließen, wie verkorkst sein Leben war. Ein Hoffnungsloser unter Hoffnungslosen. Seine Probleme konservierte er konsequent in Alkohol: jeden Tag eine Pulle Korn.

Im Oktober 1970 lernte er Veronika Mommsen kennen. In verdrecktem Mantel und mit zerrissenen Strumpfhosen hatte er sie in einer seiner Stamm-Spelunken aufgegabelt, ihr einen Schnaps spendiert. So kam man sich näher. Sie hatte kein Zuhause mehr, er ließ sie schließlich bei sich wohnen. Zwei verlassene, mißachtete und mißhandelte Menschen hatten in ihrer Not zueinandergefunden. Doch das Glück währte nicht lange. Sie hielt nicht viel von Sauberkeit, mußte von ihm zur Hausarbeit »gezwungen« werden: mit Schlägen. Ihre Beziehung verkam schnell zu einer schlichten Sauf- und Gewaltorgie. Paul Hopp rang verzweifelt um menschliche Wärme und Zuneigung, flüchtete sich aber beharrlich in Suff und schnellen Sex. Bekam er nicht, was er wollte, prügelte er drauflos. Veronika Mommsen hatte schließlich genug und machte sich im Februar 1972 davon. Ihre Erklärung: »Im Suff war dieser Mann schlimmer wie ein Tier. Er fesselte mich auf einen Sessel, schlug mit einem Holzknüppel auf mich ein und spielte dabei die Schallplatte: Es geht eine Träne auf Reisen.« Gewalt war die ihm vertrauteste menschliche Umgangsform und Schnaps das einzige ihm bekannte Mittel, dieses Elend zu schlucken, zu ertragen.

Paul Hopp hatte vor seinen Taten stets eine lange Zeit der sexuellen Askese hinter sich, war ausgehungert. Seine Wünsche und Träume nagelte er an die Wände seiner 18-Quadratmeter-Wohnung, tapezierte sie förmlich: Hunderte von drallen Pin-up-Girls glotzten ihn lüstern an – und er gierte zurück. Doch nichts ging wirklich. So mußte er sich immer wieder bescheiden und nach anderen Möglichkeiten suchen. Eine Gummipuppe half ihm dabei; die zierte sich wenigstens nicht, ließ sich alles gefallen. Doch war Paul Hopp sicher kein »echter« Triebtäter, auch wenn er im wesentlichen gemordet hatte, um Geschlechtsverkehr zu erzwingen. Vielmehr setzte er voraus, daß die Frauen – zumal es sich um ältere und »verbrauchte« Prostituierte handelte – sich seinem Verlangen beugten. Schließlich hatte er ihnen »ein Zuhause gegeben« und durfte »Dankbarkeit« erwarten. Die quälende und niederdrückende Last seiner Erfahrungen mit Frauen hatten ihn zudem flachgemacht. Er war ein seelischer Krüppel: moralisch verwahrlost, emotional abgestumpft. Und dann fielen im Suff Worte, die verletzten, die ihn seine eigene Unzulänglichkeit spüren ließen. So kam es zur Katastrophe. Paul Hopp holte zu vernichtenden Gegenschlägen aus, fiel blindwütig über seine Opfer her: »Und dann hab’ ich die Nerven verloren.«

Die Leichenverstümmelungen – insbesondere das Entfernen der Geschlechtsteile – wertete die psychiatrische Gutachterin als »Begleitgefühl der Genugtuung über die drastische Eliminierung des Ärgernisses«. Paul Hopp wollte seine Opfer ein weiteres Mal bestrafen, die weiblichen Geschlechtsmerkmale waren für ihn die Inkarnation der eigenen Unterdrückung, sie standen für Schmutz und Widerstand, den er nicht länger dulden und ertragen mochte. Er war kein Schlächter, eher ein verschüchterter Einzelgänger mit ausgeprägten Minderwertigkeitskomplexen. Die Opfer schienen ihn aber auch dann noch zu mißachten und zu verspotten, als sie bereits tot dalagen. Deshalb begann er zu schneiden und zu sägen.

Die 21. Große Strafkammer des Landgerichts Hamburg folgte den Ausführungen der Sachverständigen und erkannte zu Recht auf

»verminderte Schuldfähigkeit«. Am 20. Dezember 1976 wurde Paul Hopp zu einer »Gesamtfreiheitsstrafe von 15 Jahren« verurteilt. Obwohl man ihn als »gemeingefährlich« eingestuft hatte und eine Sicherungsverwahrung hätte angeordnet werden können, schickte man ihn in eine Therapie. Die Begründung: »Das Gericht hat demgemäß auf Unterbringung in einem psychiatrischen Krankenhaus erkannt, weil für den Angeklagten bei der Behandlung eher die Chance besteht, in diesem Leben noch einmal auf freien Fuß zu kommen.« Dies geschah dann auch tatsächlich, 1992 konnte er den Maßregelvollzug verlassen und lebte unter anderem Namen in Hamburg. Sechs Jahre später, im Oktober 1998, verstarb er schließlich im Alter von 63 Jahren. Alkohol und Nikotin hatten ihren Tribut gefordert. Bis zu seinem Tod war er jedoch unauffällig und straffrei geblieben.

Die Kette von Gewalttaten an Obdachlosen in Frankfurt am Main riß nicht ab. Am 4. Mai 1990 fand man in den frühen Morgenstunden auf einer Parkbank in den Wallanlagen beim Allerheiligentor die Leiche eines Stadtstreichers. Dem aus der Umgebung von Stuttgart stammenden 46jährigen Hans-Peter Mokros war mit einem stumpfen Gegenstand der Schädel eingeschlagen worden. Der Mörder hatte wieder erbarmungslos und mit äußerster Brutalität zugeschlagen: Das Gesicht des Opfers war verstümmelt worden, übriggeblieben war nur eine breiige Masse aus zerfetzter Haut, zermalmten Knochen und jede Menge Blut. Die Schläge hatten eine solche Wucht gehabt, daß das Blut meterweit gespritzt war. Auch für hartgesottene Kriminalisten ein grauenvoller Anblick.

Die Sonderkommission »Stadtstreicher« der Frankfurter Kripo vermutete, daß es sich bei Hans-Peter Mokros um ein weiteres Opfer des mysteriösen »Obdachlosenmörders« handelte, der in den Wochen zuvor Angst und Schrecken in der Frankfurter Stadtstreicherszene verbreitet hatte. Bereits am 1. Februar war ein 43jähriger »durch Anwendung stumpfer Gewalt« lebensgefährlich verletzt worden, am 7. Februar und am 2. April hatte man die Leichen eines 34jährigen sowie eines zwei Jahre älteren Mannes gefunden. Der unbekannte Mörder schien dabei immer nach dem gleichen Muster vorgegangen zu sein. »Es gibt viele Parallelen, die auf ein und denselben Täter schließen lassen. Alle vier Männer wurden im Schlaf überrascht, die Tatwaffe ist ein stumpfer Gegenstand, vermutlich eine Eisenstange. Keines der Opfer wurde ausgeraubt. Außerdem lagen die Tatorte in der City«, faßte der Pressesprecher des Frankfurter Polizeipräsidiums die dürren Ermittlungsergebnisse zusammen. Das Motiv erschien nebulös, in den Reihen der Ermittler rätselte man über die Beweggründe des »Phantom-Mörders«. »Der Täter könnte ein Psychopath sein. Auffällig ist, daß alle Opfer am Monatsanfang überfallen wurden und er sich immer Einzelgänger ausgesucht hat«, wurde der schockierten Öffentlichkeit mitgeteilt.

Die Ermittlungen liefen auf Hochtouren. Am 5. April hatte ein Passant in den frühen Morgenstunden beobachtet, wie ein Mann in der Nähe eines der Tatorte mit einer Eisenstange gegen einen schlafenden Obdachlosen ausgeholt, sich dann aber schnell entfernt hatte; vermutlich aus Angst vor Entdeckung. Der Zeuge konnte den Mann beschreiben: etwa 1,80 Meter groß, 25 bis 30 Jahre alt, kurzes Haar, schlank. Obwohl man sich mit einem Phantombild des mutmaßlichen Mörders an die Bevölkerung wandte und zivile Fahndungskommandos in den Grünanlagen der Frankfurter Innenstadt eingesetzt wurden, trat die Sonderkommission auf der Stelle. »Wir haben keine relevanten Hinweise auf den Verdächtigen«, hieß es.

Am 6. Mai, nur zwei Tage nach dem letzten Mord, blieb am frühen Samstagmorgen ein Spaziergänger auf seinem Weg durch die Eschenheimer Anlage starr vor Entsetzen stehen: Ein Mann lag mit zerschmettertem Schädel auf einer Parkbank, am Boden eine Blutlache. Der junge Mann rannte zu einer Telefonzelle, wollte die Polizei alarmieren. Auf dem Weg dorthin machte er einen weiteren grausigen Fund. Neben einem Gebüsch gab ein Schwerverletzter nur noch schwache Lebenszeichen von sich, er wies ebenfalls massive Kopfverletzungen auf. Wieder waren zwei »Berber« Opfer eines feigen Mordanschlags geworden. Für die Kripo stand bald zweifelsfrei fest: »Von ein und demselben Täter ist auszugehen.«

Mittlerweile waren vier Männer im Schlaf erschlagen worden, zwei weitere hatten die heimtückischen Angriffe überlebt. Arme Kerle, deren abfällig gebrauchter Beiname »Penner« nun einen schrecklichen zweiten Sinn bekommen hatte. Ohne die geringste Möglichkeit der Gegenwehr waren sie unter freiem Himmel umgebracht worden: Obdachlose, deren verpfuschtes Leben unwiderruflich in einer Tragödie geendet hatte. Die nächtlichen Gewaltverbrechen gegen Menschen, deren Zuhause Parkbänke und Hauseingänge waren, die unter Brücken schliefen oder sich auf der Suche nach einem Nachtlager in die Büsche der städtischen Grünanlagen schlugen, schienen kein Ende zu nehmen. Ein Serienmörder machte regelrecht Jagd auf Stadtstreicher.

Unter den Obdachlosen der Stadt herrschte das blanke Entsetzen. Neben den üblichen Alltagssorgen quälte die Frauen und Männer, die auf der »Platte« lebten, zusätzlich eine schicksalhafte Frage: Wer ist der Nächste? Jeder mußte damit rechnen, eines Morgens nicht mehr aufzuwachen. Schlafen war zum tödlichen Risiko geworden. Viele der 800 Obdachlosen spielten mit dem Gedanken, die Stadt zu verlassen, andere blieben nachts wach, schliefen tagsüber. Einige rotteten sich in den Nachtstunden zu Gruppen zusammen, um vor dem unheimlichen »Berbermörder« sicher zu sein. Aber viele von ihnen waren Einzelgänger, vor allem nachts. Die wenig zimperlichen Sitten in gemeinsamen Nachtlagern ließen so manchen sich lieber allein ein ruhiges und einsam gelegenes Plätzchen suchen, um nicht beklaut zu werden. Das gegenseitige Mißtrauen war größer als die Angst. Wenn man so gut wie nichts besitzt, bekommt das Wenige, das man hat, einen anderen Stellenwert. Öffentliche Aufrufe von Polizei und Sozialamt, »sich nachts nur in Gruppen schlafen zu legen oder Übernachtungsstätten aufzusuchen«, fruchteten daher wenig. Keiner traute keinem. Und wenn sie sich doch zu Gruppen zusammenfanden, wollte es mit dem Wacheschieben nicht recht klappen: Der Alkohol betäubte die Frauen und Männer, ließ sie sanft entschlummern.

Es gab nur noch ein Gesprächsthema unter den Stadtstreichern. »Den kriegen wir«, machte man sich Mut. Das klang kämpferisch und hoffnungslos zugleich. Auch spekulierten die Obdachlosen über das Motiv des Mörders, den viele in den eigenen Reihen vermuteten: »Vielleicht ist es einer von uns, einer, der keinen Anschluß findet.« Einige überlegten, ob sie nicht aus Protest, um auf ihre prekäre Situation aufmerksam zu machen, mit ihren Schlafsäcken »den Römer besetzen« sollten. Aber es fanden sich nicht genug, die mitmachen wollten. Die Obdachlosen fühlten sich allein gelassen, schimpften auf den Oberbürgermeister: »Der gibt uns nur Schlafsäcke, das ist wohl 'ne Verarsche!« Von den Bemühungen der Polizei versprachen sich die potentiellen Opfer ebenfalls wenig: »Was sollen die schon machen? Die kennen ja gar nicht alle Schlafplätze, und überall können die auch nicht sein.« Daneben machte sich beißender Galgenhumor breit, als sich immer mehr Reporter um das Schicksal der Stadtstreicher bemühten: »Erst müssen welche von uns erschlagen werden, bis sich jemand für uns interessiert.« Schlimmer noch. »Es gab auch Leute hier, die haben gebrüllt, es müßten noch mehr abgeschlachtet werden«, berichtete ein älterer Obdachloser und weinte. Die Nerven lagen blank.

Die Stadtstreichermorde waren inzwischen zu einem Politikum geworden. Der innenpolitische Sprecher der »Grünen« im hessischen Landtag forderte, »für Obdachlose, deren Leben gefährdet sei, müßten zu ihrem Schutz die gleichen polizeilichen Grundsätze gelten wie für gefährdete Personen aus Wirtschaft und Politik«. Ein kräftiger Nasenstüber für die Ermittlungsbehörden, dem wenig später ein Dementi des Polizeisprechers folgte: »Wir arbeiten mit Hochdruck an der Aufklärung und sind bemüht, den Täter rasch zu fassen. Auch wenn diese Menschen keine Lobby haben, werde selbstverständlich alles getan.« Staatsanwaltschaft und Polizei bemühten sich tatsächlich nach Kräften, doch wurden ihre Ermittlungen durch die besonderen Begleitumstände der Taten, aber auch durch die Lebensverhältnisse der Opfer wesentlich erschwert. In den Grünanlagen der Frankfurter City war nachts kaum jemand unterwegs, schon gar nicht bei klarem Verstand und mit wachen Augen. Der Mörder brauchte unliebsame Zeugen nicht zu fürchten, ein kurzer Blick genügte, um die todbringende Eisenstange zu schwingen. Die Sonderkommission wurde personell weiter aufgestockt, zusätzlich wurde durch die Staatsanwaltschaft und den Darmstädter Regierungspräsidenten eine Belohnung von insgesamt 21 000 Mark ausgesetzt. 80 Polizeibeamte waren wochenlang in den Grünanlagen unterwegs, liefen und fuhren Streife, schlichen sich in die »Szene« ein. Puppen wurden als Köder ausgelegt. Schließlich spielten mehrere Beamte den Lockvogel, übernachteten auf Parkbänken und riskierten dabei ihr Leben.

Inzwischen war der 60jährige Walter Busse, der am 5. Mai Opfer des unheimlichen Serienmörders geworden war, seinen schweren

Kopfverletzungen erlegen. Die Zahl der verstorbenen Opfer hatte sich somit auf fünf erhöht. In den frühen Morgenstunden des 20. Mai fand eine Polizeistreife an einem kleinen Weiher der Bockenheimer Anlage schließlich den wohnsitzlosen 32jährigen Klaus Bramstädt: getötet durch Stiche in die Brust und Schläge auf den Kopf. Der Sonderkommission gelang es, die letzten Stunden des Opfers bis auf 60 Minuten zu rekonstruieren. Es waren Hinweise eingegangen, wonach Klaus Bramstädt gegen 2.45 Uhr der Tatnacht ein Lokal in der Brönnerstraße nahe dem Eschenheimer Turm ohne Begleitung verlassen hatte. Bis zum Weiher zwischen Stadtbad Mitte und der Alten Oper waren es vom Lokal aus nur wenige Minuten. Kurz nach Verlassen des Lokals mußte das Opfer auf seinen Mörder getroffen sein, hatte bereits am Schwimmbad mehrere Messerstiche erhalten und sich danach mit letzter Kraft auf die Parkbank am Weiher geschleppt. Dort waren Klaus Bramstädt schließlich die tödlichen Kopfverletzungen beigebracht worden. Abermals hatte der Mörder wie rasend zugeschlagen, das Opfer konnte nur anhand seiner Fingerabdrücke identifiziert werden.

Der neuerliche Mord hatte den Frankfurter »Verein für soziale Heimstätten« aufgeschreckt, deren Vorsitzende öffentlich verkündete: »Wir werden schnell und mit allen möglichen Mitteln versuchen, wohnsitzlose Frauen und Männer vor Gewalttätigkeiten zu schützen. Jedermann, der einen hilflosen Menschen antrifft, kann uns anrufen. Wir kommen hin.« Auf einem Flugblatt richtete der Verein einen Appell an die Obdachlosen: »Schlafen Sie draußen nicht allein. Suchen Sie die Übernachtungsstätte auf der Kiesstraße 20 auf, oder wenden Sie sich an das nächste Polizeirevier oder an jede Streife.« Auch die Stadtstreicher machten mobil: »Inzwischen liegen wir am Entenweiher im Ostend Mann an Mann und passen gegenseitig auf uns auf. Wer uns überfallen will, hat schlechte Karten.« Hunde und Waffen sollten das Sicherheitsgefühl stärken. Die Ohnmacht steigerte den Haß auf den Mörder: »Wenn wir den erwischen, bekommt ihn die Polizei nur scheibchenweise.« Die errichteten Notunterkünfte wurden von vielen Obdachlosen hingegen gemieden. Man beklagte die drangvolle Enge dort, auch die sanitären Zustände. Unter den Ärmsten der Armen herrschte der Ausnahmezustand. Auf der Zeil, einer Einkaufsstraße in der Frankfurter Innenstadt, protestierte ein einzelner Obdachloser mit einem Schild auf der Brust: »Sechs tote Stadtstreicher sind sechs zuviel. Helft uns, den Wahnsinn zu stoppen!«

Nur zwei Tage später, in der Nacht zum 22. Mai, schlug der »Phantom-Mörder«, der die Stadt über vier Monate lang in Angst und Schrecken gehalten hatte, wieder zu. Mit einem stumpfen Gegenstand zertrümmerte er in einer kleinen Grünanlage an der Alten Mainzer Gasse dem 59jährigen Heinrich Voss die Schädeldecke. Gegen 1.15 Uhr hörte ein Anwohner das Gewimmer des Opfers. Er konnte noch beobachten, wie ein »kleiner dicker Mann mit dunklen Haaren« in Richtung Innenstadt davonlief. Der Zeuge rannte die Treppen hinunter in den Hof. Dort fand er auf einer Bank den Schwerverletzten, alarmierte sofort die Polizei und beschrieb den Verdächtigen. Nach wenigen Minuten wimmelte es überall von Polizeibeamten. Nur 15 Minuten nach der Tat konnte schließlich am U-Bahn-Abgang an der Konstablerwache durch eine Streifenwagenbesatzung ein Mann angehalten werden, auf den die Beschreibung paßte und der eine Plastiktüte krampfhaft unter seiner Jacke versteckt hielt. Die Beamten durchsuchten die Tüte. Der Inhalt: ein großes Fleischermesser und ein Schlosserhammer mit einem langen schwarzen Griff, an dem noch frisches Blut klebte – das Blut des letzten Opfers. Freimütig und ohne jede Regung gestand er den Beamten: »Ja, ich bin der Pennermörder. Ich habe sie alle umgebracht.«

Bei dem Festgenommenen handelte es sich um den 50jährigen ledigen und arbeitslosen August Geitlinger, der nur wenige Kilometer von den Tatorten entfernt in Bornheim wohnte. Der 1,66 Meter große, dickliche Mann mit dem buschigen Schnauzbart und den kräftigen Unterarmen, der auf den ersten Blick ganz normal wirkte, wurde noch in derselben Nacht vernommen. Zu Beginn versuchte er den Ermittlern zu erläutern, warum er seine Opfer umgebracht hatte: »Ich habe einen Landstreicher auf der Parkbank umgebracht, weil ich von einer toten Person besessen bin und diese Person umgebracht wurde zu dem Zweck eines Ablasses, ein Ablaß von Seelen, die an ihn gebunden sind, die ihren Ablaß bekommen durch die Tötung von ihm. Er wird freigelassen von seinem Schicksal, erlöst von seinem Schicksal, das sie mitgetragen haben von ihm, während er als Penner da gelaufen ist. Über einen bestimmten Zeitraum, ich weiß ja nicht, wie lange der Mann Penner war oder wie lange der draußen geschlafen hat. Auf jeden Fall waren das Personen, die an ihn gebunden waren, die das mittragen mußten.«

August Geitlinger sprudelte ohne Punkt und Komma, machte während der Vernehmungen eigenartige flötend-gurgelnde Geräusche, knurrte gelegentlich und lachte oftmals ohne konkreten Anlaß. Er stand bei seinem Mord-Geständnis gewissermaßen neben sich, berichtete wie über die Handlungen eines Dritten. Gleichwohl zeigte er sich bemüht, auch die Gesprächspartner in sein System einzufügen. Schnell war den Vernehmungsbeamten klar geworden, daß sie es hier mit einem psychisch schwer gestörten Mann zu tun hatten. August Geitlinger gestand ohne erkennbare Scham und ohne den Versuch zu unternehmen, die Taten zu leugnen: insgesamt sechs Morde und zwei Mordversuche. Immer wieder verwies er darauf, daß »Stimmen aus dem Jenseits« ihn zu den Taten »gedrängt hatten«. Daraufhin sei er dann mit Schlosserhammer und Schlachtermesser bewaffnet losgezogen, um »den Auftrag auszuführen« und die Opfer »in den Himmel zu bringen«.

Diese Äußerungen standen in krassem Gegensatz zu den Mutmaßungen eines renommierten Frankfurter Psychiaters. Dieser Fachmann für die Abgründe der menschlichen Seele schwadronierte unmittelbar nach der Festnahme von August Geitlinger, ohne diesen auch nur einmal gesehen oder gesprochen zu haben, der Deutschen Presse-Agentur gegenüber von einer »Ideologie«, die den motivationalen Hintergrund der Taten darstellen sollte: »Der Mörder hat sich vermutlich eine Gedankenwelt konstruiert, in der er dieser sozialen Randgruppe die Lebensberechtigung absprach. Obdachlose würden als lebensunwert und als Ungeziefer deklariert. Hinter dieser Ideologie stecken massive egoistische Impulse. Er wollte töten und rechtfertigte das damit, daß er den Obdachlosen das Recht auf Leben absprach. So konnte er sich als Rächer und Vollstrecker fühlen.« Diese Ferndiagnose war genauso naheliegend wie falsch.

Der Untersuchungsrichter erließ gegen August Geitlinger keinen Haftbefehl, sondern schickte ihn in eine geschlossene psychiatrische Anstalt. Wie schon die Vernehmungsbeamten der Mordkommission, die August Geitlinger als »psychisch krank« beurteilt hatten, hielt ihn auch der Haftrichter für »nicht schuldfähig«.

Der Lebensweg dieses Mannes, der in den letzten Jahren vor seinen Morden zurückgezogen gelebt und mit den Nachbarn kaum Kontakt gehabt hatte, war gekennzeichnet von sozialer Ausgrenzung, einem ausgeprägten Einzelgängertum und quälender Angst vor seinem leiblichen Vater. August Geitlinger wuchs in Ravensburg unter außerordentlich belastenden Bedingungen auf. Die Ehe seiner Eltern wurde noch vor seiner Geburt geschieden. Sein Vater hatte sich im Suff nicht nur an seiner eigenen, sondern auch an anderen Frauen vergriffen. Seine Mutter heiratete wenig später ein zweites Mal. Aufgrund der beengten Wohnverhältnisse mußte August Geitlinger gemeinsam mit seinem Großvater in einem Kellerraum hausen.

Als 2jähriger wurde er von seinem leiblichen Vater entführt und über einen Monat lang in dessen Wohnung in Sigmaringen gefangengehalten. Die folgenden Jahre waren insbesondere von der Angst geprägt, daß sich Ähnliches wiederholen könnte. Aus diesem Grund hielt seine Mutter ihn unter ständiger Aufsicht, er durfte nicht mit den anderen Kindern zum Spielen, wurde während der mütterlichen Abwesenheit konsequent weggeschlossen. Als er selbständiger wurde, hielt seine Mutter ihn noch immer dazu an, sich in der Wohnung selbst einzuschließen. Seinen Vater erlebte er aufgrund dieser Vorkommnisse stets als »aggressiv, bösartig und bedrohlich«. Er fürchtete auch, von seinem Vater »umgebracht zu werden«.

Die Volksschule absolvierte er mit durchschnittlichem Erfolg, hatte jedoch keine Lernschwierigkeiten. 1959 schloß er eine zweieinhalbjährige Lehre als Elektriker erfolgreich ab, wanderte aber schon kurze Zeit später mit einem Schulfreund nach Australien aus. Dort verdingte er sich zunächst für zwei Jahre als Holzfäller. 1962 stellten sich erste körperliche und geistige Beschwerden ein. Er fühlte sich »unsicher im Beruf und den Frauen gegenüber«, spürte ein »eigenartiges Kribbeln« und wurde von »Angstzuständen« gequält. Mit der Zeit glaubte er, die »Wirklichkeit anders zu erleben«, hatte Angst, »verrückt zu werden«. Aus diesem Grund begab er sich in therapeutische Behandlung. Der Psychiater führte seine Beschwerden jedoch auf die »Eingewöhnung in einem fremden Land« zurück.

In der Folgezeit kehrte er zweimal nach Deutschland zurück, leistete in dieser Zeit unter anderem seinen Wehrdienst ab. Nach 1966 war er in den verschiedensten außereuropäischen Ländern auf Montage tätig, um »möglichst viel Geld zu verdienen«. Mitte der achtziger Jahre kehrte er endgültig nach Deutschland zurück, arbeitete zunächst noch ein halbes Jahr auf dem Frankfurter Flughafen und wurde anschließend arbeitslos. Er lebte fortan von seinen Ersparnissen. Seine sexuellen Kontakte beschränkten sich auf flüchtige Beziehungen mit Prostituierten oder Frauen, die er in Kneipen oder Bars aufgabelte.

Die beschriebenen körperlichen und psychischen Beschwerden bestanden mit wechselnder Intensität weiter fort. Im Februar 1987 wurde August Geitlinger in das Psychiatrische Landeskrankenhaus Ravensburg eingeliefert, nachdem er versucht hatte, sich vor ein fahrendes Auto zu werfen. Anschließend hatte er sich ständig bekreuzigt und gefaselt, »vom Teufel besessen zu sein«. Kurz nach seiner Einlieferung distanzierte er sich von seinen paranoiden Vorstellungen und erzählte, »alles nur erfunden zu haben«. Das hatte seinen Grund: Er befürchtete, »für verrückt erklärt und in eine Anstalt eingewiesen zu werden«. So drängte er auf Entlassung, ärztlicherseits wurde eine »kurzfristige psychotische Episode mit unklarer Ursache« diagnostiziert.

Auch seiner Mutter gegenüber, die er gelegentlich besuchte, zeigte er Verhaltensauffälligkeiten. Er führte »gotteslästerliche Reden« und verschickte eine Vielzahl von wirren Briefen an den Papst und den Bundeskanzler. Er verlangte von seiner Mutter, sich »nachträglich mit seinem verstorbenen Vater kirchlich trauen zu lassen«. Bei seinen Besuchen hockte er »still in einer Ecke« und »rollte wild mit den Augen«. Mit der Zeit nahmen seine geistigen und verbalen Ausritte zu, dieser komische Kauz erstaunte und amüsierte seine Umgebung durch »absonderliche Töne« und »eigenartige Grimassen«. Darüber hinaus trat er durch allerlei Merkwürdigkeiten und aggressiv eingefärbte Delikte in Erscheinung: Er zerriß Geldscheine, verbrannte von ihm geschossene Fotos von Prostituierten, zerstörte Telefonleitungen, zerschnitt die Reifen geparkter

Autos. Auch zerhackte er in regelmäßigen Abständen sein eigenes Mobiliar. Die Konsequenz: Man warf ihn aus der Wohnung. Mehr und mehr glaubte August Geitlinger daran, »von außen beeinflußt« zu werden. Zunächst machte er für seine körperlichen und seelischen Qualen den »russischen Geheimdienst« und einen »Bischof« verantwortlich, später glaubte er von »Geistern aus dem Totenreich« befallen zu sein.

Die Motivation für seine abscheulichen Taten faßte der ihn begutachtende Psychiater in wenigen Sätzen zusammen: »Die Verbindung zum Totenreich ergibt sich dadurch, daß sein Vater noch ›ein Quentchen Blut‹ von Konstantin, dem Gottkaiser, in sich trägt. Die Toten bestimmen alles, was auf der Welt geschieht. Die Qualen und Folterungen, denen er sich ausgesetzt sah, haben den Zweck, die Erbsünde, die er von seinem Vater übernommen hat, abzubüßen. Danach bekommt er einen Ablaß von der Geisterwelt und die Geistertaufe. Er wird dann ein Haus erben. Auf diese Weise würde auch sein Bruder, der nach der Scheidung der Eltern in einer anderen Beziehung gezeugt wurde, seine Existenzberechtigung erhalten und weitere Nachkommen zeugen können. Diese Gedanken seien ihm eingegeben worden. Stimmen habe er nie gehört. (...) Die ihn beeinflussenden Geister aus der Totenwelt hätten ihn ab Anfang 1990 immer systematischer gequält, Leute umzubringen. Er sei gewissermaßen gezwungen worden, nachts aufzustehen, um seine Opfer auszusuchen. Mehrfach habe er versucht, die Taten an anderen Opfern auszuführen, sei daran aber immer wieder durch die Geister gehindert worden. Die hätten ihn schließlich zu den Obdachlosen geführt, gegen die er eigentlich nichts gehabt habe.« Aus diesem Grund war August Geitlinger losgezogen und hatte seine Opfer wie ein böser Geist überfallen und ihnen den Schädel eingeschlagen. Wieder hatte ein sozialer Außenseiter beharrlich Leben ausgelöscht, andere sozial Gestrandete massakriert.

Besonders ärgerlich erscheint in diesem tragischen Fall, daß August Geitlinger bereits am 19. Februar 1990 vor Gericht stand, weil er zuvor Hunderte Reifen aufgeschlitzt und etliche Telefonkabel zerstört hatte. Zu diesem Zeitpunkt waren schon zwei Obdachlose erschlagen, ein weiterer lebensgefährlich verletzt worden. Verzweifelt fahndete man nach dem ominösen »Phantom-Mörder«. Daß dieses Trugbild jetzt als Angeklagter vor seinem Richter stand, darauf hätte nun gewiß niemand kommen müssen. Schließlich war August Geitlinger nur ein »Reifenstecher«. Aufgrund eines psychiatrischen Gutachtens, das ihn für »nicht schuldfähig« erklärte, wurde er damals freigesprochen. Dem Gericht mag man daraus keinen Strick drehen, das Ärgernis hatte viel früher stattgefunden. Der Gutachter hatte zwar eine »psychische Erkrankung« diagnostiziert, aber gleichzeitig prognostiziert, daß August Geitlinger »keine Gefahr für die Allgemeinheit« darstelle. Ein harmloser Irrer eben. Und doch kam dieser wohlwollende und wohlmeinende Freispruch einem Todesurteil gleich: August Geitlinger konnte wieder loslaufen und Obdachlose erschlagen.

Ein Skandal? Darüber läßt sich trefflich streiten. Bei aller Zurückhaltung, mit der man Gerichtspsychiatern und -psychologen hierzulande mittlerweile nicht nur aufgrund dieser Fehldiagnose begegnen darf, sollte nicht unter den Teppich gekehrt werden, daß es in erster Linie vom Willen und Wollen des Patienten abhängt, ob eine seelische Entgleisung beziehungsweise Entartung in ihrem ganzen Ausmaß diagnostiziert werden kann. Nur wenn dieser sein Innerstes nach außen kehrt, seine mitunter diffusen Bedürfnisse und ungeheuerlichen Phantasien offenbart, kommt Licht ins Dunkel. Und nur unter dieser Voraussetzung wird man die Gefährlichkeit eines Patienten vernünftig und realitätsnah beurteilen und künftiges Verhalten prognostizieren können. Leider ist dies zu selten der Fall. Viele Patienten *wollen* sich nicht helfen lassen, verschweigen oder verharmlosen ihre abnormen Triebe und Wünsche. Besonders schwierig zu beurteilen sind in diesem Zusammenhang solche Fälle, in denen die »Allgemeingefährlichkeit« des Patienten weder aus seinen vorherigen Taten – soweit diese überhaupt passiert oder bekannt geworden sind –, seinem vorherigen Verhalten oder seinen Aussagen zwingend herzuleiten ist. Wie ist hier zu entscheiden? Im Zweifel zugunsten des Patienten, dem somit seine persönliche Freiheit erhalten bleibt, oder im Sinne einer Generalprävention zugunsten der Allgemeinheit, die es zu schützen gilt? Eine schicksalhafte Entscheidung, die insbesondere unter dem Aspekt der Verhältnismäßigkeit sorgsam abgewogen sein will. Sicher mag es auch befremdlich erscheinen, daß Gerichtsgutachter keine Zusatzqualifikation nachzuweisen haben und letztlich durch richterlichen Ritterschlag in den Status eines forensischen Sachverständigen erhoben werden. Möglicherweise ließen sich durch entsprechende zu standardisierende Kompetenznachweise andere fachärztliche bzw. fachpsychologische Versäumnisse und Fehlleistungen – auf die hier nicht näher eingegangen werden soll – aus der Welt schaffen; aber das Kernproblem psychologisch-psychiatrischer Begutachtung, die bisweilen extreme und kaum aufzulösende Introvertiertheit und Verschlagenheit der Patienten, bliebe uns wohl erhalten. Eine therapeutische Zauberformel gibt es nicht.

Am 12. Dezember 1990 gab der Landeswohlfahrtsverband Hessen folgende Pressemitteilung heraus: »August Geitlinger ist tot. Der im Frühjahr dieses Jahres als ›Obdachlosenmörder‹ bekannt gewordene psychisch kranke Straftäter August Geitlinger ist heute morgen um 11 Uhr in der Außenstelle Gießen der Klinik für Gerichtliche Psychiatrie Haina tot aufgefunden worden. Ein Pfleger, der ihm das Mittagessen bringen wollte, fand August Geitlinger mit einer Mullbinde erhängt am Fenster seines Zimmers. Die Gießener Kriminalpolizei hat unmittelbar nach Entdeckung des tragischen Todes die Ermittlungen aufgenommen. August Geitlinger wurde gemäß des Beschlusses des Amtsgerichts Frankfurt wegen des Verdachts der Tötung von sechs obdachlosen Männern und der schweren Körperverletzung von zwei weiteren Männern seit 23. Mai 1990 in der Außenstelle Gießen behandelt. Dr. Hermann Scholz, Ärztlicher Direktor der Klinik für Gerichtliche Psychiatrie Haina, und Robert Spinrads, Leiter der Gießener Außenstelle: Wir und das ärztliche und pflegende Personal sind betroffen über den tragischen Tod August Geitlingers. Es gab keine Anzeichen für eine Selbstmordgefahr des Patienten.«

Auch in diesem Fall wurde den behandelnden Ärzten und Pflegern drastisch und unwiderlegbar vor Augen geführt, daß Untiefen und Abgründe der menschlichen Seele nicht immer auslotbar erscheinen. August Geitlinger hatte die Tür zu seiner kranken Seele fest verrammelt. Um es mit Ludwig Wittgenstein zu sagen: »Wovon man nicht sprechen kann, darüber muß man schweigen.«

KAPITEL 9

Der elfte Finger

Die Anatomie ist die älteste naturwissenschaftliche Disziplin der Medizin, die auf einer rund 2 000 Jahre alten Tradition aufbaut. Die ersten belegten wissenschaftlichen Sektionen des menschlichen Körpers wurden im 3. Jahrhundert v. Chr. durch Herophilos und Erasistratos in Alexandria durchgeführt. Im *Roche Lexikon Medizin* läßt sich nachlesen, was unter Anatomie genau zu verstehen ist: »Auf der Leichenzergliederung zu wissenschaftlichen Zwecken basierendes medizinisches Lehrfach, das sich mit dem normalen Bau und Zustand des Körpers und seiner Gewebe und Organe befaßt.«

Auch Knut Storbeck aus Willich am Niederrhein interessierte sich seit einigen Jahren lebhaft für die Anatomie des menschlichen Körpers; allerdings war die absonderliche Vorliebe des 17jährigen für die Leichenzergliederung nicht geprägt von wissenschaftlichem Interesse, sondern vielmehr von diffuser Lust und drängender Neugierde. Der junge Mann wußte nicht, wann und warum diese obskure Begierde sich in sein Bewußtsein eingeschlichen und dort eingenistet hatte. Das interessierte ihn auch gar nicht. Vielmehr war er von der Vorstellung beseelt, es endlich tun zu können: *einen Menschen umbringen, aufschneiden und ausweiden.* Aus diesem Grund hatte er bereits vor knapp vier Jahren, genau am 16. Dezember 1974, in einer Pappelschonung bei Kästorf, einer kleinen Gemeinde unweit von Gifhorn, einen 58jährigen Mann hinterrücks mit einem Knüppel niedergeschlagen und anschließend seinem Opfer mit einem Kalksandstein das Gesicht zertrümmert. Seine Wißbegierde hatte er aber nicht befriedigen können, da er von Spaziergängern gestört wurde und flüchten mußte.

Es war kurz nach 19 Uhr, als Knut Storbeck mit seinem Fahrrad vor einem Bahnübergang in Willich wartete. Er hatte eine seiner üblichen Spritztouren unternommen und wollte nun nach Hause. Plötzlich stellte ein Junge sein Fahrrad neben ihm ab. Es war der

Schüler Martin Knauf, der noch kurz in einem Jugendclub vorbei-
schauen wollte. Knut Storbeck musterte den 13jährigen. Je länger
er ihn ansah und nachdachte, desto günstiger erschien ihm die
Gelegenheit. Schnell hatte er sich einen teuflischen Plan zurechtgelegt: Er wollte den Jungen auf ein nahe gelegenes Bahngelände
locken und dort umbringen. Knut Storbeck sprach den Jungen an:
»Hey, wo willst du hin?« Martin Knauf war etwas überrascht, daß ein
älterer Junge sich für ihn interessierte. »Warum willst du das denn
wissen?« fragte er zurück. Knut Storbeck wollte die Neugierde des
Jungen wecken und erzählte ihm eine haarsträubende Geschichte:
»Also das ist folgendermaßen. Ich war gestern auf dem alten Bahngelände, du weißt doch, da wo die alten Baracken stehen. Ich hab'
mich da ein bißchen umgesehen. Und wie ich so auf den Boden
gucke, seh' ich da doch glatt einen nagelneuen Heiermann liegen.
Ein paar Meter weiter hab' ich dann noch einen leeren Münzsack
gefunden. Ich glaube, da hat bestimmt ein Bankräuber seine Beute
vergraben oder so. Da liegt bestimmt noch mehr. Hast du nicht Lust
mitzukommen?« Martin Knaufs Augen begannen zu leuchten. Das
klang nach einem richtigen Abenteuer. Schließlich willigte er in sein
Todesurteil ein: »Na klar, ich komme mit. Aber nur, wenn wir fifty-
fifty machen.« »Logisch, was denn sonst?« heuchelte Knut Storbeck.

Wenige Minuten später erreichten die Jungen das brachliegende
Haus der Bundesbahn und stellten ihre Fahrräder neben dem ver-
kommenen Gemäuer ab. Mit den Worten »Komm, ich zeige dir, wo
ich das Geld gefunden habe« lockte Knut Storbeck den arglosen
Jungen in den Bau. Kurz nachdem sie das Haus betreten hatten,
schlang Knut Storbeck dem vor ihm gehenden Jungen plötzlich den
linken Arm um den Hals, zog sein Taschenmesser und stach wie
rasend auf die linke Brustkorbseite seines Opfers ein. Er stieß mit seinem Messer gezielt in die Herzgegend, um ihn schneller töten zu
können. Zwei Stiche durchbohrten jeweils die linke und die rechte
Herzkammer, weitere Stiche durchtrennten die Lunge und verletzten die Hauptkörperschlagader. Martin Knauf konnte sich nicht
ernsthaft wehren, zu unvermittelt trafen ihn die tödlichen Stiche. Er
sank zu Boden, röchelte nur noch leise. Knut Storbeck riß dem
Jungen die Kleider vom Leib und stach noch insgesamt dreizehnmal
in den Rücken seines Opfers. Martin Knauf verblutete.

Knut Storbeck aber war noch lange nicht zufriedengestellt, sein morbides Verlangen nicht gestillt. Er wollte nun endlich einen Menschen aufschneiden. Fieberhaft trennte er die vordere Bauchwand aus dem toten Körper heraus. Um in den Leichnam besser hineinsehen zu können, zündete er mit seinem Feuerzeug einzelne Tapetenfetzen an, die auf dem Boden herumlagen. Ein gespenstisches und grauenhaftes Szenario. Dann schnitt er an Ober- und Unterschenkel die Muskulatur ein und öffnete das rechte Knie. Anschließend trennte er Geschlechtsteil und Hodensack ab, schnitt beides auf und betrachtete neugierig und begierig die blutigen Fleischklumpen. Er hatte nun genug gesehen, nahm Armbanduhr und Halskettchen seines Opfers an sich, bedeckte den Leichnam mit einem größeren Stück Tapete und fuhr nach Hause.

Aber ein richtiges Zuhause hatte dieser junge Mann Zeit seines Lebens nicht gehabt. Schon als Kind war er von seinem alkoholabhängigen Vater, der als Maurer verzweifelt versuchte, seine elfköpfige Familie durchzubringen, regelmäßig verdroschen worden. Statt Erziehung und menschlicher Nähe hatte es Prügel gegeben – und davon reichlich. Schon als 5jähriger war er von Zuhause ausgerissen, aus Angst vor seinem jähzornigen und allzu gewaltbereiten Vater. Fünf Jahre später hatte er die Mutter, seine einzige Bezugsperson in der Familie, verloren. Sie war von einem seiner Brüder zu Tode getreten worden. Schließlich hatte sein Vater, mit der Erziehung der großen Kinderschar vollkommen überfordert, ihn in ein Kinderheim gesteckt. In der Sonderschule, die er nur unregelmäßig besucht hatte, war er von seinen Klassenkameraden ausgelacht und verspottet worden – er kam nicht mit, verstand wenig. 1977 hatte man ihn wieder in die Obhut seines Vaters entlassen. Weil er die Sonderschule schon nach der 6. Klasse zwangsweise hatte verlassen müssen, waren Gelegenheitsarbeiten für ihn die einzige Möglichkeit gewesen, sich ein paar Mark zu verdienen. So hatte er einige Monate auf einem Schlachthof in Krefeld und zeitweise auf dem Bau malocht.

Kurz nach seiner zweiten Tat fand er Anstellung bei einer Gärtnerei in Willich. An seinem 18. Geburtstag fuhr er, ohne sich entschuldigt oder Urlaub genommen zu haben, zum Kinder- und Jugendheim in Burg-Lengenfeld, um dort seine Freundin zu besuchen. Er hatte sich in das 16jährige Mädchen verliebt, gleich an

Verlobung und Heirat gedacht. Doch die Heimleitung schickte ihn zurück, verbot ihm darüber hinaus den Umgang mit dem Mädchen. Als er nach vier Tagen wieder in der Gärtnerei auftauchte, schickte man ihn auch dort weg. Obendrein gab es die fristlose Kündigung. Wieder hatte ihm das Schicksal übel mitgespielt, ihm eine lange Nase gemacht. Davon war er jedenfalls überzeugt. Er fühlte sich unverstanden und ungerecht behandelt, dachte darüber nach, wie er sich an seinem Chef rächen konnte. Er schrieb insgesamt sechs Drohbriefe, auf die er allesamt Hakenkreuze kritzelte. Eine Vorstellung davon, was ein Hakenkreuz bedeutete, hatte er indes nicht. Seine Pamphlete beinhalteten wüste Beschimpfungen, vermeintliche Todesdrohungen und absonderliche Forderungen: »Das Feuer ist eine Warnung. Der Nächste bist Du, Du Sau! (...) Die Reifen sind mit dem Messer durchstochen, als nächstes sind die drei Frauen dran. (...) Die Scheiben sind mit Hakenkreuzen beschrieben. Beim nächsten Mal sind die Scheiben draußen, wenn Sie nicht machen, was da steht. 900 Mark oder 200 000 Mark.«

Nachdem er die Briefe abgeschickt hatte, ging er zu der Gärtnerei, beschmierte die Scheiben der Gewächshäuser mit grauer Farbe und malte Hakenkreuze darauf. Danach steckte er einen Geräteschuppen an. Er konnte schnell als Täter ermittelt werden und wurde schließlich aufgrund dieser Vorkommnisse und wegen festgestellter »Geistesschwäche« im August 1979 durch das Amtsgericht Krefeld entmündigt. Das Kreisjugendamt Viersen wurde zu seinem Vormund bestimmt.

Er ließ sich fortan treiben, hatte kein Lebensziel mehr, ertränkte seine Ohnmacht in reichlich Alkohol. Mit Einbrüchen in Gartenlauben, Werkstätten und Büros versuchte er sich über Wasser zu halten. Sein Leben war zu einem einzigen Desaster, einer Katastrophe entartet; eine Einbahnstraße, die unweigerlich in eine Sackgasse führte: Endstation Knast. Knut Storbeck wurde zu einer zweijährigen Jugendhaftstrafe verurteilt. Bereits im September 1980, nachdem er lediglich vier Monate seiner Strafe verbüßt hatte, wurde er aus der Justizvollzugsanstalt Siegburg auf Bewährung entlassen und im Jugendheim »Heimstatt Engelbert« in Essen untergebracht.

Dort lernte er den 19jährigen Heiner Lichtenfeld kennen, der, wie er auch, in der Schreinerei des Heims arbeitete. Am 25. Oktober

1980, kurz nach dem Abendessen, gingen beide zu einem nahe den Eisenbahngleisen des Bahnhofs Essen-Kray gelegenen Schrottplatz, um dort nach brauchbaren Autoteilen zu suchen. Heiner Lichtenfeld ahnte nicht, daß er geradewegs in sein Verderben lief. Knut Storbeck wollte nämlich nicht nur nach Autobatterien oder Lautsprechern suchen, sondern seinen Weggefährten bei dieser Gelegenheit umbringen. Er wollte Heiner Lichtenfeld *den Bauch aufschlitzen, ihn auseinandernehmen, sein Geschlechsteil abschneiden und zerfleddern.*

Als Heiner Lichtenfeld auf der Suche nach Mitnehmenswertem vor ihm herging, schwang Knut Storbeck plötzlich eine Eisenstange und zertrümmerte den Schädel des jungen Mannes. Heiner Lichtenfeld sackte tödlich getroffen zusammen. Knut Storbeck entkleidete den Leichnam und begann sein grausiges Ritual. Zunächst schnitt er mit seinem Taschenmesser Unterschenkel, Hände, Arme und das Geschlechtsteil ab. Letzteres teilte er in zwei Hälften und eröffnete auch den Hodensack. Gierig befummelte er die Fleischklumpen. Danach schnitt er der Leiche den Kopf ab. Nachdem er sich sattgesehen hatte, verscharrte er – mit Ausnahme des Kopfes – das, was von Heiner Lichtenfeld übriggeblieben war, in einer Erdmulde. Für den Kopf suchte er nach einem Behältnis und fand schließlich einen Plastikeimer. Er legte ihn dort hinein und stülpte den Pullover seines Opfers darüber. Mit dem Eimer in der Hand ging er in Richtung Jugendheim, versteckte diesen dann aber in einem Gestrüpp unweit der Eisenbahnschienen. Als am nächsten Tag in der Schreinerei des Heims alte Türen, Fensterrahmen und Reifen verbrannt wurden, warf er den Eimer mit ins Feuer. Der Schädel blieb unentdeckt.

Nur 23 Tage später metzelte Knut Storbeck sein nächstes Opfer dahin. Wieder traf es einen jungen Mann aus seinem Heim, diesmal den 17jährigen Manfred Pfeffer. Er lockte sein Opfer auf ein brachliegendes Gelände im Bereich des ehemaligen Güterbahnhofs Essen-Ost und erschlug den jungen Mann mit einer Eisenstange. Wieder schnitt er den Leichnam in Stücke, ging diesmal jedoch einen Schritt weiter, weidete den toten Körper vollständig aus und trennte auch das Fleisch von den Knochen ab. Er skelettierte den Leichnam förmlich. Das Fleisch vergrub er in einem Loch, die Knochen legte er in einen Metalleimer und verscharrte diese schließlich in der Nähe eines Kanalschachts. Erst am 16. Januar 1981 wurden die Überreste von Manfred Pfeffer gefunden. Knut Storbeck verhielt sich nach den Taten so unauffällig auffällig wie zuvor: Er gab sich verschlossen, war launisch und aggressiv.

Im April 1981 schickte man ihn in ein anderes Fürsorgeheim nach Hückeswagen. In der »Hofgemeinschaft Alpha« arbeitete er in der Landwirtschaft. Während seiner dortigen Unterbringung nahm er im Oktober 1981 an einem Segeltörn nach Dänemark teil. Während dieser Fahrt sollten die Fürsorgezöglinge dem Ziel ihrer amtlichen Verwahrung ein Stück näher gebracht werden: der Resozialisierung. Als das 20 Meter lange Segelschiff »Falado von Rhodos« am Nachmittag des 7. Oktober den dänischen Hafen Faaborg anlief, hieß es jedoch bald schon: Mörder ahoi.

Nach dem Abendessen verließen Knut Storbeck und Guido Basten, ein Kumpel aus seinem Heim, das Schiff zum Landgang. Sie wollten sich ein wenig die Zeit vertreiben, der Zapfenstreich war erst für 22 Uhr festgelegt worden. An einem Kiosk machten sie halt, genehmigten sich mehrere Dosen Bier. Anschließend zogen sie in die Stadt und trafen in der Fußgängerzone auf den Einheimischen Gunnar Nielsen, der allein auf einer Parkbank saß und Bier trank. Der 26jährige winkte die beiden freundlich heran, schnell kam man ins Gespräch. Der Alkohol half, die Sprachbarriere zu überwinden. Die drei Männer unterhielten sich mit Händen und Füßen. Nach einer halben Stunde entschlossen sie sich, die nächste Kneipe anzusteuern, um dort weiterzuzechen. Gegen 21.30 Uhr wollten Knut Storbeck und Guido Basten wieder zurück aufs Schiff, der Zapfenstreich kündigte sich an. Ihre Zufallsbekanntschaft war ihnen mittlerweile lästig geworden. Doch nach Verlassen der Kneipe schlenderte Gunnar Nielsen reichlich beduselt hinter den beiden her, wollte sich partout nicht abschütteln lassen.

In der Nähe des Hafenbeckens wurde es Guido Basten schließlich zu bunt. »Komm, den machen wir platt«, schlug er Knut Storbeck vor, der bereitwillig nickte. Sie drehten sich um, Gunnar Nielsen lief nun geradewegs seinen Mördern in die Arme. Damit sie härter zuschlagen konnten, nahmen die beiden ihr Feuerzeug in die Faust. Um ihr Opfer abzulenken, bat Guido Basten den jungen

Mann um Feuer. Während Gunnar Nielsen in seiner Jackentasche nach seinem Feuerzeug kramte, schlug Guido Basten dem völlig verdutzten Opfer wieder und wieder gegen den Kopf. Gunnar Nielsen wehrte sich nicht, hielt aber beide Hände schützend vor sein Gesicht. Auch Knut Storbeck beteiligte sich jetzt eifrig an der Schlägerei, prügelte und trat unverdrossen auf den Hilflosen ein. Unter dem Trommelfeuer von Schlägen und Tritten ging Gunnar Nielsen zu Boden, blieb benommen auf dem Rücken liegen. »Laß gut sein, der hat genug«, versuchte Guido Basten seinen Kumpel zum Aufhören zu bewegen. Aber der dachte nicht daran. Er zog den Wehrlosen hoch und lehnte dessen Oberkörper an ein kleines Mäuerchen. Dann setzte er sich oben auf den Mauerrand und trat mit der Ferse seiner schweren Lederstiefel hemmungslos gegen den Kopf seines Opfers. Wieder und wieder. Als sich nichts mehr regte, ließ er von seinem Opfer ab und machte sich mit seinem Kumpel davon.

Am nächsten Vormittag kehrte er an den Ort des Verbrechens zurück, konnte sein Opfer dort jedoch zunächst nicht ausmachen. Schließlich fand er Gunnar Nielsen einige Meter weiter auf dem Steinhang des Ufers mit dem Gesicht nach unten liegend. Um festzustellen, ob der Mann auch tatsächlich tot war, stieß er ihn mit den Stiefeln einige Male in die Seite. Gunnar Nielsen bewegte sich nicht, er war tot. Knut Storbeck plagten nicht etwa Gewissensbisse, er war vielmehr zurückgekehrt, weil er etwas ganz anderes vorhatte: dem Leichnam das Geschlechtsteil abzuschneiden. Er zückte sein Messer, öffnete den Hosenschlitz des Toten und begann zu schnippeln. Nachdem er sein bizarres Ritual vollendet hatte, schmiß er die Überreste zusammen mit dem blutigen Messer ins Meer. Erst zwei Tage später wurde der Leichnam gefunden. Zu dieser Zeit befand sich Knut Storbeck aber bereits wieder auf hoher See. Der Traum von der Resozialisierung war zum Alptraum geworden.

Kurz nach seiner letzten Bluttat mußte er das Heim erneut wechseln, da er wieder mal »untragbar« geworden war. Er hatte sich mit einzelnen Pflegern angelegt, mit den anderen Heiminsassen ständig Streit angefangen, war zu einem permanenten Ärgernis und Unruheherd geworden. Er konnte mit niemandem, niemand konnte mit ihm auskommen. Ein halbes Jahr hielt er sich dann im Heim

»Haus Michael« in Kaarst bei Düsseldorf auf, riß dann aber aus und kroch bei einem seiner Brüder in Willich unter. Von der Polizei wieder eingefangen, verfrachtete man ihn im April 1982 in die Rheinische Landesklinik nach Viersen. Auf der Station 21b lernte er den 45jährigen Arnold Berger kennen, der dort ebenfalls als Patient untergebracht war.

Am 18. Juni 1983 meldeten sich die beiden nach dem Mittagessen auf ihrer Station zum Ausgang ab. Sie wollten in dem umliegenden Waldgebiet spazierengehen. Davon war jedenfalls Arnold Berger ausgegangen. Knut Storbeck aber hatte andere Pläne. Er wollte Arnold Berger umbringen, ihm das Geschlechtsteil abschneiden. Sollte die knapp bemessene Ausgangszeit reichen, wollte er die Leiche auch noch zerschneiden und ausweiden. Als sie nach einer Weile einen Hochsitz erreichten, fiel er unvermittelt über sein Opfer her und traktierte es mit wuchtigen Faustschlägen. »Bist du total verrückt geworden, was soll der Scheiß?« fluchte Arnold Berger, sprang einige Meter zurück und ging in Deckung. Knut Storbeck ließ sich jedoch nicht aufhalten, er wollte *töten und schneiden*. Er hob einen herumliegenden Stein auf, der etwa die Größe eines Handballs hatte, und schmetterte ihn aus wenigen Metern Entfernung wuchtig gegen den Kopf des Mannes. Am Hinterkopf getroffen, sackte Arnold Berger zusammen und blieb benommen auf dem Waldboden liegen. Knut Storbeck drehte den Wehrlosen um und schleifte ihn in eine Mulde. Dort nahm er aus seiner Jackentasche eine etwa einen Meter lange Schnur, legte sie Arnold Berger um den Hals und zog kräftig zu; so lange, bis die Augen von Arnold Berger gebrochen waren. Danach verstümmelte er den leblosen Körper und verscharrte ihn.

Erst am 1. Februar 1984 fand man den Schädel, bei späteren Grabungen wurde das gesamte Skelett freigelegt. Aufgrund der festgestellten Schädelfraktur mußte die Mönchengladbacher Mordkommission von einem »Fremdverschulden« ausgehen. Schon einen Tag später konnte der Tote identifiziert werden. In den frühen Morgenstunden des 4. Februar klickten im Heim »Schöne Aussicht« in Simmerath schließlich die Handschellen. Knut Storbeck wurde unter Mordverdacht festgenommen, weil er am Tattag letztmals mit Arnold Berger gesehen worden war.

Das »Monster vom Niederrhein« hatte sich über neuneinhalb Jahre hinweg dem Zugriff der Kripo entziehen können. Wieder begegnen wir einem Fall, in dem ein Serienmörder über einen langen Zeitraum beharrlich und unbehelligt seine Opfer auslöschen konnte. Und dies war Knut Storbeck möglich gewesen, obwohl er bereits 1980 in Essen binnen eines Monats zwei Opfer aus seinem unmittelbaren Lebensbereich umgebracht hatte. Hätte man zu diesem Zeitpunkt nicht auf ihn aufmerksam werden, ihn verdächtigen müssen?

Bei dem Mord an Heiner Lichtenfeld war dies gar nicht möglich gewesen. Er hatte den Leichnam auf einem abgelegenen Schrottplatz verscharrt und alle Spuren sorgsam beseitigt. Heiner Lichtenfeld galt seitdem als »abgängig«, kein ungewöhnlicher, vielmehr ein gewöhnlicher Vorfall. Immer wieder waren Heiminsassen davongelaufen, nicht mehr zurückgekehrt. An Mord mochte dabei niemand denken. Schließlich mußte Knut Storbeck dreieinhalb Jahre später die Ermittler selber an den Tatort führen, um seine Mordversion zu beweisen. Auch nach dem Mord an Arnold Pfeffer hatte er die Leichenteile vergraben, die erst drei Monate später gefunden werden konnten. Doch keine Spur führte zu Knut Storbeck, der genauso verdächtig oder unverdächtig war wie alle anderen Heiminsassen auch.

Und wie verhielt es sich bei den übrigen Taten? Bei seinem ersten Mord in Gifhorn gab es keine Täterbeschreibung. Zudem war Knut Storbeck zu diesem Zeitpunkt gerade 14 Jahre alt geworden. Wer hätte ein Kind als Mörder verdächtigen wollen, auf das es nicht den geringsten Hinweis gab? Für seinen Mord an Martin Knauf war ein Tatverdächtiger ermittelt worden, der diese Tat »auf seine Kappe« genommen hatte, schließlich auch verurteilt worden war. Wieder einer dieser ärgerlichen Justizirrtümer. Knut Storbeck konnte also unbehelligt weitermorden. Nach seiner Tat in Dänemark verschwand er kurze Zeit später, der Leichnam von Gunnar Nielsen wurde erst nach seiner Abreise entdeckt. Niemand hatte den Mord beobachtet, und Knut Storbecks Mittäter hielt dicht. Erst nachdem die Überreste seines letzten Opfers gefunden worden waren, und Knut Storbeck mit dieser Tat in Zusammenhang gebracht werden konnte, wurde man seiner habhaft. Erstaunlicherweise sind es nicht die überdurchschnittlich bis hochintelligenten Serienmörder, denen es über einen längeren Zeitraum gelingt, sich unerkannt in ihrem Schlupfloch zu verkriechen. Vielmehr sind es die intellektuell Minderbegabten, die vermeintlichen Trottel und Dummköpfe, die sich – statistisch gesehen – durchschnittlich mehr als acht Jahre dem Zugriff der Polizei entziehen können, während ein überdurchschnittlich intelligenter Täter bereits nach etwas mehr als vier Jahren dingfest gemacht wird. »Perfekte Verbrechen« haben eben nicht zwingend etwas mit ausgeprägter Intelligenz zu tun. Erfolg garantieren in erster Linie Attribute wie Unverfrorenheit, Kaltschnäuzigkeit und Verschlagenheit. Vermutlich sind diese Täter deshalb so schwer zu fassen, weil sie sich von ihren Instinkten leiten lassen und man ihnen solche Scheußlichkeiten einfach nicht zutrauen mag.

Knut Storbeck wurde nach seiner Festnahme in den Polizeigewahrsam des Präsidiums in Mönchengladbach gebracht. Nachdem er dort über mehr als elf Stunden intensiv vernommen worden war, brach er schließlich sein Schweigen. Die Vernehmungsbeamten staunten nicht schlecht, als er nicht nur den Mord an Arnold Berger, sondern auch vier weitere Bluttaten einräumte. Knut Storbeck versuchte seine Morde zu verfremden, indem er zunächst behauptete, bei den Taten nur »dabei gewesen« zu sein: »Ich werde, nachdem ich meine Sachen aus dem Heim bekommen habe, Angaben zu zwei Tötungen in Essen machen. Soweit ich weiß, ist eine Leiche bisher noch verscharrt und gar nicht gefunden worden. Die andere Leiche ist gefunden worden, dafür ist auch jemand verurteilt worden. Es war aber der Falsche. Das weiß ich deshalb so genau, weil ein anderer in meiner Gegenwart die Tat begangen hat. Ich kann auch noch etwas zu einem Tötungsdelikt in Dänemark sagen, das hat sich da irgendwo am Strand abgespielt. Ich weiß, wer derjenige war, der den Mann erschlagen hat. Ich war dabei. Ich kann weiterhin Angaben zu einer Tötung von einem Jungen in Willich machen. Ich habe hier zwar nicht die ganze Tat mit angesehen, war aber dabei, als der eigentliche Täter mit dem Opfer ankam. Alle von mir hier bezeichneten Taten sind von derselben Person begangen worden. Ich bin bereit, zu einem späteren Zeitpunkt den Namen des Mannes zu nennen.«

Nach einer Woche gab er seine Version, er sei »nur dabei gewesen«, auf und begann seine Taten in der Ich-Form zu erzählen. Mittlerweile hatte er auch den Mord an dem älteren Mann in Gifhorn gestanden. Bis zu diesem Zeitpunkt hatte er die gräßlichen Verstümmelungen verschwiegen oder damit begründet, daß »die Leichen sonst nicht in die Verstecke gepaßt hätten«. Nun war er aber bereit, auch dies zu beichten: »Ich habe ihn dann abgeschlachtet, habe ihm halt den Bauch aufgeschlitzt und das Ding abgeschnitten, den elften Finger abgeschnitten. Ich habe ihn danach weggeschmissen und an den Beinen herumgeschnitten. (...) Dann habe ich noch etwas abgeschnitten, und zwar den Hodensack. Das habe ich danach alles aus dem Fenster geworfen.«

Knut Storbeck erzählte den sich gruselnden und erschütterten Ermittlern auch, woher er wußte, wie man einen Leichnam fachmännisch zerlegt: »Ich habe mal auf dem Schlachthof gearbeitet, daher weiß ich das. Ich habe um das Gelenk herumgeschnitten, da ist so eine Mulde, und da kann man dann so durchschneiden. Das habe ich vorher auf dem Schlachthof auch bei den Schweinen so gemacht, wenn man die so halbiert. Das habe ich mit den Armen auch so gemacht. Wo der Bauch liegt, da habe ich ganz durchgeschnitten. Das Zeug, was da drin ist, hatte ich vorher rausgeholt.« Lediglich den Erlebnishintergrund seiner Taten wollte er noch nicht preisgeben: »Warum ich denen den elften Finger und das Fleisch abgeschnitten habe, weiß ich nicht.« Vielmehr flüchtete er sich in abstruse Vorstellungen: »Ich habe den elften Finger immer abgeschnitten, weil ich nicht wollte, daß die sich da oben vermehren, damit noch Platz für meine Oma da ist.«

Die Vernehmungsbeamten wollten sich damit natürlich nicht zufriedengeben und schlugen ihm vor, das Motiv für die Verstümmelungen aufzuschreiben. Am 17. Februar übergab er den Beamten schließlich vier handgeschriebene Zettel, auf denen er den verzweifelten Versuch unternommen hatte, das Motiv für sein barbarisches Morden zu erklären: »Ich weiß nicht, warum ich ihn mit zu dem Haus genommen habe. Es kann auch sein wegen der Uhr. Oder auch nicht. Es könnte auch sein, daß es damit zu tun hatte. Oder auch nicht. Ich weiß es leider nicht mehr. Ob es mit dem zu tun hat, was Du mir gesagt hast, das könnte ja auch sein. Ich weiß es nicht. Es könnte auch sein, daß ich ihm das Geld abnehmen wollte. Ich habe ihn mit ins Haus genommen, weil ich ihm seinen Pipimann abschneiden wollte. Das könnte es sein. Ich weiß aber nicht, ob das der Grund war. Das könnte auch viele andere Gründe haben. Mein Kopf tut mir auch schon weh. Wenn Ihr mir nicht glauben tut, das müßt Ihr wissen, nicht ich. Ich habe Euch die Wahrheit gesagt. (...) Es hatte mit Sex überhaupt gar nichts zu tun. Ihr wollt mich doch nur reinlegen oder auch nicht. Ich kann viel schreiben. Ob das die Wahrheit ist, das weiß ich nicht.« Aber schon einen Tag später wartete er mit einer neuen Version auf: »Ich habe den elften Finger abgeschnitten, denn es sollte so aussehen, als ob ein Sexualverbrecher zugange gewesen ist, damit das so aussieht.«

Drei Tage später übergab er den Ermittlern, denen es inzwischen gelungen war, eine Vertrauensbasis zu schaffen, drei weitere Zettel, die mit dem Satz »Warum ich es gemacht habe« übertitelt waren: »Ich wollte mal sehen, wie es funktioniert, oder wie das geht, das mit dem Urin, wo der rauskommt. (...) Ich habe den Pipimann Stück für Stück auseinandergenommen. (...) Das Fleisch habe ich von den Knochen abgeschnitten, weil ich wissen wollte, wie ein Mensch von innen aussieht. (...) Ich wollte sehen, wie das geht. Wie das Pipi rauskommt, und wie das andere geht. Wie die Organe aussehen von einem Mann. Das ist der Grund, warum ich das gemacht habe. Ich konnte es ja nicht bei mir ausprobieren. Dafür habe ich die anderen ja totgemacht. Mit dem in Gifhorn hatte ich das auch vor, aber dazu kam es ja leider nicht.«

Er hatte auch aufgeschrieben, was er bei den Taten empfunden haben wollte: »Es war nicht sehr schön für mich, nein es war zum Kotzen. Da habe ich geweint und habe mir gesagt: Mensch Knut, was hast du da nur wieder gemacht. Ich wollte zur Polizei gehen und mich stellen. Aber ich hatte Angst davor. Daß ich wieder eingesperrt werde. Ich bin ein Mörder, das sollt ihr alle wissen.« Knut Storbeck hatte ausnahmslos männliche Opfer getötet. Auch hierfür lieferte er eine Erklärung: »Ich habe nur die Männer umgebracht und keine Frauen. Die Männer haben das, was Frauen nicht haben. Warum ich keine Frau getötet habe? Weil ich Mädchen oder Frauen liebe. Aber Männer liebe ich nicht. Darum habe ich die Männer getötet. Und nicht nur wegen dem Pipimann. Nein, auch weil die Männer die

Frauen schlagen. Das sind die Gedanken von mir. Das ist auch der Grund, warum ich die Pipimänner abgeschnitten habe. Aber der richtige Grund ist, daß ich mal sehen wollte, wie es geht und wofür man den hat. Das ist die Wahrheit. Ende.«

Knut Storbeck wurde bei seinen Taten weder von sadistischen Phantasien oder sexueller Triebhaftigkeit noch von Perversionen beherrscht. Seine seelische Abartigkeit wurde auch nicht in eine bestimmte Richtung gesteuert, sie war vielmehr individuell und von der jeweiligen Situation abhängig: »Meistens hatte ich vor den Taten eine unheimliche Wut, wegen meinem Vater, oder weil man mich geärgert hat. Das kann ich überhaupt nicht gut haben. Dann werde ich unheimlich sauer.« Geprägt von familiärer und sozialer Ausgrenzung, entwickelte er in zunehmendem Maße introvertierte, egoistische und egozentrische Denkweisen, er handelte nur noch ich-bezogen. Nach dem frühen Tod seiner Mutter, die seine einzige Bezugsperson gewesen war, flüchtete er sich notgedrungen in die Einsamkeit, ließ niemanden mehr an sich herankommen. Er kapselte sich vollkommen ab, nachdem er immer wieder von seinen Mitmenschen gemieden, verspottet und ausgelacht worden war. Das schmerzte ihn. Obendrein setzte es zu Hause regelmäßig Prügel. Dennoch wurde er nicht müde, sich gegen jeden und alles aufzulehnen. Wenn ihm etwas nicht in den Kram paßte, dann schlug er zurück.

Begünstigt wurde sein emotionaler und sozialer Exodus auch durch eine intellektuelle Minderbegabung, die zudem als »Geistesschwäche« fehlgedeutet wurde. Knut Storbeck war mit einem Intelligenzquotienten von 78 lediglich lernbehindert. Er wurde aufgrund dieser Fehldiagnose über Jahre hinweg falsch eingeschätzt, falsch behandelt, in den falschen Heimen untergebracht. Man therapierte an der falschen Stelle und übersah dabei, daß sein auffälliges Verhalten vornehmlich auf eine dauerhafte Unterforderung und emotionale wie soziale Ausgrenzung zurückzuführen war. Eine notwendige pädagogische Schulung wurde ihm deshalb vorenthalten. Gefühle der Einsamkeit, Verbitterung und Enttäuschung mündeten in Abneigung, Haß und Gemütsarmut. Schließlich brach Knut Storbeck über seine Opfer herein wie ein Flugzeug, das auf ein Hochhaus stürzt. Da gab es für ihn nichts mehr zu verhindern, zu bremsen oder zu zügeln: »Ich hab' da nicht lange nachgedacht und den einfach plattgemacht.« Parallel dazu entwickelte sich eine diffuse Neugierde, die nur deswegen durchbrechen konnte, weil dieser hilflose junge Mann orientierungslos durchs Leben stolperte, ihm niemand den rechten Weg weisen wollte. Was hätte man einem vermeintlich Geisteskranken in dieser Richtung auch vermitteln sollen? Seine fortschreitende seelische Verwahrlosung begünstigte schließlich seine morbide Neugierde: »Ich wollte wissen, wie ein Mensch von innen aussieht.« Aber das alleinige Zerschneiden und Beäugen genügte ihm nicht, er wollte überdies verstehen: »Das hat mich interessiert, wie das funktioniert.« Doch so tief er auch schnitt, so sehr er die toten Körper auch durchwühlte, eine Erklärung fand er nicht. Seine kindliche Wißbegierde blieb letztlich unbefriedigt. Aus diesem Grund war Knut Storbeck immer wieder wie ein Tornado über seine Opfer hinweggefegt, hatte ihre toten Körper auseinandergeschnippelt und zerfleddert.

Folgerichtig billigte die 1. Jugendstrafkammer des Landgerichts Mönchengladbach Knut Storbeck »verminderte Schuldfähigkeit« zu: »Bei Begehung der Taten (...) war die Fähigkeit des Angeklagten, das Unrecht seiner Taten einzusehen und nach dieser Einsicht zu handeln, zwar nicht aufgehoben, jedoch infolge einer schweren seelischen Abartigkeit, die auf einer manifestierten schweren Verhaltensstörung mit Krankheitswert in Verbindung mit einer defizitären intellektuellen Leistungsfähigkeit beruht, erheblich vermindert.« Darüber hinaus wurde er lediglich wegen vierfachen Mordes verurteilt, da er aufgrund »geistiger Retardierung« zum Zeitpunkt der ersten Tat »strafrechtlich nicht verantwortlich« war und bei der Tötung von Gunnar Nielsen »nicht auszuschließen war«, daß das Opfer »ohne sein Wissen durch eine andere Person getötet wurde«. Aufgrund der angenommenen seelischen Entartung wurde seine »Unterbringung in einem psychiatrischen Krankenhaus« angeordnet.

Am 26. März 1997 erhielt ich einen Brief aus der Rheinischen Klinik in Bedburg-Hau. Dort war Knut Storbeck nach seiner Verurteilung untergebracht worden. Schon aus den wenigen Zeilen, die er mir schrieb, konnte ich unschwer schlußfolgern, daß er nach wie vor in seinem Schneckenhaus hockte und Fremden mit unverhohlenem Mißtrauen begegnete: *»Leider habe ich Sie überprüfen lassen. Ob Sie in der Lage sind, ein richtiger Polizeibeamter zu sein. Alle mit denen ich geredet habe, sagten mir, daß ich es nicht tun sollte. Ich habe ein paar gute Freunde bei der Polizei Viersen und Mönchengladbach. Denn denen vertraue ich nur. Aber wenn Sie meine Unterschrift wollen, zahlen Sie mir 250 Mark, oder Sie kommen doch mal hierher.«*

Ich hatte ihn zuvor darum gebeten, sich mit der Einsichtnahme in die Verfahrensakten einverstanden zu erklären. Sein Angebot, mir diese Möglichkeit zu erkaufen, schlug ich dankend aus und schrieb auch nicht zurück. Die Angelegenheit erschien mir aussichtslos. Mitte April erhielt ich dann einen weiteren Brief: *»Schade, daß ich nicht unterschrieben habe. Aber man kann es ändern, indem Sie sich sie bei mir abholen kommen. Ich würde mich sehr freuen, Sie in meinen Freundeskreis einzubeziehen. Habe Freunde bei der Polizei. Habe einen Freund, der ist Richter in Krefeld. Daß Sie sich für mich interessieren und befassen wollen, finde ich zwar gut. Aber wo ist der Haken? Ist es wieder so ein Trick, um mich reinzulegen? Wie es die hier immer machen. Oder ist es die Staatsanwaltschaft? Die versucht es auch, mir jedesmal einen reinzuwürgen. So daß ich keine Chance habe, hier je wieder entlassen zu werden. Ich lasse keinen an mich ran, den ich nicht kenne. Sie wollen was von mir, dann tu Deinen Arsch in Dein Auto und komm zu mir und hol Dir die Unterschrift. Ich warte auf Sie. Rufen Sie vorher an, damit ich weiß, daß Sie es sind. Ohne Voranmeldung kommt hier keiner rein. Daß Sie nicht kommen, weiß ich.«*

Anderthalb Jahre sollten vergehen, bis ich Knut Storbeck am 19. August 1998 schließlich doch besuchte. Ich hatte mich dazu entschlossen, weil ich mehr über sein mörderisches Motiv erfahren wollte.

Es war ein herrlicher Sommertag, kein Wölkchen trübte den strahlendblauen Himmel. Die Rheinische Klinik liegt am äußersten Rand der etwas mehr als 13 000 Einwohner zählenden, idyllisch gelegenen Gemeinde Bedburg-Hau. Ich hatte Schwierigkeiten, mich in dem weitläufigen Waldgelände zurechtzufinden, in das die Klinik hineinbetoniert worden war. Die Hinweisschilder, die mich an jeder Weggabelung erwarteten, verschafften mir nicht unbedingt Klarheit. Die Adresse, die ich suchte, war dort einfach nicht auszumachen. Es verging also eine ganze Zeit, bis ich das Haus 29 schließlich doch fand. Das von hohen Mauern umgebene Gebäude erinnerte mich ein wenig an »Bates' Motel«, jenes muffig-gruftige Gemäuer aus Alfred Hitchcocks »Psycho«, in dem der wohl berüchtigtste Mörder der Filmgeschichte sein Unwesen getrieben hatte.

Ich schellte an der Außentür der Anstalt, hielt mit einem eher verlegenen Lächeln meinen Dienstausweis in die Überwachungskamera und wurde eingelassen. Als die schwere Eisentür hinter mir ins Schloß fiel, überkam mich wieder dieses flaue Gefühl im Magen. Das hatte weniger mit meinem Gesprächspartner Knut Storbeck zu tun; ich hielt ihn für harmlos und ungefährlich, solange er an einem sicheren Ort verwahrt wurde. Es war vielmehr diese bedrückende und trostlose Atmosphäre, von der ich mich bei solchen Anlässen immer wieder einfangen ließ. Ich spürte förmlich die Hoffnungslosigkeit derer, die hier zwangsweise ihr tristes Dasein fristen mußten. Innerhalb dieser Mauern tat sich eine trostlose Welt auf, die mir nach unzähligen Besuchen in Justizvollzugsanstalten und Landeskliniken wohlvertraut, trotz alledem aber stets fremd geblieben war. Ich fühlte mich einfach nicht wohl in meiner Haut.

Während der üblichen Sicherheitsüberprüfung flachste ich ein wenig mit dem Pförtner: »Sie haben es ja wunderschön hier, hier könnte man glatt Urlaub machen.« Der gute Mann bedachte mich mit einem sparsamen Lächeln und scherzte zurück: »Das könnte aber ein ziemlich langer Urlaub für Sie werden.« Ich konnte mir ein Schmunzeln nicht verkneifen. Anschließend wurde ich in den Besuchsraum geführt. Wenig später erschien Knut Storbeck, ein etwa 1,75 Meter großer, schlanker Mann, der mich mit einem auffällig laschen Händedruck begrüßte. Schlagartig fühlte ich mich an eine Begebenheit in einem Wuppertaler Behindertenheim Mitte der achtziger Jahre erinnert, die mich stark berührt hatte. Der Besuch des »Troxler-Heims« war damals fester Bestandteil der Ausbildung in der Bereitschaftspolizei. Dort hatte ich seinerzeit ungezählte Hände von geistig Behinderten schütteln müssen. Immer wieder waren Kinder und Jugendliche zu mir gekommen, um meinen Händedruck zu spüren. Mir war dabei aufgefallen, daß sie mir lediglich die Hand reichten, ohne selbst zuzudrücken. Obwohl ihre Augen Aufgeregtheit und Lebendigkeit ausstrahlten, war ihr

Händedruck vollkommen schlaff und leblos. Ein merkwürdiges Gefühl. Ich hatte zunächst nicht verstanden, warum mir diese Menschen immer wieder die Hand schütteln wollten. Durch eine Pflegerin war mir schließlich erklärt worden, was dahinter steckte. Dieses Verhalten wurde von dem Wunsch getragen, Wesen und Persönlichkeit eines anderen Menschen durch den einfachen Händedruck zu ertasten. Das hatte die Kinder und Jugendlichen beeindruckt. Sie hatten hautnah erfahren und spüren wollen, was ihnen selbst so sehr fehlte. Als ich Knut Storbeck die Hand gab, mußte ich aus eben diesem Grund an diese Begebenheit denken. Ein Händedruck als Ausdruck der Persönlichkeit? Das muß nicht immer so sein, aber in diesem Fall schien es zuzutreffen.

Wegen des schönen Wetters wurden wir uns schnell einig, das Gespräch in den Garten der Anstalt zu verlagern. Stolz zeigte er mir zunächst die Blumenbeete, die er selbst angelegt hatte und pflegte. Schließlich setzten wir uns. Während er eine Cola-Dose öffnete und sich eine selbstgedrehte Zigarette ansteckte, musterte ich ihn: Seine schulterlangen Haare wurden teilweise von einer schwarzen Baseball-Kappe verdeckt, unter der seine beachtlichen Ohren herausragten. Auffällig waren seine klaren blauen Augen. Ein kräftiger Schnauzbart zierte seine schmalen Lippen, dazu hatte er sich einen Drei-Tage-Bart stehen lassen. Knut Storbeck erschien mir ein wenig kauzig, aber keineswegs ungepflegt. Dennoch wirkte der 38jährige auf mich wie ein großer Junge, der einfach nicht erwachsen geworden war.

Er erzählte mir von seiner angeblichen Brieffreundin, einer Medizin-Studentin aus Norddeutschland, zu der er seit 1985 Kontakt hatte. Das kam mir spanisch vor, und ich fragte nach, warum sich diese Frau für ihn interessierte. Er setzte sein typisches hintergründiges Grinsen auf, das viel versprach und nichts hielt. »Keine Ahnung«, beschied er mich und lächelte still in sich hinein. Es fiel ihm schwer, mir in die Augen zu sehen, verlegen wuselte er mit seiner rechten Hand durch Haare und Gesicht. Um ihn ein wenig aus der Reserve zu locken, fragte ich nach seinem schönsten Erlebnis. »Das war mit meiner Freundin Pia. Damals, nachts im Heu. Die war schon richtig auf Touren. Sie wollte unbedingt, wir haben uns dann befummelt.« Seine Augen leuchteten, er schien ein wenig aufzutauen.

»Was machst du, wenn man dich rausläßt?« wollte ich wissen. Auf diese Frage war er offensichtlich nicht gefaßt. Er runzelte die Stirn, blinzelte an mir vorbei und schwieg eine Weile. Schließlich fiel ihm doch etwas ein: »Ich würde eine meiner Nieren verkaufen, nach Miami fliegen und dort ein Haus kaufen.« Ergänzend erklärte er mir, daß er drei Nieren besäße. Illusionen eines Desillusionierten. Die Unterhaltung gestaltete sich schwierig, von Knut Storbeck ging keinerlei Initiative aus. Er saß einfach nur da, nippte hin und wieder an seiner Cola und qualmte eine Zigarette nach der anderen. Das paßte mir gar nicht. Ich befürchtete, meine Zeit zu vergeuden. Dennoch blieb ich geduldig. Ich hatte mich zuvor mit dem behandelnden Arzt unterhalten, der mir einen solchen Gesprächsverlauf prophezeit hatte. Auch war mir berichtet worden, daß Knut Storbeck bei seiner Therapie nicht weitergekommen war – nicht einen Meter. Ich wußte also, daß es eine Geduldsprobe werden würde – mit ungewissem Ausgang.

Nach etwa einer Stunde hatte ich es satt, mit ihm über seine dubiose Verwandtschaft, seinen Job als Hausarbeiter und die anstaltsinternen Querelen zu palavern. Ich wollte diese unselige Angelegenheit auf den Punkt bringen, den Erlebnishintergrund seiner Taten erfahren. Ich begann zu bohren: »Hast du eine Idee, warum du es gemacht hast?« Knut Storbeck wurde ein Stück kleiner, er begann sich in seinen Stuhl förmlich einzugraben, sein Blick war leer. Sein Gesicht verzerrte sich plötzlich zu einem Atlas menschlicher Tragödien. Es wurde still, lediglich das Vogelgezwitscher aus dem nahen Wald war noch zu hören. Er schwieg einige Minuten, ich ließ ihm Zeit. Schließlich wiederholte ich meine Frage. Wieder nur Schweigen. Plötzlich rappelte er sich auf und murmelte mit leiser Stimme: »Ich denke auch über die Taten nach, aber das ist alles nur Scheiße. Ich gehöre nicht hierhin, ich gehöre in den Knast.« Danach wieder Schweigen. Ich wartete noch eine Zeit und hoffte – vergebens. Mehr war nicht zu erfahren. Ich kapitulierte. Knut Storbeck war offensichtlich nicht zu helfen, und er *wollte* sich auch nicht helfen lassen. Ein hoffnungsloser Fall.

Er lud mich noch auf sein Zimmer ein, wenige Minuten später verließ ich mißmutig die Anstalt. Diese Begegnung hatte mich betroffen gemacht. Der mittlerweile verstorbene Alt-Bundeskanzler

Willy Brandt hat in seinen *Erinnerungen* einen wunderbaren Satz formuliert: »Zur Summe (m)eines Lebens gehört im übrigen, daß es Ausweglosigkeit nicht gibt.« Ein schöner Traum. Hinter diesen Mauern aber gab es reichlich davon. Ich hatte diese schlimmste Form von Resignation hautnah erfahren und mußte dies akzeptieren: Elend als Ausgangspunkt und Endstation eines Lebens.

Als ich nach Hause fuhr, freute ich mich auf meine Familie – mehr denn je.

KAPITEL 10

Sammler und Jäger

Es war noch angenehm warm an diesem 24. Oktober 1989, einem Dienstag. Herbert Schaffer stellte seinen blauen Trabant-Kombi an der Rückseite seines kleinen Bungalows ab, nachdem er im Ort einige Besorgungen gemacht hatte. Der alleinstehende 48jährige wohnte seit vielen Jahren in Deetz, einer verträumten Gemeinde in der Nähe von Brandenburg. Er schleppte den schweren Einkaufskorb ins Haus und begann mit den Vorbereitungen für das Mittagessen. Viel Zeit blieb nicht mehr, seine Tochter hatte sich mit ihrem Verlobten für 13 Uhr angekündigt. Herbert Schaffer öffnete das Küchenfenster, um kräftig durchzulüften. Gerade als er mit dem Kartoffelschälen anfangen wollte, hörte er plötzlich ein Geräusch, das vom Bungalow gegenüber kommen mußte und so klang, als hantierte jemand mit Glasflaschen. Neugierig lugte er aus dem Küchenfenster und sah einen Fremden, der ein längliches Paket, umwickelt mit einer gelben Decke, vom Nachbargrundstück zerrte und neben einem Damenfahrrad ablegte. Herbert Schaffer hielt den jungen Mann für einen Einbrecher, lief in seinen Geräteschuppen und bewaffnete sich mit einem Spaten.

Er ging vorsichtig auf den Mann zu, stellte ihn mit dem Spaten drohend zur Rede: »Was machen Sie denn da? Was haben Sie hier überhaupt zu suchen?« Völlig überrascht fuhr der junge Mann hoch und flüchtete sofort über das Nachbargrundstück, ohne sich weiter um sein Fahrrad zu kümmern. Herbert Schaffer wandte sich nun dem Paket zu und machte eine grausige Entdeckung: An einer Seite ragten zwei Beine heraus. Vorsichtig und mit großem Unbehagen entfernte er die Schnüre und rollte die gelbe Decke auf. Ihm stockte der Atem: Vor ihm lag seine Nachbarin, die 51jährige Edelgard Nitsch. Ihr war offenbar der Schädel eingeschlagen worden. Herbert Schaffer alarmierte sofort die Polizei.

Aufgrund der Spurenlage konnte das 1. Kommissariat der Kripo Potsdam den Tathergang rekonstruieren: Das Opfer hatte sich, offenbar mit Gartenarbeiten beschäftigt, auf dem hinteren Teil des Grundstücks aufgehalten und war dort am Geräteraum des Bungalows angegriffen worden. Die Frau mußte dann in das Wohnhaus geschleppt und dort getötet worden sein. Darauf deuteten die zahlreichen Blutspritzer hin: auf dem Fußboden, an den Wänden, an einem Tisch. Die Brüste des Opfers waren weitestgehend entblößt, der Unterkörper vollständig entkleidet worden. Eine mit Kot verschmierte Kerze ließ den Schluß zu, daß der Täter damit im After des Opfers manipuliert hatte. Verletzungen im Genitalbereich oder Spermaspuren waren hingegen nicht festzustellen. Die gelbe Steppdecke, mit der die Leiche eingewickelt worden war, stammte zweifelsfrei aus dem Haus des Opfers. Verschnürt worden war der Leichnam mit einer Paketschnur. Der Täter mußte einige Gegenstände mitgenommen haben: Wohnungsschlüssel, eine braune Geldbörse und eine schwarze Ledertasche fehlten.

Die Obduktion ergab als Todesursache »Kompression der Halsweichteile« in Verbindung mit einer »offenen Schädelhirnverletzung«. Die Kopfverletzungen mußten dem Opfer mit einem »stumpfkantigen Gegenstand« beigebracht worden sein. Der Mörder war mit äußerster Brutalität vorgegangen.

Hoffnungsvoll stimmte die Kriminalisten der Umstand, daß Herbert Schaffer den Mörder sehr genau beschreiben konnte: 25 bis 30 Jahre alt, zirka 1,80 Meter groß, von schlanker und sportlicher Statur, schmale Gesichtsform, strohblondes, dichtes, mittellanges, glattes Haar. Doch trotz intensiv geführter Ermittlungen konnte dieser Täterbeschreibung der Name des Mörders nicht zugeordnet werden. Der einzige Verdächtige, der anfangs ins Visier der Ermittler geratene Ehemann des Opfers, nahm sich im März des darauffolgenden Jahres das Leben. Die Akten wurden geschlossen.

Am 25. Mai 1990 wurde dann auf einer Mülldeponie in Ferch, wenige Kilometer von dem märkischen Städtchen Beelitz entfernt, die Leiche der 54jährigen Magda Fiebig entdeckt. Ihr geschiedener Ehemann, Platzwart auf der Deponie, hatte sie dort in einem Gebüsch gefunden. Ein Elektrokabel war fest um ihren Hals geschlungen, die Frau war ohne Zweifel erdrosselt worden. Es mußte von einem Sexualmord ausgegangen werden, da in Scheide und After Spermaspuren nachzuweisen waren. Rätsel gab den Ermittlern teilweise eingekotete Damenunterwäsche auf, die am Tatort verstreut gefunden worden war, nachweislich aber nicht vom Opfer stammte. Der Mörder mußte sie mitgebracht haben.

Nur sechs Wochen später, am 9. Juli, ereignete sich erneut ein Kapitalverbrechen. Wieder auf einer Müllkippe; diesmal in der Nähe der Ortschaft Wust, keine 15 Kilometer vom letzten Tatort in Ferch entfernt. Die 58jährige Edith Wagner hatte auf der Müllhalde nach mitnehmenswerten Habseligkeiten gesucht und befand sich auf dem Heimweg, als ihr von hinten ein Arm um den Hals geschlungen wurde. Der Täter drückte sofort zu. Als Edith Wagner zu schreien begann, stach der Mann ihr zweimal in Brust und Hals, riß sein Opfer zu Boden. Dann schlug er der wehrlosen Frau mit einem Holzpfahl mehrfach wuchtig auf den Kopf, versuchte anschließend die nun Bewußtlose in ein angrenzendes Waldstück zu schleifen. Als plötzlich Motorengeräusch zu hören war, ließ der Täter von seinem Opfer ab und verschwand.

Wenig später wurde die Frau gefunden und unverzüglich in das Bezirkskrankenhaus Brandenburg eingeliefert. Edith Wagner wurde notoperiert, überlebte. Sie hatte schwere Verletzungen erlitten: eine Stichwunde im Bereich des linken Brustbogens, eine weitere Stichverletzung am Hals sowie zwei Rißplatzwunden an der rechten und linken Hinterkopfseite. Der Täter hatte zweifelsohne den Tod der Frau gewollt, war aber vor Vollendung seiner Bluttat gestört worden.

Da der Unbekannte sie von hinten angefallen hatte, war es Edith Wagner unmöglich, ihn zu beschreiben. Jedoch konnten eine Reihe von Zeugen ermittelt werden, die kurz vor der Tat einen verdächtigen jungen Mann in der Nähe der Müllkippe gesehen hatten. Sie beschrieben fast haargenau den Mörder von Edelgard Nitsch: 25 bis 30 Jahre alt, zirka 1,80 Meter groß, mittellange Haare, schlank, vermutlich Oberlippenbart. Und auch in diesem Fall hatte der Täter sich seinem Opfer auf einem Fahrrad mit Armeetasche am Lenker genähert.

Die Mordkommission führte intensive Ermittlungen, überprüfte sämtliche vorbestraften Sexualtäter aus Brandenburg und Umgebung, ging mehr als 150 Hinweisen aus der Bevölkerung nach. Nach monatelangen Bemühungen war das Ergebnis gleich Null: kein erfolgversprechender Hinweis, keine heiße Spur – nichts. Man tappte im dunkeln. Und dann wurde es ruhig.

Knapp acht Monate später, am 18. März 1991, wurde beim Kreiskriminalamt Belzig die 34jährige Inge Neudeck von ihrem Ehemann als vermißt gemeldet. Fünf Tage zuvor war die Frau letztmalig gesehen worden, als sie sich gegen 17.30 Uhr nach dem Besuch einer Freundin in Neuendorf auf den Heimweg gemacht hatte. Am 19. März stieß man auf ihre mit Moos bedeckte Leiche in einer Schonung zwischen den Ortschaften Neuendorf und Borkheide. Inge Neudeck war einen grausamen Tod gestorben – der Mörder hatte ihr die Halsschlagader aufgeschlitzt. Sperma in Mund, Scheide und After des Opfers deuteten zweifelsohne auf ein Sexualverbrechen hin. Wie schon bei dem Mord in Ferch fand man in unmittelbarer Nähe der Leiche eine Vielzahl weiblicher Unter- und Oberbekleidung, wobei sechs Schlüpfer links gewendet ineinandergesteckt waren. 300 Meter vom Leichenfundort entfernt lag weitere Damenunterwäsche: kreisförmig aufgeschichtet, dazwischen Pornohefte und zwei Kirchenkerzen. Ein unheimliches Szenario.

Drei Tage später erstattete die sowjetische Kommandantur der Garnison in Beelitz-Heilstätten Vermißtenanzeige. Die 44jährige Tamara Itschkowskaja, Frau eines Chefarztes im russischen Militärhospital, und ihr drei Monate altes Söhnchen Alexej waren von einem Mittagsspaziergang nicht zurückgekehrt. Hatte der unheimliche Mörder wieder zugeschlagen?

Am 23. März bewahrheitete sich diese düstere Prognose, als sowjetische Militärangehörige in den frühen Morgenstunden die Leichen der Vermißten in einer Kiefernschonung, etwa 800 Meter südwestlich der Ortschaft Beelitz-Heilstätten, fanden. Die Opfer waren durch den Täter mit Kiefernzweigen abgedeckt worden. Der Mörder hatte wieder unbarmherzig und grausam getötet: Tamara Itschkowskaja war der Kehlkopf zertrümmert, ihrem Sohn der Schädel eingeschlagen worden. Die vordere Körperpartie der Frau war unbekleidet, der Büstenhalter teilweise heruntergestreift, Strumpfhose und Slip hatte der Mörder bis zu den Knöcheln hinuntergezogen. Geringe Mengen von Sperma in Scheide und After der

Frau bestätigten den Verdacht eines sexuellen Mißbrauchs. Um den Hals der Toten war ein Büstenhalter geschlungen, im Mund steckte ein Damenslip. Wie bei den Morden zuvor stammten diese Kleidungsstücke nicht vom Opfer. In der Nähe der Leichen wurde wiederum Damenunterwäsche gefunden, darunter auch links ineinandergesteckte Schlüpfer. Nunmehr stand zweifelsfrei fest: In den Wäldern rings um Beelitz wütete ein Serienmörder.

Nach dem Mord an Inge Neudeck hatte man am Tatort auch einen rosafarbenen Rock gefunden. Weil früher schon in diesem Waldgebiet Frauen von einem hünenhaften Mann belästigt worden waren, hatte der unbekannte, offenbar fetischistisch veranlagte Mörder bei den Boulevardblättern schnell einen Namen: »Rosa Riese«.

Die sofort eingerichtete Sonderkommission des Potsdamer Kriminalamts folgerte aus dem Umstand, daß an den Tatorten um die Leichen herum Damenunterwäsche drapiert worden war, »der Täter will sich durch die Kleider in Erregung bringen, er kann seine Handlungen aber nur schlecht oder gar nicht steuern«. Man erstellte ein Phantombild dieses Mannes und startete daraufhin eine Öffentlichkeitsfahndung, um den »offenbar psychisch schwer gestörten Täter« endlich dingfest zu machen. Auf Fahndungsplakaten in Geschäften, Kneipen, Schulen und Bushaltestellen der Umgebung prangte nun das Konterfei des mutmaßlichen Mörders: Gesucht wurde ein langmähniger, schmalgesichtiger Mann mit Oberlippenbart.

Doch der Schuß ging nach hinten los. Denn: langhaarige Männer mit Oberlippenbart gab es mehr als genug in den Landkreisen Belzig und Potsdamer Land. Der Friseur schwärzte seinen Kunden an, nachdem er ihm die »verdächtig lange Mähne« gestutzt hatte, der Nachbar wurde verpfiffen, weil er sich seinen Schnauzbart »grundlos abrasiert« hatte; selbst der Zimmergenosse im Krankenhaus sollte es gewesen sein, weil »der so groß war und immer so finster dreinschaute wie der auf dem Fahndungsfoto«. Die besorgten Bürger sahen nur noch Rosa. So wurden zwangsläufig eine ganze Reihe von schnurrbärtigen Langhaarträgern, die der Phantom-Beschreibung nahekamen, nach »vertraulichen Hinweisen« kassiert – und mußten schließlich wieder auf freien Fuß gesetzt werden. Der Mörder war nicht unter ihnen. Die Hatz nach dem »Rosa Riesen« mußte fortgesetzt werden, blieb aber auch in den folgenden Wochen ergebnislos.

Dann schlug der unheimliche Wäschefetischist wieder zu. Es war der 5. April 1991. Gegen 17.30 Uhr hielten sich die Schülerinnen Monika Wiegand und Petra Baumann in einem Waldstück nahe der Ortschaft Sputendorf auf. Die beiden 12jährigen wollten dort nach einem toten Reh schauen. Plötzlich stürmte ein Mann aus dem Unterholz und griff die Mädchen an. Zunächst packte er Monika Wiegand und rammte ihr ein Messer in den Unterleib; nur Sekunden später schnappte er sich auch Petra Baumann, riß die völlig überraschten Mädchen zu Boden. In dem allgemeinen Getümmel gelang Monika Wiegand die Flucht auf ein nahe gelegenes Feld. Von dort aus mußte sie fassungslos mit ansehen, wie der Mann dreimal auf ihre Freundin einstach. Danach ließ er von seinem Opfer ab und verschwand in einer Kiefernschonung. Vermutlich, weil der Tatablauf außer Kontrolle geraten war.

Die Mädchen konnten sich mit letzter Kraft nach Hause schleppen. Sie hatten schwere, zum Teil lebensgefährliche Stichverletzungen erlitten: Monika Wiegand hatte eine klaffende Wunde oberhalb des Bauchnabels davongetragen, bei Petra Baumann waren Leber und Dünndarm durchstochen worden.

In der Nähe des Tatortes fand man wieder im Kreis aufgeschichtete Damenunterwäsche, dazwischen verschiedene Wäschekataloge und eine mit Kot verschmierte Haushaltskerze; darüber hinaus am Rand der Schonung drei Küchenmesser aus östlicher Produktion. Die Schülerinnen konnten den Täter schon am nächsten Tag beschreiben: 30 bis 35 Jahre alt, zirka 1,75 Meter groß, schlanke Statur, kurze blonde Haare, Oberlippenbart. Obwohl diese Beschreibung nicht in allen Punkten auf das Phantombild zutraf, bestand aufgrund der Gesamtumstände kein Zweifel: Der »Rosa Riese« hatte nach neuen Opfern verlangt. Und er war einen Schritt weitergegangen, hatte versucht, gleich zwei Opfer zu töten. Er schien gieriger, aber auch selbstbewußter geworden zu sein.

Inzwischen waren dem mysteriösen Mörder drei Frauen und ein Säugling zum Opfer gefallen, eine ältere Frau sowie zwei junge Mädchen hatten schwerverletzt überlebt. Eine ernüchternde Bilanz für die Sonderkommission der Potsdamer Kripo, die nach den neuerlichen Mordanschlägen auf 48 Beamte aufgestockt wurde. Mittlerweile war auch eine Belohnung in Höhe von 20 000 Mark ausgesetzt worden. Die verängstigte Bevölkerung hatte sich rege an der Fahndung beteiligt, mehr als 1 100 Hinweise geliefert. Doch nichts rührte sich, der »Rosa Riese« blieb ein Phantom. Die von den erfolglosen Ermittlungen enttäuschte und tief verängstigte Bürgerschaft machte mobil: Selbstverteidigungswaffen fanden reißenden Absatz, Jugendliche gingen in den Wäldern rund um Beelitz Streife, eine Bürgerwehr stand kurz vor der Gründung.

Doch der Mörder ließ sich nicht beirren, hatte zu diesem Zeitpunkt bereits ein neues Opfer gefunden. Am 19. April wurde die 66jährige Rentnerin Carla Brannström von einem Verwandten tot in ihrer Wohnung in Fichtenwalde, einer kleinen Ortschaft acht Kilometer von Beelitz entfernt, gefunden. Der Mord mußte jedoch bereits zwischen dem 6. und 9. April passiert sein, da der Leichnam entsprechende Fäulniserscheinungen aufwies. Das Opfer lag teilentkleidet auf einem Bett im Schlafzimmer und war mit dem eigenen Unterhemd erdrosselt worden. Bei der Obduktion wurden »Einblutungen in der Schleimhaut des Mastdarms« festgestellt, die durch eine am Tatort vorgefundene und mit Kot verschmierte Kerze verursacht worden sein mußten. In der Wohnung stieß man auf Damenunterwäsche, die dem Opfer nur teilweise zuzuordnen war. Wieder hatte der Täter mehrere ineinandergesteckte Damenschlüpfer zurückgelassen. Bereits am 10. April war in der Nähe des Tatortes in einer Schonung eine Papiertüte gefunden worden. Der Inhalt: mehrere Damenschlüpfer, eine leere Zigarettenschachtel »Golden Amerika« mit einer darin befindlichen Kippe sowie eine Schmuckkerze mit Kot- und Spermaspuren.

In den Reihen der Sonderkommission befürchtete man nun, daß der Mörder sich »in einen wahren Blutrausch steigern könnte«. Und das nicht ohne Grund, schließlich waren die Abstände zwischen den letzten vier Bluttaten deutlich kürzer geworden: neun Tage, 14 Tage, und schließlich höchstens drei Tage hatte der Mörder pausiert. Doch nach dem 19. April tat sich nichts mehr, es wurden keine Leichen gefunden oder Überfälle gemeldet. Möglicherweise mochte es nur daran gelegen haben, daß die Mädchen und Frauen in der

Umgebung von Beelitz sich kaum noch ungeschützt in die Nähe eines Waldgeländes gewagt hatten.

Dreieinhalb Monate später, am 1. August, fiel zwei Joggern in einem Waldstück nahe der Gemeinde Schmerzke, eines Vororts von Brandenburg, in den späten Abendstunden ein Mann auf, der sich merkwürdig benahm und noch merkwürdiger aussah: Er masturbierte und trug unter seiner Jacke einen Büstenhalter. Die beiden Freizeitsportler überwältigten den Mann und übergaben ihn einem Polizeisuchtrupp im Wald. Den Beamten kam schnell der Gedanke, daß es sich um den »Rosa Riesen« handeln könnte. Sein Äußeres paßte zu der Täterbeschreibung: etwa 1,90 Meter groß, zirka 25 Jahre alt, schmale Statur, kurze blonde Haare, Oberlippenbart.

Man entschloß sich, mit der Sonderkommission in Potsdam zu telefonieren. Dort zeigte man sich höchst interessiert an diesem »komischen Kauz«. Den beiden Vernehmungsbeamten präsentierte sich dann später ein etwas schüchtern wirkender, freundlicher und höflicher junger Mann. Es handelte sich um den ledigen Erntehelfer Wolfram Schmittke aus der 500-Seelen-Gemeinde Rädel bei Beelitz. Man führte mit dem 24jährigen zunächst ein zwangloses Vorgespräch, fragte danach, »warum er den Büstenhalter angezogen« und »was er dort im Wald genau gewollt habe«. Seine Antworten klangen wenig glaubhaft: »Ich habe einen Spaziergang gemacht. Zufällig habe ich dann diesen Büstenhalter gefunden und ihn aus Jux angezogen. Als ich das Ding mit meinen Händen so befühlte, war ich plötzlich erregt und habe mich befriedigt. Ich weiß auch nicht genau, warum ich das gemacht habe.«

In der Folgezeit verwickelte Wolfram Schmittke sich mehr und mehr in Widersprüche. Stunde um Stunde wurde auf ihn eingeredet. Spät in der Nacht, exakt um 2.49 Uhr, bat er die Ermittler dann völlig überraschend: »Ich halte den Druck nicht mehr aus, geben Sie mir etwas zum Schreiben!« In den folgenden 30 Minuten unternahm er den ersten zaghaften Versuch, ein Geständnis abzulegen. In seiner schriftlichen »Stellungnahme« schilderte er den Mordversuch an Edith Wagner vom 9. Juli 1990: »Ich kann mich nicht genau daran erinnern, wann es war. Ich nehme an, es war im August 1990, da fuhr ich zu der Müllkippe bei Wust. Auf dieser Müllkippe wollte ich mal sehen, was brauchbar ist, unter anderem wollte ich auch nach Sachen gucken. Es befanden sich aber noch andere Leute dort, wie zum Beispiel ein älterer Herr mit seinem Trabant, der Dachlatten lud. Dann noch eine Frau mit Kind, die wühlten auch dort rum. Dann war noch eine Frau dort, mit Fahrrad. Mit dieser Frau kam ich nach einer Weile ins Gehege. Das ging so weit, daß ich mir Luft verschaffen, sie vertreiben wollte. Und da habe ich nach einem Knüppel gegriffen und zugedroschen. Plötzlich sackte die Frau zusammen, und da erkannte ich, daß ich falsch gehandelt hatte. Aber als sie so vor mir lag und sich nicht regte, dachte ich, sie wäre tot. Das war das Dümmste, was ich getan habe, weil ich, anstatt zu helfen, ließ ich alles liegen und verschwand. Anwesend war ich mit meinem Fahrrad. Dieses Fahrrad war ein blaues Herrenrad mit einer Tasche. Diese war links am Gepäckständer befestigt.«

Dieses Geständnis war lediglich die verharmlosende »Light-Version« einer Tat, die zweifelsfrei ein versuchter Sexualmord gewesen war. Das eigentliche Motiv hatte Wolfram Schmittke jedoch verschwiegen: das Opfer zu töten, um es anschließend schänden zu können. Dennoch war das Eis gebrochen, noch in den nächsten Stunden und in den folgenden Tagen gestand er: sechs Morde, drei Mordversuche. »Ich will aussagen, um den seelischen Druck loszuwerden!« erklärte er. Am 2. August 1991 erließ das Kreisgericht Potsdam-Land Haftbefehl, Wolfram Schmittke wurde in Untersuchungshaft genommen.

Das war ein gefundenes Fressen für die Journaille. Die »Bestie von Beelitz« saß endlich hinter Gittern, nun mußte sie nur noch an den Pranger gestellt werden: eine öffentliche »Hinrichtung«. Auge um Auge, Zahn um Zahn. Wolfram Schmittke, diese »Ausgeburt der Hölle«, das »Monster in Menschengestalt«, wurde unerbittlich durch die Regenbogenpresse geschleift. Schließlich hatte er sich aus dieser Gesellschaft »herausgemordet«. Aber es traf nicht nur ihn selbst. Seine Verlobte war schwanger, als man ihn festnahm. Alsbald stand in *Bild* zu lesen: »Sie ging mit der Bestie tanzen – und dann ins Bett.« Für die 70-Pfennig-Zeitung war das Grund genug, als öffentliche Moralinstanz eine häßliche Hetzkampagne zu starten. »Treib das Kind vom Rosa Riesen ab«, wurde als Parole ausgegeben. Auch ihre Eltern wurden vielmeinend in Szene gesetzt: »Unsere Birgit war dem Monster hörig. (...) Unser Enkelkind könnte ja wie sein Vater werden.« Schon bald konnte das Groschenblatt *Super* erste Erfolge vermelden. »Ich kann nicht mehr«, ließ sich die Gescholtene zitieren. Birgit Sawatzki vermochte sich dem öffentlichen Druck nicht zu entziehen: »Auf einmal meinten alle zu mir: Treib den Satansbraten ab. Sonst wird das Kind auch noch mal zum Mörder. Du weißt schon, schlechtes Blut und so. Das Kind gehörte weg.«

Auch die Volksseele schäumte, das Stimmungsbarometer pendelte heftig zwischen Rübe-ab-Mentalität, tiefer Verunsicherung und Hilflosigkeit. Im Berliner *Tagesspiegel* war das vielgesichtige Meinungsspektrum nachzulesen: »Zum nächsten Baum und aufhängen«, »Todesstrafe ist noch zu milde«, »Das alte System wäre mit einer solchen Sache besser umgegangen.«

Aber das scheinheilige Eindreschen, Abwehren und Ausgrenzen solcher Menschen als »bedrohliche und brutale Bestien« hat auch ein Gutes: Es steigert Auflage und Quote – bei »Serienkillern« sowieso. Das ist eine alte Geschichte. Über solche öffentlichen Haßtiraden und die damit verbundenen Vorstellungen schrieb der Sexualwissenschaftler Eberhard Schorsch 1977 einige bemerkenswerte Sätze: »Die Geschichten und Greueltaten der ›großen Massen- und Lustmörder‹ finden immer so viel Anklang, daß sie für die Boulevardpresse verläßliche Evergreens in Zeiten der Flaute sind. Solche Berichte füllen offenbar eine Lücke und decken einen Bedarf. Ihre sozialpsychologische Funktion wird an den elementaren, urtümlichen und ungebremsten Reaktionen einer breiten Bevölkerung auf sexuelle Gewalttaten sichtbar: Es tauchen archaische Affekte von Rache und Vergeltung auf. (...) Solche Reaktionen tragen offensichtlich selbst ein sadistisches Gepräge.«

Serienmörder werden in Deutschland zunehmend zu Medienstars, zu diabolischen Zeremonienmeistern der Gewalttätigkeit. Ihre unmelodischen Todessinfonien werden zu volkstümlichen Schlagern umgeschrieben, damit jeder mitsingen kann. Dabei heraus kommt jedoch nur störender Lärm, eine endlose Folge von lauten, aber unverständlichen Dissonanzen zwischen Punk und Beethoven. Die brachiale Gewalt wird in verdauliche Portionen zerstückelt, mundgerecht serviert. Ein wohlig angewidertes Publikum läßt sich gerne in eine faszinierend-abstoßende Horror-Welt entführen, und das erst recht, wenn es sich nicht um bunte Fiktion, sondern um »Killer« aus Fleisch und Blut handelt. Die »Mordbestie« wird zur Killer-Ikone, die Fratze des Grauens bekommt menschliche Züge.

Im März 1997 heiratete der »Heidemörder« Manfred Hansen, der von 1987 bis 1990 in seinen Wohnungen in Hamburg und Buchholz drei Frauen vergewaltigt, gequält, verstümmelt und erdrosselt hatte, seine Therapeutin. *RTL* ließ sich nicht lange bitten. Der verantwortliche Redaktionschef erklärte den Reiz dieser »bizarren Hochzeit«: »Hansen ist ein Monster, würde ich mal sagen, und man möchte gerne wissen, was motiviert eine scheinbar normale Frau, ein Monster zu ehelichen, und was treibt dieses Monster, das brutal Frauen gemetzelt hat, dazu, jetzt eine Hochzeit einzugehen mit seiner Therapeutin?« Und *Bild* war natürlich auch dabei, exklusiv und hautnah: »Sie trägt Hut, lacht in die Kameras. Weißer Rolli, weiße Hose, darüber salopp der beige Flanell-Mantel. (...) Gleich wird sie heiraten – einen Frauenmörder! (...) Der Frauenmörder (Jackett, Krawatte) küßt die rotgeschminkten Lippen der Frau.« Wer wollte sich da nicht mitgruseln? Das Böse fesselt und fasziniert; eigentlich mehr als das Gute. Serienmörder sprengen die Konventionen. Und sie haben geheimnisvolle Motive. Kaum jemand fragt: Warum tut ein Mensch Gutes? Aber wenn einer »richtig böse« ist, fragen viele: Warum tut der das? Warum ist der so? Kaum jemand kommt umhin, einen Mörder interessant zu finden. Denn eine Frage beschäftigt viele von uns: Wieviel von *dem* steckt auch in mir?

Serienmörder stehen im Blickpunkt morbider Neugierde, das Schicksal, die Leiden der Opfer und ihrer Angehörigen verkümmern zu Marginalien. Frank Majak, dessen Lebensgefährtin von Thorsten Rupp, dem Mörder mit dem »Teddybär-Charme«, in Berlin am 24. November 1983 vergewaltigt und umgebracht worden war, fand eine Erklärung: »Es ist leider Gottes so, daß die Täter eine Wahnsinnslobby haben, die Leute ja auch wahnsinnig dran interessiert sind, ständig über die Täter was zu lesen, was zu sehen, was zu hören. Und um die Opfer oder die Hinterbliebenen schert sich keiner, das interessiert eigentlich auch gar keinen, das interessiert gar keinen, denn da ist nichts Action, da ist nur Leid, Leid will keiner sehen.« Es ist der Mörder, der die »Blutschneise schlägt«, der alle Aufmerksamkeit auf sich zieht. Das Schicksal der Opfer kümmert kaum jemanden. Sie werden schnell aus dem kollektiven Gedächtnis verbannt. Den Mörder will man sehen, ihn kennenlernen – nicht die Opfer. Sie sind tot, uninteressant. Es lebe der Mörder!

Als »Journalismus der verbrannten Erde« wurde die Berichterstattung der Boulevardpresse über Wolfram Schmittke im Magazin der *Süddeutschen Zeitung* gebrandmarkt. Der *SPIEGEL* bilanzierte: »(...) ein rabenschwarzes Kapitel in der Geschichte des Journalismus.« Sollte man die Mordtaten dieses Mannes um der Opfer willen besser totschweigen? Gerhard Mauz, lange Jahre Gerichtsreporter beim *SPIEGEL*, fand die passende Antwort, als er 1992 schrieb: »Jäh und grausam kam der Tod über die fünf Frauen und den Säugling, die Wolfram Schmittke zum Opfer fielen. Er hat ihren Angehörigen Leid zugefügt, an dem sie bis zu ihrem Lebensende tragen werden. Dennoch ist es irreführend, Wolfram Schmittke als Monster, als Ausgeburt der Hölle darzustellen. Zu dem, was er getan hat, ist der Mensch unter unglücklichen Umständen fähig. Der Versuch, etwas über diese Umstände zu erfahren, stellt den Täter nicht über die Opfer. Er gilt den Einsichten, und seien sie noch so gering, die sich gewinnen lassen; den Einsichten, die dabei helfen können, derart unglückliche Umstände nicht erst entstehen zu lassen oder sie wenigstens zu erkennen, bevor sie so entsetzliche Folgen haben wie in diesem Fall.«

Genauso ist es. Um den Wert oder Unwert eines Buches beurteilen, um den Plot verstehen zu können, muß man es gelesen haben – eine Binsenweisheit. Als hilfreich erweist sich hierbei die Ausleuchtung der Biographie und der Lebensumstände des Autors; insbesondere dann, wenn es ein Buch mit »sieben Siegeln« zu sein scheint. Wolfram Schmittke hatte eine solches Werk geschrieben – mit blutroter Tinte. Neun Gruselgeschichten umfaßte es, düster und rätselhaft. Schlagen wir es auf, beginnen wir darin zu lesen – auch zwischen den Zeilen.

Seine Kindheit und Jugendzeit verbrachte Wolfram Schmittke gemeinsam mit seinem älteren Bruder im Elternhaus in Rädel, einem kleinen Dörfchen zwischen Brandenburg und Potsdam. Sein Vater arbeitete als Traktorist und Kranfahrer, seine Mutter verdiente in den ersten Jahren als Putzhilfe, später als Erntehelferin dazu. Er wuchs in ländlichen, einfachen Verhältnissen auf, ohne große menschliche Wärme zu empfangen. Sein Vater erzog ihn konsequent und geradlinig mit einer gewissen Strenge. Er hätte sich seinem Vater gerne genähert, der verhielt sich aber eher zurückhaltend. So blieb letztlich seine Mutter die wesentliche Bezugsperson, die er jedoch als »rechthaberisch« und »dominant« erlebte.

Er besuchte zunächst bis zur 3. Klasse die Heinemannschule in Rädel, wechselte später auf eine Schule im drei Kilometer entfernten Lehnin. Seine Leistungen in den einzelnen Fächern waren unterschiedlich, Spaß machte ihm die sogenannte produktive Arbeit, das Aufsatzschreiben hingegen fiel ihm schwer. Nach der 10. Klasse ging er im Juli 1983 ab. Seinen Berufswunsch »Klempner und Installateur« konnte er sich nicht erfüllen – zuwenig Ausbildungsplätze. Er begann deshalb im Stahl- und Walzwerk Brandenburg eine Ausbildung als Maschinist, die er im August 1985 mit befriedigendem Ergebnis abschloß.

Im November desselben Jahres verpflichtete er sich für zehn Jahre bei der Volkspolizei. Seit früher Kindheit war es sein Wunsch gewesen, »als Mensch für Gesetz und Ordnung einzutreten«. Bis April 1986 besuchte er die Unterführerschule in Neustrelitz und wurde dort als stellvertretender Zugführer eingesetzt. Er avancierte bis zum Hauptwachtmeister. Jedoch ließ er sich von seinen Kollegen immer wieder zu regelrechten Sauforgien animieren, bei denen man sich gemeinsam Kriegsfilme anschaute. Die eigenen Dienstgrade wurden gegen solche der ehemaligen Wehrmacht eingetauscht: »Oberst«, »Generalfeldmarschall«, »Standartenführer«. Schließlich kam seine Clique auf die Idee, den 20. April 1989 – Hitlers 100. Geburtstag – mit einem Besäufnis zu feiern. Die Sache flog auf, seine Dienstvorgesetzten hatten entsprechende Telefonate abgehört. Daraufhin wurde Wolfram Schmittke unter Aberkennung aller Ehrenzeichen »ausgestoßen«, mußte Ende April 1989 seinen Dienst quittieren.

Im Anschluß an den Polizeidienst verdingte er sich als Chargierkranfahrer im Stahlwerk Brandenburg. Ende 1989 wurde der

Arbeitsvertrag wegen »Bummelei« aufgelöst. Von Anfang bis Mitte 1990 arbeitete er als Traktorist und Hilfstankwart bei der LPG Beelitz. Auch dort wurde Wolfram Schmittke entlassen, er hatte Benzin gestohlen. Hiernach blieb er zunächst arbeitslos, versuchte sich jedoch mit Aushilfsjobs als Erntehelfer oder Anstreicher über Wasser zu halten. Im Sommer 1991 begann er nochmals eine feste Tätigkeit als Helfer auf einer Obstplantage, bis er Anfang August festgenommen wurde.

Parallel hierzu vollzug sich jedoch auch eine sexualpathologische Entwicklung. Neben dem Bereich, in dem Wolfram Schmittke sich um soziale Einordnung und Anerkennung bemühte, entstand eine spezifische Erlebniswelt ritualisierten abnormen Sexualverhaltens, die zunehmend Eigenleben gewann, sich mehr und mehr ausdehnte und damit auch unweigerlich Einfluß auf die anderen Erlebnismöglichkeiten gewann. Als er sechs oder sieben Jahre alt war, entdeckte er seine Vorliebe für die Unterwäsche seiner Mutter, auf die er eher zufällig im Schlafzimmerschrank der Eltern gestoßen war. Er zog die Wäsche an, Büstenhalter, Schlüpfer, Unterröcke, und fühlte sich wohl darin: »Ich fand das irgendwie schön.« Mit der Zeit begann er damit, die angezogene Wäsche naß zu machen und einzukoten. Seine Erklärung: »Das war ein irgendwie wahnsinniges Gefühl, man hat sich richtig wohlgefühlt.« Später koppelte er diese Praktiken an Onanie, was ihm »wahnsinnige Befriedigung« verschaffte. Die verschmutzte Unterwäsche versteckte er im Garten oder in der Scheune, bis sein Vater sie eines Tages entdeckte und seine Frau ins Vertrauen zog. Der Junge wurde einem »peinlichen Verhör« unterzogen. Zunächst wurde nur geschimpft, später gebrüllt. Als er jedoch immer wieder in der Wäsche seiner Mutter erwischt wurde, gab es Hausarrest. Als auch das nichts fruchtete, setzte es Schläge. In ihrer Hilflosigkeit versuchten seine Eltern, »diese komischen Marotten« aus ihm herauszuprügeln. Das mißlang. Wieviele Eltern hätten wohl ähnlich reagiert?

Erzieherische Maßnahmen hatten überwiegend strafenden Charakter: Der Junge durfte nicht mit den Gleichaltrigen im Dorf spielen, nicht mit den anderen zum Baden gehen oder wie die übrigen Kinder fernsehen. So geriet er in der Dorfjugend schnell in eine Außenseiterstellung. Er fühlte sich »schlecht angesehen und abgelehnt«, war mißtrauisch gegenüber anderen: »Ich fühlte mich ausgestoßen, wurde als Muttersöhnchen gehänselt, war allein auf der Welt.« Es fiel ihm schwer, sich in sozialen Konflikten zu behaupten. Seine Durchsetzungsfähigkeit war gering. Er ließ sich schnell entmutigen, war nicht in der Lage, ferner liegende Ziele zu verfolgen. Bekannte beschrieben ihn hingegen überwiegend als »freundlich, höflich und umgänglich«. Ähnlich urteilte auch sein Ankläger: »Frisiert, im Anzug und in seiner freundlichen Art könnte man ihn für einen Versicherungsvertreter halten.«

Der Wäschefetischismus implizierte den Wunsch nach Wärme, Zuneigung und Geborgenheit. In der sexualwissenschaftlichen Literatur ist man sich im wesentlichen einig darüber, daß ein Anziehen der mütterlichen Kleidung auch eine archaische Identifizierung und Verschmelzung mit der Mutter, also eine momentane symbolische Wiederherstellung der symbiotischen Mutter-Kind-Einheit darstellt. Der Junge konnte so seine Mutter, die er als »herrisch und unnahbar« erlebte, mit Hilfe der Wäsche ganz nah an sich heranholen. Die Trennungslinie, die emotionale Ausgrenzung, spürte er in diesem Moment nicht mehr. Der Fetisch erlaubte Inbesitznahme.

Hieraus entwickelte sich ein ritualisiertes Verhaltens- und Handlungsmuster, das Wolfram Schmittke bis zu seiner Überführung beibehielt: Einen Damenschlüpfer, den er auf einer Müllkippe aufgelesen hatte, zog er zunächst so an, daß das Vorderteil sich an seinem Gesäß befand. Dann kotete er den Schlüpfer ein, zog ihn wieder aus und so wieder an, daß nunmehr das bekotete Vorderteil engen Kontakt mit seinen Genitalien hatte. Nur dann fühlte er sich »sauwohl« und war zugleich hochgradig erregt. Zum Höhepunkt kam er durch zusätzliches Onanieren.

Da seine »Schweinereien« zu Hause verpönt waren, trieb es ihn hinaus in die Wälder der Umgebung: »Aber Gefühle und Wünsche kann man ja aus einem Menschen nicht ausradieren.« Wann immer er konnte, verkroch er sich im Unterholz, um seine »Gefühle rauszulassen«. Das Suchen nach intimer Damenwäsche auf den unzähligen Müllkippen rund um Rädel wurde zu einer regelrechten Sucht. Er stöberte und wühlte begierig im Müll, legte eine Vielzahl von Erddepots an, um bloß nicht in die Verlegenheit zu geraten, seinem speziellen Bedürfnis nicht abhelfen zu können: »Das war für mich mehr wert als Gold. Je mehr ich gefunden hatte, desto größer war die Freude.« Das Entdecken und Ausbaldowern von Müllkippen sowie das Urinieren und Bekoten auf und in Wäsche gewannen in seinem Leben zentrale Bedeutung.

Wolfram Schmittke intensivierte diese bizarre Erlebniswelt, begann unablässig nach Wäschekatalogen zu suchen, streifte sich zusätzlich Büstenhalter, Korsetts und Badeanzüge über, lief damit in den Wäldern umher. Auch führte er sich Kerzen ein, um seine sexuelle Erregung zu steigern: »Das war wie im siebten Himmel!« Ihm selbst kam sein Ritual aber auch »komisch« vor, er spürte, daß er »anders« war. Mit der Zeit entwickelte er partnerschaftliche Phantasien, wollte »eine Frau dabeihaben«, die »mitmachte«. Schon als Kind war er zu der Überzeugung gelangt: »Kann doch nicht sein, daß nur ich so bin.« Das Verlangen nach einem »Partner« wuchs. Seine Phantasien verbrauchten sich, verloren an Reiz: »Ich wollte endlich mal alles so machen, wie ich es mir immer vorgestellt habe.« Er durchfieberte Tagträume, seine Phantasien jagten, quälten, drängten ihn: »Der Wunsch, an einen anderen Menschen ranzukommen, zu leben wie jeder andere Mensch auch. Ich ging auf Waldwegen spazieren. Als Frau. Der Reiz war, daß vielleicht mal einer kommt und sagt: Ich bin auch so. Das wäre schön gewesen.« So blieb alles nur ein bizarrer Traum, der immer wieder mit einem bösen Erwachen endete. Denn: Die Frauen, die ihm über den Weg liefen, beschimpften ihn oder nahmen verstört Reißaus. Es fand sich einfach niemand, der »auch so« war.

Am 24. Oktober 1989 wollte Wolfram Schmittke seine Phantasien schließlich nicht länger zurückdrängen. Er fuhr mit dem Fahrrad seiner damaligen Verlobten von Busendorf nach Brandenburg. Im dortigen Stahlwerk hatte er zur Spätschicht zu erscheinen. Unterwegs überkam es ihn wieder – der Drang, nach Wäsche zu suchen. Er fuhr verschiedene Müllkippen an, stöberte dort herum, fand und sammelte ganze Säcke voll Damenunterwäsche. Die zog er teilweise sofort an, urinierte und kotete ein. Verdreckt wie er war, suchte er weiter. Je tiefer er sich in den Müll eingrub, desto stärker wurden seine »Partnerphantasien«.

Schließlich erreichte er die Bungalowsiedlung in Deetz. Er versteckte sich zunächst in den dortigen Busch- und Baumgruppen, beobachtete die Wohnhäuser. Er wollte weiter nach Wäsche suchen, doch auf den Wäscheleinen hing nichts mehr, das ihn gereizt hätte. Deshalb beschloß er, in einen der Bungalows einzubrechen. So schlich er, sein Fahrrad neben sich herschiebend, zwischen den Grundstücken hindurch und riß an der Rückfront eines der Häuser die Tür auf. Enttäuscht stellte er fest, daß es lediglich der Geräteraum war. Dort schnappte er sich einen Hammer, schlug damit ein Fenster ein, entriegelte es von innen und stieg in den Bungalow ein. Wieder nichts – Wäsche war auch dort nicht zu finden. Mit dem Hammer in der Hand verließ er das Haus und sah auf dem Nachbargrundstück die 51jährige Edelgard Nitsch bei der Gartenarbeit. In seinem Kopf überschlugen sich nun die Phantasien, seine Gefühle fuhren Achterbahn. *Jetzt und hier?* Er malte sich aus, wie er *der Frau die Kleider vom Leib reißen und ihr anschließend seine Wäsche überstreifen würde. Dann Geschlechtsverkehr, in allen Variationen.* Der Wunsch, die Begierde wurde immer größer, stärker, drängender.

Zunächst schlich er sich jedoch unbemerkt in das Haus von Edelgard Nitsch und fand dort in einer Tüte einen Bikini und mehrere Schlüpfer, die er einsteckte. Dann nahm er sich die Frau vor. Edelgard Nitsch erschrak fürchterlich, als sie den mit Büstenhalter und Damenslip drapierten Hünen plötzlich vor sich stehen sah. Sie hatte noch ihre Hacke in der Hand und drosch damit auf den unheimlichen Eindringling ein. Wolfram Schmittke konnte den Schlägen ausweichen, der Frau die Hacke entreißen und ihr damit auf den Kopf schlagen. Wieder schossen die schaurig-schönen Bilder durch seinen Kopf, er glaubte, seine Partnerin endlich gefunden zu haben. Er mußte die Frau zunächst jedoch unschädlich machen, würgte die am Boden Liegende bis zur Bewußtlosigkeit.

Nachdem er sie ins Haus geschleift hatte, erwachte Edelgard Nitsch aus ihrer Bewußtlosigkeit und begann wieder, sich zu wehren – so gut sie konnte. Wolfram Schmittke aber kannte kein Erbarmen, schlug ihr mit seinem Hammer mehrfach auf den Kopf. Damit nicht genug – er war in Rage geraten. Erst würgte er sein Opfer, dann drosselte er es mit einem Bademantelgürtel, bis sich nichts mehr regte. Er entkleidete die Leiche, wollte seinen Phantasien freien

Lauf lassen – endlich. Doch zu einer Erektion reichte es nicht. Es war sein erster Mord, die Aufregung machte ihm zu schaffen. Um sich zu stimulieren, betatschte er Brüste und Scheide seines Opfers. Doch wieder rührte sich nichts. Er begann in Schränken nach Damenunterwäsche zu suchen, fand jedoch nur eine Kerze. Die führte er in den After des Leichnams ein, doch auch jetzt tat sich nichts. Er beschloß, sich anzuziehen und die Leiche in den nahe gelegenen Wald zu schleppen, um sich dort erneut an ihr zu vergehen. Er verschnürte den Leichnam in einer Decke, wurde dann aber beim Abtransport gestört und mußte flüchten.

Wolfram Schmittke mordete, weil es ihm »notwendig« erschien, weil »die Frauen nicht mitmachen wollten«. Es waren eruptive, rauschhafte Tötungen, von übergangsloser Gewaltanwendung gekennzeichnet. »Der Drang danach, es endlich zu einer Erfüllung zu bringen, der wurde immer größer und stärker. Manchmal habe ich das keine 24 Stunden ausgehalten«, erklärte er dem psychiatrischen Gutachter. Daß die Opfer bei seinen Attacken sterben mußten, sei nicht beabsichtigt gewesen: »Ich wollte ja nur verhindern, daß sie schreien. Ich wollte sie zur Ruhe zwingen, um nicht, was ich im Prinzip schon hatte, wieder zu verlieren. Daß ich sie tödlich verletzen könnte, daran habe ich überhaupt nicht gedacht. Ich wollte nur lebende Frauen.« Aber er wollte seine Opfer auch »erniedrigen«, »zurückschlagen«, sie »fertigmachen«. Stets hatten die Frauen, die ihm in der Zeit vor dem ersten Mord bei seinen Waldspaziergängen begegnet waren, sich ihm verweigert, waren vor ihm weggelaufen, hatten »nur geschrien«. Bei seinen Morden steigerte er sich in eine wahre Gewaltorgie, einen von Verlangen und Haß dominierten Rausch. Er detonierte wie eine Mine. Und doch hätte er sich mit seinen Taten, mit seiner Andersartigkeit auseinandersetzen können: »Aber ich kapiere nicht, was da eigentlich abgelaufen ist.« Vermutlich *wollte* er es auch nicht verstehen, schließlich war seine obskure Begierde zum Lebensinhalt geworden. Das war seine Droge. Auch als er von den beiden beherzten Joggern überwältigt wurde, war er wieder auf seinem Horror-Trip: »Ich suchte nach einer weiblichen Person, die diese Handlungen mit mir durchführt.«

Serienmörder wie Wolfram Schmittke, die von sadistisch oder fetischistisch eingefärbten Gewalt- und Tötungsphantasien angetrieben werden, absolvieren regelmäßig einen spezifischen und gleichartigen Entwicklungs- und Handlungszyklus, der durch sieben Verlaufsphasen gekennzeichnet ist. In der *Konditionierungsphase* werden sie häufig zunächst in der Kindheit, gelegentlich auch als Jugendliche, mit einem spezifischen Schlüsselreiz konfrontiert, der eine von der Norm abweichende sexuelle Erlebnisrichtung anstößt. Heinrich Pollok, der bereits erwähnte vielfache Frauenmörder aus Süddeutschland, beschrieb sein Schlüsselerlebnis so: »(...) In jener Zeit habe ich einmal beobachtet, wie betrunkene Landarbeiter ein junges Mädchen herumgehetzt haben. Schließlich zogen sie es aus und vergewaltigten das Mädchen. Das hat mich stark erregt. Einige Zeit später habe ich einem 15jährigen Mädchen aufgelauert, sie unversehens angesprungen, sie an mich gedrückt und dann das Weite gesucht. Damals habe ich den Wunsch verspürt, auch mal ein Mädchen für mich zu haben – wie die Landarbeiter.« Als 21jähriger begann er dann zu morden, ließ seine Phantasien Realität werden.

Diese prägenden Erlebnisse können ganz unterschiedlicher Natur sein, jedoch ist ihnen eines gemein: Sie haben den Charakter einer Initialzündung, hier wird der emotionale Sprengsatz gelegt, die Bombe beginnt zu ticken. Auch Wolfram Schmittke stieß zufällig in einem Schrank auf die Unterwäsche seiner Mutter, beim Befühlen und Anziehen fühlte er sich »sauwohl«. Diese Ereignisse und Erfahrungen werden jedoch zunächst nicht als Teil der eigenen Sexualität verstanden, sondern als »irgendwie erregend«, »merkwürdig angenehm« oder »komisches Gefühl« erlebt.

Nach Wochen oder Monaten setzt die *Entwicklungsphase* ein, in der die Schlüsselerlebnisse gedanklich nacherlebt oder gezielt beobachtet werden beziehungsweise aktiv daran teilgenommen wird. Erinnern wir uns nur an die verhängnisvollen Geschehnisse, die sich um Tierschlachtungen ranken. Durch die fortwährende Wiederholung und zusätzliche Unterstützung in Form zunächst spielerischer, später instrumenteller Masturbation verfestigt sich dieser Stimulus und wird zum zentralen Thema sich dann schleichend ausbildender Gewaltphantasien, die auch bei gedanklichem Ausbau stets das Wesenselement des Initialreizes widerspiegeln. Andere sexuelle Erlebnismöglichkeiten werden nicht mehr wahrgenommen oder bewußt ausgeblendet. Diese absonderlichen Vorstellungen beziehen sich fast ausschließlich auf fremde Personen und werden mit der Zeit kontinuierlich erweitert: ein Kind »entführen und mißbrauchen«, eine Frau »quälen und anschließend zerschneiden« oder, wie Wolfram Schmittke, »alles machen zu können, was man sich vorgestellt hat«. Vielfach werden die Täter nach zögerlichen und frustrierenden Annäherungsversuchen an das andere Geschlecht sich erstmals ihres Stigmas bewußt, erleben sich als »anders«. Unmittelbare Folge ist dann eine sukzessive Ausgliederung aus normalen sozialen Bezügen.

Die Grenze zur *Verselbständigungsphase* hingegen verläuft eher fließend. Es entwickelt sich eine spezifische Erlebniswelt nunmehr ritualisierten abnormen Sexualverhaltens. Beispielsweise werden Tiere ersatzweise mißbraucht, gequält oder verstümmelt. Im August 2000 wurde der gelernte Dachdecker Frank Gilles vor dem Duisburger Landgericht angeklagt. Der Vorwurf: dreifacher Mord und ein Totschlag. Von 1994 bis 1998 hatte der 31jährige geschiedene Familienvater aus Bottrop unter anderem drei Frauen gefoltert, erschossen und anschließend verstümmelt. Dem Gericht erzählte er auch von seinen den Morden vorausgegangenen »Tierversuchen«: »Ich habe mir ein Schaf gekauft, es gefesselt, zwei selbstgebastelte Sprengladungen angebracht und das Tier hochgehen lassen. Ich wollte wissen, ob die Sprengwirkung so ist, wie ich es mir ausgerechnet hatte.« Nach dem Zweck dieser Barbarei befragt, erklärte er: »Ich hatte die Vorstellung, eine Frau, nachdem ich sie vergewaltigt hatte, bei vollem Bewußtsein zu sprengen.« Eine angstvolle Stille machte sich breit, nicht nur den Zuschauern stockte der Atem. Dann schilderte der »Rhein-Ruhr-Ripper«, daß er über Jahre hinweg unzählige Kaninchen gestohlen, sie aufgeschnitten und in ihre Bauchhöhlen masturbiert hatte. Schließlich fragte ihn der Vorsitzende Richter: »Seit wann war Ihnen bewußt, daß dies alles nicht normal war?« Seine Antwort: »Seit meinem zehnten Lebensjahr. Ich hatte zuerst das Verlangen, Eingeweide zu berühren. Ich hatte sogar den Wunsch, in den ganzen Körper einzutauchen. Am erfüllendsten war die Vorstellung, in den Innereien einer Frau herumzuwühlen. Schon so mit 15 war mir klar, wo das enden würde.«

Regelmäßig werden auch Fetische in das Ritual integriert. So erlangte Wolfram Schmittke nur dann höchste sexuelle Befriedigung, wenn er sich an die Regularien seiner »Natursekt- und Kaviarspiele« (Zitat Schmittke) hielt. Schnell bildet sich dann ein regelrechtes Suchtverhalten aus, diese speziellen Praktiken müssen ständig wiederholt werden. Parallel entstehen durch die emotionale und soziale Marginalität Minderwertigkeitsgefühle. Dem oftmals »unheimlich«, »abstoßend« oder »zwanghaft«, letztlich aber auch »höchst lustvoll« empfundenen Verlangen muß heimlich, im Verborgenen abgeholfen werden. Im weiteren Verlauf werden die Phantasien ausgebaut, es manifestieren sich überschießende Perversionen, die nun erstmals die Tötung eines Menschen umfassen. Es geht dabei weniger um Sexualität im engeren Sinne, sondern um eigenes Dominanzerleben, totale Situationskontrolle, vollkommene Opfer-Bemächtigung. Den Endpunkt dieses Entwicklungsstadiums kennzeichnet vielfach eine vollständige, bisweilen autistisch anmutende soziale Abkapselung. Ein Bündel unterschiedlich ausgeprägter Omnipotenzphantasien ersetzt die reale Welt, die reale Konfrontation. Dissoziales Verhalten ist nur in seltenen Fällen zu beobachten, die Täter gelten vielmehr als Sonderlinge.

Zentrales Thema der *Probierphase* ist das zunehmende Verlangen, die Illusion zu realisieren. Bis hierhin vergehen regelmäßig mehr als zehn Jahre. Die sexuellen Ersatzhandlungen verlieren an Bedeutung, erscheinen ausgereizt und werden durch eine neue Zielsetzung verdrängt: das unbedingte Streben, sich selbst in der Tat zu erleben, hautnah und real. Der angehende Mörder wird flügge, die Schändung braucht eine Bühne. In dieser Phase werden erste Tatversuche unternommen; gezielt wird nach geeigneten Tatörtlichkeiten gesucht, potentielle Opfer werden verfolgt, belauert und später schließlich auch angegriffen. Doch regelmäßig bleibt die Tat unvollendet, der Versuch einer Tötungshandlung unterbleibt. Dies deshalb, weil die Täter sich von der Eigendynamik solcher Geschehensabläufe überraschen lassen: So leistet das Opfer unerwartet heftigen Widerstand, der Täter traut sich die Vollendung der Tat noch nicht zu, oder die Angst, »gekriegt zu werden«, nimmt plötzlich überhand. Überwiegend werden zunächst mehrere solcher Anläufe absolviert: 85,7 Prozent der triebgesteuerten Serienmörder wurden infolgedessen vor ihrem ersten vollendeten Mord wegen versuchter Vergewaltigung, sexueller Nötigung, Körperverletzung, Bedrohung oder Freiheitsberaubung verurteilt. Das Tragische dabei: In sämtlichen Fällen wurde nicht erkannt oder konnte nicht nachgewiesen werden, daß schon diese Taten ursprünglich in *Tötungsabsicht* begangen worden waren. Bei Wolfram Schmittke verhielt es sich ähnlich. Er zeigte sich Frauen zunächst nur in Damenunterwäsche und belästigte sie, hielt sich dann aber zurück, als er auf Ablehnung und Gegenwehr stieß.

Schließlich erfolgt in der *Umsetzungsphase* die Tötung des ersten Opfers. Die Täter haben aus ihrer Sicht wertvolle Erfahrungen gesammelt und dabei gelernt, sich auf eine solche Situation einzustellen, mit ihrer Angst umzugehen. Sie spüren, daß die Tatvollendung und die damit verbundene, sehnlichst herbeigewünschte Realisierung ihrer Phantasien tatsächlich möglich ist. Und nun laufen sie los, *wollen* sich nicht länger aufhalten lassen, machen regelrecht Jagd auf ihre Opfer. Der Tötungsakt ist dann die äußerste Steigerung des imaginären Wunsches, endlich »alles machen« zu können. Das Ritual bestimmt den Tatablauf. Auch dieses Merkmal trifft auf Wolfram Schmittke zu, der seine Opfer tötete, um sie auf immer dieselbe Weise mißbrauchen zu können.

Zu Beginn der *Vertiefungsphase* zeigen die Täter sich durchweg »erleichtert«, in gleichem Maße aber auch »schockiert«, »betroffen« oder »verängstigt«. Diese Empfindungen werden getragen von der zwiespältigen, weil zugleich erotisierenden und grüblerischen Reflexion eigener Abnormität und Gefährlichkeit. Hinzu tritt die Angst vor baldiger Inhaftierung. Dieser Selbstfindungs- und Orientierungsprozeß bedingt, daß die nächste Tat – statistisch gesehen – erst nach zweieinviertel Jahren folgt. Wolfram Schmittke hingegen mordete bereits nach exakt sieben Monaten. Möglicherweise hing es damit zusammen, daß er selbst nicht daran glauben wollte, der gesuchte Mörder zu sein: »Nein, das war ich nicht. Ich hatte ja keine langen Haare wie der auf dem Bild. Ich hatte kurze.« Einschränkend muß hinzugefügt werden, daß ein solcher statistischer Durchschnittswert sicher keine feste Meßgröße darstellt, der Mordrhythmus eines Serientäters sich also keinesfalls exakt berechnen oder voraussagen läßt.

Das Wiederaufflammen der an das Verlangen nach realen Taten gekoppelten Tötungsphantasien markiert den Beginn der *Wiederholungsphase*, die im wesentlichen von drei Erfahrungen geprägt und dominiert wird. Das gedankliche Nacherleben der Tat reicht nicht mehr aus, um sexuelle Befriedigung zu erlangen – es hat sich verbraucht. Die Faszination stumpft ab, der Genuß ist nicht von Dauer, läßt sich nicht länger konservieren. Bei manchen Tätern bleibt zudem der unbefriedigende Eindruck erhalten, das eigentliche Tatziel sei nicht erreicht worden, da die Realität nicht an die Phantasie heranreicht. So wie bei Wolfram Schmittke, der sich »lebende Frauen als Partner« wünschte, die auch bereitwillig »mitmachten«. Hierin dürfte nicht nur in diesem Fall ein wesentliches Motiv für den erheblichen Wiederholungsdrang zu sehen sein. Begünstigt wird die neuerliche Tat aber auch durch die Erkenntnis, ungeschoren davongekommen zu sein. Das Entdeckungsrisiko wird infolgedessen eher gering eingeschätzt. Was einmal klappt, gelingt auch ein zweites Mal. Diesen Prozeß beschleunigen können hingegen aktuelle private wie berufliche Versagenserlebnisse. Nach Verübung der zweiten Tat wiederholen sich die beschriebenen kognitiven und emotionalen Reflexionen, wobei die Tötungshemmung sukzessive durch Tatgewöhnung und eine sich schneller verbrauchende Phantasie überlagert und schließlich vollständig ausgeblendet wird. Die Spirale der Gewalt vollzieht sich dann regelmäßig in immer kürzer werdenden Abständen.

Hätte man Wolfram Schmittke rechtzeitig stoppen können? »Wenn jemand mit ihm gesprochen hätte«, unterstellte der psychiatrische Gutachter, »wäre alles nicht passiert.« Aber mit wem hätte er denn sprechen sollen? Mit seiner Mutter oder seinem Vater? Die Eltern waren erschrocken, konsterniert, ratlos, später hilflos. Es gab deutliche Anzeichen für eine gravierende Fehlentwicklung, die aber als kindische Ungezogenheit gedeutet wurden. Die Eltern verstanden das nicht, schämten sich für ihren Sohn, der »mit zehn Jahren immer noch ins Bett machte«. Nur einmal suchte man Hilfe bei einer Ärztin; die zeigte sich überfordert, wußte keinen Rat. Seine Eltern kapitulierten, begnügten sich schließlich mit einer profanen Erklärung: Er war halt ein »Schwein«, ein »Ferkel« – mehr nicht. Aber sie wußten auch nichts von dem bizarren Drang ihres Sohnes, der sich nicht mitteilen *konnte*, sich nicht mitteilen *wollte*. Er schämte sich seines »schrecklichen Andersseins«; auch die Angst vor erneuter Diskriminierung und Bestrafung hinderte ihn daran, sich zu offenbaren. Und was hätte er seinen Eltern schon erzählen, geschweige denn erklären sollen, wo er doch selbst nichts verstand? Wie hätte er sich mitteilen sollen? Hätte das Feuer den Feuermelder bedienen sollen, bevor es ausbrach? Da war einfach niemand, dem er seine Kummerkugel hätte zuschieben können. Ein Teufelskreis.

Auch die Beziehung zu seiner Freundin und späteren Verlobten vermochte daran nichts zu ändern. Im Sommer 1985 lernte er die damals 13jährige kennen und verliebte sich in sie. Es war seine erste Beziehung zu einem Mädchen. Die sexuellen Kontakte entwickelten sich langsam, nach zwei Monaten küßte man sich erstmals. In der Folgezeit wurden Zärtlichkeiten ausgetauscht, indem sie sich streichelten und ihre Körper betasteten. Nachdem man sich darauf geeinigt hatte, auf Geschlechtsverkehr zunächst zu verzichten, drängte seine Freundin dann Mitte 1987 darauf, »es zu tun«. Im August 1989 verlobte man sich schließlich.

Er war diese Beziehung auch in der Hoffnung eingegangen, sich von der »Vorliebe für Wäsche und so« lösen zu können. Eine Art Selbstheilungsversuch. Seine Freundin erwies sich von Beginn an als »großzügige Partnerin«, die bereit war, auf jeden seiner sexuellen Wünsche einzugehen. Doch schon nach relativ kurzer Zeit mußte er feststellen, daß ihn »das alles nicht restlos befriedigte«. Von seinen Wünschen und speziellen Vorlieben hatte er seiner Freundin hingegen nichts erzählt, sich »nicht getraut«. Dies hatte schließlich zur Konsequenz, daß sein Doppelleben sich zunehmend verfestigte – heimlich und unheimlich zugleich. Sein eigentliches Zuhause waren und blieben die Müllkippen und Wälder der Umgebung, dort konnte er »seine Gefühle rauslassen«.

Dieser Mann war zweifellos seelisch schwer gestört. Wurde er nun zum Mörder, weil ihn seine sexuelle Abweichung *beherrschte*? Oder wurde er zum Mörder, weil er sich nicht beherrschen *wollte*? Organischen Ursprungs dürfte seine sexuelle Verirrung nicht gewesen sein. Bei der psychiatrischen Begutachtung wurden keine hirnorganische Persönlichkeitsveränderung, keine Erkrankung des Zentralnervensystems, keine psychische Erkrankung im engeren Sinne und auch keine Anomalie im Chromosomenstatus festgestellt. Der Sachverständige erläuterte vor Gericht, daß sich eine »sexualpathologische Entwicklung«, die »fetischistische, koprophile (krankhaftes Interesse an den eigenen Exkrementen), transvestitische und sadistische Elemente beinhaltete«, vollzogen hatte. Wäre er wegen dieser diagnostizierten »schweren anderen seelischen Abartigkeit« als »schuldunfähig« freizusprechen gewesen?

Mit Recht darf unterstellt werden, daß die Tötungshandlungen die äußerste Steigerung seines phantasierten Wunsches waren, »eine Frau voll zur Verfügung zu haben«. Hatte er sich einer Frau genähert, wurde der Drang tatsächlich so stark, daß er ihm nur schwer widerstehen konnte. Er brach über seine Opfer herein wie eine unvermeidbare Naturkatastrophe: »Ich war dermaßen erregt, daß ich die Frauen nur noch sexuell gebrauchen wollte.« Keines seiner neun Opfer konnte sich wirksam vor ihm schützen. Tatsache ist aber auch, daß er die jeweiligen Situationen, die schließlich in Tötungshandlungen mündeten, ganz bewußt gesucht hatte, um sich dann seinen Wünschen hinzugeben. Als Tatorte wählte er gezielt nur abgelegene, ruhige Örtlichkeiten aus, um möglichst unbehelligt zu bleiben. Und er war in der Lage, auf Störungen des Tatablaufs folgerichtig zu reagieren. So ließ er von einem seiner Opfer ab, als er sich beobachtet fühlte. Auch einen späteren Annäherungsversuch unterließ er, als er Polizeisirenen hörte. Schließlich verschonte er die 12jährigen Mädchen, nachdem er erkannt hatte, daß diese sich bereits in Ortsnähe befanden und er bei weiterer Verfolgung der beiden Gefahr lief, geschnappt zu werden. Darüber hinaus hatte er ein ungetrübtes und intaktes Erinnerungsbild an das jeweilige Tatgeschehen. Wolfram Schmittkes Taten waren demnach auch geprägt von kühler Überlegung und Planmäßigkeit.

Folgerichtig erkannte der 1. Strafsenat des Bezirksgerichts Potsdam auf »verminderte Schuldfähigkeit« und fällte nach 14 Verhandlungstagen am 30. November 1992 folgendes Urteil: »Der Angeklagte wird wegen Mordes in sechs Fällen und wegen versuchten Mordes in zwei Fällen – die Mordversuche an den Mädchen wurden juristisch als eine Tat gewertet – zu einer Gesamtfreiheitsstrafe von

15 Jahren verurteilt. Die Unterbringung des Angeklagten in einem psychiatrischen Krankenhaus wird angeordnet.« Wolfram Schmittke wurde unverzüglich in die Psychiatrische Landesklinik Brandenburg eingewiesen. Die nächsten 15 bis 20 Jahre wird dieser Mann sicher in Anstalten und Gefängnissen zubringen müssen. »Aber es besteht eine Chance, daß er irgendwann rausgelassen wird«, prognostizierte der Psychiater, der ihn begutachtet hatte. Im November 1996 berichtete Wolfram Schmittke Reportern des *STERN* von seinen Therapieerfolgen: »Wenn ich heute eine Frau treffen würde, wüßte ich nicht, ob ich standhalten würde.«

KAPITEL 11

Das zweite Gesicht

Während ich auf sie wartete, ging ich auf und ab, versuchte mich auf das Gespräch einzustimmen. Es war der 2. April 1998. Wir waren für 10 Uhr verabredet. Ungemütlich war es dort, in diesem provisorischen Besuchsraum der Justizvollzugsanstalt Willich-Anrath II. Obwohl ich in den Jahren zuvor schon eine Vielzahl von Anstalten von innen gesehen hatte, war ich ein wenig überrascht. Einen »Frauenknast« hatte ich mir doch irgendwie anders vorgestellt. Ich schaute aus dem unvergitterten Fenster. Beim genaueren Betrachten der Zellentrakte gewann ich den Eindruck, als würden diese lediglich durch die »schwedischen Gardinen« zusammengehalten, die aus gutem Grund vor langer Zeit tief in das inzwischen stark verwitterte Mauerwerk getrieben worden waren. Eine bauliche Ruine, in der menschlich und sozial Gescheiterte verwahrt wurden. Zwischen den Gitterstäben hingen Handtücher zum Trocknen im Wind, auf dem Mauervorsprung standen Cola-Dosen und vieles mehr, das ich aus der Entfernung jedoch nicht genau erkennen konnte. Mittlerweile war ich bemerkt worden. Eine junge Frau lugte durch die Gitterstäbe und winkte zu mir herüber. Etwas zögerlich erwiderte ich ihren Gruß.

Ich versuchte mich ein wenig zu zerstreuen und musterte neugierig den Besuchsraum. Außer einem schnöden Holztisch und zwei Stühlen war da aber nichts, das meine Aufmerksamkeit hätte wecken können. Ich ging wieder ein paar Schritte und riskierte einen Blick in den schmalen Durchgang, über den ein weiterer Besuchsraum zu erreichen war. Dort standen zwei Holzkisten prall gefüllt mit Spielzeug, daneben stapelten sich Kinderbücher. Man hatte offenbar auch an die jüngeren Kinder der Insassinnen gedacht, die sich wohl auf diese Weise die Zeit vertreiben sollten, während die Erwachsenen sich unterhielten.

Ich rief mir in Erinnerung, wie der Kontakt zustande gekommen

war. Auf diesen in der deutschen Kriminalgeschichte wohl einzigartigen Fall war ich bei meinen Literaturstudien gestoßen. Im Februar 1998 hatte ich Veronika Nitzberg geschrieben, kurze Zeit später eine wenig schmeichelhafte Antwort erhalten: *»Ich habe Ihr Schreiben mit Anlagen erhalten und stand vor der Entscheidung, es sofort zu vernichten oder zu antworten. Wie Sie sehen, habe ich mich zum letzteren entschieden. Ich gehe davon aus, daß Sie wie fast alle Deutschen ohne Gefühl an diese Konzeption gegangen sind, sonst hätte die Bild-Zeitung nicht so eine hohe Auflage. Ich habe es mir nicht einfach gemacht und werde Ihnen etwas von mir berichten. Ich hatte einen Indizienprozeß, der nicht ohne Komplikationen für mich abging. Das Urteil zweimal lebenslänglich ist nicht zu verkraften, wenn die Hoffnung auf eine Wiederaufnahme nicht wäre. Die Medien haben mich zerrissen, aber das ist eine typisch deutsche Angelegenheit. (…) Ich denke, es wäre besser, bei Ihrer beruflichen Bildung eine Fallstudie unter der Bezeichnung ›Immer mehr Justizirrtümer in Deutschland aufgrund von Profilneurosen‹ zu machen. Bedanken kann ich mich für Ihr Schreiben nicht, aber es interessiert mich folgendes:*
1. *Wie sind Sie auf mich aufmerksam geworden?*
2. *Was haben Sie für eine Erwartungshaltung?*
3. *Wie stufen Sie mich bei Ihrer Fallstudie ein?*
4. *Gehen Sie davon aus, daß ein Mensch, der zweimal lebenslänglich hat, auch tatsächlich getötet hat?*
5. *Was sagt Ihr Gedankengut?*
Ich bitte Sie, meine Fragen zu beantworten.«

Beim Lesen dieser Zeilen war mir klar geworden, daß ich es mit einem äußerst mißtrauischen Menschen zu tun hatte, der zutiefst verängstigt und verunsichert worden sein mußte. Der Stachel der Enttäuschung saß offenbar tief. Diese Frau schien mir hochgradig verbittert zu sein. Und tatsächlich war Veronika Nitzberg unmittelbar nach Bekanntwerden der schweren Vorwürfe durch die Kölner Boulevardpresse beharrlich als »Mord-Hexe« und »Todesengel« gebrandmarkt worden. Ich machte mir keine großen Hoffnungen, daß ein Treffen zustande kommen würde. Trotzdem schrieb ich zurück und beantwortete alle ihre Fragen. Zu meiner Überraschung erhielt ich nur einige Tage später einen zweiten Brief, in dem sie mir unter anderem mitteilte: *»Ich habe Ihr Schreiben dankend erhalten und möchte Sie gerne persönlich kennenlernen. (…) Wenn Sie an der ganzen*

Veronika Nitzberg als Mensch Interesse haben, dann kann ich Ihnen auch meine gesamten Akten zur Verfügung stellen, darin sind alle Aussagen und Ermittlungen enthalten. (...) Ich glaube nicht an die Gerechtigkeit, aber vielleicht kommt der Glaube an die Menschlichkeit wieder!«

Um erste Eindrücke zu gewinnen, hatte ich jedoch zunächst ihren Ehemann besucht. Martin Nitzberg war Frührentner und bewohnte eine komfortabel eingerichtete, gepflegte Eigentumswohnung im Kölner Süden. Der 56jährige hatte seinen Metzgerberuf notgedrungen aufgeben müssen. Probleme in Beruf und Ehe waren von ihm in reichlich Alkohol ertränkt worden. Seit einigen Jahren war er nun aber »trocken« geblieben. Er hatte mir von den Ermittlungen der Kölner Mordkommission und der Gerichtsverhandlung erzählt. Als am 22. Mai 1991 durch die Kripo seine Wohnung durchsucht und seine Frau anschließend festgenommen wurde, sei er »wie vor den Kopf geschlagen gewesen«, habe »das alles nicht glauben können«. »Meine Veronika ist doch keine Mörderin«, sei ihm immer wieder durch den Kopf gegangen. Die Berichte in der Presse seien »schlimm« gewesen. »Ich habe mich nicht mehr aus dem Haus getraut«, war mir von ihm berichtet worden – mit versteinerter Miene. Zu Prozeßbeginn sei er jeden Tag im Gericht erschienen, später nicht mehr. »Ich konnte das nicht mehr ertragen«, hatte er mir erklärt. Von Martin Nitzberg waren mir sämtliche Verfahrensunterlagen zur Verfügung gestellt worden, so auch das 829 Seiten umfassende Urteil. Doch die Feststellungen der 11. Großen Strafkammer hatten ihn nicht überzeugen können: »Veronika hat niemanden umgebracht. Das hätte ich doch gemerkt!«

Noch in Gedanken, hörte ich, wie die Eingangstür des Containers ins Schloß fiel. Es war soweit. Durch eine Vollzugsbeamtin wurde Veronika Nitzberg in die Besuchszelle geführt. Wir begrüßten uns, anschließend verließ ihre Begleiterin den Raum. Ich hatte zuvor auch die Presseveröffentlichungen und das Bildmaterial zu diesem Fall aufmerksam studiert. Nun saß mir eine völlig veränderte Frau gegenüber: blaß, eingefallene Wangen, tiefgeränderte Augen. Ihre ehemals gelockten grauen Haare waren zu einer strengen Ponyfrisur glattgekämmt. Sie hatte offenbar stark abgenommen, wirkte ausgezehrt, verhärmt. Ihre schmalen Lippen zitterten ein wenig, die Gesichtszüge waren starr, wie eingefroren. Ihre kleinen Augen wirkten glasig, der Blick schien leer und leblos. Vor mir saß eine gebrochene Frau. Die fünf Jahre Gefängnis hatten bei der 62jährigen zweifellos unübersehbare, tiefe Spuren hinterlassen. Bei diesem Anblick wurde mir kalt ums Herz, ich begann innerlich zu frösteln.

Ich kann nicht behaupten, daß mir diese Frau leid tat, aber die Hoffnungslosigkeit in ihren Blicken ging mir nahe. Mit großen Erwartungen hatte ich diesem Gespräch nicht entgegengesehen. Im Gegenteil. Schließlich hatte Veronika Nitzberg sich in der Vergangenheit stets verschlossen und mißtrauisch gegenüber jedermann gezeigt. So hatte sie sich einer psychiatrischen Untersuchung vor Jahren durch Schweigen entzogen, im Verlauf der sechsmonatigen Gerichtsverhandlung konsequent die Aussage verweigert, während der Haft keinen fremden Menschen an sich herangelassen. Ihre Taten hatte sie stets entschieden und konsequent bestritten. Ich ging davon aus, daß mir diese Frau mit Distanz und Verschlossenheit begegnen würde. Was hätte ich unter diesen Vorzeichen auch anderes erwarten sollen?

Und doch kam alles ganz anders. Veronika Nitzberg gab schon nach kurzer Zeit ihre anfängliche Zurückhaltung auf und plauderte mit unverkennbarem pfälzischem Dialekt einfach drauflos. Sie berichtete mir zunächst von ihrem Prozeß und den Erfahrungen im Strafvollzug: »Ich habe vor Gericht immer geschwiegen, weil mir doch sowieso keiner geglaubt hätte. Bei der Polizei habe ich damals alles gesagt. Obwohl ich denen die Wahrheit erzählt habe, bin ich nur als Lügnerin beschimpft worden. Und bei dem Richter war das genauso. Der hätte mir doch auch kein Wort geglaubt. Für den war ich von Anfang an eine Mörderin. Das war kein fairer Prozeß, das war eine Hexenjagd. Ich bin mit der Öffentlichkeit gefallen. Da ist kein Sinn mehr, wenn man immer als Mörderin beschimpft wird. Als ich verurteilt wurde, dachte ich, das Leben wäre zu Ende. Mittlerweile habe ich mich aber ein wenig daran gewöhnt und eine Schneiderlehre gemacht. Nur der Gedanke an ein Wiederaufnahmeverfahren hält mich noch am Leben. Aber eins können Sie mir glauben, durchmachen werde ich die Strafe nicht. Da ist kein Licht im Tunnel. Ich habe keine Angst vor dem Tod. Manche Mörderinnen bekommen richtig Glanz in die Augen, wenn die mir von ihren Taten erzählen. Aber da hört für mich alles auf. Ich bin keine Mörderin!«

Daß sie innerlich gegen diesen Makel aufbegehrte, wurde auch in einem ihrer Briefe deutlich, den sie nach diesem Gespräch an mich schrieb. Anlaß war ein Porträt über mich im *WDR*-Fernsehen, in dem auch ihr Fall aufbereitet worden war. Empört schrieb sie mir: »*Mit großem Schreck mußte ich am Freitag in der Sendung Lokalzeit mit ansehen, wie man mich mit Bild als Serienmörderin darstellte. Nach diesem Bericht gehe ich hier im Haus durch die Hölle, wurde heute schon angesprochen. Ich hatte mit der Kripo und dem Gericht sehr viel zu tun, aber eine Serienmörderin könnte ich nie werden.*«

Nachdem das Kölner Landgericht 115 Zeugen und sechs Sachverständige gehört hatte, war Veronika Nitzberg nach einem aufsehenerregenden Indizienprozeß am 28. April 1993 zu »zweimal lebenslanger Freiheitsstrafe« verurteilt worden. Die Begründung: »Die Angeklagte beging sechs Mordtaten in einem Zeitraum von wenig mehr als vier Jahren in annähernd regelmäßigen Abständen. In jedem dieser sechs Fälle plante die Angeklagte die Tat mit Sorgfalt vor. Die Ausführung der Taten ist durch besondere Kaltblütigkeit und Risikobereitschaft gekennzeichnet. Die Durchführung jeder dieser Taten erfolgte dem Plan entsprechend mit solchem Geschick, daß erstmals im Falle des Mordes an Frau Fischer bei deren Angehörigen der Verdacht eines Tötungsdelikts aufkam. (...) In jedem der sechs Fälle hat die Angeklagte mehrere Mordmerkmale verwirklicht, nämlich diejenigen der Heimtücke und der Habgier. (...) Bei der außerordentlichen, hoch gefährlichen kriminellen Energie der Angeklagten, die sich in diesen Taten erweist, und bei der sie dadurch treffenden besonders schweren Schuld erscheint die Einwirkung zur Sühne für ihre Taten und zu ihrer Besserung durch eine Strafverbüßung von (nur) 15 Jahren unangemessen.« Kein hartes, vielmehr ein vernichtendes Urteil. In seinem Plädoyer hatte ihr Verteidiger sogar von einem »Todesurteil« gesprochen. Genauso hatte es Veronika Nitzberg empfunden, war noch während der Urteilsverkündung zusammengebrochen.

Auch jetzt wollte sie ihre Gefühle nicht länger zurückdrängen und begann bitterlich zu weinen. Das war mir unangenehm. Mitleiden wollte ich dennoch nicht, schließlich saß eine verurteilte Mehrfachmörderin vor mir. Trotz alledem war ich mir nicht ganz sicher, aus welchem Grund sie weinte. Waren es die Tränen einer unschuldig Verurteilten, die mit ihrem Schicksal haderte? Oder war es vielmehr quälendes Selbstmitleid einer gewissenlosen Frau, die die Hoffnungslosigkeit ihres tristen Daseins betrauerte?

Zwei Aspekte hatten mir bei der Analyse dieses Falls zu denken gegeben. Veronika Nitzberg hatte knapp sieben Jahre lang sämtliche Mordvorwürfe beharrlich zurückgewiesen. Ein Verhalten, das bei Serienmördern sehr selten zu beobachten ist. Nicht weniger als 92 Prozent aller Täter erleichterten schließlich ihr Gewissen und räumten häufig auch solche Taten ein, die ihnen gar nicht vorgeworfen worden waren. Sie hingegen hatte sich anders verhalten. Ankläger und Richter waren von ihr mit eisernem Schweigen abgestraft worden, da sie »kein objektives Verfahren« erwartet hatte. Auch in ihren Briefen war von einem »makabren Puzzlespiel« die Rede gewesen. Und sie hatte sich seit Jahren um ein Wiederaufnahmeverfahren bemüht – vergeblich.

Tatsächlich hätte man an ihrer Täterschaft auch Zweifel hegen können. Verurteilt worden war sie in erster Linie aufgrund von toxikologischen Gutachten, die sich in der Vergangenheit nicht immer als unanfechtbar erwiesen haben. Zudem hatten die medizinischen Sachverständigen vor Gericht »Übertragungs- und Rechenfehler« einräumen müssen. Auch waren bis dahin für das den Opfern verabreichte Medikament, das Beruhigungsmittel »Truxal«, in der einschlägigen Fachliteratur nur einige wenige Mißbrauchsfälle beschrieben worden, die noch dazu aus Selbsttötungen resultierten, so daß Aussagen zu einer tödlich wirkenden Dosierung empirisch nicht hinreichend abgesichert erschienen. Die Verteidigung hatte die Gutachter deshalb auch scharf kritisiert, ihnen »jegliche Kompetenz« abgesprochen.

Doch zweifelte ich nicht an ihrer Täterschaft. Die Gesamtumstände und die vorgelegten Indizien sprachen nahezu zweifelsfrei für Mord. Vielmehr hatte ich beim Studium der Verfahrensakten den Eindruck gewonnen, das Motiv für ihr Morden sei nicht vollständig herausgearbeitet worden. Veronika Nitzberg sollte ihre Opfer aus Habgier getötet haben. Das paßte aber nicht recht zu den Lebensverhältnissen dieser Frau. Schließlich hatten die Eheleute Nitzberg den Feststellungen des Gerichts zufolge in »guten finanziellen Verhältnissen« gelebt. Martin Nitzberg bezog als angestellter Metzger ein regelmäßiges Einkommen, seine Frau verdiente als selbständige Krankenpflegerin nicht weniger als 80 000 Mark pro Jahr. In den sechs Jahren vor ihrer Verhaftung besaßen sie ein Haus, Schmuck im Wert von 80 000 Mark und einen 60 000 Mark teuren Wagen. Darüber hinaus hatten die Eheleute Nitzberg 150 000 Mark auf die »hohe Kante« gelegt. Hatte diese Frau dennoch ihren Verdienst durch Mord aufbessern wollen, obwohl sie dies eigentlich gar nicht nötig gehabt hätte? Eben dieser Widerspruch hatte mich nicht ruhen lassen. Ich zweifelte daran, daß pure Geldgier allein das dominierende Motiv gewesen sein sollte. Aber was war es dann?

Ich unternahm nicht den Versuch, sie danach zu fragen. Das wäre zu plump gewesen. Schließlich wollte sie keine Mörderin gewesen sein und hätte diese Frage demnach gar nicht beantworten dürfen. Außerdem befürchtete ich, daß unser Vertrauensverhältnis unter einer solchen Torheit leiden würde. Ich überließ ihr also auch weiterhin die Gesprächsführung. Während sie mir von ihren fruchtlosen Bemühungen um ein Wiederaufnahmeverfahren erzählte, die mich naturgemäß nicht sonderlich interessierten, rief ich mir die Fakten dieses Falls in Erinnerung. Ich suchte dabei nach Anhaltspunkten für ein weiteres Motiv.

Ihr Vorstrafenregister war lang. Während der Hauptverhandlung benötigte der Vorsitzende Richter geschlagene zwei Stunden, um alle vorherigen Straftaten zu erörtern: Diebstahl, Unterschlagung, Urkundenfälschung und immer wieder Betrügereien zogen sich wie ein roter Faden durch das Leben dieser Frau. Mit 18 Jahren fiel sie zum ersten Mal auf, als sie als Hausangestellte lange Finger machte. Man steckte sie wegen »Arbeitsunlust« und »Widerspenstigkeit« in ein Fürsorgeheim. Ein Jahr später folgte die erste Verurteilung: wegen Diebstahls von drei Pfund Butter und einer Blumenvase. Die Kette der Verurteilungen riß jedoch nicht ab. Allein von 1957 bis 1968 wurde sie wegen einer Vielzahl von Diebstählen und Betrügereien in Geschäften und Kaufhäusern fünfmal verurteilt. Als »Gewohnheitstäterin« wanderte sie mehrfach in den Knast. »Sie hat aus ihren Vorstrafen keine Lehren gezogen«, schrieben die Richter in ihr Urteil und diskutierten dabei die einschneidendste

Maßregel des Strafrechts: Sicherungsverwahrung. Dies sollte ihr jedoch erspart bleiben.

Einen ordentlichen Beruf erlernte sie nicht. Sie ließ sich treiben und nahm jede Arbeit an, die sich ihr anbot: mal in einer Tabakfabrik, dann in einem Krankenhaus, später in einer Druckerei. 1959 heiratete sie, bekam zwei Kinder und ließ sich sieben Jahre später wieder scheiden. Ihr Mann hatte sie zu oft verprügelt und das wenige Geld, das man besaß, verpraßt. Das Sorgerecht für die beiden Söhne wurde dem Vater zugesprochen. Seit dieser Zeit hatte sie keinen Kontakt mehr zu ihren Kindern.

In den siebziger Jahren kam sie nach Köln und heiratete ein zweites Mal, die Ehe blieb kinderlos. Ihr Auskommen hatte sie als ungelernte Altenpflegerin, in den ersten Jahren als Angestellte in Alten- und Pflegeheimen, ab 1981 dann als selbständige »examinierte Altenpflegerin«. Weder behördlicherseits noch Ärzten oder Krankenkassen fiel auf, daß Veronika Nitzberg gar keine Lehre oder Ausbildung in diesem Beruf absolviert hatte. Ihr Fachwissen beschränkte sich auf neun Stunden eines Schwesternhelferinnenlehrgangs des Malteser-Hilfsdienstes, sie profitierte jedoch von langjähriger praktischer Erfahrung. Fachlich konnte man ihr auch nichts vorwerfen. Im Gegenteil. Sie wurde von Ärzten als »kompetent« an Hilfsbedürftige vermittelt, von diesen regelmäßig weiterempfohlen. Kaum jemand wußte etwas Schlechtes über sie zu sagen: Die Patienten beschrieben sie überwiegend als »tüchtige, liebevolle und warmherzige« Pflegerin.

Und doch hatte diese allgemein geschätzte Frau ein »zweites Gesicht«. Sie plünderte die Wohnungen ihrer Patienten, fälschte Schecks, manipulierte Sparbücher. »Es ist halt so über mich gekommen«, erklärte sie 1982 einem Psychiater, der eine »ernsthafte neurotische Fehlentwicklung« feststellte. Auch das Gericht ließ eine gewisse Ratlosigkeit erkennen, als es das Motiv für die ständigen Diebestouren und Betrügereien herleiten sollte: »Insbesondere kann von wirtschaftlicher Not keine Rede sein, zumal die Angeklagte zum einen selbst über ein angemessenes Einkommen verfügte und zum anderen auf die Einkünfte ihres ebenfalls gut verdienenden Ehemannes zurückgreifen konnte.« Man stand also vor einem Rätsel.

Der kriminellen Karriere dieser Frau sollte jedoch schon bald ein düsteres Kapitel hinzugefügt werden: Patientenmord in Serie. Die Ermittlungen der Kölner Kripo wurden durch die Angehörigen einer 88jährigen Pflegepatientin ausgelöst, die im Juli 1990 plötzlich und unerwartet gestorben war – obwohl sie sich bis dahin bester Gesundheit erfreut hatte. Die Familie vermißte in der Wohnung der Verstorbenen 2 200 Mark und erstattete Anzeige. Der Verdacht fiel schnell auf Veronika Nitzberg. Gleichwohl lautete der Vorwurf nicht Mord, sondern Diebstahl. In der Vernehmung behauptete sie dann, das Geld als »Darlehen« erhalten zu haben. Bei einer Obduktion der Leiche wurde als Todesursache »Lungenentzündung« festgestellt, bei einem hochbetagten Menschen, der die letzten vier Tage seines Lebens bewußtlos auf der Intensivstation gelegen hatte, ein durchaus plausibler und glaubwürdiger Befund. Erst das von der Staatsanwaltschaft rein vorsorglich in Auftrag gegebene toxikologische Gutachten alarmierte die Anklagebehörde – dem Opfer mußte das rezeptpflichtige Psychopharmakon »Truxal« in vierfacher Dosis und damit tödlicher Konzentration verabreicht worden sein. Aus einem einfachen Diebstahl war plötzlich Mord geworden. Vier Flaschen dieses bitter schmeckenden Saftes konnten in der Wohnung von Veronika Nitzberg gefunden werden, daneben Schmuck und Wertgegenstände anderer Patienten: Armbanduhren, Goldcolliers und Brillantarmbänder konnten durch Angehörige als das Eigentum der Toten identifiziert werden. Veronika Nitzberg wurde daraufhin in Haft genommen.

Und es kam noch schlimmer. Als die Ermittler die Vorstrafen- und Patientenakten durchsahen, wurde man hellhörig: Stets aufs Neue hatte sie ihre Patienten bestohlen, kurz danach waren die alten Menschen dann »plötzlich und unerwartet« gestorben. Auch stellte sich heraus, daß sie in einer Vielzahl von Fällen Senioren betreut hatte, mit deren Gesundheitszustand es nach Angaben der Angehörigen in der Zeit der Betreuung »rapide bergab« gegangen war. Die Zeugen berichteten von Medikamenten und Beruhigungsmitteln, die den Patienten verabreicht worden waren. Der Haken an der Sache: Die Medikamente waren niemals von einem Arzt verschrieben worden. Auffällig war ferner, daß die Patienten sich stets erholten, nachdem sie sich von Veronika Nitzberg getrennt hatten. Es drängte sich der ungeheuerliche Verdacht auf, daß diese »nette Pflegerin« einen Teil ihres Patientenbestands systematisch zum Schweigen gebracht, beim Sterben kräftig nachgeholfen hatte. Fünf Patienten wurden exhumiert, wobei in sämtlichen Leichen tödliche Mengen »Chlorprothixen«, Bestandteil des Medikaments »Truxal«, nachgewiesen werden konnten. Darüber hinaus wurden in zwei Leichen größere Mengen »Diazepam« gefunden, die von einer Überdosis des Medikaments »Valium 10« herrühren mußten. Weitere Indizien wurden zusammengetragen. So konnte beispielsweise ermittelt werden, daß ein Opfer kurz vor seinem Tod Veronika Nitzberg sogar als Alleinerbin seines beträchtlichen Vermögens eingesetzt hatte.

Nachdem sie mir ausführlich von der »Hinhaltetaktik« ihres Anwalts erzählt hatte, der sie immer nur »vertröstet« und ein neues toxikologisches Gutachten lediglich in Aussicht gestellt hätte, begann sie auf meinen Wunsch von ihrer zweiten Ehe zu erzählen. Ich hoffte, auf diese Weise mehr über die Lebensumstände dieser Frau zu erfahren. Mit tränenerstickter Stimme und ein Taschentuch krampfhaft in den Händen haltend, berichtete sie mir von der Beziehung zu ihrem Mann: »Ich habe mich in diese Ehe geflüchtet. Damals, als ich aus dem Gefängnis entlassen wurde, hatte ich doch niemanden. Dann lernte ich Martin kennen, und wir heirateten schon drei Monate später. Ihm machte es nichts aus, daß ich vorbestraft war. Aber die ganze Zeit über war ich auch in dieser Ehe mit meinen Problemen allein. Martin fing dann an zu trinken. Trotzdem habe ich mich immer um ihn bemüht, habe ihn nie betrogen. Häufig kam er nachts stockbesoffen nach Hause. Dann lag er in der Küche oder im Wohnzimmer, war nicht mehr ansprechbar. Manchmal kotzte er alles voll, lag da wie ein Baby, konnte sich nicht mehr helfen. Ich habe dann die Kotze weggewischt, ihn ausgezogen und ins Bett gebracht. Das ging viele Jahre so. Ich kann Ihnen sagen, das war die Hölle. Die ganzen Jahre bin ich doch nur ausgenutzt worden. Eine billige Putze, die auch noch ordentlich Geld nach Hause brachte. Ich glaube nicht, daß Martin mich wirklich geliebt hat. Der war doch immer nur scharf auf meinen Verdienst. Kaum war ich im Gefängnis, hatte er auch schon eine Neue. Das hat mich wirklich aus den Schuhen gehauen. Heute würde ich unter keinen Umständen mehr heiraten!«

Mittlerweile hatte sich ihr Vorrat an Taschentüchern verbraucht. Ich half ihr mit einem Tempo-Taschentuch aus. Sie schnaubte sich die Nase, rieb die Tränen aus dem Gesicht. Selten zuvor hatte ich einen Menschen so verzweifelt und verbittert erlebt. Das war keine Show. Das war echt. Veronika Nitzberg hatte sich über viele Jahre hinweg ein Traumhaus gebaut, in das sie doch nicht einziehen konnte. Die Ehe und das viele Geld sollten Ersatz sein für das, was sie stets ersehnt und doch nicht bekommen hatte: Liebe und das Gefühl von Geborgenheit. Und diese letzte Stätte der Zuflucht war nun wie ein schlecht gebautes Kartenhaus zusammengekracht. Von heute auf morgen. Diese Frau stand vor einem Trümmerhaufen, der einmal ihr Leben gewesen war. Das Schicksal hatte ihr als Altenpflegerin eine zweite Chance gegeben. Und doch waren die dunklen Schatten der Vergangenheit zu lang gewesen, hatten sie eingeholt und waren schließlich ihr und ihren Opfern zum Verhängnis geworden. Eine durch und durch düstere Lebensgeschichte. Ich spürte instinktiv, daß nicht nur bloße Habgier bei ihren Taten eine Rolle gespielt hatte. Sicher war ich mir dabei noch nicht, glaubte aber, auf der richtigen Fährte zu sein.

Denn ich wußte nur zu genau, daß solche Tötungsspiralen immer auch eine Vorgeschichte haben. Stets durchleben die Täter eine häßliche Metamorphose, die sich letztlich in den Morden widerspiegelt. Diese Begleitumstände muß man verinnerlichen und durchdringen, will man die emotionalen und seelischen Zusammenhänge verstehen, das Motiv deuten. Solche Analysen muten wie die Arbeit eines Restaurateurs an, der sich an einem lediglich fragmentarisch erhaltenen Werk versucht: Vieles ist zusammenzusetzen, manche Leerstellen sind zu ergänzen.

Je länger ich mit Veronika Nitzberg sprach, desto deutlicher spürte ich diesen inneren Zusammenhang. Das Motiv der Habgier allein erschien mir mittlerweile nicht mehr plausibel, weil die meisten der alleinstehenden Opfer ihr aus Dankbarkeit ohnehin das gegeben oder vererbt hätten, was sie durch Mord bekommen hatte. Aber nach wie vor fehlte es mir an einer einleuchtenden Erklärung. War es womöglich doch »Gewinnsucht, Habgier um jeden Preis« gewesen? Davon waren zumindest Staatsanwaltschaft und Gericht ausgegangen. Und dieses Motiv ließ sich zwanglos aus der Lebensgeschichte dieser Frau herleiten: Gestohlen, gefälscht und betrogen hatte sie seit ihrem 18. Lebensjahr.

Doch ich zweifelte. Denn: Veronika Nitzberg hatte mir einen wichtigen Hinweis gegeben, als sie erwähnte, daß ihr Mann immer nur »scharf auf ihren Verdienst« gewesen sei. Ich witterte Morgenluft. Und ich hatte dem Gericht gegenüber einen unschätzbaren Vorteil: Sie hatte die Tür zu ihrer kranken Seele einen Spaltbreit geöffnet, ließ mich hineinsehen, und ich gewann den Eindruck, als wollte sie sich mir auch weiterhin mitteilen. Ohne daß ich sie danach zu fragen brauchte, begann sie von ihrer Kindheit zu erzählen: »Wir lebten mit den Eltern meiner Mutter unter einem Dach, hatten zusammen ein Haus. Es gab häufig Streit, weil der Bruder meines Vaters auf die schiefe Bahn geraten war. Meine Großeltern hielten mir das ständig vor. Ich hatte das Gefühl, von denen nur akzeptiert zu werden, wenn ich mich nach ihren Wünschen richtete.«

Das Verhältnis zu ihren Eltern und Geschwistern schilderte sie ebenfalls wenig schmeichelhaft: »Meine Familie war keine richtige Familie für mich. Ich bin als Kind zu Hause nie in den Arm genommen worden. Mein Vater hat sich nicht um mich gekümmert, ich war ihm so ziemlich egal. Ich sollte halt ein Junge sein. Mit meiner Mutter ging es auch nicht viel besser. Obwohl wir eine große Familie waren, bin ich doch die meiste Zeit allein und isoliert gewesen. Mit meinen Schwestern gab es eigentlich immer nur Streit. Ich würde Ihnen gerne etwas anderes erzählen, aber es war halt so. Oft habe ich deswegen geweint. Heimlich, weil meine Eltern und meine Geschwister das nicht sehen sollten.«

Dann faßte sie ihr Leben in wenigen, dafür aber höchst bemerkenswerten Sätzen zusammen: »Die Angst zu versagen war immer in mir. Als Mensch wurde ich ja gar nicht gezählt und bin immer nur ausgenutzt worden. Mein Leben bestand nur aus Arbeit. *Wenn ich keine Leistung gebracht habe, hatte ich das Gefühl, nicht akzeptiert und auch nicht geliebt zu werden.*« Nachdem sie dies gesagt hatte, wurde es plötzlich still. Sie schlug die Hände vors Gesicht, schluchzte hemmungslos. Es dauerte eine Weile, bis ihr verweintes Gesicht wieder zum Vorschein kam. Schmerz und Verzweiflung hatten sich über viele Jahre hinweg beharrlich in ihrer Seele eingenistet.

Ihre schonungslose Offenbarung machte überdeutlich, daß diese Frau seit ihrer Kindheit unter quälenden Minderwertigkeitsgefühlen gelitten haben mußte; sie war eben »nicht als Mensch gezählt« worden. Ihr Selbstwertgefühl war offenbar in ihrer Kindheit, aber auch später in ihren beiden Ehen schwer beschädigt worden. Niemand hatte sie um ihrer selbst willen beachtet. Nach innerer Zuwendung und Geborgenheit hatte sie sich zeitlebens verzweifelt gesehnt – und doch war dieses Bedürfnis unerfüllt geblieben. Aus diesem Grund hatte sie sich auch in die beiden Ehen »geflüchtet«. Das Ergebnis: ein Scherbenhaufen. Dennoch glaubte sie einen Weg gefunden zu haben, um wenigstens Anerkennung, vielleicht sogar Zuwendung erzwingen zu können. Dafür mußte sie aber »Leistungen« erbringen. Und diese Leistungen waren meßbar und konnten abgelesen werden: anhand ihres Bankkontos. Daran glaubte sie jedenfalls.

Zweifelsohne hatte sie sich am Vermögen ihrer Opfer bereichert. Aber es dürfte nicht nur »Habgier um jeden Preis« gewesen sein. Vielmehr saß eine Frau vor mir, die verzweifelt versucht hatte, ihr Selbstwertgefühl mit Geld aufzuwiegen: Hast du was, bist du was. Nur so glaubte sie, etwas vorweisen zu können, das sie anerkennenswert, vielleicht sogar liebenswert erscheinen ließ. Möglicherweise war dies der tiefere Beweggrund für ihre Taten. Auch in verschiedenen Gerichtsurteilen war übereinstimmend auf eine »persönlichkeitseigentümliche Veranlagung ohne Krankheitswert« hingewiesen worden, deren Ursache jedoch unerörtert und ungeklärt geblieben war. Dadurch lassen sich die heimtückischen Verbrechen dieser Frau natürlich in keiner Weise rechtfertigen. Schließlich hatte sie das Vertrauensverhältnis der Opfer, die zugleich ihre Schutzbefohlenen waren, skrupellos und selbstsüchtig mißbraucht. Diese Schuld wiegt ohne Zweifel besonders schwer. Trotzdem erscheint ihr Motiv unter dem Aspekt der Selbstwerterhöhung zumindest nachvollziehbar und plausibel. Je mehr sie zusammenraffen konnte, desto größer wurde die Wahrscheinlichkeit, vielleicht doch einmal einen Hauch von Anerkennung und Zuwendung erhaschen zu können. Und doch war sie auf diesem Weg immer wieder in eine Sackgasse geschlittert: Endstation Sehnsucht.

Dennoch bleibt auch bei dieser Betrachtungsweise eine Frage

unbeantwortet: Warum hatte sie ihre Patienten gleich reihenweise umgebracht? Durch einfache Diebstähle hätte sie doch wie in den Jahren zuvor genug zusammenraffen können. Veronika Nitzberg hatte aber schmerzlich erfahren müssen, daß sie mit Diebstahl und Betrug nicht durchgekommen war. Immer wieder war sie vor dem Kadi gelandet, man hatte sie mehrfach ins Gefängnis gesteckt. Das waren bittere Erfahrungen gewesen, die sie mir gegenüber auch freimütig einräumte: »Wenn man längere Zeit einsitzen muß, kommt man später im richtigen Leben nicht mehr zurecht. Da kommt keiner gesund raus!« Und man hatte ihr bereits Sicherungsverwahrung für den Fall angedroht, daß sie weiterhin straffällig werden würde. Sie hatte also die Wahl, entweder ihrem Laster zu entsagen oder für unabsehbare Zeit hinter Gefängnismauern zu verschwinden. Veronika Nitzberg entschied sich für Mord, brachte die lästigen Zeugen, die sie zuvor immer wieder vor Gericht gezerrt hatten, rechtzeitig zum Schweigen.

Veronika Nitzberg ist die einzige Serienmörderin, mit der ich ein Gespräch führen konnte. Die übrigen waren bereits verstorben, vergreist oder hatten keinerlei Interesse gezeigt. Daß Frauen in Serie morden, stellt fraglos ein seltenes Ereignis dar – nur 10,7 Prozent der Täter sind weiblichen Geschlechts. Aber gerade deshalb drängen sich in diesem Zusammenhang Fragen auf. Wen, wie und vor allem warum töten diese Frauen? Und was unterscheidet sie von den männlichen Tätern?

Allen Täterinnen ist eines gemein: Sie töten berechnend, emotionslos, heimtückisch. Im Regelfall trifft es Opfer aus ihrem unmittelbaren Lebensbereich. Lediglich die aus Berlin stammende gelernte Serviererin Ingrid Sobotta vergiftete zwischen 1947 und 1948 mit einer Mixtur aus Morphiumpräparaten und Beruhigungsmitteln fünf ältere Frauen, um diese anschließend berauben zu können. Auch bei weiteren zehn Mordversuchen waren der 35jährigen die älteren und alleinstehenden Opfer gänzlich unbekannt. Klammert man diesen Sonderfall aus, bestand bei 97 Prozent der Taten eine vordeliktische Täter-Opfer-Beziehung: Aus dem Weg geräumt wurden Ehemänner, Lebenspartner, Verwandte, Freunde, Bekannte, Patienten – sogar die eigenen Kinder. Das Durchschnittsalter zum Zeitpunkt der ersten Tat beträgt gut 31 Jahre, die Altersspanne reicht von 22 bis 48 Jahren. Vornehmlich wurden ältere Menschen getötet. Lediglich jedes dritte Opfer war männlich.

Serienmörderinnen töten überwiegend gewaltlos: 92 Prozent der Opfer wurden vergiftet. Selten wird gemeinschaftlich gemordet, fast immer wird an der einmal erfolgreich angewandten Tötungsmethode festgehalten. Von diesem Handlungsmuster wich lediglich die aus Offenbach am Main stammende Gelegenheitsarbeiterin Heidrun Fischer ab, die gemeinsam mit ihrem Freund und einem Bekannten 1984 drei Morde verübte. Zwei ehemalige Lebenspartner der 33jährigen wurden in ihren Wohnungen in Hamburg und Bremen erdrosselt und beraubt, eine Krankenschwester erstach man in einem Waldgelände bei Hünxe-Drevenack – das Auto des Opfers wurde als Fluchtmittel benötigt.

Durchschnittlich töten weibliche Serienmörder siebenmal, bevor sie überführt werden. Addiert man jene Morde und Mordversuche hinzu, die nicht abgeurteilt werden konnten, ergibt sich ein erschreckender Durchschnittswert von 10,9 Taten. Die Verurteilungsquote liegt demzufolge bei sehr niedrigen 58,6 Prozent. Nach dieser Bemessungsgrundlage dürfte der gefährlichste Gewaltverbrecher der deutschen Nachkriegsgeschichte eine Frau gewesen sein: Veronika Nitzberg. Die Kölner Kripo ging von 17 vollbrachten und 18 versuchten Tötungsdelikten aus.

Im wesentlichen sind es zwei Motive, die die weiblichen Täter antreiben: Habgier und die radikale Beseitigung von Berufs-, Beziehungs- und Alltagskonflikten. Während das Motiv der Bereicherung nachvollziehbar erscheint, sieht man sich beispielsweise bei Serientötungen in der eigenen Familie höchst zwiespältigen Gefühlen ausgesetzt; es ist auf den ersten Blick kaum zu verstehen, daß Ehe- und Partnerschaftsprobleme oder sonstige familiäre Konflikte durch Mord einfach »glattgebügelt«, ein für allemal aus der Welt geschafft werden. Und das Ganze nicht einmal, auch nicht zweimal, nein: so oft wie eben nötig.

Es war wohl der erschütterndste und grausigste Fund, den sächsische Kriminalbeamte je gemacht hatten. Am 3. Juni 1999 stießen sie nach einem anonymen Hinweis in der Tiefkühltruhe einer Wohnung in der 2 100-Seelen-Gemeinde Mühltroff bei Plauen auf drei Kindesleichen: verpackt in Plastiktüten mit der Aufschrift »Netto Markendiscount«, tiefgefroren. Die 28jährige Monika Korten, die den fassungslosen Beamten ihren Leichenfriedhof selbst gezeigt hatte, gab sich wortkarg: »Ja, ich war's.« Mehr war nicht zu erfahren. Die Säuglinge, zwei Jungen und ein Mädchen, waren in den Jahren 1993, 1995 und 1999 zur Welt gekommen – vermutlich. Exakt ließ sich dies nicht mehr feststellen, zu sehr waren die kleinen Körper in ihrem eisigen Sarg verunstaltet. Bestimmt werden konnten hingegen die Todesursachen: Ein Neugeborenes war mit der Nabelschnur erdrosselt worden, eines hatte ein Papiertaschentuch im Rachen stecken, das dritte einen Damenschlüpfer. Eine Mutter hatte das Leben ihrer eigenen Kinder ausgelöscht.

Ein Drama voller Merkwürdigkeiten. Eine »liebevolle und treusorgende Mutter« – Monika Korten hatte bereits zwei Kinder – war in regelmäßigen Abständen schwanger geworden, hatte auch (heimlich) entbunden – nur die Babys waren nicht da. Und niemand wollte etwas bemerkt haben: der Ehemann nicht, die Eltern nicht, Verwandte und Freunde nicht – niemand. Alle hatten sich mit einer fadenscheinigen Erklärung abspeisen lassen. Sie sei nicht schwanger, hatte sie immer wieder versichert. Der Grund für ihre Gewichtszunahme: »Blutschwämme«, die ihren Bauch »immer wieder anschwellen« ließen und eines Tages abgingen. Im Dorf war zwar getuschelt und getratscht worden, aber niemand hatte nachgehakt, etwas unternommen. Dabei hätte vermutlich schon ein einziger Anruf genügt – so wie an jenem 3. Juni.

Während der polizeilichen Vernehmungen schwieg Monika Korten zu ihren Beweggründen; eine psychiatrische Untersuchung lehnte sie kategorisch ab. Nur einmal brach sie ihr Schweigen: um den toten Babys postum einen Namen zu geben und somit eine würdige Bestattung zu ermöglichen. So gelang es lediglich, aus der Biographie und den Lebensumständen dieser Frau motivrelevante Zustände und Ereignisse herauszuarbeiten. Monika Korten hatte den Vater ihrer Kinder auf einer Klassenfahrt kennengelernt. Sie war 15, wohnte damals im Vogtland, ihr Freund in Mecklenburg. Zwei Jahre später wurde sie schwanger, bekam ihr erstes Kind. Mit 19 bekam sie das zweite. Eine Konditorlehre mußte sie deswegen abbrechen, eine Umschulung zur Hauswirtschafterin ebenso. Sie blieb ungelernt, fand keine Arbeit, mußte sich um die Kinder und den Haushalt kümmern. Als sie 20 war, wurde geheiratet – die Schwiegereltern hatten darauf gedrungen. Doch es blieb alles beim alten: Kam ihr Mann von der Arbeit, zog es ihn gleich in die nächste Kneipe. Viel geredet wurde nicht miteinander, mehr übereinander. Sie hätte gern »noch mehr« Kinder gehabt, ihr Mann war strikt dagegen. Für ihn war Verhütung »Frauensache«, sie vertrug die Pille nicht. Eine andere Möglichkeit der Verhütung schien es für sie nicht zu geben. Schließlich wurde sie wieder schwanger. Der Rest ist bekannt.

Waren ihr die Neugeborenen im Weg? Wollte sie weitere Mutterpflichten vermeiden? Oder fürchtete sie den Zorn ihres Mannes, der eine erneute Schwangerschaft »verboten« hatte? Fühlte sie sich überfordert? War es die pure Zukunfts- und Lebensangst? Trieben diese Frau Verzweiflung und Depressionen zu ihren Taten? Monika Korten ließ diese und andere Fragen unbeantwortet. Sie schwieg, nicht zuletzt auf Anraten ihres Anwalts.

Im März 2000 wurde gegen die »Eismutter« vor dem Landgericht Chemnitz nur einen einzigen Tag verhandelt. Der Vorwurf: dreifacher Totschlag. Ihre Erklärung: Schweigen. Das Urteil: 13 Jahre und sechs Monate Freiheitsstrafe. Ein ganz und gar unbefriedigender Prozeßverlauf, das Motiv für diese Verbrechen wider die Natur blieb rätselhaft.

Kaum begreiflich sind ebenfalls die Beweggründe der Hausfrau und Gelegenheitsarbeiterin Christine Lanfermann, die den mörderischen Gebrauch des Pflanzenschutzgiftes E-605 in Deutschland populär machte und so zum »Vorbild« vieler Giftmörderinnen und Giftmörder, aber auch ungezählter Selbstmörder wurde. Sie vergiftete in Worms zwischen 1952 und 1954 drei Menschen: ihren Ehemann, ihren Schwiegervater und irrtümlicherweise auch ihre beste Freundin; die vergiftete Praline war eigentlich für die Mutter der Freundin bestimmt gewesen.

Als die unauffällige 31jährige mit den hellblonden Haaren und dem kantigen, maskenhaft wirkenden Gesicht im September 1954 vor dem Schwurgericht in Mainz stand, da wußte sie kaum etwas zu ihrer Verteidigung zu sagen. Sie wurde zunächst gefragt, warum sie ihren Ehemann umgebracht hatte: »Ich habe von morgens bis abends gearbeitet. Mein Mann hat sich um nichts mehr gekümmert. Ich konnte für meine Kinder nicht sorgen. Und dann bekam ich immer mehr Vorwürfe. Er war zu einem unüberwindlichen Hindernis geworden. Da wollte ich ihn beseitigen. Ich weiß nicht, wie ich auf den Gedanken gekommen bin. Es war ein innerlicher Trieb. Das Innerliche war stärker als ich selbst.« Nach der Tat hatte sie sich einer Freundin anvertraut, erleichtert erklärt: »Nun habe ich mit meiner Familie endlich Ruhe!« Auch bei der polizeilichen Vernehmung hatte sie daraus keinen Hehl gemacht: »Es hat geholfen.«

Doch schon bald stellte sich Christine Lanfermann ein anderer Mann in den Weg: ihr Schwiegervater, in dessen Haus die Witwe mit ihren beiden Kindern immer noch wohnte. Er monierte ihren »lockeren Lebenswandel«, drohte mit »einer Anzeige bei der Sittenpolizei«. Als sie ein Kind von einem ihrer Zufallspartner erwartete, verhinderte der alte Mann eine Abtreibung. Nun war auch er zu einem »Hindernis« geworden, mußte »beseitigt« werden. Am 14. Oktober 1953 bekam der 75jährige seine Henkersmahlzeit: Joghurt, garniert mit einer kräftigen Portion E-605. Nur die Mutter ihrer besten Freundin schöpfte Verdacht, nachdem sich »die merkwürdigen Todesfälle« gehäuft hatten und auch die Schwiegermutter von Christine Lanfermann – allerdings vermutlich eines natürlichen Todes – gestorben war. So hatte die 75jährige sich vehement dagegen ausgesprochen, daß ihre Tochter mit Christine Lanfermann »die Nächte so durchbummelte«. Die alte Dame war plötzlich zu einem »unkalkulierbaren Risiko« geworden, mußte »weg«. Doch Christine Lanfermann vergiftete bei ihrem dritten Mord die Falsche: Das eigentliche Opfer hatte die Todespraline zurückgelegt, ihre Tochter schließlich davon probiert – und war daran gestorben. Erst dieses Mißgeschick brachte die Giftmischerin vor Gericht.

Das Morden dieser Frau war geprägt von eiskalter Raffinesse. Sie hatte sich beharrlich Luftschlösser gebaut und war doch immer wieder geradewegs in eine Beziehungshölle geschlittert. Ihre Opfer hatten in diesem Kalten Krieg der Gefühle die emotionale Demarkationslinie überschritten – und dafür mit ihrem Leben bezahlen müssen. Beziehungen zwischen Menschen dürfen nicht endlos beschwert und überstrapaziert werden. Es gibt offensichtlich eine tödliche Grenze. Diese Deadline rückt umso näher, je belastender und ausweisloser die Beziehung empfunden wird. Und für diese Frau schien es nur noch eine Lösung zu geben: immer wieder Mord.

Was unterscheidet nun weibliche und männliche Serientäter? Was verbindet sie? Diese Fragen lassen sich (noch) nicht mit der notwendigen Gewißheit beantworten; aus wissenschaftlicher Sicht erscheint es nicht ratsam, eine generalisierende Aussage zu formulieren. Schließlich stehen hierzulande – nimmt man die Fallzahlen nach Ende des Zweiten Weltkriegs zum Maßstab – 67 Männern lediglich acht Frauen gegenüber. Gleichwohl scheinen sich einige Gemeinsamkeiten herauszukristallisieren. Das Persönlichkeitsprofil ähnelt sich in den wesentlichen Merkmalen: Gemütsarmut, Antriebsschwäche, starke Kränkbarkeit, egozentrische Grundhaltungen, emotionale Labilität und ein schwaches Selbstwertgefühl haben bei unterschiedlicher Konstellation prominente Bedeutung. Übereinstimmend entstammen die TäterInnen überwiegend dissozialen Familienverhältnissen, fallen durch mäßige bis ungenügende schulische wie berufliche Leistungen auf, geraten mit dem Gesetz in Konflikt. Auf phänotypische Unterschiede (z. B. Modus operandi, Formen der Gewaltanwendung), die geschlechtsspezifisch und somit kategorisch erscheinen, soll hier nicht näher eingegangen werden. Interessanterweise sind weibliche Täter im Gegensatz zu männlichen – zumindest im Erwachsenenalter – regelmäßig sozial gut integriert, pflegen einen größeren Freundes- und Bekanntenkreis und werden von ihrem sozialen Umfeld überwiegend als verantwortungsbewußt, hilfsbereit, engagiert und mitmenschlich beschrieben. Die wohl bedeutsamste Divergenz scheint sich hingegen aus der jeweiligen Motivlage herleiten zu lassen. Während Männer größtenteils morden, um ihre Opfer auf unterschiedlichste Art und Weise zu beherrschen und zu vernichten, töten Frauen, *um sich nicht beherrschen zu lassen*. Während der männliche Serientäter Grenzen überschreitet, versucht sein weibliches Pendant Grenzen zu ziehen oder zu erhalten. Der Mörderin geht es demnach vornehmlich um bestimmte, mitunter schizoid (von seelischer Zerrissenheit geprägt) eingefärbte Tatziele: *Selbstschutz, Selbstachtung, Selbsterhaltung.* Allerdings lassen sich alle Serientäter von ein und derselben Handlungsmaxime leiten: ihrer subtilen, mörderischen Konsequenz.

KAPITEL 12

Kopf im Kühlschrank

Duisburg-Laar, Friesenstraße 11, 3. Juli 1976. Jürgen Knoll war schon gegen 10.30 Uhr aufgestanden, schlurfte nun noch etwas benommen Richtung Bad. Die Nachtschichten bei der August-Thyssen-Hütte waren ihm einfach zuwider. Er malochte dort schon seit etlichen Jahren als Waschraumwärter. Am liebsten wäre er liegengeblieben, doch die Kopfschmerzen hatten ihn aus dem Bett getrieben. Mühsam baute er sich vor dem Spiegel auf. Sein Konterfei hatte ihm noch nie sonderlich behagt. Seinen breiten Scheitel säumten nur noch wenige dunkle, zum Teil schon ins Graue übergehende Haare, die deutlich abstehenden großen Ohren waren ihm stets ein Ärgernis gewesen. Seine ausdruckslosen und tiefliegenden braunen Augen sowie die etwas zu lang geratene und spitz zulaufende Nase gefielen ihm ebensowenig. Wenn er seine dicke Hornbrille aufsetzte, wirkte er wesentlich älter, als es seine 43 Jahre vermuten ließen.

Gegen die Kopfschmerzen schluckte er zwei Tabletten, spülte sie mit einem Schluck Wasser herunter. Das Frühstück ließ er ausfallen. Er hatte noch spät in der Nacht etwas gegessen und verspürte keinen Appetit. Die Tabletten zeigten schnell Wirkung, die Kopfschmerzen ließen langsam nach. Er vertrödelte den Vormittag und versuchte sein Radio zu reparieren, das wenige Tage zuvor kaputtgegangen war. Zur Mittagszeit wärmte er sich eine Portion Ravioli auf, die er am Tag zuvor nicht mehr geschafft hatte. Das Essen lag ihm schwer im Magen, die Bullenhitze an diesem Tag tat ihr übriges. Behäbig schleppte er sich in seinen Sessel im Wohnzimmer, begann zu dösen und schlief für kurze Zeit ein.

Nachdem er aufgewacht war, verließ er seine Mansardenwohnung und ging auf den Dachboden, um dort durch das Hoffenster nach seinem Mofa zu schauen. Er hatte es nach der Nachtschicht auf dem Innenhof abgestellt und wollte sichergehen, daß die Nachbarskinder sich nicht wieder daran zu schaffen machten. Es wäre nicht das erste Mal gewesen. Als er seinen Kopf durch das Fenster zwängte, sah er die 4jährige Martina Kaufmann und ihren zwei Jahre älteren Bruder Thomas, die vergnügt in einem Planschbecken herumtollten. Sie hatten nur noch eine Badehose an, suchten Kühlung im feuchten Naß.

Das halbnackte Mädchen gefiel ihm besonders gut. Martina hatte strahlend blaue Augen und dunkelblondes, schulterlanges Haar, in der Mitte gescheitelt und zu zwei Zöpfen zusammengebunden. Er hatte sie schon des öfteren gesehen und bereits einmal mit ihr im Hausflur des Nachbarhauses gesprochen. Dort wohnte sie. Schon bei dieser ersten flüchtigen Begegnung war er erregt gewesen und hatte überlegt, wie er dem Mädchen näherkommen konnte, ohne dabei Verdacht zu erwecken. Er begehrte sie.

Als er das Mädchen beim Spielen weiter fixierte, spürte er wieder dieses »komische Gefühl« – ein Kribbeln in der Magengegend, das sich langsam auf den gesamten Oberkörper erstreckte. Er bekam heftiges Herzklopfen, zarte Schweißperlen bildeten sich auf seiner breiten Stirn, er begann nach Luft zu ringen, knöpfte sein Oberhemd weiter auf. Es war ihm zu eng geworden. Dieses Gefühl kannte er nur zu gut. Anfangs hatte er deswegen sogar eine ernsthafte Erkrankung befürchtet. Erleichterung konnte er sich nur verschaffen, wenn er masturbierte.

Jetzt war es wieder da! Dieses drängende Verlangen. Bilder schossen ihm durch den Kopf. Keine schönen Bilder. Er phantasierte Unmenschliches, stellte sich vor, *wie er das Mädchen würgte, strangulierte, tötete, den kleinen Körper schließlich aufschnitt und in ihn hineinsah.* Diesen Akt der Barbarei hatte er seit vielen Jahren immer und immer wieder durchlebt und sich daran ergötzt – in seiner dunklen Gedankenwelt. Es war jedoch zu seinem großen Bedauern bisher nicht dazu gekommen – keine Gelegenheit.

Martina erschien ihm für sein grausiges Vorhaben besonders geeignet, da sie ihn kannte und ihm sicher nicht mit Argwohn begegnen würde. Sollte es ihm gelingen, das Mädchen unbemerkt in seine Wohnung zu locken, würde man keinen Verdacht schöpfen – so glaubte er. Schließlich hatte Jürgen Knoll einen tadellosen Leumund: unauffällig, friedlich, ruhig, freundlich, harmlos. Vielleicht ein wenig verschroben und eigenbrötlerisch, aber insgesamt ein netter Nachbar. Er wollte den Leichnam des Kindes dann *zerhacken, die Leichenteile in seinem Gefrierschrank aufbewahren und später unauffällig aus der Wohnung schaffen.* Das war sein Plan.

Doch zunächst mußte ein Weg gefunden werden, um sich dem Mädchen unauffällig zu nähern. Noch immer auf dem Dachboden stehend, musterte er unablässig Martina durch seine dicke Hornbrille. Es war nun der scharfe Blick eines Jägers, der seine Beute belauerte. Plötzlich fiel ihm ein, daß in seiner Wohnung noch Badeofenrohre standen, die in den Keller gebracht werden mußten. Er hoffte, sich so unbemerkt an das Mädchen heranmachen zu können. Unverzüglich und guter Dinge kehrte er in seine Wohnung zurück, schnappte sich die Rohre und ging in den Keller. Martina drohte nun Gefahr.

Zu seiner Überraschung traf er die Kinder bereits im Keller an. Das war ihm hochwillkommen: keine unliebsamen Zeugen. Er ging auf die Kinder zu, die ihn mit einem freundlichen »Hallo, Onkel Jürgen« begrüßten. Er unterhielt sich vornehmlich mit der kleinen Martina. »Eine schöne Badehose hast du da an«, heuchelte er. »Die habe ich von meiner Omi zum Geburtstag bekommen«, erklärte sie ihm stolz. Die Kinder wollten jedoch wieder raus auf den Hof und liefen die Kellertreppe hoch. Der unmittelbare Kontakt und die körperliche Nähe zu dem Mädchen hatten Jürgen Knoll erneut erregt. Er war enttäuscht, daß die Kinder so schnell wieder verschwunden waren. So nah vor dem Ziel wollte er aber nicht aufgeben.

Wenig später ging auch er in den Hof und machte sich an seinem Mofa zu schaffen. In erster Linie wollte er aber dem Mädchen nahe sein, das immer noch mit seinem Bruder wenige Meter entfernt ausgelassen im Planschbecken spielte. Er behielt Martina stets im Auge. Wieder bekam er starkes Herzklopfen, spürte eine innere Unruhe. Das »komische Gefühl« wurde so stark, daß er sich kaum auf seine Arbeit an dem Mofa konzentrieren konnte. Als sich aber keine Möglichkeit ergab, die Kleine unbemerkt in seine Wohnung zu locken, ging er in den Keller zurück. Er hatte dort ein zweites Mofa stehen, das er reparieren wollte. Durch die offene Kellertür beobachtete er Martina in regelmäßigen Abständen. Mittlerweile turnte sie an einem Geländer herum. Der Anblick des sich dehnenden zarten Körpers faszinierte ihn. Die schaurig-schönen Bilder kamen wieder, deutlicher und drängender als zuvor. Obwohl ihm bewußt war, daß er das Mädchen schänden und töten wollte, wich er von seinem Plan nicht ab – nicht einen Millimeter. Die lange herbeigesehnte günstige Gelegenheit schien zum Greifen nahe.

Als er nach einer halben Stunde den Keller verließ, bemerkte er, daß Martinas Bruder aus dem Hof lief. Er folgte dem Jungen, um zu überprüfen, wohin er ging. Thomas schellte im Nebenhaus und verschwand, nachdem ihm aufgedrückt worden war, im Hauseingang. In den Hof zurückgekehrt, stellte Jürgen Knoll fest, daß Innenhof und Treppenhaus nun menschenleer waren. Nur Martina stand etwas unschlüssig neben dem Planschbecken. Er sprach sie an: »Ich habe oben in meiner Wohnung eine Tafel Schokolade für dich. Möchtest du nicht mit hochkommen?« Martina zögerte einen Moment, dann nickte sie. Sie hatte keine Angst. Schließlich kannte sie den »netten Onkel«. Jürgen Knoll schlich gemeinsam mit dem Mädchen die Treppen zu seiner Wohnung hinauf und öffnete und schloß die Tür so leise wie möglich. Niemand sollte aufmerksam werden. Er verriegelte die Wohnungstür, um eine Flucht des Mädchens unmöglich zu machen. Die Falle hatte endlich zugeschnappt.

Er schickte Martina in sein Wohnzimmer, während er sich in der Küche die Hände wusch. Sie sah sich neugierig um, als Jürgen Knoll eintrat. »Wann bekomme ich denn endlich meine Schokolade?« fragte sie keck. »Die kriegst du gleich, vorher will ich dir aber noch was anderes zeigen«, vertröstete er sie mit leiser und merkwürdig veränderter Stimme. Er kniete sich neben die 4jährige, begann Kopf und Arme des Mädchens zu streicheln. Er wollte mit ihr schmusen, küßte sie dabei auch auf die Wange. Martina ließ sich dies zunächst für einen kurzen Moment gefallen. Sie wußte nicht recht, was sie davon halten sollte. Ganz wohl war ihr dabei nicht. *Was will Onkel Jürgen?* fragte sie sich.

Den Gedanken, das Kind zu vergewaltigen, verwarf er schnell wieder. Sie erschien ihm »unten als zu eng«. Er hatte etwas anderes mit ihr vor – im Schlafzimmer. Er griff nach ihr, trug sie mit den Worten »Drüben habe ich noch tolles Spielzeug für dich« hinüber und legte Martina dort auf sein französisches Bett. Wieder begann er sie zu streicheln, küßte sie, betatschte gierig ihren Oberkörper. Als er an ihrer Badehose herumzufummeln begann, versuchte sie ihn wegzudrücken. »Laß das sein, ich mag das nicht!« empörte sie sich mit nun lauter werdender Stimme. Jürgen Knoll befürchtete, daß die Nachbarn aufmerksam werden könnten. Sein Verlangen, das Kind endlich zu töten, drängte nun um so mehr.

Er umklammerte mit seinen kräftigen Händen den Hals des Mädchens und drückte zu. Martina starrte den »Onkel« mit weit aufgerissenen, fragenden Augen an: Sie verstand nicht. Jürgen Knoll beobachtete begierig den verzweifelten Todeskampf des Mädchens, das heftig mit Armen und Beinen zu zappeln begann. Als das »komische Gefühl« nachließ, lockerte er den Würgegriff. Martina war tot.

Etwas erschöpft ging er ins Wohnzimmer zurück, ließ sich in seinen Sessel fallen und schloß die Augen. *Der Eintritt des Todes, der Moment, als das Mädchen leblos zusammengesackt war, hatte ihn tief befriedigt.* Er hatte ihr dabei in die Augen sehen, sie beobachten wollen. Und es war genau so geschehen, wie er es sich ausgemalt hatte. Diese Gedanken erregten ihn aufs neue. Er ging zurück ins Schlafzimmer, zog dem leblosen Körper die Badehose herunter und verging sich an der Leiche. Das Mädchen gehörte nun ihm – ihm ganz allein.

Doch seine Gier war auch jetzt noch nicht gestillt. Er war noch nicht fertig, da war noch etwas. Etwas, das er sich bisher immer nur hatte vorstellen dürfen. Nun konnte, wollte er *es* tun. Bei diesem häßlichen Gedanken spürte er ein Gefühl der Beklemmung in der Brust, die Hände begannen zu zittern, sein Herz raste. Nichts konnte ihn nunmehr davon abhalten. Er ging in die Küche, holte ein Brotmesser mit Wellenschliff und begann zu schneiden.

Nachdem er den Leichnam ausgeweidet und sich an den herausgeschnittenen Geschlechtsteilen ein weiteres Mal befriedigt hatte, zerteilte er den Körper. Die Leichenteile legte er zum größten Teil in Drahtkörbe und verstaute sie in seinem Gefrierschrank. Die Gedärme warf er in die Toilette. Die ganze Zeit über hatte er sich schon vorgenommen, zumindest *einzelne Leichenteile in Salzwasser zu kochen und davon zu probieren. Falls es ihm schmeckte, wollte er die ganze Leiche nach und nach aufessen.* Er nahm zunächst Hände und Füße sowie einen Unter- und einen Oberarm und setzte sie zum Kochen in Salzwasser auf. Dann säuberte er die Küche. Das Schlachten hatte etwa zwei Stunden gedauert. Er ließ die Leichenteile eine halbe Stunde lang kochen und probierte schließlich von den Händen und den Armteilen sowie von der Brühe, in der er die Leichenteile gegart hatte. Enttäuscht spuckte er das Fleisch wieder aus. Es war ihm zu zäh.

Gegen 17.30 Uhr schellten Nachbarskinder bei Jürgen Knoll und fragten, ob er Martina gesehen habe. »Nein, keine Ahnung, sie ist nicht hier, und ich habe sie auch nicht gesehen«, log er. Die Kinder gaben sich mit dieser Auskunft zufrieden und zogen weiter. Eine halbe Stunde später fuhr er zu einem Arbeitskollegen nach Duisburg-Huckingen. Mit seinem Kumpel schaute er fern und blieb bis gegen 21 Uhr. Während seiner Anwesenheit zeigte er keine Auffälligkeiten. Er war wie immer: zurückhaltend und freundlich. Danach fuhr er zur Nachtschicht. Als er am nächsten Morgen gegen 6 Uhr nach Hause kam, lugte er noch mal in den Kochtopf mit den Leichenteilen. Auf der Brühe schwamm die Haut von den Händen und Füßen. Er nahm sie heraus und warf sie in die Toilette. Die Leichenteile, von denen er schon probiert hatte, ließ er im Topf. Er hatte sich vorgenommen, sie noch einmal zu kochen, um dann erneut davon zu essen. Er vermutete, daß Menschenfleisch wesentlich länger gekocht werden mußte, bis es gar war. Wenig später legte er sich schlafen.

Am selben Morgen ging Ernst Wimmer, der unter der Wohnung von Jürgen Knoll wohnte, auf die Toilette und stellte fest, daß das Abflußrohr verstopft sein mußte. Deshalb schraubte er den Toilettentopf ab und untersuchte mit einem Draht die Abflußvorrichtung. Dabei zog er die Gedärme des toten Mädchens hervor. Er dachte sich zunächst nichts dabei und ging davon aus, daß Jürgen Knoll wieder mal ein Kaninchen geschlachtet und die Überreste in die Toilette geworfen hatte. Gegen 9 Uhr ging Ernst Wimmer hoch und stellte seinen Nachbarn zur Rede: »Herr Knoll, unser Toilettenabfluß ist verstopft, was haben Sie denn da wieder angestellt?« Etwas verlegen, aber ohne sichtbare Erregung beschwichtigte der: »Och, ich habe gestern nur ein Karnickel geschlachtet und die Reste ins Klo geschüttet. Belgischer Riese, die werden sehr groß.« Ernst Wimmer wurde etwas ungehalten: »Kommen Sie doch mal mit runter und schauen sich diese Sauerei an!« Jürgen Knoll sagte weiter nichts und folgte Ernst Wimmer in dessen Wohnung. Dort säuberte er die Toilette, schleppte das Wasser auf die Straße und schüttete es in einen Gulli. Die Gedärme warf er in eine Mülltonne, versteckte sie unter Abfällen.

Mittlerweile hatten Martinas Eltern ihre Tochter als vermißt gemeldet. Unter Einsatz von Hubschraubern und Lautsprecherwagen fahndete man nach dem Kind. Dies hatte auch Ernst Wimmer mitbekommen. Jetzt plagten ihn Zweifel, ob es sich bei den Gedärmen tatsächlich um die eines Kaninchens gehandelt hatte. Sie waren einfach zu groß gewesen. Ihm kam ein schrecklicher Verdacht: *Hatte das alles etwas mit dem Verschwinden des kleinen Mädchens zu tun?* Unvorstellbar. Trotzdem rief er wenig später bei der Polizei an und schilderte, was vorgefallen war.

Unverzüglich erschienen zwei Hauptkommissare des Bereitschaftsdienstes der Kripo. Sie untersuchten auch die besagte Mülltonne und stießen dort auf die Innereien. Sofort erkannten sie, daß es sich nicht um die Gedärme eines Kaninchens handeln konnte, eilten zur Wohnung des nunmehr Verdächtigen und schellten. Jürgen Knoll öffnete, bat die Beamten in seine Wohnung. Auf ihre Frage: »Herr Knoll, haben Sie die Martina Kaufmann, das Mädchen aus dem Nachbarhaus, gesehen?« antwortete er nach kurzem Überlegen: »Gestern waren schon die Nachbarskinder bei mir und haben gefragt. Ich weiß wirklich nicht, wo das Mädchen ist.« Mißtrauisch inspizierten die Ermittler nun die Wohnung und stießen im Schlafzimmer auf etwas, das ihren Verdacht erhärtete: ein schmutziges Laken mit frischen Spuren von Kot und Blut. »Herr Knoll, sagen Sie uns die Wahrheit, was haben Sie mit dem Mädchen gemacht?« hakten die Beamten energisch nach. Jürgen Knoll schwieg einen Moment, setzte sich schließlich auf sein Bett, murmelte leise: »Ja, ich war's. Ich habe das Mädchen mit in meine Wohnung genommen, auf das Bett gelegt und gedrückt. Plötzlich war sie tot.« Die Ermittler blieben hartnäckig, wollten mehr wissen: »Wo ist die Leiche?« Jürgen Knoll stand auf, deutete mit einer Handbewegung verlegen in Richtung Küche und stammelte: »Sehen se doch mal im Kühlschrank nach.« Als die Beamten dort nachschauten, stießen sie auf Körperteile und den Kopf des Mädchens: tiefgefroren, in Plastiktüten verpackt. Dann fand man auch die übrigen Leichenteile: im

Kochtopf auf dem Herd – zwischen Möhren und Kartoffeln. Ein Anblick, der sie erstarren ließ, der sie zeitlebens verfolgen würde. Jürgen Knoll wurde festgenommen und mit einem großen Aufgebot von Polizeibeamten ins Präsidium gebracht. Inzwischen hatte sich die Sache in Windeseile in der Nachbarschaft herumgesprochen. Man wollte dem »Kannibalen« an den Kragen, ihn unverzüglich »aufknüpfen«.

Aus meiner Zeit beim Polizeipräsidium Duisburg, wo ich von 1991 bis 1993 auch längere Zeit in der dortigen Mordkommission gearbeitet hatte, kannte ich den Kollegen Bernhard Ottens, der seinerzeit als einer der ersten am Tatort gewesen war. Er schilderte mir das grausige Szenario und seine Empfindungen: »Ich kann mich an die Sache noch genau erinnern; wie ich in die Küche kam und den Kühlschrank aufmachte. Ich wollte es erst gar nicht glauben, aber dann sah ich den Kopf. Die Hand des Mädchens hing halb aus dem Suppentopf heraus. Ich mußte erst mal wieder raus aus der Wohnung, um Luft zu schnappen. Dabei mußte ich automatisch an meine Tochter denken, die im gleichen Alter war. Obwohl ich damals schon 17 Jahre bei der Polizei war und einiges gesehen hatte, war ich zunächst wie gelähmt. Ich verspürte tiefstes Mitleid für das Mädchen und seine Eltern. Seit dieser Zeit esse ich kein Eisbein mit Sauerkraut mehr.«

Im Vernehmungszimmer der Mordkommission schilderte Jürgen Knoll die Tat in sämtlichen Details: »Beim Zudrücken habe ich gedacht, das Kind mußt du umbringen. Ich habe dann auch bewußt so lange mit aller Kraft zugedrückt, bis das Kind sich nicht mehr rührte und keinen Ton mehr von sich gab. Ich habe bewußt nicht nur abgewartet, bis das Kind bewußtlos war, sondern nach meiner Meinung so lange zugedrückt, bis das Kind tot war. Dabei ist mir dann einer abgegangen. (...) Als das Mädchen tot war und auf dem Bett lag, habe ich ihm zunächst die Badehose ganz ausgezogen. Als ich mein Glied vor ihrer Scheide hatte, dachte ich wieder daran, daß ich das Kind gleich öffnen werde. Darum kam es bei mir auch so schnell. Ich habe das Kind dann in die Küche getragen und auseinandergeschnitten. (...) Nach dem Schnitt in den Hals drehte ich das Kind auf den Bauch, um es so besser ausbluten zu lassen. Bei meiner Arbeit auf Bauernhöfen habe ich des öfteren gesehen, wie Schweine geschlachtet wurden. Der Schlächter hat dann in diese Gegend hineingestochen. (...) Das Zerschneiden ging dann soweit ganz gut. Es hat keine größere Mühe gemacht. Danach habe ich den Kopf mit dem gleichen Messer abgeschnitten. (...) Die Leichenteile habe ich dann in meinen Kühlschrank gepackt. Mir kam nun der Gedanke, daß man einmal probieren müßte, wie das Kinderfleisch so schmeckt. (...) Als das Fleisch etwa eine halbe Stunde gekocht hatte, probierte ich davon. Ich habe jeden Bissen mehrere Male gekaut. Als es mir nicht schmeckte, habe ich das Fleisch dann wieder ausgespuckt. (...) Ich wollte die Teile nochmals kochen und dann wieder probieren. Da mir bekannt ist, daß man Fleisch mindestens zwei bis zweieinhalb Stunden kochen muß, dachte ich mir, daß es noch nicht gar war. Vielleicht hätte es mir dann besser geschmeckt.«

Die folgenden Wochen verbrachte Jürgen Knoll täglich bis zu neun Stunden auf einem Holzstuhl im Vernehmungsraum der Mordkommission. Er erzählte anfangs nur schleppend, verschüchtert, stockend. Das Vernehmungsteam versuchte ein Vertrauensverhältnis aufzubauen und schlug ihm das Du vor. Auf seinen Wunsch und mit Zustimmung der Ermittler mußten die »Schließer« der Justizvollzugsanstalt Duisburg während der ersten Wochen der Untersuchungshaft sogar Skat mit ihm spielen. Man wollte ihn aufmuntern, bei Laune halten. Auch bekam er seine Leibspeise vorgesetzt: Reibekuchen und Rübenkraut, das von der Frau eines der Kriminalbeamten zubereitet wurde. Diese Taktik sollte sich schließlich bezahlt machen. Ganz allmählich kam nun ans Licht, wer den schaudernden Ermittlern da gegenübersaß: Jürgen Knoll gestand insgesamt 14 Morde, die er von 1955 bis 1976 im Großraum Duisburg und im nördlichen Ruhrgebiet begangen haben wollte. An einige seiner Taten konnte er sich jedoch nicht mehr genau erinnern. »Ich habe irgendwann aufgehört zu zählen«, erklärte er.

Die Vernehmungsbeamten mußten nach einiger Zeit ausgetauscht werden, sie hatten den Zenit ihrer Leistungs- und Leidensfähigkeit erreicht; zu viele grausame Details und zu viele Morde an Kindern, jungen und älteren Frauen hatten sie sich schildern lassen müssen. Seelische Schwerstarbeit, die Nerven lagen blank. Und stets hatten sie sich Jürgen Knoll gegenüber »freundschaftlich« verhalten müssen, obwohl ihnen ganz anders zumute gewesen war. Ich habe selbst vielen Mördern gegenübergesessen und weiß daher nur zu genau, welch enormes Maß an innerer Zurückhaltung und geistiger Distanz notwendig ist, um nicht aus der Haut zu fahren. Nur der mühseligen, aufopferungsvollen und brillanten Ermittlungsführung und Vernehmungstaktik der Duisburger Mordkommission war es zu verdanken, daß Jürgen Knoll den jeweiligen Tathergang und die Erlebnishintergründe offenbarte.

Den Auslöser für sein Morden beschrieb er als »komisches Gefühl«, das ihn zur Menschenjagd gedrängt hatte: »Wenn ich von zu Hause wegging, war es noch nicht so stark. Dann hatte ich dieses Ziehen in der Brust, und mein Herz schlug schneller. Ich hatte das Gefühl, als wenn ich keine Luft mehr kriegen würde. Dann mußte ich mein Hemd oben ganz weit losmachen. Ich hab' gedacht, daß ich sonst ersticken würde. Dabei wurde mir auch immer ganz warm. Dann hatte ich auch den Gedanken, daß ich eine Frau haben muß. Wenn ich dann eine getroffen habe, wurde das Kribbeln in der Brust immer stärker.«

Auch seine Gefühle und Empfindungen während der Tötungsakte schilderte er: »Manche haben mit den Händen gegen meine Arme geschlagen oder wollten mich wegstoßen. Das hat mich immer sehr erregt und nervös gemacht. (...) Wenn die sich wehrten, mußte ich die einfach kaputtmachen. Dann war das Kribbeln bei mir unheimlich stark. Ich konnte einfach nicht anders. Ich mußte sie kaputtmachen.«

Die Opfer von Jürgen Knoll waren mit einer Ausnahme Mädchen und Frauen im Alter von vier bis 60 Jahren. Diese für Serienmörder untypische und beliebig erscheinende Opferauswahl erklärte er indirekt durch seinen Drang unmittelbar vor dem Mord an einer älteren Frau: »Als ich vor der Frau stand und sie angesprochen habe, habe ich erst gesehen, daß es eine ältere Frau war. Da ich jetzt unbedingt poppen wollte, war mir das egal.« Er war demnach wie die meisten multiplen Sexualmörder nicht auf einen bestimmten Opfertyp fixiert, sondern wurde in erster Linie von sadistischen und nekrophilen Gewaltphantasien beherrscht: »Ich stellte mir vor, die Kinder oder Frauen erst dann aufzuschneiden, wenn ich sie getötet hätte. Ich stellte mir vor, daß ich die Frauen oder Kinder zuerst mit meinen

Händen erwürgen und ihnen dann mit einem Messer von unten nach oben den Bauch aufschneiden würde. Das hat mich sehr erregt.«

Die Motive für sein Morden waren vielschichtig. Zum einen wollte er vermeiden, »daß die mich verraten könnten«, zum anderen faszinierte ihn der verzweifelte Todeskampf seiner Opfer: »Ich war richtig froh, daß ich nun endlich auch mal sehen konnte, wie ein Mensch stirbt.« In einigen Fällen sollten sogar seine Opfer schuld gewesen sein: »Sie hatte mich richtig vernatzt. Zu meinem kribbelnden Drang, den ich ja schon die ganze Zeit gehabt hatte, wurde ich noch richtig nervös und sauer wegen dieser Hänselei von dem Mädchen. Da das Mädchen auch schon anfangs so blöd gefragt hatte, ob ich denn überhaupt poppen könnte, kam mir der Gedanke, daß sie dran glauben mußte. Damit meine ich, daß das Mädchen sterben mußte, weil sie mich als Waschlappen hingestellt hatte. Die hatte mich ja richtig gekränkt. Ich mußte sie doch kaputtmachen.«

Jürgen Knoll hatte seine Opfer erbarmungslos erwürgt, erdrosselt oder erstochen. Er wurde vornehmlich von den Groschenblättchen publizistisch seziert und der Öffentlichkeit häppchenweise als »Menschenfresser von Duisburg«, »Monster vom Rhein« oder »Kinderschlächter aus dem Ruhrpott« serviert. *Bild* widmete ihm elf auflagensteigernde Folgen: »Jürgen Knoll – wie er lebte und mordete.« Das unendliche Leid der Hinterbliebenen der Opfer wurde mit Füßen getreten. Neben dem Foto von Martina Kaufmann stand wiederum in *Bild* in fetten Lettern: »Dieses kleine Mädchen erwürgt, zerstückelt und gekocht.«

Und doch mußte hinter dieser unsäglichen Tragödie ein Mensch stecken. Jemand, der offenbar zu *allem* fähig war. Wie also hatte Jürgen Knoll sich zu einem der gefährlichsten Serienmörder der deutschen Nachkriegsgeschichte entwickeln können? Was war mit ihm passiert? Schauen wir genauer hin.

Er wurde 1933 als sechstes von insgesamt zehn Kindern in Hindenburg, einer knapp 200 000 Einwohner zählenden Industriestadt in Oberschlesien, geboren. Er wuchs dort in dürftigen bis ärmlichen Verhältnissen auf. Während sein Vater zunächst als Bergmann, später als Kokereiarbeiter für den Unterhalt der Familie schuftete, besorgte die Mutter den Haushalt. Für ihre Kinder hatten die Eltern so gut wie keine Zeit, die Not war groß, die Mittel knapp. Jürgen Knoll war im wesentlichen auf sich allein gestellt, vermißte menschliche Wärme und Zuwendung. Mit seinen Geschwistern kam er nicht zurecht, fühlte sich mißachtet und zurückgesetzt. So entwickelte er sich schon in der eigenen Familie früh zum Einzelgänger.

Mit sechs Jahren wurde er eingeschult. Er ging nicht gerne in die Schule. Seine anfangs durchschnittlichen Leistungen verschlechterten sich mit der Zeit rapide, man steckte ihn schließlich in eine Sonderschule. Aber auch dort scheiterte der Junge, wurde zweimal nicht versetzt. Erst 30 Jahre später sollte sich die Ursache für sein schulisches Versagen herausstellen, als bei ihm ein Intelligenzquotient von lediglich 76 festgestellt wurde. Ein Fall von »Grenzdebilität«. Jürgen Knoll war sicher kein Idiot, wesentlich mehr hatte die Natur ihm aber auch nicht mitgegeben.

Von seinen Mitschülern und den Nachbarskindern wurde er regelmäßig als »Sitzenbleiber« oder »Hilfsschüler« gehänselt und verspottet. Diese Schmähungen machten ihm zu schaffen, schmerzten. Seine Mutter, von der er sich Geborgenheit und Schutz erhofft hatte, war zu sehr mit den Problemen des Familienalltags befaßt, als daß sie sich ausreichend um ihn hätte kümmern können. Zehn Kinder mußten durchgefüttert werden. Auch von seinem rabiaten Vater durfte er keine Zuwendung erwarten, der als Erziehungsmittel regelmäßig und oftmals aus nichtigem Anlaß einen Teppichklopfer bevorzugte. Jürgen Knoll erinnerte sich daran mit großem Unbehagen: »Das Ding war etwa einen Meter lang und aus Rohrholz. Das zwiebelte jedesmal fürchterlich auf der Haut!« Er versuchte seinem Vater aus dem Weg zu gehen. Dies gelang ihm jedoch selten. Eine deftige Tracht Prügel war alles, was er von ihm zu erwarten hatte. »Ich habe immer die Senge für meine Geschwister bekommen«, resümierte er.

Von den Spielkameraden ausgenutzt, verhöhnt und als Prügelknabe mißbraucht, zog er sich nach und nach auch innerhalb der Familie vollständig zurück. Freundschaft war für Jürgen Knoll ein Fremdwort. Innere Zuwendung, nach der er sich sehnte, fand er nicht. Er lebte für sich, unternahm stets allein weite Spaziergänge in den Waldgebieten der Umgebung. Dort konnte er auf niemanden treffen, der ihn drangsalieren wollte.

Als er sechs oder sieben war, entwickelte er erstmals eine Vorstellung vom weiblichen Geschlecht. Er war weder von seinen Eltern noch in der Schule aufgeklärt worden. Durch ältere Jungen in der Nachbarschaft erfuhr er schon etwas mehr. Bei »Doktorspielchen« machte er vereinzelt mit, empfand dabei jedoch wenig. Mit 14 begann er sich intensiver für Sexualität zu interessieren. Er hatte seine ersten Erektionen bekommen und masturbierte daraufhin regelmäßig. Dabei stellte er sich den nackten Körper eines Mädchens oder einer Frau vor. Tatsächlich aber hatte er »so etwas« noch nie gesehen. Beziehungen zu Mädchen in seinem Alter knüpfte er nicht; er hatte Angst, abgewiesen zu werden. Er brachte es einfach nicht zusammen. Mit der Zeit jedoch wuchs sein Verlangen, »auch mal ein Mädchen zu haben«.

Nach Ende des Krieges fand er auf verschiedenen Bauernhöfen Anstellung als Landarbeiter. Er war nun 15, wußte aber noch immer nicht, wie er sich Mädchen gegenüber verhalten sollte. Als er sich nicht anders zu helfen wußte, griff er bei einer günstigen Gelegenheit einer Magd, die auf demselben Bauernhof beschäftigt war, an den Oberschenkel. Die wies ihn schroff ab, stieß seine Hand beiseite, ließ ihn einfach stehen. Der So-gut-wie-Analphabet war ratlos. Er hatte fest darauf vertraut, die junge Frau auf diese Weise zum Austausch von Zärtlichkeiten bewegen zu können. So gewann er allmählich die Vorstellung, »mit Mädchen und Frauen klappt das einfach nicht«.

Er mußte also einen anderen Weg suchen, um sich sexuell zu befriedigen. In der Folgezeit beobachtete er des öfteren bei seiner Tätigkeit als Landarbeiter Deckvorgänge bei Tieren, insbesondere bei Kühen, Schweinen und Hunden. Häufig mußte er die Kühe des Bauern von der Weide holen, damit sie von den Stieren gedeckt werden konnten. Zwar gelang es ihm nicht, den Geschlechtsakt in allen Einzelheiten zu beobachten, weil er die Kühe dabei an den Hörnern festhalten mußte, jedoch konnte er so viel sehen, um zu verstehen, »wie das funktionierte«. In der Folgezeit verging er sich regelmäßig an Kühen, indem er sich hinter sie auf einen Schemel stellte, ihren Schwanz hob und dann eindrang. Dabei stellte er sich vor, daß er

»mit einem Mädchen Sex hätte«. Er versuchte es auch bei Schweinen, die ihm jedoch jedesmal wegliefen. Bei diesen sodomitischen Akten empfand er weder Scham- noch Schuldgefühle. Unangenehm war ihm lediglich, daß seine Klamotten danach »total eingesaut waren«.

Eine verhängnisvolle Wende nahm seine sexuelle Entwicklung, als er mehrmals Tierschlachtungen beobachten konnte. Beim Entdärmen der Kadaver half er gelegentlich. Jürgen Knoll erkannte sehr schnell, daß ihn das Töten und Ausnehmen vornehmlich von Schweinen faszinierte. Seine sexuelle Erregung dabei war gewaltig. Er hatte stets dieses »komische Gefühl«, bekam Schweißausbrüche, spürte ein eigenartiges »Kribbeln« in der Magengegend und auf der Brust. Nach einiger Zeit stellte er sich bei solchen Gelegenheiten vor, daß er so »einen Menschen öffnen und in ihn hineinsehen könnte«. Diese Phantasie verstärkte seine Erregung. Wenn er dann allein war, durchlebte er den Schlachtvorgang ein weiteres Mal und masturbierte. Seine Erregung, aber auch die Erleichterung danach waren am größten, wenn er sich ausmalte, daß anstatt des Tieres eine Frau »kaputtgemacht, geöffnet und ausgenommen würde«.

Nachdem er 1953 mit seiner Familie ins Ruhrgebiet nach Bottrop gezogen war, fand er weniger Gelegenheiten, um es mit Tieren »zu machen«. Dadurch verblaßte seine unmenschliche Begierde, »ein Mädchen zu schlachten«, zunächst. Er versuchte vielmehr, sich an Prostituierten schadlos zu halten. Mit einem Bekannten besuchte er mehrere Bordelle in Essen. Aber er scheute den unmittelbaren körperlichen Kontakt, weil er glaubte, »es mit Frauen nicht zu können«. Auch seine erste sexuelle Beziehung mit einem Mädchen aus Bottrop, das sich für ihn interessiert hatte, endete in einem Desaster. Beim ersten einverständlichen Intimkontakt war er so hochgradig erregt, daß er noch vor der Vereinigung zum Höhepunkt kam. Dies passierte ihm in der Folgezeit regelmäßig. Das Mädchen gab ihm deswegen den Laufpaß, verspottete ihn obendrein als »Versager«. Wieder eine Katastrophe, die ihn in dem Glauben bestärkte, »er könne das mit den Frauen einfach nicht«.

Er verzichtete danach auf weitere Annäherungsversuche, weil er befürchtete, beim Geschlechtsverkehr wieder »zu versagen«. Da er aber auf gelebte Sexualität nicht gänzlich verzichten wollte, schnappte er sich in der Folgezeit verschiedentlich kleine Mädchen, an denen er »herumfummelte«. Dabei bevorzugte er Kinder im Alter von vier bis zehn Jahren, die »schlank waren und eine gute Figur hatten«. Die Versagensängste waren wie weggeblasen. Er wurde von den kleinen Mädchen nicht gehänselt – eine ungeheure Erleichterung.

Während dieser Zeit kaufte er sich auch eine aufblasbare Gummipuppe, die er mit weiblicher Unterwäsche ausstaffierte; vornehmlich mit gebrauchten Schlüpfern, Unterröcken und Büstenhaltern, die er sich aus Plastiktüten bei Altkleidersammlungen besorgt hatte. Die Puppe ließ sich alles gefallen, zum Höhepunkt aber kam er nicht. Deshalb masturbierte er zunächst neben der Puppe. Später legte er seiner leblosen Gespielin Stricke um den Hals und hängte sie an die Wand. Dann phantasierte er, daß »sie langsam kaputtging«. Diese abstruse Vorstellung wurde für viele Jahre zum zentralen und dominierenden Thema seiner abgründigen Phantasie- und Erlebniswelt.

Anfang 1955 verstarb seine Mutter. Der Tod des einzigen Menschen, von dem er wenigstens hin und wieder Wärme und Zuneigung erfahren hatte, traf ihn schwer. Der letzte seelische Halt, den er hatte, war nun unwiederbringlich weggebrochen. Nicht ganz zufällig beging er drei Wochen später, am 6. Februar, seinen ersten Mord. Der damals 21jährige tötete im Waldgelände »Lückmannsbusch« bei Walstedde, einem kleinen Ort zwischen Hamm und Drensteinfurt, eine 19jährige junge Frau durch mehrere Messerstiche in Brust und Hals. Anschließend verging er sich an der Leiche. Vor der Tat war wieder dieses »komische Gefühl« dagewesen, das er sofort mit der Vorstellung verbunden hatte, »eine Frau kaputtmachen zu müssen«.

Zwar fühlte er sich nach der Tat »erleichtert« und war froh, »endlich gesehen zu haben, wie ein Mensch stirbt«; auch ließen seine Tötungsphantasien in den folgenden Wochen und Monaten nach, doch sein abnormes Verlangen durchdrang auch weiterhin sein Bewußtsein. Und er hatte gelernt, daß er damit durchgekommen war. Im Laufe der Jahre wurde Mord für Jürgen Knoll zur Routine-Angelegenheit: »Wenn ich früher Mädchen umgebracht habe, habe ich oft ein Angstgefühl bekommen, später hatte ich keine Angst mehr, wenn ich jemand umgebracht hatte.«

Obwohl der geistige Horizont dieses Mannes nicht wesentlich über die Giebel seiner schlichten Mansardenwohnung hinausreiche, beging er seine Taten mit äußerster Vorsicht, gleichsam wie ein geschickter Jäger, der seinen Drang so lange beherrschen konnte, bis er an einem geeigneten Ort auf sein Opfer traf. Da er stets befürchtete, bei seinem mörderischen Treiben durch zufällig vorbeikommende Spaziergänger entdeckt zu werden, hatte er bis zu seinem letzten Mord mehr als 20 Jahre lang darauf verzichtet, seine wohl drängendste Phantasie auszuleben: »Einen Menschen aufzuschneiden und in ihn hineinzusehen«. Auch dieser Fall belegt, daß spezielle Tötungswünsche durch die Täter sogar über einen längeren Zeitraum grundsätzlich zurückgewiesen werden können.

Dieser Verzicht war ihm aber auch deswegen möglich, weil er bei sich bietender Gelegenheit seinen sadistischen Perversionen ersatzweise durch Tierquälereien nachgab. Der Kripo erzählte er von einem solchen Gemetzel: »Nachdem mein Kollege aus meinem Zimmer im Ledigenheim ausgezogen war, ging ich abends spazieren. Ich sah dann in der Nähe des Ledigenheims eine zutrauliche Katze. Ich streichelte die Katze und steckte sie in meine Aktentasche. Ich habe sie mit nach oben in mein Zimmer genommen. Jetzt kam mir der Gedanke, nachdem ich einige Zeit mit der Katze gespielt hatte, sie zu töten, abzuziehen und aufzuschneiden. Ich saß auf dem Bett, die Katze lag neben mir. Ich streichelte sie, und sie schnurrte. Ich habe noch in Erinnerung, daß sich die Haare ihres Fells sehr weich und angenehm anfühlten. Es war ein nettes Tier. Ich kann das Gefühl, das ich hatte, nicht richtig beschreiben. In mir regte sich etwas. Ich bekam nun den Drang, die Katze zu töten und aufzuessen. Ich holte meinen Hammer, faßte die Katze an den Hinterbeinen, zog sie hoch und schlug ihr den Hammer ins Genick. Sie war sofort tot. Ich zog ihr das Fell ab. Vom Unterkörper nach oben habe ich ihr dann den Bauch aufgeschnitten. Beim Ausnehmen der Eingeweide schnitt ich auch das Geschlechtsteil heraus. Wenn es sich um ein männliches Tier gehandelt hätte, wäre ich nicht so erregt gewesen. Beim Onanieren stellte ich mir dann vor, daß ich soeben nicht eine Katze, sondern ein Mädchen, genau wie die Katze, geschlachtet und ausgenommen hätte. Am nächsten Tag habe ich die Katze gekocht.

Da die Katze nicht schmeckte, habe ich nur einen Teil gegessen und das andere weggeworfen.«

Neben ausgeprägter Gemüts- und Kontaktarmut war die hochgradige sexuelle Abnormität das bedeutsamste Merkmal seines Persönlichkeitsprofils. Die sexuellen Perversionen waren gekennzeichnet von einer pädophilen Tendenz, einer sodomitischen Komponente und fetischistischen Praktiken. Zentrales Wesenselement seiner Perversionen war jedoch ein ausschließlich mit destruktiven Phantasien behafteter Sadismus, der alle anderen sexuellen Verhaltensmuster durchdrang und dominierte. Er lebte wie mit einem hochintensiven inneren Sprengsatz, den er ohne fremde Hilfe wohl auch nicht entschärfen konnte. Bei den Morden an Kindern verspürte er häufig das Verlangen, sie zu töten, zu öffnen und auszunehmen: »Wenn ich ein Kind liebhatte, wurden die Gedanken an das Schlachten des Kindes sehr stark.« Auch der beschriebene »Katzenakt« belegt, daß das sodomitische Element seiner Triebrichtung sadistisch fixiert war. Ebenso bediente er sich fetischistischer Praktiken, die ein unübersehbares quälerisches Element beinhalteten. Er strangulierte die Gummipuppen, hängte sie an der Wand auf und masturbierte in der Vorstellung, das er zuvor ein Mädchen »kaputtgemacht und geöffnet hätte«.

Stets verschafften ihm diese zerstörerischen Phantasien die stärkste Befriedigung. Insbesondere die auf Tötung gerichtete Gewaltanwendung gegen ein sich aufbäumendes, um sein Leben kämpfendes Opfer in Form des Würgens, Drosselns, Aufschneidens, Zerstückelns, Ausnehmens und Probierens vom Fleisch des Opfers erhöhte sein Lustempfinden. Diese Vorstellungen entwickelte Jürgen Knoll erstmals, nachdem er Tierschlachtungen beobachtet hatte. Das Abstechen sowie das Enthäuten und Entdärmen der Tiere hatten ihn inspiriert, waren der Weckruf für seine Mordphantasien. Nachdem die sich hieraus entwickelnden sadistischen Vorstellungen zunächst nur vereinzelt auftraten, wiederholten sie sich später immer häufiger und überkamen ihn auch unabhängig von der Beobachtung solcher Schlachtvorgänge. Sie waren gleichzeitig gekoppelt an dieses »komische Gefühl«, das ein Kribbeln in der Magengegend und im gesamten Brustbereich hervorrief, zu Hitzewallungen, Schweißausbrüchen, Gliederzittern und Herzklopfen führte, ihm zusätzlich den Atem zu nehmen schien. Dann erwachte das Raubtier in ihm.

Mögen die gestörte Mutter-Kind-Beziehung, die intellektuelle Minderbegabung, die fehlende soziale Einbindung, die destruktive Persönlichkeitsentwicklung und die sexuellen Kontaktstörungen die Taten dieses Mannes sicher begünstigt haben, so können diese abweichenden Persönlichkeits- und Verhaltensmerkmale jedoch nicht schlüssig erklären, warum er bei Tierschlachtungen sexuell erregt worden war. Diese Beobachtungen stellten mit großer Wahrscheinlichkeit den Ausgangspunkt seiner sadistischen Sexualpräferenz dar, da er bis zu diesem Zeitpunkt keine dieser abnormen Phantasien entwickelt hatte und in dieser Hinsicht sexuell unauffällig geblieben war. In diesem Zusammenhang erscheint bedeutsam, daß bei radiologischen Untersuchungen eine Hirnanomalie diagnostiziert werden konnte. Festgestellt wurde eine »symmetrische Weitung beider Vorderhornbereiche der Seitenventrikel auf über das Doppelte der Norm«. Ein frühkindlicher Hirnschaden konnte zwar nach so langer Zeit nicht mehr sicher nachgewiesen werden, war jedoch wahrscheinlich, zumal dieser abweichende Befund als »erheblich« bezeichnet wurde. Auch in diesem Fall dürfte ein frühkindlich erworbener Hirnschaden in Verbindung mit einem spezifischen Schlüsselreiz den Ausgangspunkt einer abnormen Triebausrichtung markiert haben.

Ein weiterer Aspekt verdient besondere Erwähnung, bedarf der Erläuterung. Jürgen Knoll war es mehr als 20 Jahre lang gelungen, die Kripo zu düpieren. Wie hatte dieser intellektuell Retardierte das fertiggebracht? Oder anders herum gefragt: Hatten die Ermittlungsbehörden viele Jahre lang »geschlafen« oder gar versagt?

Jürgen Knoll war aufgrund seiner negativen Lebenserfahrungen ein sehr vorsichtiger und mißtrauischer Mensch geworden. Für seine Morde legte er sich daher einen recht simplen, aber um so wirkungsvolleren »Generalplan« zurecht: umhauen, umbringen, mißbrauchen, abhauen. Er ging von der zutreffenden Überlegung aus, daß die Gefahr der Entdeckung wesentlich größer war, wenn er seine Taten innerhalb eines eng begrenzten räumlichen Bereichs beging: »Wenn ich Mädchen umgebracht habe, bin ich schon manchmal weit weggefahren. Wenn ich alles in Duisburg gemacht hätte, dann hätten sie mich schon längst gekriegt. Ich bin dann einfach irgendwohin gefahren, wo mich keiner kennt.«

Er überließ es dabei mehr oder weniger dem Zufall, an welchen Ort er durch Bus- oder Bahnfahrt und anschließende Spaziergänge gelangte. So tötete er seine Opfer in Duisburg, Marl, Bottrop, Essen sowie in der Nähe von Hamm und Düsseldorf. Er ließ dabei auf den ersten Blick keinerlei Systematik oder Gewohnheiten erkennen, die auf einen Serientäter hätten hinweisen müssen. Bei den Tatorten handelte es sich um von außen nicht einsehbare Busch- und Waldgelände, die für seinen blitzschnellen Angriff bestens geeignet waren und ausreichend Deckungs- und Fluchtmöglichkeiten boten. In seiner ihm eigenen Schlichtheit begründete er dies so: »Wenn ich die kaputtgemacht habe, sollte mich doch keiner dabei ertappen.« Die Opfer überwältigte Jürgen Knoll erst dann, wenn er sich entsprechend abgesichert hatte. Auf diese Weise wollte er das unmittelbare Entdeckungsrisiko minimieren. Auch benutzte er ganz bewußt unterschiedliche Tatmittel: »Damit man denkt, das sind alles verschiedene, die das machen. Ich wollte nicht auffallen.« Darüber hinaus wiesen seine Opfer keine übereinstimmenden und somit richtungsweisenden speziellen Merkmale auf. Erst als Jürgen Knoll wegen einer Beinthrombose von diesem Handlungsmuster notgedrungen abweichen mußte und ein ihm schon vor der Tat bekanntes Opfer in seiner Wohnung ermordete, wurde ihm dies zum Verhängnis.

Vielfach wird in diesem Zusammenhang unterstellt, daß insbesondere sexuell motivierte Serienmörder ihre Taten gleichartig begehen und dabei einen speziellen Modus operandi erkennen lassen. Unter diesem Begriff werden allgemein die den Tatverlauf charakterisierenden, phänotypischen Merkmale verstanden, die Ausdruck einer rationalen, erfolgsorientierten Strategie sind. Getragen werden solche Handlungsmuster von der Überzeugung, daß eine spezielle instrumentelle (z. B. Auswahl eines geeigneten Tatmittels) oder strategische (z. B. Auswahl bestimmter Tatzeiten, Tatorte und Opfertypen) Vorgehensweise besonders erfolgversprechend erscheint. Tatsächlich spiegelt das Verhalten deutscher Serienmörder eine Tendenz zu solchen perseveranten (gleichartigen) Tatbegehungsweisen wider: Die Tatorte liegen *größtenteils* innerhalb einer 30-km-Zone; es wird *überwiegend* eine identische oder artverwandte Tötungsmethode bevorzugt; die Opfer sind *in der Regel* gleichgeschlechtlich; die Art und Weise der Leichenbeseitigung läßt *häufig* Ähnlichkeiten erkennen.

Gleichwohl darf hierbei nicht übersehen werden, daß immer wieder zum Teil gravierende Abweichungen in der Tatbegehungsweise festzustellen sind. Ausschlaggebend hierfür sind in erster Linie Lernprozesse und Erfahrungen der Täter, die zu sich verändernden Verhaltensweisen vor, während und nach den Taten führen. So zeigten beispielsweise 72,7 Prozent der multiplen Sexualmörder schon bei ihrer zweiten Tat ein zumindest partiell modifiziertes Tatmuster. Einige Beispiele: Bei der ersten Tat wurde das Opfer lediglich *bedroht*, bei der zweiten *gefesselt*; zunächst wurde die Tat *überfallartig* vorgetragen, dann das Opfer *manipuliert* und an den Tatort gelockt; während das erste Opfer mit *eigenen Kleidungsstücken* erdrosselt wurde, *führte* der Täter hiernach *eine Waffe mit sich*, tötete damit; blieb es bei der ersten Tat bei *manuellen sexuellen* Manipulationen, erfolgte später eine *vollendete* Vergewaltigung; ließ der Täter zuerst *Beweismittel am Tatort* zurück, *beseitigte* er sie bei der nächsten Tat.

Auch der berufs- und arbeitslose Waldemar Rosenberg erwies sich als lernfähig. Der 22jährige tötete im Frühjahr 1984 in Berlin aus Habgier drei Rentnerinnen. Nachdem das Opfer bei seiner ersten Tat erheblichen Widerstand geleistet, die ältere Dame verzweifelt um Hilfe geschrien hatte, und der Tatablauf zeitweilig außer Kontrolle geraten war, legte er sich für die nächste Tat eine neue Strategie zurecht. In seinen Vernehmungen erklärte er dies so:

Frage: »Was hatten Sie für Vorstellungen, was Sie mit der Frau tun würden, als Sie sie auswählten?«

Antwort: »Ich wollte mir von ihr zeigen lassen, wo sie ihr Geld hat, dann wollte ich sie knebeln und anbinden.«

Frage: »Warum sind Sie diesmal mit Ihren Vorstellungen schon weiter gegangen als beim ersten Mal?«

Antwort: »Weil mir so was wie das erste Mal nicht noch mal passieren sollte.«

Gelegentlich sind es aber auch situative Bedingungen und Einflüsse, die den Täter von seinem vorgefaßten Tatplan abweichen lassen. Das Opfer leistet beispielsweise nichterwarteten erheblichen Widerstand, der Täter muß also mehr Gewalt anwenden, als ursprünglich beabsichtigt. Oder er wird bei der Tatausführung durch potentielle Zeugen gestört, fühlt sich beobachtet, bricht die Tat ab und *unterläßt* Dinge, die er sonst *getan hätte*. Die genannten Aspekte machen deutlich, daß überwiegend von einer temporären, sukzessive sich entwickelnden und manifestierenden Perseveranz im Modus operandi auszugehen sein wird, die zu jedem Zeitpunkt durch endogene (von innen kommende) und exogene (außen entstehende) Faktoren beeinflußt werden kann.

Anders hingegen liegen die Dinge bei der kriminalistisch und psychologisch ausdeutbaren »Handschrift« des Serientäters. Hierunter sollten bewußtseinsdominante, unverwechselbare Handlungssequenzen verstanden werden, die keinen strategischen oder rationalen Charakter aufweisen. Diese Tatelemente werden im wesentlichen von der pathologischen Persönlichkeitsstruktur des Täters unterhalten, bilden seine hochabnormen Phantasien ab und sind im Regelfall von rituellem Gepräge: Folter, vitale oder postmortale Verstümmelungen, Entnahme von Körperorganen oder multiple Stichverletzungen im Genitalbereich. Die Erscheinungsformen sind vielfältig, das Vorstellungs- und Umsetzungsvermögen der Täter erscheint grenzenlos. Allerdings dürfte dies keine Erkenntnis der Moderne sein. Schon 1793 erkannte Friedrich Schiller: »In seinen Taten malt sich der Mensch.«

Jürgen Knoll hatte sich als besonders gerissen erwiesen: Er tötete jeweils fremde Opfer an ständig wechselnden Orten, wo ihn niemand kannte. Die simple Strategie eines höchst einfältigen Mannes – nicht mehr als eine Kombination aus Unverfrorenheit und Verschlagenheit. Aber vermutlich war sein Plan eben wegen dieser Schlichtheit so erfolgreich. Nur das notgedrungene Abweichen von seinem »Generalplan« und ein verstopftes Abflußrohr waren ihm letztlich zum Verhängnis geworden, so daß die Staatsanwaltschaft Duisburg knapp zwei Jahre nach seiner Festnahme ihre Anklageschrift vorlegen konnte. Jürgen Knoll wurde darin des Mordes in elf Fällen und eines Mordversuchs angeschuldigt. Doch blieb es schließlich, nachdem die Ankläger den für »absolut sicher« erkannten Komplex abgeschlossen hatten, bei acht Morden und einem Mordversuch.

Die 9. Strafkammer des Landgerichts Duisburg machte keinen »kurzen Prozeß« mit dem Angeklagten. Es wurde kein Schnellgericht. Schwer verdaulich waren die schließlich 151 Sitzungstage dennoch. Die seelischen Wunden, die den Hinterbliebenen vor vielen Jahren zugefügt worden waren, hatten sich zwar geschlossen, waren aber nicht verheilt und mußten nun wieder aufgerissen werden. Schockierende Einzelheiten, die den Angehörigen bis dahin erspart geblieben waren, wurden ausführlich erörtert und bewertet. Es entstand der Eindruck, als hätte Jürgen Knoll seine Taten erst wenige Tage zuvor verübt. »Dieser Prozeß ist so schwer zu führen gewesen wie selten ein Strafprozeß. Die Tatbestände überforderten den Verstand, das Gefühl und die Sprache«, schrieb damals Gerhard Mauz im *SPIEGEL*.

Im wesentlichen waren es zwei Dinge, die durch das Gericht entschieden werden mußten: Wieviele Morde hatte Jürgen Knoll tatsächlich begangen, und war dieser Mann überhaupt strafrechtlich zur Verantwortung zu ziehen? Seine ursprünglichen Geständnisse vor der Duisburger Mordkommission hatte er bei seinen psychiatrischen Untersuchungen widerrufen. »Ich bin unter Druck gesetzt worden«, begründete er seine Entscheidung. Ohne Zweifel war er auch unter Druck gesetzt worden, in erster Linie aber wohl von seinem eigenen Gewissen. Folgerichtig bestätigte ein klinischer Psychologe den Wahrheitsgehalt seiner Geständnisse.

Schließlich bereitete noch die Frage seiner Schuldfähigkeit Kopfzerbrechen. Auf der einen Seite war gutachtlich festgestellt worden, daß Jürgen Knoll an einer »ausufernden sexuellen Deviation«, also an einer schwersten Persönlichkeitsstörung litt, und es daher »wissenschaftlich begründbar und vertretbar erscheine, Schuldunfähigkeit anzunehmen«. Konsequenz: Freispruch und Einweisung in eine psychiatrische Klinik. Demgegenüber hieß es von anderer Stelle aber auch, daß die »raffinierte und planmäßige Tatbegehungsweise gegen die Annahme spräche, die Steuerungsfähigkeit von Jürgen Knoll sei zu den Tatzeiten völlig aufgehoben oder auch nur erheblich eingeschränkt gewesen«. Konsequenz: Lebenslanger Freiheitsentzug.

Keine leichte Entscheidung für das Schwurgericht, das sich am 8. April 1982 in seinem insgesamt 781 Seiten umfassenden Urteil zu folgender Entscheidung durchrang: »Der Angeklagte ist des Mordes in acht Fällen und des versuchten Mordes schuldig. Er wird zu lebenslanger Freiheitsstrafe verurteilt.« In der Urteilsbegründung hieß es zur Frage der Schuldfähigkeit, daß Jürgen Knoll »kein willenloser Sklave seines Triebs« gewesen sei. Vielmehr habe er auch »anders handeln, seine Taten unterlassen können«. Jürgen Knoll sei »regelrecht auf Menschenjagd gegangen, es hätten sich keine Anzeichen für einen Verlust an Sinn für Wirklichkeit ergeben«. Wie stark das Tötungsverlangen dieses Mannes tatsächlich gewesen ist, läßt sich nicht mit absoluter Gewißheit sagen. Und ob die festgestellten äußeren Tatumstände immer geeignet erscheinen, um auf die innere Tatseite verläßlich schließen zu können, ist ebenso fragwürdig. Dennoch war die Konsequenz, die das Gericht aus seinen Greueltaten herleitete, vollkommen zutreffend: »Der Angeklagte darf nie mehr in Freiheit kommen.«

Jürgen Knoll starb in der Justizvollzugsanstalt Rheinbach. Am 1. Juli 1991 erlag er einem Herzinfarkt. Peter Windisch, mein Gesprächspartner aus Kapitel 2, hatte mir von ihm, mit dem er einige Jahre zusammen »gesessen« hatte, erzählt: »Der war immer nur für sich, lag auf seiner Einzelzelle rum. Zu sagen hatte der nichts. Wenn man ihn nicht immer mal wieder gesehen hätte, wäre der uns gar nicht aufgefallen.« Der *Mensch* Jürgen Knoll, dessen unscheinbare Existenz in sämtlichen Lebensabschnitten kaum wahrnehmbar wurde, ist schnell in Vergessenheit geraten. An seine *unmenschlichen* Taten hingegen wird man sich noch lange Zeit erinnern müssen.

KAPITEL 13

Das Schweigen der Mörder

Am 25. November 1960 verschwand im pfälzischen Pirmasens der 9jährige Werner Borchert; das Kind wurde nie mehr gesehen. Gut drei Jahre später, am 17. Januar 1964, kam Dietmar Steiner, ebenfalls 9, nicht mehr nach Hause – wieder in Pirmasens. Schließlich wurde am 8. September 1967 die 10jährige Astrid Bainka als vermißt gemeldet. Letztmalig war sie bei einem Spaziergang in der Pirmasenser Innenstadt gesehen worden. Die Kripo konnte das Verschwinden der Kinder nicht aufklären, die wochenlangen Suchaktionen blieben erfolglos; jahrelang immer mal wieder vorgenommene Routineüberprüfungen erbrachten keine Hinweise von Belang. Schließlich wurden die Vorgänge als unerledigte »Vermißtensachen« abgelegt.

Im Juni 1973 wurde der Kriminalrat Ernst Vogel zum Pirmasenser Kripo-Chef ernannt. Bei der Überprüfung einer anderen Vermißtensache stieß der 52jährige »Vorzeige-Kriminalist« auf die alten Fälle und stellte verblüffende Parallelen fest: Die Kinder waren alle freitags verschwunden, stets zwischen 12 und 16 Uhr, und sie waren letztmalig jeweils in der Nähe des belebten Messeplatzes gesehen worden. Waren das bloße Zufälligkeiten? Waren es Unglücksfälle? Selbstmorde? Oder waren die Kinder ausgerissen, hatten anderswo eine neue Bleibe gefunden? Ernst Vogel glaubte nicht daran, vermutete vielmehr einen anderen Hintergrund: Die Kinder könnten einem pädophilen Serientäter zum Opfer gefallen sein.

Nach Absprache mit der Staatsanwaltschaft Zweibrücken wurden die Vermißtenfälle erneut aufgerollt. Zugleich wurde eine Strategie entwickelt, um bei künftigen gleichgelagerten Fällen zeitnah reagieren zu können. Fahndungsraster wurden erarbeitet, jeder Streifenwagen damit ausgestattet. Das Stadtgebiet und die nähere Umgebung wurden alternativ in sechs beziehungsweise acht Fahndungsbereiche eingeteilt. Ein denkbarer Raum-Zeit-Vorsprung des Täters sollte so reduziert, günstigenfalls sogar eingeholt werden. Man war also vorbereitet; doch nichts rührte sich, es wurden keine weiteren Kinder als vermißt gemeldet.

Im November 1973 wurde unter der Leitung von Ernst Vogel eine 15köpfige Sonderkommission gebildet, nachdem die Staatsanwaltschaft einen »Verdacht von Tötungsdelikten« für begründbar erachtet hatte. Die Kommission wurde in die Komplexe »Menschenhändler« und »abnorme Täter« gegliedert. Nach vier Monaten konnten die Ermittlungen nach aufwendigen Recherchen in den angrenzenden westlichen Staaten und den USA zu möglichen »Kinderfänger-Organisationen« abgeschlossen werden. Das Ergebnis: keine Spur der Vermißten, keine Vergleichsfälle, keine bekannten Täter.

Nun ging man von einem »abnormen Triebtäter« aus. Um dem mysteriösen Unbekannten auf die Spur zu kommen, wurde ein 26 Merkmale umfassender »Selektionsfilter« entwickelt, der zunächst »faktische Tätervoraussetzungen« focussierte. Vogels Team ging im wesentlichen davon aus, daß der Täter auf 10jährige fixiert war, eine Vertrauensperson für die Opfer gewesen sein, sie also gekannt haben mußte, daß er eine Beziehung zum Tatbereich hatte, kein Alibi für die Tatzeiten nachweisen konnte und durch abnorme Verhaltensweisen aufgefallen war. Im »hypothetischen« Teil der »Schablone X« wurde der Täter charakterisiert: unauffällige Erscheinung im Stadtbild, aggressiv, triebhaft, intelligent. Darüber hinaus formulierte man folgende Fragen: Warum gab es keine Täterhinweise? Warum führten eventuelle Hinweise zu keinem Ergebnis? Warum agierte der Täter nur in Pirmasens? Warum endete die Serie 1967?

Nachdem man über dieses Raster Angehörige der Stationierungsstreitkräfte und Gastarbeiter, die von 1960 bis 1967 in Pirmasens aufhältig gewesen waren, hatte ausschließen können, konzentrierten sich die Ermittlungen auf diejenigen etwa 7 000 Männer, die im Tatzeitraum in Pirmasens oder den Randgebieten der Stadt gewohnt hatten. Ein kriminalistischer Kraftakt stand bevor. Schließlich blieben ein Jahr später nur zwei Verdächtige übrig, von denen einer ein bombensicheres Alibi nachweisen konnte. Der andere war der Gelegenheitsarbeiter Heinrich Kramer, ein Pirmasenser Original. Der 42jährige hatte an den fraglichen Freitagen nicht gearbeitet, war häufig in der Nähe des Tatortes gesehen worden; zudem hatte er die Opfer gekannt und war kurz vor ihrem Verschwinden mit ihnen zusammengewesen. Auch in weiteren Punkten entsprach er dem Ideal-Bild des mutmaßlichen Serienmörders: Heinrich Kramer war ein Außenseiter der Kleinstadt-Gesellschaft, galt aber als »harmlos«. Mal studierte er Philosophie und Psychologie, mal trödelte er als Hippie. Der sockenlose Sonderling und Einzelgänger kampierte auch in den Wäldern der Umgebung, half Kindern bei den Schularbeiten, erzählte am Lagerfeuer Räuberpistolen. Schon 1954 war er wegen Schizophrenie psychiatrisch behandelt worden.

Während er in seinen Vernehmungen die Taten beharrlich abstritt, wußten Zeugen von vieldeutigen Äußerungen dieses Mannes zu berichten: »Ich suche den, der den Werner gefesselt hat, ich werde ihn finden und ihm die Fesseln aufschneiden.« Oder: »Ich glaube, daß ich auf dem Dietmar draufgelegen habe.« Obwohl die Ermittler intensiv seine einstigen Aufenthaltsorte absuchten, blieben alte Töpfe, eine Plastikfolie und Schnipsel einer Lohnsteuerkarte die magere Ausbeute. Und Heinrich Kramer versicherte monoton: »Es gibt keine Leichen.«

Schließlich wandte man sich an den ihn behandelnden Arzt. Der vertrat die Auffassung, daß er, falls er der Täter sei, trotz seiner schubweisen Geisteskrankheit sich »an Einzelheiten erinnern« müsse und durch konventionelle Vernehmungsmethoden nicht zu einem Geständnis zu bewegen sei. Kurze Zeit später wurde ein unter einer Legende agierender Kriminalbeamter auf Heinrich Kramer »angesetzt«. Über einen Mitarbeiter des Wohnungsamtes war in Erfahrung gebracht worden, daß er eine neue Bleibe suchte, »möglichst in der Nähe von Kindern«. Der als »Wohnungssuchender« getarnte Ermittler konnte schnell ein Vertrauensverhältnis aufbauen, es gelang ihm indes nicht, den Verdächtigen zu entlarvenden Äußerungen zu verleiten. Auch wurde Heinrich Kramer lückenlos beschattet. Die Observationsberichte ließen gleichartige Verhaltensweisen erkennen: Vielfach näherte er sich 10jährigen Kindern, die sich ihm anvertrauten, bedenkenlos mit ihm gingen.

Dann stellte man ihm eine Falle. Als er sich auf einer Bank in der Innenstadt ausruhte, gesellte sich wie zufällig ein ortsfremder älterer Kripomann zu ihm, gab sich als »Wohnungsvermittler« aus. Er hatte zwei Ausgaben der Pirmasenser Lokalzeitungen dabei. Auf den Seiten der Wohnungsangebote befanden sich auch zwei mit Fotos versehene fingierte Kurztexte über angebliche »Knochenfunde am Stadtrand« und »geplante Hubschraubereinsätze« in der gleichen Region für »noch zu klärende Polizeiaufgaben«. Der Beamte wies Heinrich Kramer unauffällig auf diese Berichte hin, sprach allerdings von einer »die Polizei schädigenden Indiskretion der Presse«. Als man auf die drei verschwundenen Kinder zu sprechen kam, zeigte Heinrich Kramer ein abrupt verändertes Verhalten: Er wurde sichtlich nervös, verkrampfte seine Hände, wippte auffällig hin und her, rieb sich sekundenlang die Innenseiten der Oberschenkel. Nachdem er sich wieder beruhigt hatte, brach er das Gespräch unter fadenscheinigen Erklärungen ab, eilte zu den Zeitungsaushängen und blieb dort längere Zeit stehen. Anschließend ging er nach Hause.

Doch auch diese Maßnahmen brachten keine Klarheit, Heinrich Kramer war nicht aus der Reserve zu locken. Eine neue Ermittlungsstrategie mußte her. Schließlich schickte man einen an den bisherigen Ermittlungen nicht beteiligten Kriminalhauptmeister offiziell zu Heinrich Kramer und bat ihn, bei der Suche nach den Leichen »behilflich« zu sein. Der Verdächtige willigte ein. Am 18. Juli 1974, bei einer dieser Suchaktionen im Bereich einer seiner ehemaligen Waldbehausungen, wurde Heinrich Kramer sichtlich nervös und erklärte: »Zwei Tage vor dem Verschwinden von Werner spielte er mit älteren Jungen auf dem Spielplatz in der Nähe seiner elterlichen Wohnung. Die Jungs ritten ihn auf den Schultern und warfen ihn in die Luft. Neben mir stand ein Mann, der mit großen Glotzaugen die Kinder beobachtete. Als einer der Spielkameraden sagte, den Werner müßte man schlachten, bemerkte ich, daß der Unbekannte nervös wurde. Ich dachte mir, man darf doch niemand auf eine solche Idee bringen. Später dachte ich, ob dieser Mann eventuell den Werner geschlachtet hat?«

Die von ihm abgegebene Beschreibung des ominösen Unbekannten glich seinem Äußeren: hager, untersetzt, bärtig, lange zerzauste Haare. Hatte er sich selbst gemeint? Fünf Tage später begann er ungefragt über den Mörder zu philosophieren: »Gefühlsmäßig glaube ich, daß es sich bei dem Täter um eine Person handelt, die eventuell zu Erwachsenen keinen Kontakt hat und von Erwachsenen nicht als normal angesehen wird. Diese Person hat sich wahrscheinlich auf Kinder konzentriert, weil diese unbefangen sind. Ich glaube nicht, daß diese Person böse Absichten hatte. Dadurch ist es gelungen, die Kinder an eine Stelle zu bringen, wo die Polizei sie nicht vermutet.« Wieder hatte er sich selbst skizziert, sein eigenes Verhaltensmuster beschrieben.

Waren das die Hirngespinste eines zeitweilig Geistesgestörten? Oder war es ein indirektes Geständnis? Die Staatsanwaltschaft ging von letzterem aus und klagte den »Waldmensch von Pirmasens« im Frühjahr 1976 des dreifachen Mordes an. Er sollte die Kinder »aus Mordlust« und auch aus »sonstigen niedrigen Beweggründen« getötet haben. Doch schon bald verfinsterten sich die Mienen der Anklagevertreter, dieser Mordprozeß ohne Leichen, Spuren und Zeugen geriet zu einem Fiasko. Heinrich Kramer wurde durch das Landgericht Zweibrücken schließlich freigesprochen: »aus Mangel an Beweisen«. Seither haben sich in Pirmasens keine gleichgelagerten Vermißtenfälle mehr ereignet, die Morde konnten bis auf den heutigen Tag keinem Täter zugeordnet werden.

Todesermittlungen gestalten sich immer dann besonders schwierig, wenn der Leichnam nicht vollständig erhalten ist und infolge längerer Liegezeit die Todesursache nicht zweifelsfrei festgestellt werden kann. Läßt sich zudem die Identität des Opfers nicht klären, geraten die Ermittlungen zu einem mühseligen Puzzlespiel – mit ungewissem Ausgang. So stand auch die Kripo in Hannover Mitte der siebziger Jahre vor einem Rätsel, insbesondere die Sonderkommission »Torso«, die überwiegend am Wochenende neue Arbeit bekam: In den vergangenen neun Monaten waren unter »nicht geklärten Umständen« diverse Leichenteile gefunden worden – mal ein Arm, mal ein Bein oder ein menschlicher Rumpf.

Erstmals war am 26. September 1975 an den Fanggittern des Kraftwerks »Am Schnellen Graben« eine weibliche Leiche aus Richtung Leine angeschwemmt worden, der Kopf, Hals sowie beide Arme fehlten. Die Bauchdecke war durch mehrere Schnitte geöffnet worden. Die Todesursache hatte nicht nachgewiesen werden können, die Liegezeit des Leichnams im Wasser mußte sechs bis zehn Tage betragen haben. Lediglich Alter und Größe der Frau hatte man ermitteln können: 33 bis 35 Jahre alt, 1,65 bis 1,67 Meter groß.

Knapp fünf Monate später, am 21. Februar 1976, war ein weiterer Torso gefunden worden. Die linke Hälfte hatte auf der Straße Auf dem Emmerberge, die rechte Hälfte etwa 100 Meter Luftlinie vom ersten Fundort entfernt am Rudolf-von-Bennigsen-Ufer gelegen. Dieser Leichnam war ausgeweidet worden. Es hatte sich um Teile einer weiblichen Leiche gehandelt, deren Identität ebenfalls ungeklärt geblieben war. Auch in diesem Fall war nur eine sehr dürftige Beschreibung möglich gewesen: zwischen 20 und 25 Jahren alt, vermutlich um das 22. Lebensjahr liegend, 1,70 bis 1,75 Meter groß, schwarzes Haar, vollschlank. Die Leichenzerstückelung hatte offenbar etwa sieben Tage zuvor stattgefunden, Hinweise auf äußere Gewalteinwirkung vor dem Ableben waren nicht nachzuweisen gewesen.

Zwischen dem 28. Mai und dem 11. Juni 1977 hatte man schließlich wiederum im Fanggitter des Kraftwerks »Am Schnellen Graben« verschiedene Leichenteile gefunden: zwei Unterarme mit Hand, zwei Oberarme, zwei Unterschenkel und einen Fuß. Die Körperteile waren vermutlich postmortal mit einem Beil oder Messer abgetrennt worden. Es hatte festgestellt werden können, daß sämtliche Leichenteile von einem unter 40 Jahre alten, etwa 1,80 Meter großen, rothaarigen Mann stammten. Einzige Auffälligkeit war eine primitiv ausgeführte Tätowierung in Form eines »blutenden Herzens« am linken Oberarm. Auch diese Leiche hatte nicht identifiziert werden können.

Man trat auf der Stelle, kam nicht voran. Mit unverkennbarer Verdrossenheit faßte Georg Niederberger, der Leiter der Sonderkommission, der neugierig gewordenen Presse gegenüber den Stand der Ermittlungen zusammen: »Wir haben keinen Tatort, keine Tatzeit, keinen Täter und kennen auch die Opfer nicht.« Obendrein war man nicht einmal sicher, ob es sich tatsächlich um *Opfer* handelte: »Es ist ungewiß, ob da ein Mörder unterwegs oder ein Leichenschänder an der Arbeit ist. Möglicherweise macht sich auch jemand einen Jux daraus.« War man anfangs noch davon ausgegangen, daß »ein Fachmann mit speziellen anatomischen Kenntnissen«

am Werk gewesen war, hatte man diese Hypothese mittlerweile ad acta gelegt. »Das kann auch jeder, der mit Tieren zu tun hat oder dergleichen«, wendete Georg Niederberger sich gegen Spekulationen der *Bild*-Zeitung, die vorschnell von »einem Arzt« als »unheimlichem Massenmörder« fabuliert hatte. Aber auch Erinnerungen an Fritz Haarmann wurden wachgerufen, der zwischen 1918 und 1924 mindestens 24 junge Männer ermordet, ihre Leichen im Ripper-Stil tranchiert und in die Leine geworfen hatte. Doch war der »Werwolf von Hannover« der einzige Verdächtige, den man mit Sicherheit ausschließen konnte – er hatte am 15. April 1925 auf der Fallschwertmaschine seinen Kopf verloren.

Und die unheimliche Serie von Leichenfunden ging unvermindert weiter. Am 5. Juni 1977 fand man auf einer Wiese in Seelze unmittelbar am Leineufer den linken Unterarm eines etwa 35jährigen Mannes. Die Trennschnitte waren wieder nach dem Tod vermutlich mit einem scharfen Messer gesetzt worden. Nur etwas mehr als einen Monat später, am 10. Juli, stieß eine Spaziergängerin im Stadtwald Eilenriede in unmittelbarer Nähe der dortigen Wohnsiedlung auf einen weiblichen Unterkörper, der dort vor weniger als 24 Stunden abgelegt worden war. Die Frau mußte sechs bis acht Tage vor Auffinden gestorben sein. Der Unterkörper war »unfachmännisch« vom Oberkörper abgetrennt worden. Das Opfer war etwa 40 bis 45 Jahre alt, 1,60 bis 1,70 Meter groß und von auffallend schlanker Statur, hatte Schuhgröße 37 bis 38, dunkelbraune Körper- und Schambehaarung und mußte mindestens ein Kind zur Welt gebracht haben.

Mittlerweile waren über einen Zeitraum von mehr als zwei Jahren 15 Teile von fünf verschiedenen Leichen gefunden worden. Alle Überreste hatte der Täter in der Nähe des innerstädtischen Maschsees unweit der Polizeidirektion in einem Umkreis von etwa zwei Kilometern abgelegt. Allerdings hatte er sich keine große Mühe gegeben, die Leichenteile zu verbergen; vielmehr waren sie so plaziert worden, daß man über sie stolpern mußte. Trieb da jemand ein perfides Katz-und-Maus-Spiel mit der Polizei? Entweder war es ihm egal, ob die Leichenteile entdeckt werden würden, oder es war jemand, der es darauf angelegt hatte. Die »Torso«-Kommission hatte inzwischen alle kriminalistischen Register gezogen. Minutiös waren alle Wege überprüft worden, auf denen der Täter an »frische« Leichen hätte gelangen können. Sämtliche Bestatter und Leichenhallen der 35 Friedhöfe in und um Hannover waren abgeklappert worden, das Ergebnis war gleich Null: keine Spur, kein Verdächtiger, nichts. Obwohl in einem mühsamen Verfahren von zwei der Leichen Fingerabdrücke hatten abgenommen werden können, blieb ihre Identität ungeklärt. Auch ein Fahndungsaufruf im Fernsehen brachte keine neuen Hinweise. Die Leichenfunde blieben rätselhaft und mysteriös. Aber man machte sich dennoch Mut. Sobald es gelingen würde, eines der Opfer zu identifizieren, würde man die Tat lokalisieren und zeitlich eingrenzen können. Das war aber nicht mehr als ein Strohhalm, an den sich die Ermittler klammerten.

Doch der Spuk war noch nicht vorbei. Am 17. Dezember fand ein Jogger in einem Wassergraben an einem Feldweg unweit der Landstraße 441 zwischen Hannover und Wunstorf in der Gemarkung Dedensen einen weiblichen Torso. Kopf, Arme und Beine waren abgetrennt worden. Der Rumpf befand sich in einem blauen Müllsack, verschnürt mit einer 1,5 Zentimeter breiten, 46 Zentimeter langen grauen Kordel. Bei dem Opfer handelte es sich um eine 30- bis 40jährige, 1,65 bis 1,75 Meter große, schlanke Frau mit blonder Schambehaarung. Der Leichnam wies eine Reihe von besonderen äußeren und inneren Merkmalen auf: ein großflächiges Muttermal auf dem Rücken, eine 20 Zentimeter lange Narbe am linken Oberbauch und erhabene Rippenbögen, die auf Rachitis im Frühstadium hindeuteten. Ferner hatte das Opfer eine Blinddarm-Operation gehabt, und ihm war durch den Scheideneingang die Gebärmutter entfernt worden.

Hatte man bis dahin über die Todesumstände der vorherigen Opfer lediglich mutmaßen und auch einen natürlichen Tod nicht ausschließen können, so lag dieser Fall anders. Nach der Obduktion der Leiche stand die Todesursache fest: »Je ein Brustkorbdurchschuß, Einschüsse am Rücken rechts in Höhe des 8. Brustwirbelkörpers und in Höhe des 1. Lendenwirbelkörpers, Ausschüsse über der linken Brustkorbseite unmittelbar unter dem Schlüsselbein und in der Brustkorbvorderwand links.« Die Frau war acht bis zehn Tage zuvor zweifelsfrei ermordet worden. Aufgrund der sich frappierend ähnelnden Leichenverstümmelungen und nahezu identischen

Auffindesituationen stand zweifelsfrei fest: In Hannover wütete ein Serienmörder. Auch der ungewöhnliche Umstand, daß dem mysteriösen Unbekannten Frauen und Männer zum Opfer gefallen waren, widersprach dieser Annahme nicht. Daß Serientäter sich nicht kategorisch auf einen gleichgeschlechtlichen oder altersspezifischen Opfertyp festlegen, belegen beispielsweise folgende Erkenntnisse: Nach 1945 tötete hierzulande jeder fünfte multiple Sexualmörder Opfer weiblichen *und* männlichen Geschlechts, in 22,7 Prozent der Fälle traf es Kinder/Jugendliche *und* Erwachsene. So auch geschehen von Oktober 1992 bis Januar 1993 – wieder in Hannover. In dieser Zeit erdrosselte aus sexuellen Motiven der bereits wegen Mordes vorbestrafte 32jährige Jugoslawe Milan Jovanovic vier Menschen: zwei Frauen und zwei Männer.

Aufgrund der neuen Erkenntnisse wurde die Sonderkommission personell aufgestockt, Hunderte von Überstunden wurden geleistet, jedem auch noch so abwegigen Hinweis nachgegangen. Woche um Woche, Monat um Monat verging. Die hannoverschen Todesermittler kamen einfach nicht weiter – nicht einen einzigen kleinen Schritt. Die Namen der Opfer blieben unbekannt, das Motiv unklar. Allein die Tatsache, daß keine weiteren Leichenteile gefunden wurden, besserte die trübe Stimmung ein wenig. Manchmal sind keine Nachrichten eben auch gute Nachrichten. Dennoch waren die Ermittler mit ihrem Kriminalisten-Latein am Ende. Das Ergebnis viereinhalbjähriger Kommissionsarbeit reduzierte sich schließlich auf Null. Der »Ripper von Hannover« blieb ein Phantom – bis heute.

Folgt man dem Inhalt einer Touristen-Information aus dem Internet, dann ist die niedersächsische 2 300-Seelen-Gemeinde Walkenried im Harz ein Hort der Erholung, der Friedfertigkeit und des ungetrübten Ferienvergnügens: »Der Luftkurort Walkenried ist im Südharz nahe Bad Sachsa auf einer Höhe von 280 m - 350 m gelegen und ist durch das ehemalige Zisterzienserkloster bekannt. Neben Dichterlesungen, Liederabenden sowie anderen kulturellen Veranstaltungen bilden die Kreuzgangkonzerte, die jährlich von Mai bis Oktober stattfinden, den kulturellen Höhepunkt. Die reizvolle Landschaft um Walkenried lädt zum Wandern und Erholen ein. Der moderne Campingplatz mit Hallenbad und Sauna sowie gemütliche Pensionen und Ferienwohnungen erwarten Sie.«

Allerdings lastet auf der Region rings um Walkenried auch ein düsteres Geheimnis. Am 20. Juni 1991 wurde gegen 14 Uhr der Rentner Wilhelm Kracht an der Straße zwischen Wieda und Walkenried in Höhe eines Waldparkplatzes schwerverletzt gefunden. Auf den 66jährigen war fünfmal geschossen worden. Als Wilhelm Kracht ins Krankenhaus gefahren wurde, war er noch kurz bei Bewußtsein und schilderte den Tathergang: »Ich wollte nur austreten, da hat jemand mit einer Pistole auf mich geschossen. (...) Der stand plötzlich vor mir, das war ein Verrückter!« Zweieinhalb Stunden später erlag er seinen schweren Schußwunden. Bei der anschließenden Obduktion wurden folgende Verletzungen festgestellt: »Einschuß linke Wange (Steckschuß), Durchschuß rechte Schulter (von vorn), Steckschuß Oberbauch (von vorn), Durchschuß linker Oberschenkel (von hinten), Streifschuß linker Unterschenkel.« Hinweise auf den Täter gab es nicht, am Tatort wurden lediglich fünf Patronenhülsen vom Kaliber 9 mm gefunden.

Knapp drei Monate später fand man den Frührentner Heinz Ottens tot auf einer Viehweide am Ortsrand von Klettenberg, etwa sechs Kilometer Luftlinie von Walkenried entfernt. Dem Obduktionsbericht zufolge war der 51jährige erschossen und anschließend regelrecht massakriert worden: »Kopfdurchschuß, breitklaffende Verletzung an der linken Halsseite mit Durchtrennung des Kopfwendermuskels, der Halsvene und der gemeinsamen Halsschlagader, glattrandige Durchtrennung der Kopfschwarte an der linken Scheitelregion mit überwiegend horizontal verlaufender Bruchlinie, überwiegend glattrandige Abtrennung der Kuppe des rechten Daumens, scharfrandige Verletzung am linken Mittelfinger.«

Vermutlich hatte der Mörder seinem Opfer mit einer Axt das Gesicht zerhackt. Die Mordkommission der Kripo Goslar stand vor einem Rätsel. Zwei Leichen und kein erkennbares Motiv: Die Opfer waren nicht beraubt worden, ein sexueller oder familiärer Hintergrund konnte ausgeschlossen werden. Außer den Patronenhülsen und den Projektilen waren keine auswertbaren Spuren gefunden worden. Dann keimte ein wenig Hoffnung auf, als durch ein Gutachten des Bundeskriminalamtes nachgewiesen werden konnte, daß beide Opfer mit derselben Pistole getötet worden waren. Damit war das Ende der Fahnenstange aber auch schon erreicht.

Es vergingen zweieinhalb Jahre, bis am 7. Januar 1994 der 82jährige Rentner Ludwig Kock durch seine Frau als vermißt gemeldet wurde. Schon zwei Tage später fand man den grausam verstümmelten Leichnam in einem Waldgelände zwischen Steine und Bad Sachsa. Der Kopf war abgetrennt worden, zusätzlich wies die Leiche 18 Stichverletzungen auf. Wieder hatte der Mörder sein Opfer förmlich niedergemetzelt. Bei der Obduktion konnte nachgewiesen werden, daß alle Messerstiche postmortal gesetzt worden waren. Möglicherweise hatte der Mörder seinem Opfer in den Kopf geschossen und ihn anschließend abgeschnitten, um seine Spuren zu verwischen. Kopf und Patronenhülsen konnten jedenfalls nicht gefunden werden. Ob der Mörder tatsächlich aus Habgier getötet hatte, blieb fraglich, obwohl aus dem Besitz des Opfers ein Zigarettenetui und ein Feuerzeug fehlten. Die Ermittler gingen davon aus, daß zwischen den beiden ersten Morden und der letzten Tat ein Zusammenhang bestand: Alle Taten waren in einem Umkreis von nicht mehr als sechs Kilometern verübt worden, der Täter hatte ausschließlich ältere Männer an abgelegenen Orten aus einem nicht nachvollziehbaren Motiv heraus angegriffen, und die Tatzeiten lagen sämtlich zwischen 14 und 16 Uhr. Darüber hinaus waren zwei Opfer grausam verstümmelt worden. Auch in diesem Fall tappten die Ermittler im dunkeln, niemand in der Umgebung der Tatorte hatte etwas gesehen oder gehört. Der Täter hatte blitzschnell zugeschlagen und sich anschließend davongemacht. Auch dieser Mord galt schließlich als »ungeklärt«.

Dann peitschten am 16. Mai 1996 gegen 21.30 Uhr auf einem Rastplatz in unmittelbarer Nähe eines Waldparkplatzes in der Forstgemarkung Walkenried acht Schüsse durch die Dämmerung. Der 23jährige Sebastian Odenthal sackte von drei Kugeln tödlich getroffen zusammen, sein 30jähriger Freund Thorsten Jensch konnte mit einem Armdurchschuß und einem Streifschuß an der Stirn flüchten. Er lief einem zufällig vorbeikommenden Rentner-Ehepaar in die Arme, das wenig später die Polizei alarmierte. Thorsten Jensch, der mit seinem Freund als Höhlenforscher im Harz unterwegs gewesen war, schilderte den Ermittlern noch im Krankenhaus völlig konsterniert den Tathergang: »Ein Mann sprang aus dem Dickicht plötzlich auf uns zu. In beiden Händen hielt er eine Pistole und forderte Geld. Sekunden später begann er einfach zu schießen. Ohne Vorwarnung. Ich sah noch, wie mein Freund zusammenbrach. Ein Schuß traf auch mich. Ich rannte los, wollte nur noch weg.«

Obwohl der Mörder achtmal abgedrückt hatte, konnten am Tatort keine Hülsen gefunden werden. Vermutlich hatte er an der Tatwaffe eine Vorrichtung zum Auffangen der Hülsen angebracht. Thorsten Jensch konnte den Mörder beschreiben: etwa 40 Jahre alt, etwa 1,70 Meter groß und schmal, bekleidet mit dunkler, längerer Jacke und einer Mütze mit heruntergelassenen Ohrenklappen. Auch der für den Tatortbereich zuständige Förster berichtete den Ermittlern von einem Mann, den er in den vergangenen Jahren in unregelmäßigen Abständen im Wald gesehen hatte. Mit Hilfe des Försters wurde ein Phantombild erstellt, das auch Thorsten Jensch vorgelegt wurde. »Ja, das ist der Mann, der auf uns geschossen hat«, bestätigte er.

Wieder setzten fieberhafte Ermittlungen ein. Wenige Tage später wurde der gesamte Südharz mit Hunderten von Fahndungsfotos plakatiert. Gesucht wurde ein 30 bis 40 Jahre alter Mann mittlerer Größe, der kurzes, in der Mitte gescheiteltes, dunkles Haar hatte und eine sogenannte Russenmütze trug. Wie bei den ersten beiden Morden war auch bei der letzten Tat eine Pistole vom Kaliber 9 mm benutzt worden. Doch diese Erkenntnis brachte die Mordkommission keinen Schritt weiter, wieder blieb die Suche nach dem Mörder erfolglos. Zwei Jahre später startete man einen letzten Versuch, die Ermittler erhofften sich durch eine Ausstrahlung aller Mordfälle in dem SAT 1-Kriminalmagazin »Fahndungsakte« neue Hinweise. Wieder nichts. Der »Harz-Mörder« war ein weiteres Mal ungeschoren davongekommen.

Leider stellen die beschriebenen Taten keine Einzelfälle dar. Nach Ende des Zweiten Weltkriegs hieß es hierzulande nicht weniger als zweiundzwanzigmal: Aktenzeichen Serienmord ungelöst. Die polizeiliche Aufklärungsquote – hier werden auch solche Delikte als »geklärt« erfaßt, die letztlich nicht abgeurteilt werden können – liegt dennoch bei respektablen 82,6 Prozent, bleibt damit aber unter den vergleichbaren Zahlen der amtlichen Tötungsstatistiken des Bundeskriminalamtes. Demnach gelang von 1986 bis 1995 bei *Mord und Totschlag* in 91 Prozent der Fälle ein Ermittlungserfolg. Daß ein beträchtlicher Teil der Serienmörder geschnappt werden konnte, ist sicher auch der unermüdlichen und akribischen Arbeit deutscher Todesermittler zu verdanken. Dennoch: In nicht weniger als 68,4 Prozent der Fälle konnte der Mörder nur durch Hinweise aus der Bevölkerung, pure Zufälligkeiten oder als »Selbstgesteller« dingfest gemacht werden. Auch bei der Zusammenführung von Einzeltaten zu einer Serie bestehen für Kriminalisten nach wie vor erhebliche Probleme. In lediglich jedem vierten Fall gelang es, das Handlungsmuster eines Serientäters zu verifizieren. Häufig hatten es die Ermittler vorwiegend einer ausgesprochenen Geständnisfreudigkeit der festgenommenen Verdächtigen zu verdanken, daß eine Vielzahl weiterer Morde aufgedeckt werden konnte. Relativiert wird der kriminalistische Ermittlungserfolg ferner durch die bescheidene Verurteilungsquote (hier werden durch die Staatsanwaltschaft nur Delikte als »aufgeklärt« erfaßt, die eine Verurteilung des Täters zur Konsequenz haben), die hierzulande lediglich 63,7 Prozent beträgt; bei seriellen Sexualmorden sind es sogar nur 56,4 Prozent. Fazit: Jeder fünfte Mörder kommt ungeschoren davon, jedes dritte Tötungsdelikt bleibt ungesühnt. Bedenklich stimmt auch, daß Serientäter durchschnittlich erst nach ihrem sechsten Mord gefaßt werden, sich dreieinhalb Jahre dem behördlichen Zugriff entziehen können.

Gleichwohl muß Kriminalpolizei und Staatsanwaltschaft zugute gehalten werden, daß die Überführung eines Serienmörders häufig einem Puzzle gleicht, das erst mühsam zusammengesetzt werden will. Im wesentlichen sind es die vordergründig unscheinbare Persönlichkeit und das größtenteils unauffällige Sozialverhalten der Täter, aber auch die besonderen Begleitumstände solcher Taten, die die Mörder immer wieder davonkommen lassen. Serientäter planen im Regelfall ihre Taten sorgfältig, suchen sich ganz bewußt solche Tatorte aus, die ihnen aus den verschiedensten Gründen vertraut, wo sie selbst aber nahezu unbekannt sind. Eine spätere Identifizierung durch eventuelle Zeugen soll so erschwert werden. Hinzu kommt, daß die Mörder in der Mehrzahl aller Fälle eben nicht aufgrund einer speziellen »Handschrift« als Serientäter identifiziert werden können. Schon deshalb können wertvolle ermittlungsrelevante Hinweise verlorengehen. Auch werden in den meisten Fällen ganz bewußt nur solche Opfer angegriffen, die dem Täter körperlich unterlegen sind. In 81 Prozent der Fälle traf es Kinder, Jugendliche, Frauen oder ältere Menschen. Das unmittelbare Entdeckungsrisiko, die Gefahr, durch das Opfer überwältigt zu werden, ist somit gleich Null.

Obwohl die meisten Täter bereits »polizeilich in Erscheinung getreten« oder vorbestraft sind, verhalten sie sich in ihrem sozialen Umfeld weitestgehend unauffällig, sind ausgesprochene Einzelgängertypen, allzeit bereit zur Metamorphose: tagsüber Biedermann, nachts Brandstifter. Von ihnen wird nur beiläufig oder gar keine Notiz genommen, sie schlüpfen unbemerkt und unerkannt durch das löchrige Netz der sozialen Selbstkontrolle, das insbesondere in bevölkerungsreichen Ballungsgebieten einem Schweizer Käse gleicht – ein Eldorado für Serienmörder. In mehr als 80 Prozent der Fälle mordeten die Täter in oder in der Nähe von Berlin, Hamburg, Hannover, Köln, Frankfurt am Main, München, im Ruhrgebiet und am Niederrhein. Wesentlich erschwert werden die Ermittlungen auch dadurch, daß bei Serientötungen in acht von zehn Fällen keine vordeliktische Täter-Opfer-Beziehung besteht. Es gibt keine nachvollziehbare Verbindung, die herkömmliche Ermittlungsstrategie wird ausgehebelt, erweist sich als stumpfes Schwert. So kann das mörderische Spektakel schnell zu einem kriminalistischen Debakel geraten.

Besonders ärgerlich erscheint in diesem Zusammenhang der Umstand, daß viele Tötungsdelikte gar nicht hätten passieren dürfen, wenn man den Mördern nur aufmerksam zugehört, ihnen geglaubt hätte oder aus ihren Selbstbekenntnissen Konsequenzen abgeleitet worden wären. Jeder dritte Serientäter unternahm den Versuch, sein seelisches Dilemma, seine innere Zerrissenheit zu offenbaren, auf seine Taten hinzuweisen; vielfach durch versteckte oder symbolische Selbstanzeigen in Form von verschlüsselten Briefen oder verbalen Andeutungen beziehungsweise Ankündigungen: gegenüber der eigenen Frau, Verwandten, Freunden, Bekannten, Arbeitskollegen. »Kannst du dir vorstellen, daß ich jemanden umgebracht habe?« war eine häufig formulierte Frage. Peter Kürten, der »Vampir von Düsseldorf«, beschrieb seinen emotionalen Niedergang so: »Es kommt einmal ein Zeitpunkt auch bei dem schwersten Verbrecher, an dem er nicht mehr weiter kann. Er bricht eben seelisch zusammen. Das mag wohl hauptsächlich mitbestimmend gewesen sein, daß ich mich meiner Frau gegenüber offenbart habe.«

Solche ausführlichen Geständnisse sind hingegen selten. Max Hoßfeld, der vierfache Mörder aus München, hatte sich nach seiner ersten Tat einem Gefängnisgeistlichen mitgeteilt, insbesondere seinen abnormen Tötungstrieb beschrieben. Was bis dato als »Unglücksfall« und »Kurzschlußhandlung eines Jugendlichen« behandelt worden war, hätte als Sexualmord erkannt und geahndet werden können. Der Pfarrer aber glaubte sich seinem Beichtgeheimnis verpflichtet, schwieg, riet seinem Zögling vielmehr, »vor Gericht die Wahrheit zu sagen«. Max Hoßfeld entschied sich anders. Die Konsequenz: Seine abnorme Veranlagung blieb unerkannt und unbehandelt. Schon ein Jahr später konnte er wieder losziehen und Menschen »kaltmachen«.

Auch der »Kirmesmörder« Jürgen Bachmann beichtete: Seinen ersten Mord einem Pfarrer. Was geschah? Nichts – er nahm sich drei weitere Opfer. Es erscheint schwer nachvollziehbar, wenn amtliche Seelsorger sich in solchen Extremsituationen an ihre Schweigepflicht gebunden glauben; schließlich wird ihnen im Rahmen der sogenannten Pflichtenkollision im Sinne des Paragraphen 34 des Strafgesetzbuches (übertitelt: Rechtfertigender Notstand) ausdrücklich ein *Offenbarungsrecht* eingeräumt. Die Voraussetzung: Im Rahmen der pflichtgemäßen Interessenabwägung sind die Persönlichkeitsrechte des Schutzbefohlenen und eine durch diesen drohende »nicht anders abwendbare Gefahr für Leben und Gesundheit« gegenüberzustellen. Was wiegt schwerer? Der drohende Verlust der persönlichen Freiheit des Täters oder das nackte Leben des nächsten Opfers? Möglicherweise hatten die Seelsorger aber auch nur ihre Kompetenz, ihren Einfluß überschätzt, die abnorme Veranlagung ihres Zöglings hingegen unterschätzt.

Grundsätzlich lassen sich zwei Formen der Selbstbezichtigung unterscheiden: die Ankündigung und der Nachruf. So erzählte beispielsweise Maria Veith, die fünffache Mörderin aus Kempen am

Niederrhein, einer Bekannten: »Jetzt habe ich bald Ruhe. Der geht morgen nicht mehr zur Bank!« Am nächsten Tag erschien ihr Ehemann tatsächlich nicht in der Bank – er war vergiftet worden.

Ähnlich verhielt sich Hans Schnabel, der Vierfach-Mörder aus Bonn. Einem ihm gänzlich unbekannten Taxifahrer hatte er in einer Kneipe einen seiner Morde angekündigt. Im Juli 1986 erinnerte der Zeuge sich vor dem Bonner Landgericht: »Irgendwann im April des vergangenen Jahres habe ich in einer Bonner Kneipe an der Theke gesessen. Neben mir saß ein Mann, der mit sich selbst redete. Plötzlich murmelte dieser Mann etwas von ›umbringen‹. Als ich ihn darauf erschrocken ansah, stellte sich dieser Mann als Hans Schnabel vor und fragte mich, ob ich schon mal jemanden umgebracht hätte. Entsetzt habe ich natürlich verneint. Darauf erklärte mir der Mann, daß er es bereits getan habe und es wieder tun werde. Ich habe meinen Ohren nicht getraut und bin ärgerlich geworden. Der Mann hat sich dann rumgedreht, auf zwei junge Mädchen gezeigt und gemeint, eine von denen werde er umbringen. Ich habe ihm daraufhin gesagt, daß er zum Arzt gehen solle. Die beiden Mädchen habe ich dann angesprochen und gewarnt. Danach habe ich die Kneipe verlassen, weil mir die Sache doch unheimlich wurde. Einige Zeit später bin ich von diesem Mann noch mal angesprochen worden. Er sagte mir, daß er es getan habe. Ich hatte ihn jedoch nicht wiedererkannt und sagte ihm dies auch. Er meinte nur, daß dies auch besser für mich sei. Erst als ich von der Geschichte in der Zeitung las und das Bild des Mannes sah, erinnerte ich mich an diese Vorfälle.«

Tatsächlich erstach Hans Schnabel wenige Tage später in Bonn ein junges Mädchen, das sich bei dem ersten Gespräch mit dem Zeugen in der Kneipe aufgehalten hatte und auf die Unterhaltung mit dem Taxifahrer aufmerksam geworden war. Das spätere Opfer hatte ihm erzählt, daß sie Hans Schnabel »gut« kennen würde. Er sei wohl etwas »seltsam«, aber einen Mord würde sie ihm »nicht zutrauen«.

Auch die Krankenschwester Martina Richter, die auf der Intensivstation eines Wuppertaler Krankenhauses 1985 und 1986 mindestens sieben Patienten durch Kaliumchlorid- oder Clonidin-Injektionen tötete, war vor ihren Taten durch seltsame, befremdlich anmutende Äußerungen aufgefallen: »Das Häppchen mach' ich schon. Bis zum Länderspiel wird sie es schon geschafft haben.« Oder: »Der braucht nicht mehr gewaschen zu werden, der stirbt sowieso gleich.« In das Übergabebuch der Intensivstation schrieb die 27jährige nach der Tötung eines Patienten folgenden makabren, vielsagenden Vermerk: »Bitte öfter mal in der LH (Leichenhalle) nachsehen. Patient wurde auf eigenen Wunsch um 22.18 Uhr dorthin verlegt.«

Der bereits erwähnte Neo-Nazi und dreifache Mörder Dietmar Lindner prahlte im Bekanntenkreis damit, »einige Leute aus dem Weg geräumt« zu haben, ohne allerdings Einzelheiten preiszugeben. Man glaubte ihm aber nicht, hielt ihn für einen »Spinner«. Ähnlich erging es Knut Storbeck (siehe Kapitel 9). Nach seinem letzten Mord erklärte er seinen Pflegern und Ärzten: »Ich habe sechs Leute plattgemacht.« Auch diese und ähnliche Äußerungen wurden nicht ernst genommen, der 22jährige galt schließlich als »nicht zurechnungsfähig«.

Solche Hinweise wurden durch die Täter auf ganz unterschiedliche Weise gegeben. Doch eines war ihnen überwiegend gemein: Selten hatten diese versteckten oder offenen Selbstanzeigen die Festnahme des Täters zur Folge. Konkreter: in einem einzigen Fall. Wegen einer Vermißtensache geriet Frank Gilles, der »Rhein-Ruhr-Ripper«, ins Visier der Duisburger Kripo. Bei den Ermittlungen sagten dann zwei frühere Bekannte des Dachdeckers aus: Er habe ihnen erzählt, daß er eine Anhalterin getötet und ihre Leiche anschließend zerstückelt habe. Als die Ermittler in seiner Wohnung erschienen, erklärte er nach einem Telefonat mit seinem Rechtsanwalt: »Ja, ich war's.« Später gestand er die übrigen drei Morde.

Die Reaktionen des sozialen Umfelds der Täter auf deren Selbstbekenntnisse waren unterschiedlich: Sie wurden nicht ernst genommen, nicht verstanden, nicht richtig gedeutet, übersehen, übergangen, vergessen oder einfach verschwiegen. Frei nach dem Motto: Was nicht sein darf, das nicht sein kann. Das unvorstellbare Grauen, das man nur aus dem Kino, aus dem Fernsehen, aus der Zeitung oder aus Kriminalromanen kannte, sollte sich nun in unmittelbarer Nähe abgespielt haben – unfaßbar, unvorstellbar und irgendwie unwirklich. Der flüchtige Blick in den Abgrund der menschlichen

Seele lähmte den Instinkt, den Verstand. Kaum jemand wollte es wahrhaben, sich ernsthaft mit diesem schaurigen, angsteinflößenden Gedanken vertraut machen. Verdrängung statt Verständnis. Die Konsequenz: ungläubiges Staunen, eisiges Schweigen. Viele Kinder, Frauen und Männer könnten heute noch leben, wäre man den Tätern bei dem zaghaften Versuch der eigenen Demaskierung behilflich gewesen. Dann aber wäre das Unvorstellbare nicht mehr zu leugnen gewesen, der lauernde Abgrund drohte einen selbst zu verschlingen. Der einzige Ausweg: Wo kein Kläger, da kein Richter. Es galt den schönen Schein, die heile Welt zu wahren, zu erhalten – auch um den hohen Preis der Selbstverleugnung.

Nun könnte man unterstellen, daß diese Formen der Selbstbezichtigung die vielfach geäußerte Hypothese nähren, »Serienmörder *wollen* aus einem inneren Drang heraus gefaßt werden«. Auf diejenigen Täter, die sich aus eigenem Antrieb und freien Stücken der Polizei stellten, mag dies zutreffen. Es waren jedoch nur ganze zwei. Martin Wimmer zählte dazu. Der »Ripper von Bremen« hatte, kurz bevor er im Polizeipräsidium erschien, einen Abschiedsbrief geschrieben, darin innere Zerrissenheit und tiefe Depressionen erkennen lassen: »*Es ist mal wieder soweit! Mit den drei Morden auf meinem Gewissen kann ich es nicht mehr aushalten! Ich hätte nie gedacht, daß es mich so belasten könnte. Immer die Morde im Nacken und das schlechte Gewissen im Bauch. Ich schaffte es einige Zeit, das schlechte Gewissen zurückzudrängen, aber wo jetzt für mich alles so gut läuft, wo ich endlich wieder zu einer Gruppe von Menschen gehöre, ist mir dies nicht mehr möglich. Ich habe immer vor Augen, wie es aussehen könnte, wenn ich es sage, aber der Selbstmord kommt mir nur als einziger Ausweg vor. Daß ich deswegen auch wieder das Trinken anfangen mußte, habe ich zwar nicht so gern. Aber so kann ich hoffentlich die letzten Gedanken und Gefühle, die mich am Leben halten, vergessen und mich endlich wegmachen. Hier habe ich gerne gelebt, und wenn die drei Morde, die ich begangen habe, nicht wären, könnte ich dies auch weiter tun. (…) Ich will mich umbringen, da hat keiner von Euch schuld. Es hat nichts mit Euch zu tun, daß ich nicht mehr leben will! (…) Ich halte zwar nicht viel von Abschiedsbriefen, aber so ohne etwas will ich mich nicht von Euch verabschieden. Manche von Euch habe ich wirklich lieb! Ciao.*« Übrigens hatte er seinem Psychologen, einem Experten für das Fach der Seelenheilkunde, von seinen sadistischen Gewaltvorstellungen erzählt. Dessen Kommentar: »Wenn das nur Phantasien sind ...« Eine berufliche Bankrotterklärung.

Was aber ist mit den übrigen Tätern? Wollten sie ebenfalls »gefaßt werden«? Zwei Drittel von ihnen hielten still, schwiegen gegenüber jedermann, unternahmen nichts, was sie in Bedrängnis hätte bringen können. Die versteckten Andeutungen und auch konkreten Tatschilderungen der übrigen Täter dürften hingegen überwiegend lediglich dem Zweck gedient haben, das eigene Gewissen zu erleichtern – mehr nicht. Ein mentaler, notwendiger Selbstreinigungsprozeß, der jedoch nicht an ernsthafte Konsequenzen geknüpft sein soll. Schließlich handelt es sich bei diesen Tätern vielfach um höchst egoistisch-egozentrische Persönlichkeiten, die lediglich vor den psychischen und juristischen Folgen ihrer Laster bewahrt werden wollen, nicht aber vor den Lastern selbst. Vielmehr wurde ganz bewußt ein bestehendes Vertrauens- oder Abhängigkeitsverhältnis strapaziert oder die Arg-, Rat- und Hilflosigkeit fremder Menschen ausgenutzt. So konnte die Gewissensnot unbeschadet gelindert, das überforderte, ungläubige oder ahnungslose Gegenüber als seelische Müllhalde mißbraucht werden. Kein Gedanke an ernsthafte Konsequenzen. Sicher wurden viele Täter auch von Gewissensbissen geplagt. Der eine mehr, der andere weniger. Doch der Mehrzahl der Täter gelang es, das seelische Gleichgewicht zu erhalten, den langen Schatten ihrer Morde zu enteilen, stillzuhalten. Option und Erfolgsgarantie für weitere Untaten: das Schweigen der Mörder.

KAPITEL 14

Schachmatt in acht Zügen

»Den Inhalt einer jeden Schachpartie bildet bekanntlich der Kampf zweier Seiten, zweier Heere, von denen Weiß von vornherein einen verschwindend kleinen Vorteil erhält – nämlich das Vorrecht des Anzugs – das heißt schlichtweg einen Mehrzug oder ein Mehrtempo. Jeder, der in Vorteil kommt, sollte ihn natürlich nutzen: ›Noblesse oblige‹ sagt ein französisches Sprichwort. Das soll vor allem heißen, Aktionen durchzuführen, durch die ein Angriff auf die gegnerischen Figuren, insbesondere aber auf den König erfolgt. Der Angriff besteht aus einer Reihe taktischer Drohungen, die zur Verwirklichung eines umfassenden Angriffsplans gegen die feindliche Stellung dienen. Ein solcher Angriff ist nicht mit einer kleinen Kombination oder einem Abtausch zu verwechseln.«

So beschreibt der ehemalige russische Großmeister Vasilij Panov in seinem Buch *Der Angriff in der Schachpartie* elementare Grundsätze des »Königsspiels«. In der Verbrechensbekämpfung ist es nicht viel anders: Der Täter spielt mit den weißen Figuren, eröffnet die Partie mit seiner ersten Tat. Damit wird Schwarz ins Spiel gebracht, der Ermittler versucht zu kontern. Die Widersacher belauern sich, jeder versucht die Schwächen seines Gegenspielers auszuloten und in eigene Stärke umzumünzen – Zug um Zug. Auch Serienmörder beherrschen dieses Strategiespiel, sie sind ihren Häschern immer einen Mord voraus. Allerdings spielen sie nach perfiden Regeln, räumen ihre Opfer kaltblütig aus dem Weg. Schach der Polizei.

Ende der achtziger Jahre machte in Essen ein Mann seinen ersten Zug, der durch seine entsetzlichen Morde nicht nur die Polizei in Atem halten, sondern eine ganze Stadt in helle Aufregung versetzen sollte. Es begann am 14. Mai 1987.

Die Dunkelheit war bereits hereingebrochen, als Luise Taschenmacher sich gegen 22 Uhr auf den Heimweg machte. Die 49jährige hatte eine Freundin in Essen-Stadtwald besucht und wollte mit der S-Bahn nach Hause fahren. Sie ging die Treppe zum Bahnsteig herunter, als sie plötzlich spürte, wie von hinten ein Arm um ihren Hals geschlungen wurde. »Rück das Geld raus!« wurde sie angefahren, während der Druck auf ihren Hals zunahm. Völlig verdutzt begann Luise Taschenmacher nach ihrem Portemonnaie zu suchen, das sie irgendwo in ihrem Anorak verstaut hatte. Noch während sie suchte, verspürte sie unversehens einen brennenden Schmerz am Kehlkopf. Erst als ihr das Blut den Anorak herunterlief, begriff sie, daß ihr der Unbekannte eine tiefe Schnittwunde beigebracht haben mußte. Im gleichen Moment wurde sie die restlichen Stufen heruntergestoßen. Zufällig vorbeikommende Passanten fanden sie wenig später und alarmierten einen Notarzt. Nur dieser schnellen Hilfe und einer sofortigen Operation hatte Luise Taschenmacher es zu verdanken, daß sie mit dem Leben davonkam.

Das für Raubdelikte zuständige 4. Kommissariat der Essener Kripo übernahm die Ermittlungen. Schließlich hatte der Täter Geld gefordert, und es war nicht zu sexuellen Handlungen gekommen, so daß von einem versuchten Raubmord auszugehen war. Da Luise Taschenmacher den Täter nicht hatte sehen können, keine Spuren des Täters am Tatort gesichert werden konnten, und die Tat durch Zeugen nicht beobachtet worden war, verliefen die Ermittlungen im Sande. Das Verfahren mußte eingestellt werden.

Dreizehn Tage später wartete kurz nach 23 Uhr Maria Burkhard auf dem S-Bahnhof in Essen-Frohnhausen auf ihren Zug. Die 46jährige war als Badewärterin im Freizeitzentrum »Oase« beschäftigt und hatte kurz zuvor ihre nahe gelegene Arbeitsstelle verlassen. Ihr 16jähriger Sohn wartete zu Hause auf sie, mit dem sie seit ihrer Scheidung zusammenwohnte. Wenige Minuten später meldete sich bei der Bahnpolizei im Hauptbahnhof ein Reisender und berichtete besorgt: »An der S-Bahn-Station in Essen-Frohnhausen habe ich laute Hilferufe gehört. Da könnte etwas passiert sein.« Zwei Beamte machten sich sofort auf den Weg und stießen auf einer Wiese unterhalb des Bahnsteiges auf eine vollständig entkleidete, blutüberströmte Leiche: Es war Maria Burkhard. Bei der späteren Obduktion wurden insgesamt 48 Stichverletzungen festgestellt. Der Mörder hatte sein Opfer förmlich niedergemetzelt. Aufgrund des speziellen Verletzungsmusters wurde ein Schraubendreher als Tatwaffe vermutet.

Eine eiligst zusammengerufene Mordkommission untersuchte zunächst den Tatort. Unmittelbar vor dem Zaun neben dem Bahnsteig wurden zwei Ohrclips gefunden. Hinter dem Jägerzaun, an den sich eine Böschung anschloß, lag eine geöffnete Geldbörse, in der sich noch etwas Münzgeld befand. Eine Blazerjacke, ein Rock, eine Strumpfhose und ein Slip lagen auf einer Länge von 20 Metern bis zur Leiche verstreut herum. Etwa 100 Meter vom Tatort entfernt wurden noch ein T-Shirt und ein Unterhemd des Opfers gefunden. Beide Kleidungsstücke waren blutbesudelt.

Aufgrund der Spurenlage durften die Ermittler davon ausgehen, daß der Täter das Opfer schon auf dem Bahnsteig angegriffen hatte. Es mußte dann zu einem Kampf gekommen sein, in dessen Verlauf der Täter die Frau über den Jägerzaun gezerrt und wenig später umgebracht hatte. T-Shirt und Unterhemd des Opfers mußte der Täter vor seiner Flucht benutzt haben, um sich zu reinigen.

Noch in der Nacht und an den folgenden Tagen wurden Lautsprecherdurchsagen und Befragungen in den S-Bahnen durchgeführt, um auf den Mord aufmerksam zu machen. Mehr als 30 Kriminalbeamte waren an den Ermittlungen beteiligt, 142 Spuren wurden verfolgt und insgesamt 1 711 Überstunden geleistet. In den Lokalzeitungen war bereits von einem »unheimlichen S-Bahn-Mörder« zu lesen, der die Stadt in »Angst und Schrecken« versetzte.

Im Zuge der akribischen Tatortarbeit konnten an dem besagten Jägerzaun zwei Fasern eines Kleidungsstücks gesichert werden. Das Landeskriminalamt teilte wenige Tage später mit, daß es sich um eine »Fremdspur« handeln mußte. Die Fasern stammten also mit hoher Wahrscheinlichkeit von der Kleidung des Mörders. Definiert wurden diese Spuren als »mittelblaue, runde, mattierte Polyesterfasern mit unregelmäßigem Farbverlauf«. Eine Zuordnung dieser Fasern konnte jedoch nur dann erfolgen, wenn die dazu passende Bekleidung gefunden wurde. Dies wollte jedoch nicht gelingen.

Nur anderthalb Wochen später ereignete sich ein weiteres Tötungsdelikt. Es regnete unablässig an diesem 8. Juni 1987, dem Pfingstmontag. Dennoch hatte Erika Lachmann sich aufgemacht, um im Essener Grugapark ein wenig spazierenzugehen. Die 59jährige alleinstehende Rentnerin hatte eine Dauerkarte und wollte sich um die Mittagszeit ein wenig die Beine vertreten. Als sie den Haupteingang hinter sich gelassen hatte, suchte sie zunächst die Toilettenanlage des Parks auf. Als sie die Toilettenbox wieder verlassen wollte und die Tür öffnete, drängte sich plötzlich ein Mann hinein und verriegelte die Tür. Er hielt ein Springmesser in der Hand und bedrohte Erika Lachmann: »Los, rück das Geld raus!« Verängstigt fingerte sie 130 Mark aus ihrem Portemonnaie, gab sie dem Unbekannten. Wider Erwarten flüchtete der jedoch nicht, sondern bedrohte sie weiterhin. »Was wollen Sie denn noch?« empörte sich Erika Lachmann. »Ich kann dich doch nicht gehen lassen, du fängst doch sofort an zu schreien«, zischte der Mann mit leiser Stimme. »Zieh dir die Strumpfhose aus, damit ich dich fesseln kann«, forderte er.

Erika Lachmann aber weigerte sich. Der Unbekannte kam ihr unheimlich vor. Als der Täter sie mit ihrem eigenen Mantelgürtel an den Händen zu fesseln versuchte, wurde es ihr zuviel. Sie schrie um Hilfe, und es gelang ihr, die Kabinentür aufzudrücken. Er aber stieß sie heftig zurück und hielt ihr den Mund zu. Dann stopfte er ihr einige Papiertaschentücher so tief in den Rachen, daß sie kaum noch Luft bekam, schlug ihr obendrein mehrfach mit der Hand heftig gegen den Hals. Erika Lachmann verlor das Bewußtsein.

Als sie nach einiger Zeit wieder zu sich kam, waren ihre Hände gefesselt. Ihre Beine lagen links und rechts um den Toilettentopf, zusammengeknotet mit ihrer Strumpfhose. Erst nachdem sie den Knebel ausgespuckt hatte, bemerkte sie, daß sie aus einer tiefen Schnittwunde am Vorderhals stark blutete. Durch den Halsschnitt waren Luft- und Speiseröhre eröffnet worden. Mit letzter Kraft konnte die lebensgefährlich Verletzte sich befreien und zu einem nahe gelegenen Sanitätsraum schleppen. Dort wurde sie notdürftig versorgt, anschließend in die Essener Universitätskliniken gefahren. Erika Lachmann überlebte.

Eine weitere, aus acht Beamten bestehende Mordkommission wurde aufgestellt. Man war sich nicht sicher, ob die Taten von demselben Täter verübt worden waren. Aufgrund des äußeren Tatgeschehens schien es sich um zwei Raubmordversuche und einen Sexualmord zu handeln. Mit Hilfe von Erika Lachmann wurde ein

Phantombild erstellt und im gesamten Stadtgebiet verteilt. Mehr als 30 Hinweisen wurde nachgegangen. Trotzdem mußten auch in diesem Fall die Ermittlungen letztlich eingestellt werden.

Nur vier Wochen nach dem Mordversuch in der Gruga befand sich die Rentnerin Martha Mangels auf dem Nachhauseweg. Die 63jährige hatte in der Stadt eingekauft, war auf dem Rückweg wie gewöhnlich am S-Bahnhof Essen-Kray ausgestiegen und lief nun auf einem Spazierweg im Bereich des Parkfriedhofs zu ihrer Wohnung. Sie wohnte in Essen-Huttrop.

Es dämmerte bereits, als an einer etwas unübersichtlichen Stelle des Weges unvermittelt ein junger Mann auf Martha Mangels zusprang, ihr seinen rechten Arm um den Hals schlang und Geld verlangte. Die verdutzte Frau gab dem Unbekannten einen Zehn-Mark-Schein. Das war alles, was sie noch hatte. Aber auch diesmal war der Täter damit nicht zufriedengestellt, er gierte noch nach etwas ganz anderem.

Er drängte Martha Mangels ins Gebüsch und drückte sie mit dem Rücken gegen einen Maschendrahtzaun. Mit den Worten »Lassen Sie das, Sie könnten doch mein Sohn sein!« versuchte sie ihn von seinem Vorhaben abzubringen. Verächtlich bekam sie zur Antwort: »Irgendwann ist jeder mal dran.« Aus seiner Hosentasche zog er nun zwei Stricke, versuchte sein Opfer zu fesseln. Dabei griff er Martha Mangels auch unter den Rock. Sie wehrte sich heftig und begann um Hilfe zu rufen. In diesem Augenblick zückte der Täter ein Messer und stieß es der älteren Dame sechsmal wuchtig in den Bauch. Danach ließ er von seinem Opfer ab und flüchtete. Martha Mangels konnte sich noch einige Meter bis zu einer Kreuzung schleppen, brach dort aber zusammen. Wenig später wurde sie von Spaziergängern gefunden. Sie hatte schwerste Verletzungen an Leber, Bauchspeicheldrüse, Magen und Milz erlitten. Obwohl sie anschließend insgesamt fünfmal operiert wurde, wobei ihr die Milz und Teile der Leber entfernt werden mußten, verstarb Martha Mangels drei Wochen später.

Diese für Essener Verhältnisse ungewöhnliche Häufung von Gewaltverbrechen in so kurzer Zeit veranlaßte die Beamten des 1. Kommissariats, der zuständigen Fachdienststelle, nach Gemeinsamkeiten bei den Taten zu suchen. Dabei fiel auf, daß der Täter seine Opfer jedesmal angesprochen und Geld gefordert hatte, wobei die Beute selbst zweitrangig erschien. Auch hatte er in der Mehrzahl der Fälle nach der Strumpfhose seiner Opfer gegriffen, um sie damit fesseln zu können. Darüber hinaus war als Tatmittel jeweils eine Stichwaffe verwendet worden. Es drängte sich der Verdacht auf, daß man es mit einem Serientäter zu tun hatte.

Doch auch diese Erkenntnis führte zu keinen neuen Ermittlungsansätzen. Die Ermittler traten in den folgenden Monaten weiter auf der Stelle. Man wußte sich keinen Rat mehr, war durch den Mörder mattgesetzt worden. Nachdem sich in der Folgezeit keine weiteren »Kapitalsachen« ereignet hatten und die letzten Hinweise erfolglos abgearbeitet worden waren, kehrte in den Reihen der Todesermittler ein wenig Ruhe ein. Dennoch saß der Frust tief. Wenn Ermittler des 1. Kommissariats Kollegen aus anderen Behörden trafen, wurden sie regelmäßig süffisant gefragt: »Warum dürfen in Essen eigentlich keine Morde mehr aufgeklärt werden?« Keiner wollte sich mit diesem unbefriedigenden Ergebnis so recht abfinden. Monatelang hatten die Beamten der verschiedenen Mordkommissionen auch an Wochenenden Dienst geschoben und ihre Familien vernachlässigen müssen. Spur um Spur, auch wenn sie noch so abwegig erschien, war verfolgt worden – ohne zählbaren Erfolg. Unter dem Strich blieben vier schwerste Verbrechen, die nicht hatten aufgeklärt werden können. Keiner der Beamten hoffte darauf, daß der Mörder ein weiteres Mal zuschlagen würde. Allerdings schien es aber auch so, daß man seiner nur habhaft werden konnte, wenn er einen Fehler beging – bei seiner nächsten Tat.

Mehr als anderthalb Jahre waren inzwischen vergangen, als am 16. März 1989 die 50jährige Liselotte Fangmann gegen 7.25 Uhr ihren »Tante-Emma-Laden« im Ortsteil Essen-Holsterhausen aufschloß. Sie führte das Geschäft gemeinsam mit ihrer alleinstehenden und verwitweten Mutter, deren Wohnung unmittelbar hinter den Geschäftsräumen lag. Sie wunderte sich, daß sie noch nicht aufgestanden war, und ging ins Schlafzimmer, um sie zu wecken. Dort machte sie eine grausige Entdeckung: Die 81jährige war ermordet worden, lag blutüberströmt in ihrem Bett.

Die eiligst gebildete Mordkommission rekonstruierte die Tat. Danach mußte der Täter zwischen 0.30 Uhr und 3 Uhr die Scheibe des Küchenfensters eingeschlagen haben und so in die Wohnung eingedrungen sein. Das Opfer hatte mehrere Schläge mit einem stumpfen Gegenstand auf den Kopf erhalten. Todesursächlich hingegen waren fünf Stiche in den Oberbauch gewesen, die nahezu alle lebenswichtigen Organe verletzt hatten. Als Tatwaffe konnte ein Fleischermesser mit 18 Zentimeter Klingenlänge gefunden werden, das aus der Wohnung des Opfers stammte.

Außer einem Schuhabdruck auf der Fensterbank in der Küche konnten keine auswertbaren Spuren gesichert werden. Geraubt worden waren 150 Mark Bargeld und Zigaretten. Der Modus operandi ließ auf eine »Bereicherungstat« schließen, da Spuren eines sexuellen Mißbrauchs nicht festgestellt werden konnten. Die 18köpfige Mordkommission ging insgesamt 119 Hinweisen nach – ohne Erfolg. Wieder ein ungeklärter Mord in Essen.

Nur acht Tage später rief im 1. Kommissariat gegen 12.20 Uhr der völlig aufgelöste 42jährige Hermann Schabrod an und teilte mit, daß er seine Tochter an der Rückfront eines Garagenkomplexes in einem Wäldchen tot aufgefunden habe. Sie war am Vorabend nach einem Besuch ihres Freundes nicht nach Hause gekommen. Der junge Mann hatte kurz nach Mitternacht bei den Eltern der 19jährigen Diana angerufen, nachdem er vergeblich auf den vereinbarten Rückruf gewartet hatte.

Wieder wurde eine Mordkommission eingerichtet. Der Fundort der Leiche lag in Essen-Margarethenhöhe in der Nähe der Autobahn 52, etwa 200 Meter von der Wohnung des Opfers entfernt. Die Leiche wurde in Rückenlage aufgefunden, abgedeckt mit einem Mantel. Die Hände waren auf dem Rücken mit einer weißen Schnur gefesselt, der Hals mit einer türkisfarbenen Kordel aus dem Sweatshirt des Opfers fest verknotet. Das Gesicht war blutverschmiert. Unter der linken Hüfte lag das Portemonnaie; Geld fehlte nicht. Die Bekleidung saß regelgerecht. Keine Anzeichen für ein Sexualdelikt. Oberhalb des Fundortes wurde in der Regenrinne eines Garagendaches ein dem Opfer gehörendes Schlüsselbund gefunden. Zwei Stichverletzungen des Herzens sowie eine Kombination aus Würgen und Drosseln hatten den Tod verursacht. Die Stichkanäle waren bis zu 17 Zentimeter tief und zweieinhalb Zentimeter breit. Der Mörder mußte mit großer Wucht zugestochen haben.

Ermittlungen ergaben, daß Diana Schabrod am Gründonnerstag um 23.40 Uhr aus der Innenstadt kommend die Straßenbahnlinie U 11 zum Grugabad genommen hatte. Dort war sie um 23.48 Uhr ausgestiegen und allein in Richtung der elterlichen Wohnung gegangen. Kurze Zeit später mußte sie ihrem Mörder begegnet sein.

Die aus 20 Beamten bestehende Ermittlungsgruppe ging 120 Hinweisen nach und leistete mehr als 750 Überstunden. Zwischenzeitlich war der Freund des Opfers in Verdacht geraten, konnte jedoch bald als Tatverdächtiger ausgeschlossen werden: Er hatte ein nicht zu erschütterndes Alibi. So mußte auch dieser Fall »ungeklärt« zu den Akten gelegt werden. Unruhe und Unzufriedenheit innerhalb des 1. Kommissariats wuchsen. Auch die Presse war wieder aufmerksam geworden. Da die meisten Morde an Feiertagen passiert waren, hatte der ominöse Unbekannte bald einen Namen: »Feiertagsmörder«. Vielerorts stellte man sich die bange Frage: Wann wird der »Mörder mit dem Messertick« wieder zuschlagen?

Es sollten nicht mehr als zwei Monate vergehen. Am 6. Juni lief kurz nach Mitternacht bei der »Securitas«, einem privaten Sicherheitsunternehmen, ein Alarm auf. Der Tatort: das »Spieltreff« in Essen-Altendorf. Der Bereitschaftswagen des Wachdienstes sowie ein umgehend alarmierter Streifenwagen der Schutzpolizei rasten los, um der Sache nachzugehen. An der Spielhalle eingetroffen, konnten die Beamten schon durch ein Fenster erkennen, daß eine Frau offenbar leblos im Thekenbereich auf dem Boden lag – in einer großen Blutlache. Die Schutzmänner stürmten in die Spielhalle, verschafften sich einen ersten Überblick: Die Arme des Opfers waren auf dem Rücken gefesselt. Im vorderen Halsbereich klaffte eine tiefe Wunde, der jungen Frau war die Kehle aufgeschlitzt worden. Strumpfhose und Slip hingen an den Knöcheln des Opfers, von einem Sexualmord war auszugehen.

Im Zuge der kriminalpolizeilichen Ermittlungen konnte festgestellt werden, daß die Spielhallenaufsicht Sonja Liebig noch gelebt haben mußte, nachdem der Mörder den Tatort verlassen hatte. Die 23jährige hatte sich schwerverletzt aus einem anderen Raum in den Kassenbereich geschleppt, dort mit einem Finger den Alarmknopf drücken können. Obwohl nur vier Minuten vergangen waren, bis Polizei und Wachdienst eintrafen, war das Opfer mittlerweile verstorben. Man hatte den Mörder nur um wenige Minuten verfehlt. Der jungen Frau waren zwei tiefe Schnitte quer durch den Vorderhals beigebracht worden, von denen einer bis auf den fünften Halswirbelkörper reichte. Die Todesursache: »Verbluten nach außen bei gleichzeitiger schwerer Bluteinatmung.« Ein besonders qualvolles Sterben.

Trotz intensivster Bemühungen blieb auch dieser Mord ungeklärt. Die Essener Bevölkerung wurde hörbar ungehalten. Hier und da erhob man Vorwürfe gegen die Polizei. »Warum faßt ihr diesen Unmenschen nicht?« war die am häufigsten gestellte Frage. Der Erfolgsdruck wurde von Tag zu Tag stärker, die nun mehr als zwei Jahre andauernde Erfolglosigkeit hatte auch Selbstzweifel aufkommen lassen. Fünf Frauen waren brutal ermordet worden, zwei weitere Opfer hatten nur überlebt, weil rechtzeitig Hilfe geleistet werden konnte. Eine äußerst deprimierende Bilanz für die Todesermittler der Essener Kripo. Man schien einem Phantom nachzujagen. Der »Feiertagsmörder« war nicht zu fassen.

19. Juni 1989 – 14 Tage nach dem letzten Mord. Die 41jährige Ursula Hess machte Feierabend. Sie war als Chefsekretärin bei einer Wirtschaftsprüfungsgesellschaft angestellt und verließ gegen 17.30 Uhr das Büro. Ihren Wagen hatte sie wie gewöhnlich in der zweiten Etage eines Parkhauses in der Essener Innenstadt abgestellt, wollte nun nach Hause fahren. Auf dem Weg zu ihrem Wagen bemerkte sie im Treppenschacht zum ersten Parkdeck einen Mann, hielt diesen für einen Mitarbeiter einer anderen Firma, die ebenfalls eine Etage des Parkhauses angemietet hatte. Auch als ihr dieser Mann auf dem Weg in die zweite Etage folgte, dachte sie sich nichts dabei. Gerade als sie die Tür zum zweiten Parkdeck öffnen wollte, legte sich plötzlich ein Arm um ihren Hals. Sie erkannte den Mann, der ihr zuvor gefolgt war. »Los, in die dritte Parketage!« herrschte er sie an. In seiner rechten Hand sah Ursula Hess ein Messer aufblitzen.

Der Mann zerrte sie in die dritte Parkebene, wo keine Autos standen und demzufolge nur die Notbeleuchtung eingeschaltet war. Er schubste sie dort an eine Mauer und forderte: »Rück dein Geld raus!« Als Ursula Hess ihm 300 Mark übergab, riß er ihr plötzlich mit einem kräftigen Ruck Bluse und Top vom Oberkörper. Danach zog er ihr Rock und Slip aus, fesselte ihre Hände mit der Bluse auf dem Rücken und knotete den Rockgürtel um ihren Hals, ohne jedoch besonders fest zuzuziehen. Dann drückte er die Frau zu Boden und verging sich an ihr. Als der Mann von ihr abließ, befahl er: »Dreh dich um, leg dich auf den Bauch. Nun mach schon!« Unmittelbar nachdem Ursula Hess sich umgedreht hatte, spürte sie einen kurzen, brennenden Schmerz im Halsbereich. Sekunden später hörte sie die Etagentür zuschlagen. Erst jetzt wagte sie aufzustehen und stellte fest, daß sie heftig aus einer Wunde am Hals blutete. In Todesangst lief sie nackt in die zweite Parketage. Als sie dort niemanden finden konnte, schleppte sie sich noch bis zur Pförtnerloge. Dort brach sie bewußtlos zusammen.

Der Pförtner alarmierte einen Notarztwagen, versorgte die Frau, so gut er konnte. Schon eine halbe Stunde später wurde sie operiert – und überlebte. Sie hatte zwei querverlaufende Schnitte am Hals mit Durchtrennung des Gaumenknorpels erlitten. Ihr Gesundheitszustand besserte sich jedoch schnell, so daß sie durch die Mordkommission wenige Tage später vernommen werden konnte. Sie beschrieb den Täter: »25 bis 30 Jahre alt, nicht ungepflegt, kurzärmeliges Hemd, dunkle Hose.«

Im Zuge der Ermittlungen wurde eine Vielzahl von Mitarbeitern vernommen, die in tatortnahen Firmen beschäftigt waren. Dabei stellte sich heraus, daß derselbe Mann bereits einige Male zuvor beobachtet worden war. Eine Frau schilderte, daß ihr auf dem Weg zur Parketage dieser Mann gefolgt sei, ihr plötzlich seinen Arm um die Schulter gelegt habe. Als aber gerade in diesem Augenblick zwei Männer aus der Parkhaustür gekommen seien, habe der Mann von ihr abgelassen und sich mit den Worten »Schätzchen, bis heute abend, tschüß« davongemacht. Aufgrund der Zeugenaussagen wurde nun ein Phantombild erstellt und veröffentlicht.

Doch auch in diesem Fall wollte sich kein Ermittlungserfolg einstellen. Bis dahin waren insgesamt 128 Kriminalbeamte in acht Mordkommissionen eingesetzt gewesen, die 824 Hinweisen nachgegangen waren. Mehr als 3 900 Überstunden waren geleistet worden. Das Ergebnis: keine »heiße Spur«. Schließlich wurden Sonderkommandos der Schutzpolizei aufgestellt, die speziell im Bereich der Essener Innenstadt patrouillierten und kontrollierten. Aber

Schachmatt in acht Zügen

auch diese Maßnahme brachte nichts ein, der »Feiertagsmörder« blieb unauffindbar.

Am 5. August 1989, einem Samstag, wurde dem Bereitschaftsdienst der Kripo eine versuchte Vergewaltigung gemeldet. Gegen 20 Uhr war ein Mann in die Wohnung der Altenpflegerin Manuela Mauthe in Essen-Rüttenscheid eingedrungen und hatte unter Vorhalt eines Messers versucht, sie zu mißbrauchen. Durch die Hilferufe der 38jährigen waren Nachbarn aufmerksam geworden und hatten vehement gegen ihre Wohnungstür geschlagen. Der Täter hatte schließlich von seinem Opfer abgelassen und war durch die Terrassentür entkommen.

Nachdem der Tatort »aufgenommen« und Manuela Mauthe befragt worden war, wollte sie ihre Wohnung vollständig verschließen, anschließend bei ihrer Nachbarin übernachten. Sie stand noch unter Schock, wollte nicht allein sein. Auf der Fensterbank neben der Terrassentür fiel ihr eine Kleinbildkamera auf. Das Komische dabei: Sie gehörte ihr nicht. Ein kleiner roter Leuchtpunkt signalisierte, daß die Kamera betriebsbereit war. Manuela Mauthe dachte nach, grübelte. Plötzlich erinnerte sie sich wieder – an den Blitz vor der Terrassentür; durch diesen war sie auf den Täter erst aufmerksam geworden. Er mußte sie offenbar fotografiert haben. Mit diesem Hinweis übergab sie den Fotoapparat der Kripo.

Die Kamera vom Typ »PC 600« wurde durch den Erkennungsdienst unverzüglich auf Fingerspuren untersucht – mit Erfolg. Der Film wurde entwickelt und zeigte einen Mann und eine Frau in teilweise pornographischen Stellungen. Außerdem war auf einigen Bildern ein Opel-Rekord-D mit blauer Farbe zu erkennen, der in Essen zugelassen worden sein mußte. Von dem Kennzeichen des Wagens konnten nur die Buchstaben »A« und »T« sowie die Zahl 7 abgelesen werden.

Von den in Essen zugelassenen 376 Wagen dieser Baureihe wurden zunächst nur diejenigen überprüft, welche die Buchstabenkombination »AT« aufwiesen. Bei einem dieser Kennzeichen konnte als Halter ein gewisser Harald Schmalz ermittelt werden, der bereits unter anderem wegen räuberischer Erpressung, Einbruchs, Hehlerei und Bedrohung polizeilich bekannt und mehrfach verurteilt worden war. Der 32jährige war arbeitslos, seit kurzem mit einer

Ungarin verheiratet und wohnte in der Essener Innenstadt. Die versuchte Vergewaltigung konnte ihm mühelos nachgewiesen werden, da die auf der Kamera gesicherten Fingerspuren mit seinen lange zuvor schon abgenommenen Fingerabdrücken übereinstimmten. Es bestand also nicht der geringste Zweifel. Am 8. August wurde der Verdächtige in der Nähe der Wohnung seiner Mutter in Essen-Stadtmitte durch ein Spezialeinsatzkommando festgenommen. Er ließ sich widerstandslos abführen.

Die Ermittlungen wurden zunächst durch das für Sexualdelikte zuständige 2. Kommissariat geführt. Harald Schmalz verweigerte nach Rücksprache mit seinem Anwalt von Beginn an die Aussage. Nach der Festnahme wurde seine Wohnung durchsucht und umfangreiche Bekleidung sichergestellt. Man vermutete schließlich, daß Harald Schmalz zumindest für einige Morde der vergangenen Zeit in Frage kommen könnte. Unverzüglich wurde eine kleine Kommission – bestehend aus jeweils zwei Beamten des 1. und 2. Kommissariats – gebildet, um die Spuren aus der Mordserie abzugleichen. Bei der Durchsuchung der Wohnung des Verdächtigen waren auch schwere Springerstiefel gefunden worden, die vom Profil her zu der Schuhabdruckspur in der Mordsache Fangmann passen konnten. Die Stiefel wurden sofort dem Landeskriminalamt Hannover überbracht. Dort hatten einige Kriminaltechniker sich auf die Identifizierung von Schuh- und Reifenabdruckspuren spezialisiert. Nach kurzer Zeit erhielt man das Ergebnis, das mit großer Spannung erwartet worden war. Und tatsächlich: Das Sohlenmuster der Springerstiefel stimmte mit dem Profil auf der Fensterbank in der Wohnung Fangmann überein. Allerdings konnte kein hieb- und stichfestes Gutachten erstellt werden, da die individuellen Merkmale sich durch nachträglichen Gebrauch der Stiefel verändert hatten. Dennoch versicherte der Gutachter: »Das ist der Stiefel, der den Abdruck hinterlassen hat.« Endlich war man dem Mörder auf der Spur!

Seit einigen Jahren war es möglich geworden, auch über einzelne am Tatort oder an der Leiche gefundene Fasern von Bekleidungsstücken nachzuweisen, ob zwischen Opfer und Täter ein unmittelbarer Kontakt stattgefunden hat. Diese Faserspuren enthalten Informationen über den Spurenverursacher, zum Beispiel zu Material, Farbe und Art seiner Bekleidung. Ein sehr kompliziertes und zeitaufwendiges Verfahren, das durch das Landeskriminalamt Düsseldorf entwickelt worden war. Sämtliche Bekleidung des Verdächtigen wurde nun zur Untersuchung in die Landeshauptstadt gebracht.

Nicht nur das Landeskriminalamt, sondern auch die Polizeihundeschule in Stukenbrock wurde in die Ermittlungen mit eingebunden. Dort war vor kurzer Zeit ein sogenannter Geruchsspurenvergleich mit zufriedenstellendem Ergebnis getestet worden. Vereinfacht ausgedrückt können bei diesem hinsichtlich seines Beweiswertes jedoch umstrittenen Verfahren speziell ausgebildete Hunde den Geruch des Täters an Gegenständen erschnüffeln, die dieser zur Tatzeit angezogen oder angefaßt hat. Und wieder gelang der Nachweis – diesmal in vier Fällen.

Die Untersuchungen des Landeskriminalamtes verliefen ebenfalls positiv. Offenbar hatte Harald Schmalz bestimmte Kleidungsstücke bevorzugt getragen. Identifiziert werden konnte insbesondere ein blauer Nicki mit rotem Muster. Außerdem zeigten sich auf einigen Spurenträgern kleine Kunststoffasern, die von einer Plane stammen konnten. In diesem Zusammenhang wurde dann ermittelt, daß Harald Schmalz häufig in der Werkstatt seines Bruders übernachtet hatte, die sich in der Nähe der Freizeitstätte »Oase« befand. Auch dort wurden eine Vielzahl von Bekleidungsstücken sowie ein Schlafsack gefunden, die ihm gehörten. Darunter befand sich auch eine bläuliche Freizeitjacke. Bei den Untersuchungen stellte sich dann heraus, daß die beiden Textilfasern, die auf dem Jägerzaun in der Mordsache Burkhard gefunden worden waren, exakt in das Bündchen der Jacke paßten. Ein weiterer Mord hatte aufgeklärt werden können.

Hinzu kam, daß Harald Schmalz sich während der Untersuchungshaft zwei Mithäftlingen gegenüber mit seinen häßlichen Morden gebrüstet hatte. Die beiden Männer meldeten sich daraufhin nicht ganz uneigennützig bei der Mordkommission und verpfiffen ihren Knastkumpan. Doch den Vernehmungsbeamten gegenüber schwieg er beharrlich. Von ihm war nichts zu erfahren, kein Sterbenswörtchen. Dennoch konnten ihm schließlich fünf vollendete und drei versuchte Morde, fünf vollendete Vergewaltigungen, eine versuchte Vergewaltigung, ein Raub sowie zwei Einbrüche nachgewiesen werden. Der gefährlichste Serienmörder der Essener Nachkriegsgeschichte war überführt.

Auch während der Hauptverhandlung vor dem Essener Landgericht gab er sich lange Zeit wortkarg. »Ich schweige«, war alles, was er zu sagen hatte. Auch ich habe mit Harald Schmalz ähnliche Erfahrungen gemacht. Im Mai 1998 schrieb er mir kurz und bündig: *»Ich habe keinerlei Interesse daran, mich mit Ihnen zu unterhalten.«*

Nach gut zwei Jahren Untersuchungshaft wirkte er im Gerichtssaal ruhig, gefaßt, selbstsicher, bisweilen auch ein wenig arrogant. Auf der Anklagebank erschien er nun gar nicht mehr bedrohlich: mittelgroß, von schlanker Statur und insgesamt gepflegter Erscheinung; in der Mitte gescheiteltes blondes, bis in den Nacken reichendes Haar, Schnauzbart – ein Allerweltsgesicht. Einzig auffällig an ihm waren seine ungewöhnlich hellen, stechenden und lauernden Augen.

Am 19. Prozeßtag dann die Wende. Durch seinen Rechtsanwalt ließ er dem Gericht mitteilen, daß er »keine Vorwürfe der Anklage bestreite«. Das war ein verklausuliertes Mordgeständnis. Allerdings wollte er nicht in aller Öffentlichkeit über seine Taten und seine Motive sprechen, sondern sich nur einem Psychiater anvertrauen. Endlich kam Licht ins Dunkel.

Harald Schmalz wuchs zunächst mit vier Geschwistern im Haushalt seiner Eltern auf. Er besuchte in Essen die Volksschule, konnte sich dort jedoch nicht einordnen, fiel durch häufige Störaktionen auf. Er schwänzte die Schule, blieb oft tagelang dem Unterricht fern. Mehrfach riß er von zu Hause aus, um sich dem Zugriff seines gewalttätigen und alkoholkranken Vaters zu entziehen. Er trieb sich in der Stadt herum und hielt sich durch eine Vielzahl von Lebensmitteldiebstählen über Wasser. 1967 mußte er ausgeschult und im Wege der freiwilligen Erziehungshilfe in verschiedenen Heimen untergebracht werden. Harald Schmalz galt als »schwer erziehbar«. Sein Leben war eine düstere Ruine, in die sich nicht einmal der kleinste Hoffnungsschimmer verirren wollte. Eine Katastrophe begann sich abzuzeichnen. Während dieser Zeit hielt er sich auch auf der Sonderschule mehr schlecht als recht. Seine Schulkameraden lachten nicht mit ihm, sondern über ihn.

Es folgten weitere Heimaufenthalte, die jedoch nur von kurzer Dauer waren. Er riß immer wieder aus und fiel in regelmäßigen Abständen durch kleinere Gaunereien auf. Während seine Persönlichkeit verkümmerte, entwickelte sich sein verbrecherischer Habitus zusehends. Schließlich brachte er es bis zum Gewohnheitsdieb, -einbrecher und -räuber. Von 1972 bis 1988 verbüßte er mit kurzen Unterbrechungen nicht weniger als sieben Haftstrafen. Mehr als 14 Jahre seines unseligen Daseins mußte er in Gefängnissen fristen. Die Gegenwart hieß Knast, die Zukunft auch. Einen Monat vor seinem ersten Mordversuch kehrte er aus einem Hafturlaub nicht zurück, hielt sich in der Werkstatt seines Bruders versteckt. Eine typische Verbrecherkarriere. Was aber hatte ihn bei seinen Morden angetrieben?

Bei intensiven Gesprächen mit verschiedenen psychiatrischen Gutachtern versuchte er sich und sein Verhalten zu erklären. In der Zeit vor seiner ersten Tat hatte er tagsüber »Langeweile«. Das war das Schlimmste überhaupt für ihn, wenn er mit sich nichts anfangen konnte. Es war für ihn »wie tot sein«. Er fühlte sich innerlich leer, »war da und gleichzeitig auch nicht«. Fast täglich war er einmal bei seiner Mutter, einen festen Tagesablauf hatte er aber nicht. Statt dessen ließ er sich treiben, »so wie es kam«.

Eher zufällig kam er zum Voyeurismus. Er war auf einem Hinterhof, um irgendwo einzubrechen, und sah durch ein Fenster, wie sich eine Frau auszog. Schon vor diesem nächtlichen Spannen lief er tagsüber Frauen auf der Straße oder in Parks hinterher, griff ihnen zwischen die Beine. Als die Opfer zu schreien begannen, lief er weg. Beim Spannen spürte er, daß er »da war«. Er fühlte ein eigenartiges, aber wohliges »Knistern«. Dies hing auch mit der Gefahr des Entdeckt-werden-Könnens zusammen. Zudem hatte er beim Spannen das Gefühl, die Frauen mit seinen Gedanken »beeinflussen und in ihren Bewegungen dirigieren« zu können. Für ihn war es mehr als pure Lust, er machte geradezu Jagd auf seine Opfer. Das war für ihn der besondere »Kick«. Um auf eine Frau zu treffen, lief er viele Kilometer. Beim Spannen bevorzugte er hingegen keinen speziellen Frauentyp: »Hauptsache, ich habe was gesehen.«

Zu seiner Mutter bestand immer ein »besonderes« Verhältnis. Er begehrte sie, konnte sie aber nicht »haben«. Als Kind und Jugendlicher wollte er mit ihr den Geschlechtsverkehr, durchlebte diesen jedoch lediglich in seiner Phantasie; dabei wurde er auch »grob«. In seinen Gedankenspielen wurde er von ihr stets abgewiesen; dann hielt er sie einfach fest und vergewaltigte sie. In dieser Zeit traten auch erstmals Phantasien auf, in denen er sie fesselte. Er fühlte sich vernachlässigt und unbeachtet, glaubte sich zurückgesetzt: »Zwischen meiner Mutter und mir ist immer einer dazwischengestanden. Ich habe das dann immer weggeschoben, nicht wahrhaben wollen. Außerdem hatte ich meine Mutter doch unheimlich lieb. Aber auch von den anderen Frauen bin ich später immer wieder enttäuscht worden.«

Während seiner Inhaftierung von März bis Dezember 1988 wurden die Phantasien besonders intensiv. Er wiederholte seine vorangegangenen Taten und mordete immer wieder; allerdings ohne jegliche Schuldgefühle: »Die waren irgendwie weg!« In seinen Tagträumen fesselte er die Frauen, die aber nicht schrien oder sich wehrten. Diese Gedanken kamen regelmäßig, selten bedurfte es dazu eines äußeren Anlasses. Schließlich erweiterte er seine Vorstellungen: »Ich wollte dabei zusehen, wie jemand stirbt. Meine Gefühle wollte ich abtöten, einfach schlecht und gemein sein. Das erregte mich sehr, einfach die Macht.«

Auch die Beziehung zu seiner Frau, die er wenige Monate nach ihrem Kennenlernen im April 1989 geheiratet hatte, vermochte ihn nicht von weiteren Morden abzuhalten. Mit der Nähe in der Ehe kam er zunächst nicht zurecht, später besserte sich dies ein wenig. Er war verheiratet und doch irgendwie allein. Seine Ehe erlebte er als »Gefängnis«: »Meine Frau hat stets über alles gequängelt, wollte dieses und jenes. Sie hatte einfach zu hohe Ansprüche und Erwartungen, von denen ich nicht wußte, wie ich sie hätte befriedigen sollen. Das Gefühl, immer jemanden um sich zu haben, war einerseits schön, andererseits aber auch lästig. Ich fühlte mich wie eingefangen.«

Vor jeder seiner Taten sei er »wütend« gewesen. Diesen Zustand der inneren Zerrissenheit konnte er lediglich beschreiben, nicht aber auf seinen Ursprung zurückführen: »Ich wollte etwas haben und habe es nicht gekriegt. Das war alles auf einmal, gereizt, enttäuscht, gespannt. Ein ganzer Klumpatsch an Gefühlen. Wütend und noch mehr, das kann ich gar nicht richtig erklären.« Den meisten Opfern begegnete er zufällig: »Ich habe dann nicht lange überlegt, sondern sie einfach geschnappt und mitgeschleppt. An die Gesichter der Opfer kann ich mich nicht mehr erinnern.« Mit seiner Geldforderung wollte er die Frauen lediglich von seinem eigentlichen Motiv ablenken und beruhigen: »Ich wollte die einfach nur einschläfern. Das Geld hat mich gar nicht interessiert. Ich wollte doch nur die Frauen für mich haben. Manchmal hatte ich dabei das Gefühl, daß ich alles nur träume. Ich habe mir vorgestellt, daß die es auch haben wollten.« Angeblich wollte er das Messer nur zum Selbstschutz mitgeführt haben: »Man weiß ja nie, welchem Gesocks man begegnet, Ausländer und was weiß ich für ein Gerümpel.«

Seine Opfer fesselte er, weil er sich in seiner bizarren Phantasie vorgestellt hatte, »die Frauen wären ganz wehrlos«. Auch hatte er nach seiner ersten Tat dazugelernt: »Wenn die sich wehren, ist das doch nichts. Wie bei der ersten Sache, da habe ich auch nichts davon gehabt, nur Ärger!« Die stärkste Form der Erregung empfand er unmittelbar bevor er auf seine Opfer einstach oder ihnen die Kehle aufschlitzte: »Kurz bevor ich es gemacht habe, war es am stärksten. Das ging wie ein Strom durch meinen ganzen Körper. Das ist anders als bei einem normalen Orgasmus, viel stärker.«

Seine Opfer brachte er hingegen nicht um, weil er befürchtete, von der Polizei geschnappt zu werden: »Dann hätte ich ja alle umbringen müssen. Außerdem war ich mir immer sicher, daß die mich nicht erkannt hatten. Ich habe deshalb auch nie Angst gehabt, daß man mich kriegen könnte. Später hat es mir richtig Spaß gemacht, daß mir die Bullen nichts konnten. Es war wie ein Spiel allein gegen alle, als wenn ich simultan gegen viele Gegner Schach gespielt hätte. Die Polizei mit ihrem ganzen Apparat war einfach zu dumm!«

Nach den Taten fühlte er sich innerlich befreit: »Ich hatte das Gefühl, daß ich es vollbracht hatte, so, als wenn man eine Aufgabe erledigt hat. Die Erinnerung an das Töten kam meistens mit der Hitze, dem Strom, der durch meinen ganzen Körper ging. Wenn sich die Frauen gewehrt haben, habe ich Wut und Haß verspürt. Wenn die versucht haben wegzulaufen, hatte ich das Gefühl, als wollten die mir etwas wegnehmen oder kaputtmachen. Das hat mich dann unheimlich wütend gemacht.« Er bevorzugte ältere Frauen, vermutlich sah er in ihnen seine Mutter, die er Zeit seines Lebens nicht »haben« konnte. Seine Gefühle während der Taten mündeten schließlich in einen Orkan: »Zuerst wollte ich immer nur gucken, dann kam das Habenwollen und schließlich die Gier.« Schuldgefühle ließ er nach den Taten nicht an sich herankommen, schob sie einfach beiseite: »Ich habe nicht mehr daran gedacht. Das war gar nicht mehr so schlimm.«

Obwohl Harald Schmalz schließlich doch überführt werden konnte, erscheinen die besonderen Begleitumstände der Taten ärgerlich. Denn: Bereits am 1. März 1988 war er festgenommen worden – allerdings in anderer Sache. Er hatte sich nach einem Hafturlaub nicht zurückgemeldet. Der Polizei mag man dies nicht vorwerfen, Harald Schmalz war bis zu dieser Zeit wegen Sexualdelikten nicht in Erscheinung getreten beziehungsweise hatte nicht als Täter ermittelt werden können. Also ein x-beliebiger Gewohnheitsverbrecher, der lediglich seine Strafe nicht mehr hatte absitzen wollen. Ein Routinefall – so schien es jedenfalls. Niemand hätte auf die Idee kommen müssen, daß dieser Mann bereits vier Kapitalverbrechen auf dem Kerbholz hatte.

Daß auch Gerichte irren können, belegt nicht nur in diesem Fall ein Urteil aus dem Jahre 1988: »Der Verurteilte hat sich inzwischen unter vollzuglichen Lockerungen bewährt. Er hat sich auch schulisch weitergebildet und im Pädagogischen Zentrum der Justizvollzugsanstalt seinen Hauptschulabschluß gemacht. Er strebt nach seiner Entlassung eine Reha-Maßnahme an, und falls diese nicht genehmigt wird, will er an einer Umschulung teilnehmen. Die Kammer hat den Eindruck gewonnen, daß bei dem Verurteilten eine Stabilisierung eingetreten ist.« Und tatsächlich war eine Stabilisierung eingetreten – sein Mordverlangen hatte er konservieren können. Ein Vierteljahr später sollte Harald Schmalz sich sein fünftes Opfer nehmen.

Man muß den Richtern allerdings zugute halten, daß es in diesem Fall nicht über einen Sexualstraftäter zu urteilen galt. Insofern erscheint diese Entscheidung durchaus vertretbar, auch wenn Harald Schmalz zu diesem Zeitpunkt den überwiegenden Teil seines verpfuschten Lebens in Gefängnissen zugebracht hatte.

Nach 43 Sitzungstagen und fast einjähriger Verfahrensdauer fällte das Landgericht Essen im September 1992 folgendes Urteil: »Harald Schmalz wird zu einer lebenslangen Freiheitsstrafe unter gleichzeitiger Einweisung in eine Heil- und Pflegeanstalt verurteilt.« Die düstere Prognose, die er einem seiner Opfer gestellt hatte, war für ihn zum Bumerang geworden: Irgendwann ist jeder mal dran! Schachmatt in acht Zügen.

Anzumerken bleibt, daß die Staatsanwaltschaft lediglich vier Morde, zwei Mordversuche und vier Vergewaltigungen angeklagt hatte. In den übrigen Fällen war, obwohl Harald Schmalz den Gutachtern gegenüber erklärt hatte, »er wolle sich nur zu den angeklagten Taten äußern«, und somit ein indirektes Schuldeingeständnis abgelegt hatte, auf eine Anklage wegen zu »dünner Beweislage« verzichtet worden. Sollte man den Staatsanwälten deshalb fehlendes Augenmaß oder grundlose Freizügigkeit nachsagen? Das Gegenteil ist der Fall. Hätte man die Anklage auf die übrigen Taten erweitert, wäre dies für die Verteidigung sicher ein »gefundenes Fressen« gewesen. Eine Revision mit der Konsequenz, das Verfahren völlig neu aufrollen zu müssen, konnte somit zumindest aus diesen Gründen abgewendet werden.

Wenn man bedenkt, daß die Verurteilungsquote bei sexuell motivierten Serientötungen lediglich 56 Prozent beträgt, ist das eine grundsätzlich vertretbare Verfahrensweise; denn letztlich geht es darum, die Sozialgemeinschaft auf Dauer vor solchen Tätern wirksam zu schützen. Im Endeffekt macht es keinen wesentlichen Unterschied, ob der Angeklagte beispielsweise wegen dreifachen oder fünffachen Mordes verurteilt wird. Lebenslänglich bleibt lebenslänglich. Daß man sich dabei aber auch immer ein gutes Stück von der Wahrheit entfernt, ist eine ganz andere Geschichte.

KAPITEL 15

Morde, die jeder begeht

Der Hippokratische Eid ist ein zeitgebundenes Dokument der Medizingeschichte, das etwa um 400 v. Chr. entstanden sein dürfte. Der griechische Arzt Hippokrates von Kos (460 – 377 v. Chr.) ist vermutlich nicht selbst der Autor dieser Standesrichtlinien, doch kommt sein Text der geistigen Haltung des berühmten Verfassers der authentischen Schriften *Epidemien III, Epidemien I* und *Prognostikon* durchaus nahe. Der Eid bot normierende, rational und pragmatisch motivierte Leitlinien für die Medizinerausbildung, den ärztlichen Beruf und dessen Handlungsstrategie an. Aber auch verpflichtende Feststellungen zum Arzt-Patient-Verhältnis waren damals wie heute Bestandteil des Hippokratischen Eides: »Die diätetischen Maßnahmen werde ich nach Kräften und gemäß meinem Urteil zum Nutzen der Kranken einsetzen, Schädigung und Unrecht aber ausschließen. Ich werde niemandem, nicht einmal auf ausdrückliches Verlangen, ein tödliches Medikament geben oder auch nur einen solchen Ratschlag erteilen.«

Und doch wird beim Sterben hier und da kräftig nachgeholfen. Ein neuartiges, insbesondere in den vergangenen 20 Jahren gehäuft auftretendes Kriminalitätsphänomen verunsichert die vergreisende Industriegesellschaft: die Serientötung von Patienten durch Ärzte und Pflegepersonal. Unfaßbar: Die Täter werden als Helfer und Lebensretter angestellt, als vielfache Mörder suspendiert. Die Tatorte: Kliniken, Altenheime, therapeutische Einrichtungen. Ihre Mordwerkzeuge: Medikamente, Kanülen, Spritzen. Nach der Tat verwandeln sie sich wieder: in den kompetenten Arzt, die hilfsbereite Schwester, den netten Pfleger. Lebensverneinende Niedertracht statt lebensbewahrender Fürsorge. Das ist schwer zu schlucken, stimmt nachdenklich, macht Angst. Krankenhäuser und Pflegeheime, die vielleicht letzten gewaltfreien Reservate unserer Gesellschaft, werden gelegentlich zum Freigehege für Meuchelmörder, ihre Patienten zum Freiwild.

So auch im Dezember 1975 im südbadischen Rheinfelden, einer etwas mehr als 27 000 Einwohner zählenden Kleinstadt unweit von Freiburg im Breisgau. Zur Einweihung des neuen Kreiskrankenhauses am 15. Oktober kam Baden-Württembergs Gesundheitsministerin Annemarie Griesinger persönlich und schwärmte von einer »Stätte, an der menschliche Wärme vorherrscht«. Auch Professor Rolf Venzlaff, der Chefarzt der Klinik, blickte zuversichtlich in die Zukunft: »Das medizinische Personal garantiert ein hohes Maß an menschlicher Zuwendung.« Doch schon zwei Monate später begann sich ein Drama abzuzeichnen, als sich unter mysteriösen Umständen die Todesfälle auf der Intensivstation des Spitals häuften. Am 17. Dezember starb gegen 19 Uhr eine 60jährige Frau nach erfolgreicher Entfernung eines gutartigen Tumors »plötzlich und unerwartet« infolge von wechselweisem Auftreten von Herzflimmern und Ausbleiben der Herzkontraktionen. Am Nachmittag des folgenden Tages setzte bei einem 66 Jahre alten Mann, der zwar an einem inoperablen Oberbauchtumor litt, aber eine Operation komplikationslos überstanden hatte, von einer Minute auf die andere die Herztätigkeit aus. Nahezu exakt 24 Stunden später versagte das Herz bei einem an Durchblutungsstörungen und spastischer Bronchitis leidenden 72jährigen, nachdem er wenige Minuten zuvor noch mit seinen Angehörigen geplaudert hatte. »Sein Tod kam zu diesem Zeitpunkt völlig unerwartet«, berichtete Walter Laufs, der zuständige Oberarzt, den nunmehr Hinterbliebenen. Nur vier Stunden später der nächste mysteriöse Todesfall: Um 20.10 Uhr trat bei einem 63jährigen Mann, der unheilbar an Krebs erkrankt war, der Herztod ein – wieder »völlig überraschend«. Gegen Mittag des nächsten Tages starb eine 84jährige Patientin, die wegen massiven Durchfalls und einer Niereninsuffizienz eingeliefert worden war. Diagnose: »Herzversagen«. Nur eine gute Stunde später das nächste Trauerspiel: Eine 86jährige, die an Diabetes und Bluthochdruck litt, starb den »unerwarteten Herztod«. Weitere acht Stunden später trat bei einer 76 Jahre alten Frau nach erfolgreicher Hüftgelenksoperation »schlagartig Herzstillstand« ein.

Trotz ganz unterschiedlicher Krankheitsbilder hatte der Tod immer dasselbe Gesicht: Die Monitore zeigten plötzlich einen vollständigen Aktivitätsverlust des Herzens (»Null-Linien-EKG«) an, und auf zeitnahe Reanimationsversuche folgten nach Herzflimmern nur wieder vollständige Aussetzer. »So ging das fünf- oder sechsmal hin und her, dann war es aus«, berichtete Walter Laufs entgeistert seinem Klinik-Chef. Schließlich wurde man mißtrauisch, schöpfte Verdacht. Weil es jedesmal »schien, als sei der Herzmuskel wie gelähmt«, mutmaßten die leitenden Ärzte der Intensivstation, den Patienten könnten zu hohe Dosen des Herzmittels Digitalis injiziert worden sein. Tatsächlich fand man in der Stationsapotheke nur noch vier Ampullen des Digitalis-Präparates »Lanitop« und nur noch eine der Strophantin-Arznei »Kombetin«. Dieser Vorrat hätte unter normalen Umständen bis weit über die Weihnachtsfeiertage ausreichen müssen. Schließlich wurden die Leichen auf Digoxin-Gehalt untersucht. Der scheußliche Verdacht bestätigte sich: In sämtlichen Fällen konnten »ungewöhnlich hohe« Digitalis-Konzentrationen nachgewiesen werden.

Daraufhin konfrontierte der Chefarzt der Klinik die Kripo Freiburg bestürzt mit den mysteriösen Vorkommnissen: »Wir haben den schlimmen Verdacht, daß hier jemand reihenweise Patienten zu Tode spritzt.« Unverzüglich wurde eine zwanzigköpfige Sonderkommission gebildet, die auf der Suche nach dem verschwundenen Digitalis schnell fündig wurde. In den Abfallsäcken der Intensivstation, die mittlerweile bereits in der Verbrennungsanlage des Krankenhauses gelandet waren, fanden die Ermittler 30 Kombetin- und 63 Lanitop-Ampullen – allesamt leer. Beim Studium der Krankenakten ergab sich, daß für den fraglichen Zeitraum zumindest Kombetin gar nicht verordnet worden war. Zugleich konnte festgestellt werden, daß am 17. und 20. Dezember größere Mengen von Kombetin- und Lanitop-Ampullen auf den Anforderungslisten mit den Nummern 701 und 703 nachbestellt worden waren, obwohl dies nach den vorausgegangenen Anforderungen derselben Medikamente durch andere Pflegekräfte und dem zwischenzeitlichen Verbrauch gar nicht notwendig gewesen wäre. Nachgeordert wurde die Arznei jeweils durch ein und denselben Mitarbeiter der Klinik: Josef Gutensohn, seit Eröffnung des Krankenhauses Pfleger auf der Intensivstation. Zudem war der 25jährige der einzige des Ärzte- und Pflegepersonals, der bei allen sieben Todesfällen Dienst gehabt hatte.

Am 21. Dezember wurde Josef Gutensohn um 17.15 Uhr in

seinem Zimmer im Pflegerwohnheim festgenommen, ins Polizei-präsidium gebracht und dort vernommen. Den Ermittlern saß ein fahrig und nervös wirkender junger Mann gegenüber, den man ohne weiteres für einen Schulbuben aus gutem Hause, nicht aber für einen Serienmörder hätte halten können: adrett gekleidet, blü-tenweißes Hemd, dunkle Krawatte, hellbraune Weste, das buschige und leicht krause, kurzgeschnittene schwarze Haar akkurat nach hinten gekämmt. Dunkle, freundlich fragende Augen, die angedeu-tete Stupsnase, volle Lippen und seine auffallend blasse Gesichts-farbe suggerierten einen Hauch von Distinguiertheit. Babyface statt Scarface. Die dickrandige schwarze Brille schien ihn zudem als Men-schen von nicht geringem Intellekt zu kennzeichnen. Kurzum: Die meisten Schwiegermütter wären ins Schwärmen geraten. Und doch war dieser Schatz von einem jungen Mann ein durchtriebenes Früchtchen, das mindestens sieben ältere Menschen heimtückisch umgebracht hatte; davon waren jedenfalls die Ermittler der Soko »Gutensohn« überzeugt. Mittlerweile wollte der für die Intensiv-station zuständige Oberarzt nicht mehr ausschließen, daß wesent-lich mehr Opfer zu beklagen waren: »Wir alle können bestimmt noch vier oder fünf Patienten nennen, deren Tod uns im nachhin-ein verdächtig vorkommt.« Die Bevölkerung der Region erfuhr durch die Presse von dem ungeheuerlichen Verdacht und entwickel-te einen regelrechten Galgenhumor – vom »Haus der Nimmer-wiederkehr« oder auch vom »Todeshügel« war die Rede.

Josef Gutensohn stritt die Taten zunächst ab und versuchte seine Fixierung auf die Herzmittel Kombetin und Lanitop zu begründen: »Dies ist deshalb der Fall, weil ich diesem Medikament eine beson-dere Aufmerksamkeit schenke. In einem früheren Fall habe ich nach einem Herzmittel dringend gesucht, ich bin auf dieses Mittel gewissermaßen eingeschossen.« Auf die Frage, warum er am 17. und 20. Dezember insgesamt 50 Ampullen bestellt hatte, wußte er hin-gegen keine plausible Antwort: »Hierfür habe ich keine Erklärung. Ich verstehe das selbst nicht.« Bevor er gegen 23.30 Uhr in die Justizvollzugsanstalt Lörrach gebracht wurde, mimte er nochmals die personifizierte Unschuld: »Mir fällt nichts mehr ein, was ich dazu sagen könnte. Ich werde die Sache mal überschlafen, weiß aber nicht, ob ich noch was dazu sagen kann.«

Auch am nächsten Tag verweigerte er sich über viele Stunden hinweg: »Ich kann nicht sehen, wie ich das getan haben soll.« Dann zu vorgerückter Stunde, exakt um 0.15 Uhr, der Zusammenbruch: »Ich bin zu der Überzeugung gekommen, daß es für mich das Beste ist, nun die Wahrheit zu sagen, soweit ich mich erinnere. Auch zu den Mengen, die ich den Patienten verabreicht habe, werde ich eine Aussage machen.« Josef Gutensohn gestand, zumindest in vier Fällen »zwei oder drei Ampullen« gespritzt zu haben, bei zweien wollte er es »nicht mehr so genau wissen«. Auch gab er zu, die in den Abfallsäcken gefundenen Ampullen geöffnet zu haben, um die Überdosierungen zu vertuschen. Fragen zu seinem Motiv beantwortete er hingegen ausweichend: Mal sollte diese Frage »zurückgestellt werden«, mal wollte er »erst mit seinem Anwalt reden«, dann wiederum war er »sich selbst noch nicht im klaren darüber«. Am 31. Dezember schließlich widerrief er seine Aussage: »Ich habe nur auf Anordnung der Ärzte injiziert. Erzählt habe ich das alles nur, weil ich sehr müde war und unter Druck gesetzt worden bin.« Dabei blieb er.

Erst am 19. Dezember 1977 konnte vor dem Schwurgericht in Freiburg das Verfahren eröffnet werden. Die toxikologischen Gutachter hatten sich lange Zeit nicht darüber einig werden können, wieviel Digitalis den Patienten tatsächlich gespritzt worden war. Der Anklagevertreter gab sich nach Abschluß der Untersuchungen dennoch zuversichtlich und plädierte auf Mord: »Es besteht kein Zweifel. Die Mengen der Medikamente waren so, daß sie nur mit Tötungsvorsatz verabreicht werden konnten.« Doch nach achtmonatiger Verhandlung erlebte der Staatsanwalt ein Fiasko: Das Schwurgericht war anderer Auffassung. Am 7. August 1978 fällte es folgendes Urteil: »(…) Abschließend ist zu sagen, daß die Schwurgerichtskammer unter Abwägung der genannten Umstände sich um Klarheit darüber, ob sie von der Täterschaft des Angeklagten überzeugt ist oder ob für sie Zweifel daran fortbestehen, ernsthaft bemüht hat. Die benutzten Beweise hat sie eingehend gewürdigt und gegeneinander abgewogen. Anzahl und Gewicht der belastenden Umstände, vor allem das Anwesenheitsindiz, sind dabei voll in die Waagschale geworfen worden. Die Kammer hat gleichwohl einen nach der Lebenserfahrung ausreichenden Grad an Gewißheit nicht zu erreichen vermocht, daß der Angeklagte der Täter war und er auch nur einem der in der Anklage aufgeführten Patienten eigenmächtig Herzglykoside zugeführt und dadurch dessen Tod – gewollt oder ungewollt – herbeigeführt hat. Daher ist der Angeklagte aus tatsächlichen Gründen freizusprechen.«

Eine auf den ersten Blick kaum nachvollziehbare Entscheidung; schließlich hatte Josef Gutensohn zumindest ein Teilgeständnis abgelegt, wollte wenigstens vier Patienten Überdosen verabreicht haben. Doch die Kammer wertete dieses Geständnis als null und nichtig. Den vernehmenden Ermittlern konnte nachgewiesen werden, daß sie den Verdächtigen als »eiskalten Mörder« bezeichnet und ihm gedroht hatten, »ältere, weniger verständnisvolle Beamte« würden »mit härteren Methoden« das Verhör fortsetzen, wenn er »nun nicht endlich gestehe«. Ferner war ihm suggeriert worden, daß auch seine Mutter ihm »die Morde zutrauen würde«. Darüber hinaus hatte man ihm Selbstmorde von Tätern, die ihr Gewissen nicht durch ein Geständnis erleichtert hatten, plastisch vor Augen geführt und von einem angeblichen toxikologischen Gutachten gesprochen, das seine Täterschaft »zweifelsfrei beweisen würde«. Begünstigt worden sei dieses Geständnis nicht zuletzt auch durch »Übermüdung, Unerfahrenheit und Labilität« des Verdächtigen. Die Schwurgerichtskammer sprach den *so* zustande gekommenen Aussagen schließlich jede Beweisqualität ab: »Damit sind die nächtlichen Vernehmungsergebnisse in ihrer Beweiserheblichkeit nicht nur wesentlich eingeschränkt, sondern es greift insofern ein Verwertungsverbot ein.« Ihren Freispruch stützten die Richter im wesentlichen auf Paragraph 136 a der Strafprozeßordnung, wonach »die Freiheit der Willensentschließung« nicht beeinträchtigt werden darf, weder »durch Übermüdung« noch »durch Mißhandlung«.

Der Bundesgerichtshof aber kassierte das Urteil, wollte die Grenzen rechtsstaatlicher Vernehmung nicht »derart eng« ausgelegt wissen und wischte das Urteil vom Tisch. Das Bundesverfassungsgericht nahm eine Beschwerde von Josef Gutensohn erst gar nicht zur Entscheidung an, das Verfahren mußte neu aufgerollt werden. Mit Beginn der Hauptverhandlung am 23. September 1980 hatte die 7. Große Strafkammer des Landgerichts Freiburg erneut zwei wesentliche Fragen zu klären: Hatte Josef Gutensohn tatsächlich sieben Patienten getötet? Und wenn er es gewesen war, wie waren seine Taten juristisch zu werten? Als fahrlässige Tötung, Totschlag oder gar Mord, so wie es die Staatsanwaltschaft behauptete? Die Kammer erhoffte sich Aufklärung durch Vernehmung von 130 Zeugen und 20 Sachverständigen, die fast ausnahmslos bereits in der vorangegangenen Verhandlung gehört worden waren.

Nach einem neunmonatigen aufsehenerregenden Indizienprozeß hatten die Richter schließlich keine Zweifel mehr, daß Josef Gutensohn seine Opfer durch Injektionen tatsächlich getötet hatte: »Aufgrund der umfangreichen Beweisaufnahme steht zur Überzeugung der Kammer fest, daß der Tod aller dieser Patienten durch die Verabreichung von Überdosen von herzwirksamen Medikamenten (Herzglykoside) verursacht wurde. Die Medikamente wurden ohne entsprechende ärztliche Verordnung von dem Angeklagten unter Verwendung von Spritzen appliziert.« Das Teilgeständnis war diesmal berücksichtigt worden, durch neuartige toxikologische Analyseverfahren hatte zudem sicher nachgewiesen werden können, daß »vielfach tödliche Dosen« verabreicht worden waren. Somit wurden auch die Fahnder der Freiburger Kripo rehabilitiert, denen in der Presse vorschnell »Foltermethoden« angedichtet worden waren. Mörder sind eben keine Strauchdiebe, es wird mit offenem Visier und harten Bandagen gekämpft – allerdings auf beiden Seiten.

Dieser unscheinbare junge Mann mußte zweifelsohne der Täter gewesen sein. Aber hatte er auch *vorsätzlich* getötet? Um sich dem Motiv eines Täters nähern, um das auslösende Moment für seine Taten deuten und verstehen, seine Erlebnishintergründe nachvollziehen zu können, muß man Lebensweg und Persönlichkeit dieses Menschen genauestens unter die Lupe nehmen. Betreten wir noch einmal die dunklen Gefilde der menschlichen Seele.

Seine Familie, die gegen Ende des Zweiten Weltkrieges aus Ostpreußen vertrieben wurde, lebte seit 1955 in Rheinfelden. Zusammen mit seinen sechs Schwestern verbrachte er im Elternhaus eine Jugend, die weder Not noch Sorgen kannte. Ab Ostern 1961 besuchte er die Realschule. Mit seinen Klassenkameraden verstand er sich durchweg gut; kam es hingegen zu Auseinandersetzungen, dann steckte er ein, anstatt auszuteilen oder sich zur Wehr zu setzen. Josef

Morde, die jeder begeht

Gutensohn war ein von Grund auf ehrlicher Mensch, schrieb beispielsweise bei Klassenarbeiten nicht von seinem Nebenmann ab, sondern kassierte lieber eine schlechte Note. Davon hagelte es reichlich. Sein Verhalten erschien weitestgehend nicht altersgemäß; Streiche, Albernheiten und Blödeleien seiner Mitschüler waren ihm zuwider. Er lebte zurückgezogen ohne Freunde, galt als »versponnener« Einzelgänger, von dem niemand so recht Notiz nahm. Zudem achtete er schon in jungen Jahren pedantisch auf sein Äußeres: Die Haare trug er stets kurz geschnitten und artig nach hinten gekämmt, die Hemdsärmel waren niemals aufgekrempelt, die Schuhe immer blitzblank gewienert – ein Vorzeige-Bub aus dem Kaufhaus-Katalog. Doch in der Schule war für ihn trotz großen Fleißes kein Blumentopf zu gewinnen; er mußte zwei Schuljahre wiederholen und nach der 8. Klasse schließlich das Handtuch werfen. Nichts ging mehr.

Wenig später begann er eine Schriftsetzerlehre, mußte diese aber bereits nach drei Wochen abbrechen – er war einfach zu ungeschickt. Später versuchte er sich als Hilfskraft im fachtechnischen Dienst beim Arbeitsamt in Lörrach. Wieder schlitterte er in ein Desaster, erwies sich als hilflos und außerstande, die Karteikarten alphabetisch zu ordnen. In einer Weberei erging es ihm nicht anders – nach sechs Wochen schickte man ihn wieder weg. Am 1. April 1967 begann er schließlich eine Krankenpflegerausbildung an der Universitätsklinik in Tübingen. Dort konnte er den Anforderungen genügen, schloß seine Ausbildung mit der Note »befriedigend« ab und arbeitete vom 1. Oktober 1970 an als stellvertretender Stationspfleger. Dreieinhalb Jahre hielt er durch, dann fühlte er sich aufgrund der »erheblichen Arbeitsbelastung überfordert«. Es stellten sich somatische Beschwerden ein, er litt insbesondere unter migräneartigen Kopfschmerzen. Um den Arbeitsstreß und die Kopfschmerzen ertragen zu können, begann er Beruhigungs- und Schmerzmittel zu schlucken – erst hin und wieder, dann regelmäßig. Schließlich wurden die Beschwerden so gravierend, daß er sich mehrfach in ärztliche Behandlung begab. Am 10. Mai 1974 mußte er in die Universitätsnervenklinik Tübingen eingeliefert werden: Verdacht auf Medikamentenabhängigkeit – er hatte sich zu oft und an zu vielen Pillen vergriffen. Nach siebenwöchiger Behandlung wurde die Diagnose einer »vegetativ-labilen, schizoiden, neurasthenischen Grundpersönlichkeit mit starken affektiven und triebmäßigen Hemmungen« gestellt. Ihm wurde empfohlen, keine Arbeitsstelle in einem Krankenhaus anzutreten, die zu einer Überforderung führen könnte. Und doch bewarb er sich im Herbst 1975 um die Stelle eines Krankenpflegers im neuen Spital in Rheinfelden. Dort wollte er unbedingt auf der Intensivstation arbeiten. Er erhielt schließlich den Zuschlag, obwohl der Klinik-Leitung seine gesundheitlichen Probleme bekannt waren. Nachdem ihn sein ehemaliger Chef jedoch »uneingeschränkt« empfohlen hatte, setzte man sich über die eigenen Bedenken hinweg. Die Tragödie konnte ihren Lauf nehmen.

Josef Gutensohn zeigte sich Zeit seines Lebens wenig zugänglich und verfing sich immer wieder in Selbstwertkonflikten. Sein Anspruchsdenken war hoch, seine Leistungen gering. Ein ehrgeiziger, innerlich wie äußerlich zwanghaft perfektionistisch veranlagter junger Mann, dessen übersteigerter Leistungsanspruch zum seelischen Bumerang wurde. Sein labiles, schwaches Selbstwertgefühl empfand er wie einen Klotz am Bein, von dem er sich verzweifelt zu befreien versuchte. Er bastelte beharrlich an Ideal-Bildern seiner selbst, die dann jedoch wie Seifenblasen zerplatzten – immer wieder. Gefühle ließ er nicht zu, versteckte sich vielmehr hinter seiner formalistisch-starren Grundhaltung, die er als Ordnungsprinzip akzeptierte, die aber gleichzeitig zu einem Charakterpanzer wurde. Zwischenmenschliche Nähe mochte er nicht ertragen, empfand sie als belastend, gefährlich, grenzauflösend. Seine Persönlichkeit war janusköpfig: vordergründig ruhig, sachlich, belastbar, manchmal etwas hölzern wirkend; hintergründig aber unruhig, unausgeglichen, unsicher, leicht verletzbar, labil und infantil.

Bei psychodiagnostischen Untersuchungen erreichte er einen Intelligenzquotienten von 87. Er verfügte demnach lediglich über eine unterdurchschnittliche allgemeine intellektuelle Leistungsfähigkeit. Kein Wunder, daß er in der Schule nicht zurechtgekommen war. Auffällig dabei erschien, daß der Handlungs-IQ 72 betrug, also an der Grenze zur Debilität lag, während er beim Verbal-IQ einen Durchschnittswert von 102 erreichte. Solche Diskrepanzen finden sich häufig bei organischen Hirnerkrankungen. Und tatsächlich stellte man bei computertomographischen Untersuchungen »eine relativ deutliche Hirnrindenatrophie«, also einen Zellenschwund in der Hirnrinde, sowie »eine geringe Erweiterung der Hirnkammern« fest, was auf »Sauerstoffmangel bei der Geburt« oder eine »frühkindliche Hirnhautentzündung« zurückgeführt wurde. Ein Befund, der bei Serienmördern überproportional häufig festzustellen ist. Mit hoher Wahrscheinlichkeit waren seine Schwierigkeiten im Umgang mit Maß und Zahl, sein unterentwickeltes räumliches Vorstellungsvermögen sowie seine unzureichende geistige Flexibilität auf diese hirnorganische Funktionsstörung zurückzuführen, da diese Fähigkeiten an eine intakte Gehirnfunktion gebunden sind und sämtlich im Bereich der Hirnrinde lokalisiert werden. Josef Gutensohn war demnach geistig retardiert, emotional eingeengt, psychisch nicht belastbar – ideale Voraussetzungen für affektiv bedingte Impulsdurchbrüche.

Aber auch die bisweilen chaotischen Zustände auf der Intensivstation in Rheinfelden dürften die Taten dieses Mannes begünstigt haben. Das größtenteils unerfahrene Ärzte- und Pflegeteam war nicht mehr als ein bunt zusammengewürfelter Haufen – desorganisiert, desillusioniert, desorientiert. Eine ehemalige Schwester erklärte vor Gericht: »Da wurde man von einem Fall zum anderen gerufen, gab hier und dort etwas, und am Ende, wenn man dies alles eintragen sollte, stellte man sich manchmal die Frage: Was hast du eigentlich alles verabreicht?« Dieses geordnete Chaos, die allgemeine Hektik und Unübersichtlichkeit, die fehlende Unterstützung, aber auch die ständigen Bevormundungen, Sticheleien und Eifersüchteleien innerhalb des Teams waren der Nährboden für die Taten dieses Mannes. Er wurde schlichtweg überfordert, fühlte sich zunehmend dem eigenen Leistungs- und Erfolgsdruck hilflos ausgeliefert, konnte seinem überhöhten Anspruchsdenken nicht mehr genügen. Zu diesem Zeitpunkt zischte die Lunte bereits.

War es der Euthanasie-Gedanke, der ihn bei seinen Taten angetrieben hatte? Hatte er die Patienten von ihren Leiden »erlösen« wollen? Diese Hypothese erscheint jedoch mehr als zweifelhaft. Zum einen distanzierte er sich in seinen Vernehmungen mehrfach von diesem motivischen Hintergrund, zum anderen fehlte es schon an den objektiven Voraussetzungen: Die Opfer waren keine dahinsiechenden, sterbenskranken Patienten, die er hätte »erlösen« können. Hatte er sich zum »Herrn über Leben und Tod« aufgeschwungen, um seine quälenden Minderwertigkeitsgefühle zu kompensieren? Auch diese Annahme läßt sich nicht belegen. Josef Gutensohn war trotz aller Kühle seines schizoiden Wesens nicht vollkommen gefühlskalt; vielmehr war er bei seinen Patienten gut gelitten, die übereinstimmend ein schmeichelhaftes Persönlichkeitsbild beschrieben: »freundlich, zuvorkommend, liebenswürdig, gutherzig, mitmenschlich«. Es fiel ihm offenbar leichter, mit Patienten ins Gespräch zu kommen als mit seinen Kollegen. Für einen »eiskalten« Mörder fehlte es ihm einfach an der nötigen Abgebrühtheit und inneren Verrohung.

Die Richter verneinten schließlich die Möglichkeit, daß er »die Patienten mit Vorbedacht getötet« hatte. Gleichwohl konnten auch sie kein überzeugendes Motiv für seine Taten herleiten: »Das Persönlichkeitsbild des Angeklagten, das einerseits in der Beziehung zu den Patienten durch Helfen gekennzeichnet ist, andererseits aber eine Tendenz zur Selbstüberschätzung bei gleichzeitiger Störung des Realitätsgefühls offenbart, weist eher darauf hin, daß der Angeklagte den Tod der Patienten nicht billigend in Kauf genommen, sondern in Überschätzung seiner Möglichkeiten selbst in die Hand genommen hat.« Josef Gutensohn wurde demzufolge nicht wegen Mordes oder Totschlags, sondern wegen »Körperverletzung mit Todesfolge« im Zustand »erheblich verminderter Schuldfähigkeit« zu sieben Jahren Gefängnis verurteilt.

Er sollte demnach seine Patienten im guten Glauben und mit den allerbesten Absichten zu Tode gepflegt haben. Ein sicher fragwürdiges Urteil. Aber das Motiv dieses Mannes läßt sich auch heute nicht mit der notwendigen Gewißheit herleiten. Er hatte sich aus seiner Sicht richtig verhalten und zu seinen Beweggründen geschwiegen – sofern sie ihm überhaupt bewußt gewesen sein sollten. Selbst einer Handvoll Psychologen war es nicht gelungen, seine Motivation gerichtsfest nachzuweisen. »Mehr als solche hypothetischen Erwägungen mit einer Wahrscheinlichkeitsstaffelung kann der Psychiater leider zur Motivationserklärung dieses exzeptionellen Falles nicht beitragen«, hieß es in einem der Gutachten.

Vermutlich dürfte es in diesem Fall ein ganzes Bündel von

Ursachen gegeben haben: die berufliche Überforderung und Überlastung, die sein schwer beschädigtes Selbstwertgefühl beharrlich torpedierten und zunehmend demontierten; die allgegenwärtige Angst, in Notfällen mit den medizinischen Apparaten nicht zurechtzukommen und später wieder als Depp gescholten zu werden; das eigene von Überheblichkeit dominierte Anspruchsdenken, den Ärzten nicht nachstehen zu wollen; der regelmäßige Mißbrauch von Schlaf- und Schmerzmitteln, der in Verbindung mit der Hirnschädigung einem schleichenden Realitätsverlust Vorschub geleistet haben könnte. Eine hochexplosive Gefühlsmixtur, die da still vor sich hinköchelte. Josef Gutensohn war ein Mordmotiv unter diesen Voraussetzungen nicht sicher nachzuweisen, gleichwohl dürfte er *vorsätzlich* getötet haben. Spätestens nach dem zweiten Todesfall hätte ihm bewußt und bekannt sein müssen, daß die Injektionen den Tod der Patienten zur Folge hatten – und künftig zur Folge haben würden. Er hätte mit Blindheit geschlagen sein müssen, um dieses Risiko nicht zu erkennen. Dennoch spritzte er seinen Opfern weiter beharrlich Überdosen und nahm ihren Tod damit wenigstens billigend in Kauf. Im juristischen Sinne bedeutet dies: *bedingter* Vorsatz. Somit hätte das Gericht in der Mehrzahl der Fälle auf Totschlag erkennen können, wenn nicht sogar erkennen müssen.

Das Drama von Rheinfelden ist beileibe kein bedauerlicher Einzelfall. In den vergangenen 50 Jahren wurde in den Medien, aber auch im kriminologisch-kriminalistischen, psychologischen und medizinischen Schrifttum über 45 multiple Patientenmörder berichtet, denen weltweit mindestens 783 Patienten zum Opfer fielen. Soweit ersichtlich, trieb der erste Serienmörder in Weiß 1943 im Krankenhaus von Macon, einem Städtchen im Weinland von Burgund, sein Unwesen, vergiftete dort 19 Patienten mit Atropin. Durchschnittlich säumen 17 (!) Leichen den Berufsweg des todbringenden Samariters. Vornehmlich sind es Krankenschwestern und -pfleger, die ihre Schutzbefohlenen reihenweise töten, selten hingegen Ärzte. Die Täter wiesen zum Zeitpunkt ihrer Festnahme ein mittleres Lebensalter von etwas mehr als 37 Jahren auf (zwischen 24 und 59 Jahren), hatten überwiegend langjährige Berufserfahrung, galten als fachlich kompetent und wurden von ihren Patienten größtenteils als

»fürsorglich«, »engagiert« oder »bemüht« geschätzt. Auffälligstes Merkmal dieser Täter ist ihre Unauffälligkeit. Darüber hinaus verbindet alle seriellen Patientenmorde, daß die Täter ausnahmslos an ihrem Arbeitsplatz ihre Opfer vergiften, ertränken oder ersticken. Begünstigt werden die Taten trotz augenfälliger Indizien insbesondere durch eine immer wieder festzustellende Unkultur der mentalen und emotionalen Verdrängung: nichts sehen, nichts hören, nichts verstehen, nichts unternehmen. Der mittlerweile verstorbene Psychotherapeut und Gerichtsgutachter Herbert Maisch beschreibt in seinem höchst lesenswerten Buch *Patiententötungen – Dem Sterben nachgeholfen* vier Gründe, die als Ursachen dieser »Aufdeckungsbarrieren« gelten dürfen: »(...) das tadellose berufliche Image der Täter, die Unvorstellbarkeit solcher Greueltaten, die Angst der Klinik- oder Heimleitung vor einem Skandal in der Öffentlichkeit, die Angst vor dem Ruin der eigenen beruflichen Karriere und strafrechtlichen Konsequenzen.« Ideale Rahmenbedingungen, um den eigenen Patienten nach dem Leben zu trachten und längere Zeit unentdeckt zu bleiben beziehungsweise gedeckt zu werden.

Überraschenderweise spielt der Euthanasie-Gedanke in der krankenden Vorstellungswelt der meisten Täter keine Rolle. Wie läßt sich die wohl schamloseste und hinterhältigste aller denkbaren Tabuverletzungen dann erklären? Wie können Menschen wieder und wieder morden, deren Passion und Beruf es sein soll, Leben zu erhalten?

Bei diesem speziellen Phänotyp sind die Motive so vielgesichtig wie bei der häßlichen Maske des Verbrechens schlechthin. Zwei Beispiele: Im April 1976 wurde Paul Zittlau, der ehemalige Diakon des Pflegeheims »Wupperfeld«, vor dem Schwurgericht in Wuppertal wegen sechsfachen Mordes und dreifachen Mordversuchs angeklagt. Der 44jährige hatte bei seinen Taten eine kaum zu steigernde Kaltblütigkeit und innere Gleichgültigkeit offenbart. Einer 90jährigen spritzte er in Gegenwart einer Schülerin, die über die Weihnachtsferien im Heim aushalf, eine Überdosis des Schmerzmittels »Scophedal«. Noch während er injizierte, ließ er die Bemerkung fallen: »Die Alte ist nicht kaputt zu kriegen. Jetzt wird sie aber bald tot sein.« Wenig später war die Frau tatsächlich tot. In einem anderen Fall ließ er im Krankenhaus Neviges eine Patientin in der Badewanne ertrinken. Er hatte der 78jährigen vorher eine Spritze gesetzt und sie dann bewußtlos in die Wanne gelegt – dort ließ er sie einfach absinken. Bei einem anderen Patienten im Hattinger Krankenhaus drehte er kurzerhand die Sauerstoffzufuhr ab. Oftmals kündigte er seine Taten unverfroren mit blankem Zynismus an: »Die ist ein zähes Luder, wird aber nicht mehr aufstehen«, »der Alte geht bald himmeln«. Oder: »Ich krieg' die Alte trotz ihrem starken Herzen kaputt.«

Die Sonderkommission der Wuppertaler Kripo betrachtete insgesamt 15 Morde und Mordversuche als »geklärt«, die Staatsanwaltschaft beschränkte sich bei ihrer Anklage jedoch auf neun »sicher nachgewiesene« Taten, die Richter ließen schließlich nur noch zwei Morde und vier Mordversuche als »bewiesen« gelten. Nicht zuletzt deshalb, weil das Motiv nicht eindeutig hatte geklärt werden können. Von Paul Zittlau war während der Hauptverhandlung lediglich erklärt worden, aus welchem Grund er *nicht* gemordet hatte: »kein Gnadentod, keine Sterbehilfe«. Vermutlich war es vielmehr ein ganzes Bündel von Motiven, die den Diakon und Oberpfleger seine seelsorgerischen und medizinischen Pflichten vergessen, ihn zum heimtückischen Mörder entarten ließen. Über manche Patienten hatte er sich »geärgert«, ihre Beschwerden und Wünsche waren ihm »lästig« geworden. Darüber hinaus hatte er Unterhalt für seine Kinder aus zwei geschiedenen Ehen zu zahlen, trotz alledem über seine Verhältnisse gelebt, hohe Schulden angehäuft. Den Nachlaß seiner Opfer hatte er sich einverleibt, um den finanziellen Kollaps zu lindern. Feindliche Übernahme der Erbmasse nennt man so etwas wohl. Sechs Jahre nach Beginn seiner seelischen Entgleisungen bekam er im September 1976 die Quittung: Lebenslänglich.

Ein besonders ungewöhnlicher Fall ereignete sich 1954 in der DDR. In einem Krankenhaus unweit von Berlin häuften sich auf der chirurgischen Station mysteriöse Todesfälle. Mehrfach verstarben Patienten einige Tage nach erfolgreich verlaufener Operation, obgleich sowohl aufgrund des zuvor erhobenen Befundes als auch des Operationsverlaufes mit Komplikationen nicht zu rechnen war. Sämtliche Patienten waren von akuten Magen-Darmbeschwerden heimgesucht worden, hatten sich häufiger erbrechen müssen. Eine weitere Gemeinsamkeit war augenfällig: Alle Patienten waren von ein und demselben Oberarzt operiert worden. Schließlich wurde die Klinik-Leitung mißtrauisch und ordnete sogenannte Teilsektionen an, die sich im wesentlichen auf das Operationsgebiet beschränkten. Aber auch hierdurch ließ sich die Todesursache nicht zweifelsfrei klären. Schließlich ging man dazu über, die verstorbenen Patienten vollständig zu obduzieren. Und man wurde fündig: In vier Fällen konnten in den Organen deutliche Spuren von Arsen nachgewiesen werden – die Opfer waren zweifelsfrei vergiftet worden.

Dann wurde durch die mittlerweile alarmierten staatlichen Ermittler festgestellt, daß Hans Reiter, der 42jährige Oberpfleger der Station, bereits vor Jahren eine außereheliche Liebschaft mit einer 23jährigen Stationsschwester angefangen hatte. In der letzten Zeit war es zwischen beiden immer wieder zu heftigen Auseinandersetzungen gekommen. Hans Reiter war eifersüchtig. Er hatte mitbekommen, daß der Oberarzt der Station seiner Geliebten schöne Augen machte. Zudem hatte er sich des öfteren darüber beklagt, daß seine Arbeit von den Krankenhausärzten »nicht richtig anerkannt« und »gewürdigt« würde. Als man ihm schließlich nachweisen konnte, in einer Apotheke Arsen gekauft zu haben, nahm man ihn fest. Doch auch seine Geliebte wurde eingesperrt, die schon bald ihr Schweigen brach: »Der Hans ist unheimlich wütend geworden, als ich ihm erklärte, daß da noch jemand sei. Er hat dann geflucht, daß er mit diesem Kerl noch abrechnen würde.«

Als man ihn mit den belastenden Aussagen seiner Geliebten konfrontierte, verlor er die Fassung, kippte um. Er gestand, mindestens vier Patienten durch arsenhaltigen Tee vergiftet zu haben. Das Motiv: »Meine Freundin bedeutete mir alles, und dann kam mir dieser Typ von einem Oberarzt in die Quere. Ich wollte ihn unmöglich machen, durch den Tod der Patienten seine Operationserfolge schmälern, ihn in den Ruf eines schlechten Operateurs bringen. Ich hoffte, daß man ihn dann deswegen versetzen würde.« Irgendwelche Differenzen mit den Patienten habe es nicht gegeben, es seien »nette Leute« gewesen. Hans Reiter wollte einfach nur den beruflichen Erfolg seines Oberarztes torpedieren: Serienmord zu statistischen Zwecken.

Trotzdem sind es in den meisten Fällen keine »eiskalten Todesengel« oder »gewissenlosen Mordmaschinen«, die den »Patientenkahlschlag« als morbides Vergnügen empfinden. Nicht jeder, der tötet, tut es gerne. Auch diejenigen nicht, die in ihrer geistigen Verirrung glauben, sich auf diese Weise seelische oder sonstige Erleichterung verschaffen zu können. Vielmehr sind es regelmäßig unbewältigte Ängste, Konflikte und Probleme, die ein brisantes Gemisch aus Enttäuschung, Frustration und Wut ergeben, das irgendwann – häufig erst nach vielen Jahren – durchbricht. Nicht ganz zufällig sind es in vielen Fällen Schwestern und Pfleger einer Intensivstation, die sich beim Patientenmord in Serie die Hände schmutzig machen. Die surreale Szenerie solcher Lebenserhaltungseinrichtungen, noch vor drei Jahrzehnten in nur wenigen medizinischen Hochburgen zu finden, erzeugt im verzweifelten Abwehrkampf gegen den Tod ein fremdartiges Klima von höchster innerer wie äußerer Anspannung und Alarmbereitschaft. Die amerikanischen Mediziner Donald Hay und Donald Oken beschrieben schon vor mehr als zehn Jahren sehr eindrucksvoll die emotionsgeladenen Sinneseindrücke, denen sich die High-Tech-Lebensretter permanent ausgesetzt sehen, und verglichen eine Intensivstation mit »einem militärischen Befehlsstand während einer Krisensituation«: »Hoffnungslos Kranke, verletzte, verstümmelte Menschen liegen da. Das Röcheln der Sterbenden mischt sich mit Geräuschen der Maschinen. Der Anblick von Blut, Erbrochenem und Exkrementen attackiert die Sinne, von unverhüllt bloßliegenden Genitalien und hilflos dahindämmernden Körpern, halbnackt und entstellt durch Schläuche und Verbände – ein Anblick, der das fundamentale Selbstverständnis von menschlicher Integrität verletzt.« Tatsächlich drängt sich hier und da der Eindruck auf, als würde bei Intensivbehandlungen nicht das Leben, sondern das Sterben verlängert.

Ärzte und ihre Helfer haben ständig den Tod vor Augen: dagegen ankämpfend, mit sich selbst ringend, den Sinn von bisweilen menschenunwürdigen Lebenserhaltungsmaßnahmen anzweifelnd, dem eigenen Gewissen regelmäßig Rechenschaft ablegend, den Tod von Menschen überwindend, die eigene seelische Erschöpfung mißachtend. Solche belastenden Arbeitsbedingungen können auch den Stabilsten und Geschicktesten mürbe machen, in einen Zustand körperlicher und emotionaler Erschöpfung münden. Zunächst sind es nur Müdigkeit, Ausgelaugtheit und Reizbarkeit, dann Depressionen, Selbstzweifel und innere Verrohung. Es wird aber immer erst dann (lebens-)gefährlich, wenn diese Probleme und Nöte beiseite geschoben, mißachtet, geringgeschätzt werden. Wehe, wenn kein Ventil vorhanden ist, Verdrängungsmechanismen versagen und die Flucht aus dem Beruf nicht möglich erscheint. Dann verschwimmt die Realität, wird von ausgeprägtem Surrealismus überlagert: Das Leid der Patienten, aber auch sie selbst wirken bedrohlich. Schließlich der Tod, die Erlösung – bis zum nächsten Mal. Letale Spritzen als radikale Form der Abwehr tiefsitzender Angst und fortwährender Bedrohung – ein Teufelskreis.

Gleichwohl ist die serielle Patiententötung dieser Prägung irrational, bleibt vorteilslos, fruchtlos; haben die Täter einen Halbtoten »um die Ecke gebracht«, wird spätestens am folgenden Tag der Nächste geliefert. Dies mag auch die extrem hohe Zahl an Opfern erklären. Das Leid findet einfach kein Ende, die kranke Seele der Täter keine Ruhe.

Begünstigt werden solche Taten aber auch durch die Opfer selbst; nicht etwa, daß sie sich danach drängen würden, vorzeitig ins Jenseits befördert zu werden. Nein, sie haben einfach keine Lobby: die Alten und Siechen. Bei Licht besehen gilt das Alter als die Abrundung des Lebens, der Lebensabend als eine Art »Spätsommer«. Doch die traurige Wahrheit ist, daß die »Altlasten« vielfach nur noch »entsorgt« werden. Die Gebrechlichkeit wird zum Störfall, die Alten sind nicht mehr als Sandkörner im gesellschaftlichen Getriebe. Insbesondere dann, wenn sie sich nicht mehr selbst helfen können, einem allzu verwirrt erscheinen oder zu schmutzig werden. Offenbar hat unsere hochmoderne Wegwerf-Gesellschaft die Wertschätzung des vergreisenden Menschen, des Unansehnlichen, des Faltenreichen, des Unbeholfenen, des Körperbehinderten gleich mit in die kollektive Abfalltonne befördert. Es gilt in unserer an Profitdenken und dem unbedingten Streben nach schrankenloser Selbstverwirklichung krankenden Sozialordnung keineswegs als verpönt oder kriminell, Hochbetagte als eine Belastung, wenn nicht gar als vermeidbares Übel zu empfinden. Ein Menschenleben hat dann keinen Wert mehr, sondern nur noch einen *Unwert*. So werden ideologische Brücken geschlagen, über die die Mörder ungehindert und moralisch gestärkt hinwegmarschieren können. Die Menschen, denen sie den Garaus machen, erscheinen nicht mehr achtens- oder liebenswert, sondern sind nur noch lästig, störend, im Weg. So wie beispielsweise auf der Altenstation im Wiener Krankenhaus Lainz, wo vier Pflegerinnen von 1983 bis 1989 nicht weniger als 42 Patienten mit Insulin totspritzten, mit Schlafmitteln »ruhigstellten« oder mit Wasser qualvoll erstickten. Die »Mordbande der Hilfsschwestern« tötete planvoll, selektiv, erbarmungslos. Sein Leben verwirkt hatte etwa, so die Anführerin der Mord-Furien, »wer mich ärgerte. Der bekam ein Gratisbett beim lieben Gott«. So weit kann es gehen.

Neben der speziellen individuellen Disposition der Täter liegt das Kernproblem in den sich mehrenden hochkomplexen gesellschaftlichen Veränderungen, die vielfach nur eines zum Ziel haben: den (bedingungslosen) Fortschritt. Von Günter Grass stammt die zutreffende Bemerkung: »Ich bin überzeugt, daß die Menschen von den Ergebnissen ihrer Leistungsfähigkeit überfordert werden.« Nachdenklich stimmt auch das Fazit von Herbert Maisch: »Unter den Bedingungen der mitunter menschenfeindlichen, rationalisierenden Technisierung können Pflegekräfte und Ärzte, kann das System der sozialen Maschine Krankenhaus seinem humanitären Auftrag vielfach nicht mehr gerecht werden. Es ist damit schlicht und einfach überfordert.« Ein dunkles Verlies, in das wir uns selbst eingekerkert haben. Sollte es nicht gelingen, der Menschlichkeit dort einen Platz zu reservieren, hecheln wir geradewegs in die Barbarei.

Die unsäglichen Greueltaten von Serienmördern schockieren, stoßen ab, machen Angst. Bei jedem Mord stirbt nicht nur das Opfer, auch Eltern, Geschwister, Freunde und Bekannte werden mitgerissen in den dunklen Schlund der Verzweiflung, sterben Stück für Stück einen qualvollen mentalen Tod. Für viele gibt es keine Wiederkehr, die seelischen Narben wollen einfach nicht heilen. Diese bedrohlich und angsteinflößend wirkende Erfahrung spiegelt auch jener aufrüttelnde Brief von Hermann und Renate Klinkhammer wider, der während der Verhandlung gegen den »Heidemörder« Manfred Hansen, jenen Mann, der ihre 25jährige Tochter Anna am 23. November 1987 vergewaltigt, gefoltert, erdrosselt und verstümmelt hatte, durch den Vorsitzenden Richter verlesen wurde. Sie selbst wollten an dem Prozeß nicht teilnehmen, hatten Angst, dem Mörder ihrer Tochter »ihren Schmerz, ihre Wut, ihre Not und ihre Ohnmacht ins Gesicht zu schreien«. In diesem Brief heißt es auszugsweise: »*Jedes Opfer läßt zahlreiche Hinterbliebene zurück. Menschen, die sie liebten und schätzten. Jeder einzelne dieser Menschen hat nicht nur etwas Unwiederbringliches verloren, sondern es ist auch ein Teil der eigenen Lebensgeschichte, der eigenen Vergangenheit wie auch der Zukunft gestorben. So betrachtet kommt zu dem Mord an Anna noch die Summe aller Teilmorde in all den Menschen, die sie liebten. Mit solchen Augen besehen, kommt jeder Mord fast einem Doppelmord gleich!*«

Aber auch wenn der tiefe Schmerz so verständliche Gefühle wie Wut, Haß und Rache in uns wachruft, wir die Täter am liebsten zum Teufel wünschen, sie in der Hölle schmoren sehen möchten, sollten wir die Schuldigen nicht nur moralisch verdammen und juristisch verurteilen, sondern auch die Ursachen erkennen, besser noch: anerkennen. Das fällt schwer, denn einem anderen das Leben zu nehmen ist das schwerste Verbrechen, das ein Mensch begehen kann. Eine Gesellschaft, die das Töten tabuisiert und die Verantwortung delegiert, darf dennoch nicht nur strafen, sondern muß auch helfen, wenn in diesem kalten System ein Mensch versagt. Doch die staatliche Vor- und Fürsorge sowie die zwischenmenschliche Interaktion, das tägliche Miteinander bleiben zu oft formelhaft, inhaltsarm, blutleer. Das moralische und soziale Reglement gestattet keine Fehltritte, tabuisiert und (vor-)verurteilt dort, wo Integration und Sensibilität hilfreich erscheinen. Schuld ist also auch das, was wir uns im Kampf ums Dasein tagtäglich antun. Die brutale Gewalt ist in vielen Fällen nicht mehr als eine gesunde Reaktion auf eine krankende Gesellschaft. Serienmörder sind Angeklagte und Ankläger zugleich, legen ihre schmutzigen Finger in offene Wunden. Die Täter tragen ohne Zweifel ein hohes Maß an persönlicher Schuld, die jedoch in der Mehrzahl der Tragödien auf einem gerüttelten Maß kollektiver Schuld fußt.

Ihr kalter Haß, ihre grenzenlose Gier, ihre maßlose Wut, ihre abgrundtiefe Zügellosigkeit, ihre mörderische Feindseligkeit, ihre erschreckende Erbarmungslosigkeit kommen nicht von ungefähr.

Bevor sie losziehen und über ihre Opfer herfallen, sind sie selbst Opfer gewesen – viele Male; überwiegend in der eigenen Familie. Die Schilderungen von Jürgen Bachmann, dem vierfachen Knabenmörder aus Langenberg, stehen stellvertretend für Selbstvergessenheit und seelische Grausamkeit vieler Eltern: »Ich habe sie innerlich nie verstehen können. Ich weiß, wie sehr sie mich liebte und noch liebt, aber ein Kind, so dachte ich immer, muß das auch spüren. Nur ein Beispiel: Meine Mutter fand absolut nichts dabei, mich in einer Minute in den Arm zu nehmen und zu küssen, und in der nächsten Minute sah sie, daß ich aus Versehen die Schuhe anbehalten hatte, nahm einen Kleiderbügel aus dem Schrank und zerschlug ihn auf mir. In dieser Art etwa geschah oft etwas, und jedesmal zerbrach irgend etwas in mir. (...) Dann schenkten sie mir ein Gesellschaftsspiel zu Weihnachten, obwohl sie gar nicht vorhatten, mit mir zu spielen. Das ist doch seelische Grausamkeit. Warum habt ihr in zwanzig Jahren nicht ein einziges Mal mit mir gespielt?«

Ein arabisches Sprichwort sagt: »Eine Wunde, von Worten geschlagen, ist schlimmer als eine Wunde, die das Schwert schlägt.« Unbedachte, mehr aus Enttäuschung, Verzweiflung oder Überforderung resultierende Verbalinjurien wie »Der Tag, an dem du geboren wurdest, war der schwärzeste in meinem Leben!« reißen Mal für Mal seelische Wunden, die in der Summe einen tiefen Krater ergeben. Die späteren Mörder holen sich ihre seelischen Deformationen im Kreis ihrer Lieben. Bis zu ihren Taten flüchten sie sich regelmäßig in die innere Emigration, einhergehend mit einem sozialen Exodus. Heimisch werden sie nur in der Fremde. Dort, wo nicht geschlagen, gedroht, geschimpft, gehänselt, gebrandmarkt wird. Ihren unheimlichen Groll, ihre unstillbare Begierde werden sie aber auch dort nicht los, machen irgendwann kehrt und morden sich in unser Bewußtsein zurück. Ihre Taten sind häufig nicht mehr als verzweifelte Hilfeschreie, die eh niemand hören will und kaum jemand als solche zu erkennen imstande ist. Und so geht das munter weiter.

Es macht keinen Sinn, diesen Menschen den Krieg zu erklären; der findet schon lange statt, ist in vollem Gange – in unseren Köpfen, in unseren Herzen. Der Mensch ist des Menschen Wolf. Wir werden schlecht damit fertig, daß ein »Ungeheuer«, dem so scheußliche

Verbrechen vorgeworfen werden, nicht einfach durchweg ein Teufel, ein schwarzes Ungetüm ist; daß er auch zugängliche, einfühlbare Züge hat, die irgendwann verschüttet worden sind. Und wir wollen nicht verstehen und nicht einsehen, daß diese Täter sich nicht selbst helfen können. Wahr hingegen ist, daß sie eigenhändig würgen, drosseln, stechen, schießen; aus Habgier, purer Mordlust, Sexgier, Wut, Haß oder Enttäuschung. Dafür gibt es keine juristische Entschuldigung, dafür gehören sie eingesperrt. Hier und da gehört der Schlüssel sogar weggeworfen. Aber sind wir es nicht selbst, die ihnen Strick, Messer und Pistole reichen? Indem wir sie seelisch massakrieren, gesellschaftlich ausgrenzen und auf der sozialen Müllhalde entsorgen? So macht man sich Feinde.

Serienmörder passen in unsere Zeit. Die sozialen und seelischen Probleme unserer hochtechnisierten und hochgezüchteten Ein-Weg-Gesellschaft verarbeiten und spiegeln diese Täter in ihren häßlichen Morden: Jeder ist sich selbst der Nächste. Verzweifelt suchen wir nach Werten und Leitbildern, an denen wir uns festklammern können – allzu oft vergeblich. Eine politische Moral haben wird schon lange abgeschafft. Auch zwischenmenschlich geht nicht mehr viel. Beziehungskisten werden leise oder krachend auf- und zugeklappt. Scheidung wird zum Tagesgeschäft. Die Menschen werden sich fremd. Den Nachbarn grüßt man noch – mehr aber auch nicht. Die Flimmerkiste läuft und läuft, Bilder ersetzen das gesprochene Wort. Jeder dritte Deutsche rennt in seinem Leben einmal zum Psychiater: Streß, Depressionen, die pure Lebensangst. Tendenz: steigend. Die Menschen stumpfen ab, hasten in Supermärkten hektisch aneinander vorbei – wortlos. Im Zeitalter der Globalisierung hängt man vor dem Computer, führt Online-Dialoge im Cyberspace. Dort gibt es das, wonach sich viele Menschen zu sehnen scheinen: reichlich Anonymität. Es hat den Anschein, als hätten wir uns eine Welt zusammengezimmert, in der wir uns nicht mehr viel zu sagen haben, in der wir uns fremd geworden sind, in der wir uns nicht mehr zurechtfinden. Vielleicht paßt der moderne Mensch besser in die Stein- als in die Neuzeit. Serienmörder, ganz gleich aus welchen Motiven sie töten, empfinden sicher nicht zufällig ganz genauso.

Dennoch bleibt ein Fünkchen Hoffnung. Der Psychiater und Philosoph Karl Jaspers appellierte an die soziale Verantwortung, die jedermann kennt, zu der sich aber kaum jemand bekennt, als er schrieb: »Es gibt eine Solidarität zwischen Menschen als Menschen, welche einen jeden mitverantwortlich macht für alles Unrecht und alle Ungerechtigkeiten auf der Welt ...« In den unmenschlichen Taten von Serienmördern steht auch viel über uns selbst geschrieben, sie spiegeln und versinnbildlichen unsere eigenen Unzulänglichkeiten. Lernen wir daraus?

Literatur

Anonymus: *Serial murders: Another forensic challenge.* Forensic Science International 1985, 135-144.

Ansevics, Nancy L./Doweiko, Harold E.: *Serial murderers: Early proposed development model and typology.* Psychotherapy in Private Practice 1991, 107-122.

Arieti, Silvano/Schreiber, Flora R.: *Multiple murders of a schizophrenic patient: A psychodynamic interpretation.* Journal of the American Academy of Psychoanalysis 1981, 501-524.

Aring, Theodor: *Der Serienmörder Dennis Nilsen.* Polizei-Digest 1985 (Heft 3), 143-145.

Bartels, Klaus: *Serial killers: Erhabenheit in Fortsetzung.* Kriminologisches Journal 1997 (6. Beiheft), 160-182.

Bartels, Klaus: *Serial killers: Sublimity to be continued. Aesthetics and criminal history.* American Studies 1998, 497-516.

Bauer, Günther: *Jürgen Bartsch.* Archiv für Kriminologie, Bd. 144, 61-91.

Bauer, Günther: *Gewalttätige Triebverbrecher.* Münchener Medizinische Wochenschrift 1971, 1089-1096.

Bauer, Günther: *Die Problematik der Triebverbrechen aus kriminalistischer Sicht.* Der Kriminalist 1972, 15-20.

Bauer, Günther: *Sexualmörder.* Polizeispiegel 1976, 184-186.

Bauer, Günther: *Kindermorde, die vermeidbar waren.* Der Kriminalist 1979, 320-326.

Bauer, Günther: *Serien- und Wiederholungsmörder – Probleme der Ermittlung und Verhütung,* in: Göppinger, Hans/Bresser, Paul (Hrsg.): *Tötungsdelikte,* 211-226. Stuttgart 1980.

Becker, C. Konrad: *Giftmörderin Swinka – und ihr Prozeß in Köln.* Köln 1949.

Beine, Karl-Heinz: *Sehen, Hören, Schweigen: Patiententötungen und aktive Sterbehilfe.* Freiburg i. Br. 1998.

Bennett, Kenneth A.: *Victim selection in the Jeffrey Dahmer slayings: An example of repitition in the paraphilias?* Journal of Forensic Sciences 1993, 1227-1232.

Berg, Karl: *Der Sadist.* Zeitschrift für die gesamte Gerichtliche Medizin 1931, 247-347.

Blaauw, J. A.: *Kriminalistische Scharlatanerien.* Kriminalistik 1994, 705-712.

Blundell, Nigel: *Encyclopedia of serial killers.* North Dighton 1996.

Bourgoin, Stéphane: *Serienmörder – Pathologie und Soziologie einer Tötungsart.* Hamburg 1995.

Braun, Günther: *Die Bestie im freundlichen Nachbarn.* Polizei-Digest 1983 (Heft 5), 56-64.

Breinersdorfer, Fred: *Der Hammermörder.* München 1995 (3. Aufl.).

Bresser, Paul: *Die Behandlungsmöglichkeiten bei Triebtätern.* Deutsches Ärzteblatt 1970, 1373-1377.

Bretzfeld, Karl: *Jugendliche Massenmörder.* Archiv für Kriminologie, Bd. 98, 57-70.

Brittain, Robert P.: *The sadistic murderer.* Medicine Science and the Law 1970, 198-207.

Brooks, Pierce B./Devine, Michael J./Green, Terence J./Hart, Barbara L./Moore, Merlyn D.: *Serial murder: A criminal justice response.* Police Chief 1987 (Heft 6), 40-44.

Brown, James S.: *The psychopathology of serial sexual homicide: A review of the possibilities.* American Journal of Forensic Psychiatry 1991, 13-21.

Brown, James S.: *The historical similarity of 20th century serial sexual homicide to pre-20th century occurrences of vampirism.* American Journal of Forensic Psychiatry 1991 (Heft 2), 11-24.

Brüning, A.: *Drei Giftmorde mit Arsenik.* Archiv für Kriminologie, Bd. 102, 215-220.

Burgess, Ann W./Hartman, Carol R./Ressler, Robert K./Douglas, John E./McCormack, Arlene: *Sexual homicide: A motivational model.* Journal of Interpersonal Violence 1986, 251-272.

Busch, Katie A./Cavanaugh, James L.: *The study of multiple murder.* Journal of Interpersonal Violence 1986, 5-23.

Byloff, Fritz: *Fünffacher Giftmord.* Archiv für Kriminologie, Bd. 79, 220-226.

Cameron, Deborah/Frazer, Elizabeth: *Lust am Töten – eine feministische Analyse von Sexualmorden.* Frankfurt a. M. 1993.

Canter, David: *Criminal shadows: Inside the mind of the serial killer.* London 1995.

Caputi, Jane: *The new founding fathers: The lore and the lure of the serial killer in contemporary culture.* Journal of American Culture 1990 (Heft 3), 1-12.

Cluff, Julie/Hunter, Allison/Hinch, Roland: *Feminist perspectives on serial murder.* Homicide Studies 1997, 291-308.

Copeland, Arthur R.: *Multiple homicides.* The American Journal of Forensic Medicine and Pathology 1989, 206-208.

Crokett, A. (Hrsg.): *Serial murderers.* New York 1990.

Degen, Rolf: *Serien-Killer: Mord als Mission?* Psychologie Heute 1990 (Heft 8), 46-53.

DeHart, Dana D./Mahoney, John M.: *The serial murderer's motivations: An interdisciplinary review.* Omega 1994, 29-45.

Diessenbacher, Hartmut/Ueberschär, Ernie: *Zum Fall des Massenmörders Arnfin Nesset.* Psychologie und Gesellschaftskritik 1988, 149-164.

Dietz, Park E.: *Mass, serial and sensational homicides.* Bulletin of the New York Academy of Medicine 1986, 477-491.

Dietz, Park E./Harry, Bruce/Hazelwood, Robert R.: *Detective magazines: Pornography for the sexual sadist?* Journal of Forensic Sciences 1986, 197-211.

Dietz, Park E./Hazelwood, Robert R./Warren, Janet: *The sexually sadistic criminal and his offenses.* Bulletin of the American Academy of Psychiatry and the Law 1990, 163-178.

Dörner, Klaus: *Helfen und Töten.* Die Schwester/Der Pfleger 1991, 920-922.

Dolan, Robert W.: *Serial murder.* Philadelphia 1997.

Douglas, John E./Burgess, Ann W./Burgess, Allen G./Ressler, Robert K.: *Crime classification manual.* San Francisco 1992.

Douglas, John/Olshaker, Marc: *Die Seele des Mörders.* Hamburg 1996.

Douglas, John/Olshaker, Marc: *Jäger in der Finsternis.* Hamburg 1997.

Drukteinis, Albert M.: *Serial murder – the heart of darkness.* Psychiatric Annals 1992, 532-538.

Dürwald, Wolfgang: *Vier Giftmorde an Patienten, die nach Operationen im Krankenhaus lagen.* Archiv für Kriminologie, Bd. 119, 121-126.

Dürwald, Wolfgang: *Tötungsdelikte in Krankenhäusern.* Versicherungsmedizin 1993, 3-6.

Egger, Steven A.: *A working definition of serial murder and the reduction of linkage blindness.* Journal of Police Science Administration 1984, 348-357.

Egger, Steven A. (Hrsg.): *Serial murder: An elusive phenomenon.* Westport 1990.

Egger, Steven A.: *The killers among us: An examination of serial murder and its investigation.* New Jersey 1998.

Eisenberg, Ulrich: *Serientötungen alter Patienten auf der Intensiv- oder Pflegestation durch Krankenschwestern bzw. -pflegerinnen.* Monatsschrift für Kriminologie 1997, 239-254.

Engelhardt, Leopold: *Der Heiratsschwindler, Mörder und Versicherungsbetrüger G. J. Smith.* Archiv für Kriminologie, Bd. 96, 97-139.

Engler, Klaus/Ensink, Hubert: *Der »Rhein-Ruhr-Ripper«.* Der Kriminalist 2000, 491-498.

Ernst, Georg: *Der Fall Eichhorn – ein weiterer Beitrag zur Kenntnis des Doppellebens schwerster Sittlichkeitsverbrecher.* München 1942.

Eschenbach, E.: *Raubmörder Janowski.* Kriminalistik 1959, 309-313.

Faulhaber, Günther: *Erbschleicherei über drei getarnte Morde.* Kriminalistik 1957, 56-60.

Fink, Peter: *Immer wieder töten – Serienmörder und das Erstellen von Täterprofilen.* Hilden/Rhld. 2000.

Fischer, Ernst: *Vermißte Kinder in Pirmasens,* in: Burghard, Waldemar/ Hamacher, Hans-Werner (Hrsg.): *Taschenbuch für Kriminalisten,* Bd. 28, 145-182. Hilden/Rhld. 1978.

Fox, James A./Levin, Jack: *Overkill: Mass murder and serial killing exposed.* New York 1996.

Galvin, James A./MacDonald, John M.: *Psychiatric study of a mass murderer.* The American Journal of Psychiatry 1959, 1057-1061.

Geberth, Vernon J./Turco, Ronald N.: *Antisocial personality disorder, sexual sadism, malignant narcissism, and serial murder.* Journal of Forensic Sciences 1997, 49-60.

Gee, David J.: *A pathologist's view of multiple murder.* Forensic Science International 1988, 53-65.

Geilen, Gerd: *Mitleid von (und mit) »Todesengeln«,* in: Seebode, Manfred (Hrsg.): *Festschrift für Günter Spendel,* 519-536. Berlin-New York 1992.

Gennat, Ernst: *Die Düsseldorfer Sexualverbrechen.* Kriminalistische Monatshefte 1930, 2-7, 27-32, 49-54, 79-82.

Gennat, Ernst: *Der Kürtenprozeß.* Kriminalistische Monatshefte 1931, 108-111, 130-133.

Gerster, Eike: *Tödliche Spritzen als radikale Form der Abwehr von Angst und Bedrohung.* Altenpflege 1989, 571-575.

Giannangelo, Stephen J.: *The psychopathology of serial murder: A theory of violence.* Westport 1996.

Gibiec, Christiane: *Tatort Krankenhaus – der Fall Michaela Roeder.* Bonn 1990.

Green, Terence J./ Withmore, Jane E.: *VICAP's role in multiagancy serial murder investigations.* The Police Chief 1993 (Heft 6), 38-45.

Gresswell, David M./Hollin, Clive R.: *Multiple murder.* The British Journal of Criminology 1994, 1-14.

Haberland, Jens: *Serienmörder im Europa des 20. Jahrhunderts.* Berlin 1998.

Hagemeier, Hans: *Schädelidentifizierung durch elektronische Bildmischung.* Kriminalistik 1979, 229-232.

Haglund, William D./Reay, Donald T./Snow, Clyde C.: *Identification of serial homicide victims in the »Green river murder« investigation.* Journal of Forensic Sciences 1987, 1666-1675.

Hale, R.: *The application of learning theory to serial murder, or you too can be a serial killer.* American Journal of Criminal Justice 1993, 37-46.

Haller, Reinhard: *Forensisch-psychiatrische Aspekte des Falls Jack Unterweger.* Forensische Psychiatrie und Psychotherapie 1995, 7-26.

Harbort, Stephan: *Empirische Täterprofile.* Kriminalistik 1997, 569-572.

Harbort, Stephan: *Ein Täterprofil für multiple Raubmörder.* Kriminalistik 1998, 481-485.

Harbort, Stephan: *Kriminologie des Serienmörders.* Kriminalistik 1999, 642-650, 713-721.

Hartwig, Dieter: *Morde und Banküberfälle nach Waffendiebstahl.* Der Kriminalist 1991, 71-72.

Hazelwood, Robert R./Douglas, John E.: *The lust murderer.* FBI Law Enforcement Bulletin 1980 (Heft 4), 18-22.

Hazelwood, Robert R./Dietz, Park E./Warren, Janet: *The criminal sexual sadist.* FBI Law Enforcement Bulletin 1992 (Heft 2), 12-20.

Hempel, Anthony G./Meloy, Reid J./Richards, Thomas C.: *Offender and offense: Characteristics of a nonrandom sample of mass murderers.* Journal of the American Academy of Psychiatry and the Law 1999, 213-225.

Hentig, Hans von: *Zur Psychologie der Einzeldelikte II – Der Mord.* Tübingen 1956.

Hentig, Hans von: *Beiträge zur Verbrechenskunde* (Bd. 9). Meisenheim am Glan 1973.

Herrmann, Hans: *Die Beweggründe des Mörders Hößl.* Kriminalistik 1963, 174-178.

Hickey, Eric W.: *The female serial murderer 1800-1986.* Journal of Police and Criminal Psychology 1986, 72-81.

Hickey, Eric W.: *Serial murderers and their victims.* Belmont 1996 (2. Aufl.).

Hinch, Roland: *Researching serial murder: Methodological and definitional problems.* Electronic Journal of Sociology 1998.

Hinrichs, Heinz: *Beachtenswertes Urteil in einer aufsehenerregenden Ermittlungssache.* Kriminalistik 1968, 71-73.

Hinrichs, Heinz: *Die Verbrechen des Jürgen Bartsch.* Kriminalistik 1968, 116-120.

Hinrichs, Heinz: *Der Fall Jürgen Bartsch.* Kriminalistik 1968, 306-310.

Holmes, Ronald M./DeBurger, James: *Serial murder.* Newbury Park 1988.

Holmes, Ronald M./Holmes, Stephen T.: *Understanding mass murder: A starting point.* Federal Probation 1992 (Heft 3), 53-61.

Holmes, Ronald M./Holmes, Stephen T.: *Serial murder.* Thousand Oaks 1998 (2. Aufl.).

Holmes, Ronald M./Holmes, Stephen T. (Hrsg.): *Contemporary perspectives on serial murder.* Thousand Oaks 1998.

Holmes, Stephan T./Hickey, Eric W./Holmes, Ronald M.: *Female serial murderesses: Constructing differentiating typologies.* Journal of Contemporary Criminal Justice 1991, 245-256.

Jäger, Alfred: *Massenmord oder Sterbehilfe.* Der Kriminalist 1983, 281-282.

James, Earl: *Catching serial killers: Learning from past serial murder investigations.* Lansing 1991.

Jenkins, Philip: *Serial murder in England 1940-1985.* Journal of Criminal Justice 1988, 1-15.

Jenkins, Philip: *Serial murder in the United States 1900-1940: A historical perspective.* Journal of Criminal Justice 1989, 377-392.

Jenkins, Philip: *Sharing murder: Understanding group serial homicide.* Journal of Crime and Justice 1990, 125-147.

Jenkins, Philip: *Changing perspectives of serial murder in contemporary England.* Journal of Contemporary Criminal Justice 1991, 210-231.

Jenkins, Philip: *Using murder: The social construction of serial murder.* New York 1994.

Johnson, Bradley R./Becker, Judith V.: *Natural born killers? The development of the sexually sadistic serial killer.* Journal of the Academy of Psychiatry and the Law 1997, 335-348.

Kallian, Moshe/Bar-El, Yair C./Durst, Rimona/Witztum, Eliezer: *Jacob – the case of a serial killer.* Israel Journal of Psychiatry 1996, 221-227.

Keck, Annette/Poole, Ralph J. (Hrsg.): *Serial Killers: Das Buch der blutigen Taten.* Leipzig 1997.

Keeney, Belea T./Heide, Kathleen M.: *The latest on serial murderers.* Violence UpDate 1993 (Heft 3), 1-10.

Keeney, Belea T./Heide Kathleen M.: *Gender differences in serial murderers.* Journal of Interpersonal Violence 1994, 383-398.

Keeney, Belea T./Heide Kathleen M.: *Serial murder: A more accurate and inclusive definition.* International Journal of Offender Therapy and Comparative Criminology 1995, 299-306.

Kelleher, Michael D./Kelleher, C. L.: *Murder most rare: The female serial killer.* Westport 1998.

Kemper, Martin: *Oma gestand neun Morde!* Polizei-Digest 1985 (Heft 1), 129-132.

Keppel, Robert D.: *HITS: Catching criminals in the northwest.* FBI Law Enforcement Bulletin 1993 (Heft 4), 14-19.

Keppel, Robert D.: *Signature murders: A report of several related cases.* Journal of Forensic Sciences 1995, 670-674.

Keppel, Robert D./ Birnes, William J.: *Signature Killers.* New York 1997.

Keppel, Robert D.: *Signature murders: A report of the 1984 Cranbrook, British Columbia cases.* Journal of Forensic Sciences 2000, 508-511.

Keppel, Robert D.: *Serial murder: Future implications for police investigations.* Irving 2000.

Kobbé, Ulrich: *Gilles de Rais: Päderast und Kinderschänder.* Forensische Psychiatrie und Psychotherapie 1998, 179-198.

Kolodkin, Leonard: *Fehler im Ermittlungsverfahren.* Kriminalistik 1994, 471-473.

Kosyra, Herbert: *Die Hamburger Taxifahrermorde.* Kriminalistik 1953, 129-134.

Kosyra, Herbert: *Ein fünffacher Raubmörder.* Kriminalistik 1963, 434-438.

Kosyra, Herbert: *Unaufgeklärte Morde.* Archiv für Kriminologie, Bd. 156, 43-50.

Kozenczak, J. R./Henrikson, K. M.: *In pursuit of a serial murderer.* Law and Order 1987 (Heft 8), 81-83.

Krieg, Berthold: *Kriminologie des Triebmörders.* Frankfurt a. M. 1996.

Krumbiegel, Ingo: *Tierquälerei als Vorstufe sadistischer Gewaltverbrechen.* Archiv für Kriminologie, Bd. 140, 22-27.

Lane, Brian/Gregg, Wilfred: *The new encyclopedia of serial killers.* London 1996.

Langevin, R./Ben-Aron, M. H./Wright, P./Marchese, V./Handy, L.: *The sex killer.* Annals of Sex Research 1988, 263-301.

Langevin, R./Bain, J./Wortzman, G./Hucker, S./Dickey, R./Wright, P.:

Sexual sadism: Brain, blood, and behavior. Annals of the New York Academy of Sciences 1988, 163-171.

Leach, Gordon/Meloy, Reid J.: *Serial murder of six victims by an African-American male.* Journal of Forensic Sciences 1999, 1073-1078.

Leibman, Faith H.: *Serial murderers: Four case histories.* Federal Probation 1989 (Heft 12), 41-45.

Lenk, Elisabeth/Kaever, Katharina (Hrsg.): *Peter Kürten, genannt der Vampir von Düsseldorf.* Frankfurt a. M. 1997.

Leppert, Annette: *Stop dem humanen Strafvollzug?* Criminal Digest 1988 (Heft 5), 86-92.

Lester, David: *Serial killers: The insatiable passion.* Philadelphia 1995.

Levin, Jack/Fox, James A.: *Mass murder: America's growing menace.* New York 1985.

Lewis, Dorothy O./Pincus Jonathan H./Feldman, Marilyn/Jackson, Lori/Bard, Barbara: *Psychiatric, neurological, and psychoeducational characteristics of 15 death row inmates in the United States.* American Journal of Psychiatry 1986, 838-845.

Leyton, E.: *Compulsive killers: The story of modern multiple murders.* New York 1986.

Lieber, Harry/Paul, Louis/Stock, Heidi: *Serienmörder – Bestien in Menschengestalt.* München 2000.

Liebert, John A.: *Contributions of psychiatric consultation in the investigation of serial murder.* International Journal of Offender Therapy and Comparative Criminology 1985, 187-200.

Lindlau, Dagobert: *Der Lohnkiller.* Hamburg 1992 (2. Aufl.).

Lösch, Peter/Beranek, Sepp: *Der »Würger« Prigan.* Kriminalistik 1955, 201-205, 242-246, 294-297.

MacCulloch, M. J./Snowden, P. R./Wood, J. W./Mills, H. E.: *Sadistic fantasy, sadistic behaviour and offending.* British Journal of Psychiatry 1983, 20-29.

Maeda, H./Fujita, M. Q./Zhu, B-L./Ishidam, K./Oritani, S.: *A case of serial homicide by injection of Succinylcholine.* Medicine Science and the Law 2000, 169-174.

Maierding, Gabriele: *Psychokiller: Massenmedien, Massenmörder und alltägliche Gewalt.* Hamburg 1993.

Maisch, Herbert: *Phänomenologie der Serientötung von schwerstkranken älteren Patienten durch Angehörige des Pflegepersonals.* Zeitschrift für Gerontologie und Geriatrie 1996, 201-205.

Maisch, Herbert: *Patiententötungen – dem Sterben nachgeholfen*. München 1997.

Marneros, Andreas: *Sexualmörder: eine erklärende Erzählung*. Bonn 1997.

McKenzie, Constance: *A study of serial murder*. International Journal of Offender Therapy and Comparative Criminology 1995, 3-10.

Missliwetz, Johann: *Die Mordserie im Krankenhaus Wien-Lainz*. Archiv für Kriminologie, Bd. 194, 1-7.

Mittmann, Wolfgang: *Aktion Roland – Jagd auf einen Frauenmörder*. Berlin 1999.

Mommsen, Alfred: *Um ein Glas Menschenblut?* Kriminalistik 1949, 199-202.

Moor, Paul: *Das Selbstporträt des Jürgen Bartsch*. Frankfurt a. M. 1972.

Moor, Paul: *Jürgen Bartsch: Opfer und Täter*. Reinbek 1991.

Müller, Hartmut: *Tötung von Inzest-Kindern als Serienverbrechen*. Kriminalistik 1958, 492-495.

Murakami, Peter/Murakami, Julia: *Lexikon der Serienmörder*. München 2000.

Myers, Wade C./Reccoppa, Lawrence/Burton, Karen/McElroy, Ross: *Malignant sex and aggression: An overview of serial sexual homicide*. Bulletin of the American Academy of Psychiatry and the Law 1993, 435-451.

Newton, Michael: *Hunting humans: An encyclopedia of modern serial killers*. Port Townsend 1990.

Newton, Michael: *Still at large: A casebook of 20th century serial killers who eluded justice*. Port Townsend 1999.

Newton, Michael: *The encyclopedia of serial killers*. New York 1999.

Niggl, Peter: *Ich bin ein Untier – die Geständnisse des Thomas Rung*. Berlin 1999.

Norris, Joel: *Serial killers*. New York 1989.

Oehmichen, Manfred/Reiter, Arthur: *Todesursache Gift*. Kriminalistik 1992, 191-194.

Oehmichen, Manfred (Hrsg.): *Lebensverkürzung, Tötung und Serientötung – eine interdisziplinäre Analyse der »Euthanasie«*. Lübeck 1996.

O'Reilly-Fleming, Thomas: *Serial murder investigation: Prospects for police networking*. Journal of Contemporary Criminal Justice 1992, 227-234.

O'Reilly-Fleming, Thomas (Hrsg.): *Serial and mass murder: Theory, research and policy*. Toronto 1996.

Palermo, George B./Knudten, Richard D.: *The insanity oplea in the case of a serial killer*. International Journal of Offender Therapy and Comparative Criminology 1994, 3-16.

Palermo, George B./Palermo, Mark T./Simpson, Douglas J.: *Death by inmate: Multiple murder in a maximum security prison*. International Journal of Offender Therapy and Comparative Criminology 1996, 181-191.

Pándi, Claus: *Lainz – Pavillon V: Hintergründe und Motive eines Kriminalfalls*. Wien 1989.

Parker, N.: *Murderers: A personal series*. Medical Journal of Australia 1979, 36-39.

Pfeiffer, Hans: *Der Zwang zur Serie*. Leipzig 1996 (3. Aufl.).

Pfreimbter, Richard: *Das Rätsel des Seefeld-Prozesses*. Archiv für Kriminologie, Bd. 99, 1-10.

Polke, Franz: *Der Massenmörder Denke und der Fall Trautmann*. Archiv für Kriminologie, Bd. 95, 8-30.

Pollähne, Helmut: *Der Fall Gerhard M. Börner*. Recht und Psychiatrie 1990, 81-87.

Pozsár, Christine/Farin, Michael (Hrsg.): *Die Haarmann-Protokolle*. Hamburg 1995.

Promish, Donald I./Lester, David: *Classifying serial killers*. Forensic Science International 1999, 155-159.

Rappaport, Richard G.: *The serial and mass murderer: Patterns, differentiation, pathology*. American Journal of Forensic Psychiatry 1988, 39-48.

Rehberg, Konrad: *Die Raubmorde des Einbrechers Gerhard Popp*. Kriminalistik 1961, 380-385, 424-431, 486-492.

Ressler, Robert K./Burgess, Ann W./Douglas, John E.: *Rape and rape-murder: One offender and twelve victims*. American Journal of Psychiatry 1983, 36-40.

Ressler, Robert K./Burgess, Ann W./Douglas John E.: *Sexual homicide: Patterns and motives*. New York 1988.

Ressler, Robert K./Shachtman, Tom: *Ich jagte Hannibal Lecter*. München 1997.

Ressler, Robert K./Shachtman, Tom: *I have lived in the monster*. London 1997.

Rückert, Sabine: *Tote haben keine Lobby: die Dunkelziffer der vertuschten Morde*. Hamburg 2000.

Rußler, Hans: *Sittlichkeitsverbrecher Dittrich*. Kriminalistik 1949, 174-180.

Sanders, Hans-Theodor: *Der Massenmörder Peter Kürten*. Archiv für Kriminologie, Bd. 90, 55-82, 151-163.

Schmidt, Georg: *Das praktische Experiment als Hilfsmittel zur Beweisführung im Ermittlungsverfahren*. Kriminalistik 1978, 208-211.

Schneider, Hans Joachim: *Kriminologie der Gewalt*. Stuttgart-Leipzig 1994.

Schorsch, Eberhard/Becker, Nikolaus: *Angst, Lust, Zerstörung*. Reinbek 1977.

Schrapel, Werner: *Der Fall Opitz*. Archiv für Kriminologie, Bd. 103, 1-18, 125-163, 181-186, Bd. 104, 31-52.

Schümer, Dirk: *Die Kinderfänger – ein belgisches Drama von europäischer Dimension*. Berlin 1997.

Schütz, Albrecht/Zetzsche, Wolfgang: *Ein vielfacher Lustmörder und seine Entlarvung durch medizinische Indizienbeweise*. Archiv für Kriminologie, Bd. 74, 201-210.

Scott, Jan: *Serial homicide*. British Medical Journal 1996, 2-3.

Segeš, Ivan: *Eine ungewöhnliche Spielart des Sexualmordes*. Kriminalistik 1998, 478-480.

Seltzer, Mark: *Serial killers: Death and life in America's wound culture*. New York 1998.

Snyman, H. F.: *Serial murder*. Acta Criminologica 1992 (Heft 2), 35-41.

Spencer Jones, Jonathan: *Serial killers from the homepathic view*. South African Medical Journal 1998, 1540-1541.

Stone, M.: *Early traumatic factors in the lives of serial murderers*. American Journal of Forensic Psychiatry 1994, 5-26.

Stote, Robert/Standing, Lionel: *Serial and multiple homicide: Is there an epidemic?* Social Behavior and Personality 1995, 313-318.

Stratton, J.: *Serial killing and the transformation of the social*. Theory Culture and Society 1996, 77-98.

Tafoya, William L.: *Birth of a serial killer*. Crime and Justice International 1997 (Heft 6), 17-19.

Taroni, Franco: *Serial crime: A consideration of investigative problems*. Forensic Science International 1994, 33-45.

Tatar, Maria: *Lustmord: Sexual murder in Weimar Germany*. Princeton 1995.

Ullers, Walter: *Der Triebverbrecher und Raubmörder Pommerenke*. Polizei-Digest 1983 (Heft 3), 10-15.

Ullrich, Wolfgang: *Der Fall Rudolf Pleil und Genossen*. Archiv für Kriminologie, Bd. 123, 36-44, 101-110.

Warren, Janet I./Hazelwood, Robert R./Dietz, Park E.: *The sexually sadistic serial killer*. Journal of Forensic Sciences 1996, 970-974.

Watkins, J. G.: *The Bianchi (L. A. hillside strangler) case: Sociopath or multiple personality?* International Journal of Clinical Experimental Hypnosis 1984, 67-101.

Weber, Joachim: *Viktimologische Besonderheiten bei Sexualdelikten: Fälle von »Chiffriertem Matrizid«.* Monatsschrift für Kriminologie 1993, 33-43.

Wehner-Davin, Wiltrud: *Rudolf Pleil, Totmacher a. D.* Kriminalistik 1985, 339-341.

Weimann, Werner: *Zur Psychologie des Lustmordes.* Ärztliche Sachverständigen-Zeitung 1922, 191-194.

Werremeier, Friedhelm: *Bin ich ein Mensch für den Zoo? Der Fall Bartsch: Bericht über vier ermordete Kinder und den Jugendlichen, der sie ermordet hat.* Wiesbaden 1968.

Werremeier, Friedhelm: *Der Fall Heckenrose.* München 1975.

Werremeier, Friedhelm: *Haarmann: Nachruf auf einen Werwolf – die Geschichte des Massenmörders Friedrich Haarmann, seiner Opfer und seiner Jäger.* Köln 1992.

Wetzel, Albrecht: *Über Massenmörder.* Berlin 1920.

Wilson, Colin/Seaman, Donald: *The serial killers.* London 1997.

Wilson, Wayne/Hilton, Tonya: *Modus operandi of female serial killers.* Psychological Reports 1998, 495-498.

Wimmer, Wolf: *Triebverbrecher – Tiger im Schafspelz.* Kriminalistik 1976, 241-248.

Winzenried, Urs: *Serien-Kindermörder bewegt die Schweiz.* Kriminalistik 1992, 804-816.

Wirth, Ingo/Strauch, Hansjürg/Gebhardt, Ralf: *Ein sadistischer Knabenmörder.* Kriminalistik 1996, 726-731.

Wittneben, Herbert: *Anhaltermorde,* in: Schäfer, Herbert (Hrsg.): *Gewalttätige Sexualtäter und Verbalerotiker.* Schriftenreihe der Kriminalistischen Studiengemeinschaft Bremen, Bd. 5 (1), 90-99. Bremen 1992.

Woronzow, Igor: *Prozeß gegen einen Serienmörder.* Criminal Digest 1993 (Heft 1), 120-123.

Zizmann, Otto/Gut, Rudolf: *Der Triebverbrecher und Raubmörder Pommerenke.* Kriminalistik 1961, 56-58, 89-92, 150-153, 185-189.

Danksagung

Dieses Buch dokumentiert Schicksale – von Opfern und Tätern. Die nun vorliegende Bestandsaufnahme und Analyse des Gewaltphänomens der *seriellen Tötung* konnte aber nur entstehen, weil mir geholfen wurde – auf vielfältige Weise. Aufrichtigen Dank schulde ich meiner Frau Anette, meinen Eltern und meinen Freunden Udo Gaschae, Christoph Schmihing und Andreas Mokros; sie alle haben meine Entwürfe gelesen, gewürdigt, mich durch konstruktive Kritik beraten, zum Nachdenken angeregt. Das war notwendig – und hilfreich. Mein besonderer Dank gilt dem Leitenden Kriminaldirektor Uwe Schweifer, Leiter des Polizeifortbildungsinstituts Neuss, der durch seine großzügige Unterstützung meine Forschungsarbeit gefördert und möglich gemacht hat. Dank sagen möchte ich ebenfalls all jenen, die mich bei meinen Recherchen unterstützt, mit notwendigen Unterlagen versorgt, in Fachgesprächen inspiriert und ermuntert haben. Dies sind insbesondere (in alphabetischer Reihenfolge): Gerd Birnzain, Kriminaldirektor bei der Landespolizeidirektion Stuttgart II; Heinz Bremer, Oberstaatsanwalt an der Staatsanwaltschaft Düsseldorf; Professor David Canter, Direktor des Centre for Investigative Psychology an der Universität Liverpool; Professor Volker Dittmann, Leiter der Abteilung für Forensische Psychiatrie an der Psychiatrischen Universitätsklinik Basel; Martin Erftenbeck, Kriminalhauptkommissar bei der Polizeiinspektion Verden; Jan Frischmuth, Leitender Oberstaatsanwalt an der Staatsanwaltschaft Bremen; Astrid Gebing, Staatsanwältin an der Staatsanwaltschaft Trier; Professor Friedrich Geerds (†), ehemaliger Direktor des Kriminologischen Instituts der Universität Frankfurt a. M.; Professorin Henriette Haas, Dozentin am Institut de police scientifique et de criminologie an der Université de Lausanne; Dr. Martin Carl Häußermann, Archivrat im Staatsarchiv Freiburg i. Br.; Karl-Heinz Heuken, Erster Kriminalhauptkommissar im Polizeipräsidium Duisburg; Jörg Hillinger (†), ehemaliger Oberstaatsanwalt an der Staatsanwaltschaft Augsburg; Christina Hillmann-Apmann, Archivinspektorin im Niedersächsischen Staatsarchiv Wolfenbüttel;

Herbert Horner, Kriminalhauptkommissar bei der Kriminalpolizeiinspektion Augsburg; Klaus Hubmann, Leitender Oberstaatsanwalt
an der Staatsanwaltschaft Nürnberg-Fürth; Dr. Elke Imberger, Ober-
archivrätin im Landesarchiv Schleswig-Holstein; Hubert Jaschinsky,
ehemaliger Kriminalhauptkommissar bei der Kriminalpolizeiinspektion Coburg; Hans-Josef Jöres, Kriminalhauptkommissar im Polizeipräsidium Mönchengladbach; Dr. Joachim Kermann, Archivdirek-
tor des Landesarchivs Speyer; Rita Klein, Redakteurin beim Bonner
Generalanzeiger; Denis Köhler, Diplom-Psychologe am Klinikum
für Kinder- und Jugendpsychiatrie der Christian-Albrechts-Univer-
sität Kiel; Hubert Köhler, Oberregierungsrat an der Staatsanwaltschaft Duisburg; Jürgen Kroll, Kriminalhauptkommissar bei der
Bezirkskriminalinspektion Kiel; Horst Kropp, Kriminalhauptkommissar beim Hessischen Landeskriminalamt; Erich Kühneck, ehemaliger Oberstaatsanwalt an der Staatsanwaltschaft Hannover;
Dr. Horst Kühner, Leitender Oberstaatsanwalt an der Staatsanwaltschaft Mannheim; Jan Henning Kuhn, Staatsanwalt an der Staatsanwaltschaft Hamburg; Martin Lange, Kriminalhauptkommissar bei
der Polizeiinspektion Nienburg; Lothar Liebig, Leitender Oberstaatsanwalt an der Staatsanwaltschaft Frankenthal; Wolf-Rüdiger
Ludwig, Oberstaatsanwalt an der Staatsanwaltschaft Potsdam; Her-
wig Mainx, ehemaliger Oberstaatsanwalt an der Staatsanwaltschaft
Heilbronn; Manfred Maurer, Oberstaatsanwalt an der Staatsanwaltschaft Frankfurt a. M.; Professor Wolf Middendorff (†), ehemaliger
Referent am Max-Planck-Institut für ausländisches und internatio-
nales Strafrecht in Freiburg i. Br.; Dr. Michael Osterheider, Leiter
des Westfälischen Zentrums für Forensische Psychiatrie Lippstadt;
Dr. Christoph Paulus, Dozent an der Universität des Saarlandes Saar-
brücken; Ketel Petersen, Kriminalhauptkommissar bei der Bezirks-
kriminalpolizeiinspektion Flensburg; Rosemarie Posselt, Referats-
leiterin im Brandenburgischen Landeshauptarchiv; Dr. Christine
Poszár, Leiterin der Abteilung Forensische Psychiatrie des Landes-
krankenhauses Göttingen; Klaus Puderbach, Leitender Oberstaatsanwalt an der Staatsanwaltschaft Mainz; Michael Rank, Leitender
Oberstaatsanwalt an der Staatsanwaltschaft Coburg; Erhard Rath-
macher, Justizamtsrat an der Staatsanwaltschaft Mainz; Frank Rep-
mann, Staatsanwalt an der Staatsanwaltschaft Bremen; Heinz-Eugen

Danksagung

Restle, Oberstaatsanwalt an der Staatsanwaltschaft Freiburg i. Br.; Traugott Rösner, Erster Kriminalhauptkommissar bei der Bezirkskriminalinspektion Kiel; Gabriela Romes, Regierungsoberinspektorin beim Justizvollzugsamt Rheinland Köln; Sabine Rückert, Redakteurin der Wochenzeitung »Die Zeit«; Professor Sebastian Scheerer, Direktor des Instituts für Kriminologische Sozialforschung an der Universität Hamburg; Peter Schlicht, Vorsitzender Richter am Oberlandesgericht München; Dr. Horst-Alex Schmidt, ehemaliger Oberstaatsanwalt an der Staatsanwaltschaft Kiel; Dr. Wolfgang Schneider, Diplom-Psychologe an der Fachklinik für Psychiatrie und Neurologie der Rheinischen Kliniken Bedburg-Hau; Dr. Rosemarie Schnerrer, wissenschaftliche Mitarbeiterin am Institut für deutsche Sprache in Mannheim; Erwin Seeger, Kriminalhauptkommissar im Polizeipräsidium Recklinghausen; Angelika Siepmann, Redakteurin bei den Verdener Nachrichten; Dr. Denis Simgen, Staatsanwalt an der Staatsanwaltschaft I Berlin; Heinz Sprenger, Kriminalhauptkommissar im Polizeipräsidium Duisburg; Hans-Jürgen Springer, ehemaliger Kriminalhauptkommissar im Polizeipräsidium Essen; Claus Stukenbrock, Oberamtsrat im Staatsarchiv Hamburg; Dr. Christine Tauchmann, wissenschaftliche Mitarbeiterin der Sprachberatungsstelle der Dudenredaktion in Mannheim; Helmut Trentmann, Leitender Oberstaatsanwalt an der Staatsanwaltschaft Verden a. d. Aller; Helmut Wehrheim, ehemaliger Amtsinspektor an der Staatsanwaltschaft Frankfurt a. M.; Dieter Weihser, Kriminaloberkommissar bei der Polizeiinspektion Lüneburg; Horst Weinmann, Erster Kriminalhauptkommissar bei der Kriminalpolizeidirektion Nürnberg; Manfred Wendt, Oberstaatsanwalt an der Staatsanwaltschaft Hannover.

Stephan Harbort, Oktober 2000